제 2 판

사회복지행정론

최항순 · 진석범 · 최우진

도서출판 대영문화사

제2판 머리말

2012년 『사회복지행정론』 초판 출간 이후 6년이 지났다. 그동안 우리의 사회복지행정은 지역사회를 중심으로 한 사회복지 서비스의 확대와 다양화 추세 속에서 사회복지 전문인력 및 재원의 확충 노력이 이어졌고, 국민의 복지체감도 제고를 위해 공공 사회복지 전달체계의 개편 노력 등이 전개되었다.

이번 『사회복지행정론』(제2판)에서는 이러한 최근의 사회복지행정의 변화 내용과 함께 초판에서 미흡했던 부분을 가급적 보완해 보려고 하였다. 즉, 사회복지조직의 환경 대응전략(제4장 제2절), 공적 사회복지 서비스 전달체계(제5장 제3절), 사회복지조직에서의 갈등 관리(제7장 제3절), 리더십 이론에서 변혁적 · 서번트 리더십 등 현대적 리더십 이론(제8장 제2절). 사회복지 업무의 역할 분담(제13장) 등이다. 아울러 수강학생 또는 독자들의 사회복지에 대한 이해를 돕기 위해 사회복지행정에 앞서 사회복지의 개념과 더불어 사회보험, 공공부조, 사회복지 서비스 등 사회복지제도 개관에 대한 기술을 부가하였다. 그리고 책 전반에 걸쳐 각 장마다 부분적으로 내용을 보완하고 최근 자료로 업데이트하였으며, 각 장 말미의 연습문제는 사회복지사 1급 시험의 최근 출제문제를 중심으로 수정 · 보완하였다.

이 책은 초판에서 밝힌 바와 같이 사회복지학과 전공학생뿐 아니라 행정학과 복지행정론 수강학생들에게도 도움이 되도록 기술하였다. 아무쪼록 이 책이 사회복지를 전공하거나 사회복지에 관심을 갖는 학생, 그리고 사회복지사 시험을 준비하는 학생이나 독자들에게 도움이 되었으면 한다.

이 책의 개정작업은 앞으로도 사회복지 환경의 변화에 적절히 대응하면서 지속적으로 수행해 나갈 계획이다. 독자 여러분의 많은 지도편달을 기대한다.

끝으로 항상 바쁜 중에도 기꺼이 책 출판을 맡아주신 대영문화사 임춘환 사장님과 관계자 여러분께 심심한 감사를 드린다.

2018년 7월
저자 드림

머리말

최근 들어 우리나라에서는 복지와 관련해 복지논쟁이 뜨겁다. 사회복지가 전체 국민에게 평등한 가치와 혜택을 보장하느냐, 또는 특별히 고통받는 일부 계층에 대해 선택적으로 보장하느냐의 문제다. 그러나 이론적 측면에서 이에 대한 정답을 구하기는 사실상 어렵다. 사회복지는 보편적 수준을 유지하면서 클라이언트에게 특별한 배려를 해야 하기 때문이다. 다만 현실적 측면에서 각 나라의 복지 여건과 재원이 이를 충족할 수 있는가, 그리고 국민적 가치가 복지를 고루 향유할 수 있는 수준에 이르러 있는가가 양자 간 선택의 기준이 될 수 있다.

우리나라의 경우 국가발전 단계가 참여와 배분 단계로 들어선지 이미 오래이기는 하지만 무상급식 논쟁 이래 일어나고 있는 작금의 사회복지 논의는 그 범위와 속도에 궤를 이탈하고 있는 감도 없지 않다. 현재 우리나라의 사회복지는 양적으로 급속한 확대를 추구하고 있으나 아직 인적 전문성이나 관리 효율화 측면에서 미흡한 부분이 적지 않다. 특히 사회복지행정 업무의 관리 소홀로 형평성 결여나 재정 누수로 인한 낭비적 요인들이 적지 않게 나타나고 있다.

이렇게 사회복지가 앞만 보고 질주하는 상황에서는 제어장치로서의 '관리(management)'가 꼭 필요하다. 관리란 계획을 수립하고, 조직하고, 명령하고, 조정하고, 통제하는 것으로, 이러한 관리활동은 정부나 조직이 생존하고 유지·발전하기 위해 꼭 필요한 분야다. 물론 사회복지조직이나 기관에서도 마찬가지임은 말할 것도 없다.

이 책에서는 이와 같은 사회복지조직의 효율적 관리문제에 초점을 두고 사회복지행정론의 내용을 다음과 같이 기술했다.

첫째, 사회복지행정의 기초 개념에 대한 전반적인 이해다. 사회복지행정의 개념과 특성은 무엇이고 추구하는 이념이 무엇인지, 사회복지행정은 우리나라를 비롯해 영국, 미국 등 선진국에서 어떤 발전 과정을 밟아왔는지를 살펴본다. 그리고 조직관리론과 관련된 사회복지행정의 이론적 기초에 대해 터득한다.

둘째, 사회복지행정의 효율성을 높이기 위한 구조적 접근이다. 여기서는 사회복지조직의 구조와 공·사 전달 체계가 그 중점이 되며, 아울러 개방 체제적 입장에서 조직의 환경 대응문제를 다룬다.

셋째, 사회복지행정의 효율성을 높이기 위한 관리적 접근이다. 관리의 주요 국면인 의사결정, 의사전달, 리더십, 갈등 관리 등을 이론과 실제 측면에서 살펴본다.

넷째, 사회복지의 활성화를 위해 인력과 재원의 중요성을 강조한다. 특히 사회복지의 전문인력과 사회복지재정에 중점을 둔다.

사회복지행정론은 관리 학문이라고 할 수 있는 행정학을 많은 부분 그 기반으로 한다. 특히 필자는 행정학과에서 사회복지행정론의 내용과 깊은 연관성이 있는 조직관리론과 인사행정론을 주전공으로 하였고, 또 1993년 『복지행정론』을 발간한 이래 줄곧 복지행정론 강의를 해 왔다는 점에서 이번 『사회복지행정론』 책자를 집필하게 되었다.

이 책은 1급 사회복지사시험을 고려해 가급적 기존의 교재들이 기술하고 있는 주요 내용들을 광범하게 포함하려 하였고, 각 장별로 주요 기출문제들을 정리하여 수록하였다. 그리고 행정학과 복지행정론 등 비전공 수강 학생들도 고려하여 집필하였다. 아무쪼록 이 책이 사회복지행정을 공부하거나 사회복지사 시험을 준비하는 사람들에게 많은 도움이 되었으면 한다.

끝으로 연말연시 바쁜 중에도 이 책의 출판을 기꺼이 맡아 주신 대영문화사 임춘환 사장님과 관계자 여러분께 감사드린다.

2012년 임진년 원단에

현덕 최항순

차 례

제2판 머리말 / 3
머리말 / 5

제 1 장 사회복지와 사회복지행정

제1절 사회복지에 대한 이해 ···· 15
1. 사회복지의 개념 / 15
2. 사회복지의 제도 개관 / 28

제2절 사회복지행정의 개념과 특성 ···· 35
1. 사회복지행정의 개념 / 35
2. 사회복지행정의 중요성 / 39

제3절 사회복지행정의 이념 ···· 41
1. 행정의 이념 / 41
2. 사회복지행정의 이념 / 42

제 2 장 사회복지행정의 발전 과정

제1절 영국의 사회복지행정 ···· 48

1. 실험기(1600~1900년) / 49
2. 정착기(1900~1945년) / 56
3. 확장기(1945년 이후) / 59

제2절 미국의 사회복지행정 62
1. 형성기(1870~1920년대) / 63
2. 발전기(1930~1960년대) / 67
3. 확립기(1970년대 이후) / 70

제3절 우리나라의 사회복지행정 73
1. 조선 시대 이전 / 73
2. 일제 및 미군정 시대 / 77
3. 대한민국 시대 / 78

제 3 장 사회복지행정의 이론적 기초

제1절 사회복지행정과 조직이론 85
1. 조직이론의 출발과 이론모형 / 85
2. 스콧의 조직이론 분류 / 86

제2절 고전이론과 인간관계론 88
1. 과학적 관리론 / 89
2. 행정관리론 / 91
3. 관료제론 / 93
4. 인간관계론 / 94

제3절 현대이론 96
1. 현대구조이론 / 96
2. 후기행태이론 / 98
3. 체제이론 / 100
4. 상황이론 / 102
5. 신제도주의이론 / 104
6. 신공공관리론 / 106

제4장 사회복지조직의 구조와 환경

제1절 사회복지조직의 구조 ······ 113

1. 조직구조의 개념과 형성원리 / 113
2. 현대 조직구조의 형태 / 115
3. 사회복지조직 구조의 특징 / 119

제2절 조직환경의 개념과 유형 ······ 120

1. 조직환경의 개념 / 120
2. 조직환경의 유형 / 121

제3절 사회복지조직의 환경 대응전략 ······ 128

1. 전략적 선택론 / 128
2. 자원의존론 / 129
3. 공동체생태학론 / 133

제5장 사회복지 서비스 전달체계

제1절 사회복지 서비스 전달체계의 의의 ······ 138

1. 사회복지 서비스 전달체계의 개념 / 138
2. 사회복지 서비스 전달체계의 기능 / 140

제2절 사회복지 서비스 전달체계의 원칙 ······ 141

1. 행정적 측면 / 142
2. 서비스 제공의 측면 / 144

제3절 공적 사회복지 서비스 전달체계 ······ 146

1. 공적 사회복지 서비스 전달체계의 특징 / 146
2. 공적 사회복지 서비스 전달체계의 현황 / 147
3. 공적 사회복지 서비스 전달체계의 문제점 153

제4절 사적(민간) 사회복지 서비스 전달체계 ······ 154

1. 사적 사회복지 서비스 전달체계의 특징 / 154
2. 사적 사회복지 서비스 전달체계의 현황 / 156

3. 사적 사회복지 서비스 전달체계의 문제점 / 161

제 6 장 기획과 의사결정

제1절 기획과 의사결정의 의의 165
1. 기획의 개념과 유형 / 165
2. 의사결정의 개념과 유형 / 169
제2절 기획의 과정과 전략 171
1. 기획의 과정 / 171
2. 프로그램 기획 기법 / 178
제3절 의사결정의 과정과 방법 181
1. 의사결정의 과정 / 181
2. 의사결정의 방법 / 184
제4절 의사결정의 이론모형 189
1. 합리모형 / 189
2. 점증모형 / 190
3. 만족모형 / 191
4. 혼합주사모형 / 192
5. 최적모형 / 192
6. 쓰레기통모형 / 194
7. 연합모형 / 195
제5절 의사결정의 합리성 제약 요인 195
1. 인적 요인 / 196
2. 구조적 요인 / 196
3. 환경적 요인 / 197

제 7 장 의사전달과 갈등 관리

제1절 의사전달 204

1. 의사전달의 의의 / 204
2. 의사전달의 체제 / 207
3. 의사전달의 개선 / 209

제2절 사회복지 정보관리 ······ 212
1. 정보관리와 행정전산화 / 212
2. 사회복지 정보관리시스템 / 213
3. 사회복지통합관리망 / 215

제3절 갈등 관리 ······ 216
1. 갈등의 개념과 기능 / 216
2. 갈등의 원인과 관리 방안 / 218
3. 사회복지조직에서의 갈등 관리 / 220

제 8 장 리더십과 슈퍼비전

제1절 리더십의 의의 ······ 225
1. 리더십의 개념과 기능 / 225
2. 리더십의 중요성 / 227

제2절 리더십 이론 ······ 228
1. 특성이론 / 228
2. 행태이론 / 230
3. 상황이론 / 232
4. 현대적 리더십 이론 / 233

제3절 조직계층에 따른 리더십 ······ 235
1. 최고관리층의 리더십 / 235
2. 중간관리층의 리더십 / 236
3. 하위관리층의 리더십 / 236

제4절 사회복지조직의 전문적 리더십과 슈퍼비전 ······ 237
1. 사회복지행정에서의 리더십 성격 / 237
2. 슈퍼비전의 기능과 역할 / 238
3. 슈퍼비전의 모형 / 240

제9장 사회복지행정의 마케팅과 홍보

제1절 사회복지조직 마케팅의 개념과 특징 ……… 245
1. 사회복지조직 마케팅의 개념과 필요성 / 245
2. 사회복지조직 마케팅의 특징 / 247

제2절 사회복지행정의 마케팅 전략 ……… 248
1. 마케팅 과정 / 248
2. 마케팅 수단과 기법 / 250

제3절 사회복지조직 홍보의 개념과 특징 ……… 253
1. 사회복지조직 홍보의 개념과 필요성 / 253
2. 사회복지조직 홍보의 특징 / 254

제4절 사회복지행정의 홍보전략 ……… 254
1. 홍보 수단 / 254
2. 홍보의 과정 / 255

제10장 사회복지 인력과 인사관리

제1절 사회복지 인력의 의의 ……… 259
1. 사회복지 인력의 개념 / 259
2. 사회복지 인력의 분류 / 260

제2절 사회복지 관련 공무원 ……… 262
1. 경력직 공무원 / 263
2. 사회복지 전담공무원 / 265
3. 사회복지행정 관련 위촉직 / 267

제3절 민간 사회복지 인력 ……… 268
1. 사회복지사 / 268
2. 요양보호사 / 274
3. 자원봉사자 / 277

제4절 사회복지 인사관리 ……… 279

1. 채　용 / 279
2. 능력개발 / 281
3. 동기부여 / 283
4. 직원 유지 / 287
5. 인사관리의 발전 과제 / 290

제11장 사회복지 재원관리

제1절 사회복지 재원의 의의 ······ 295
1. 사회복지 재원의 개념 / 295
2. 사회복지 재원의 유형 / 296

제2절 사회복지 재정의 특성과 구성 ······ 305
1. 정부의 사회복지 재정 / 306
2. 지방자치단체의 사회복지 재정 / 307

제3절 사회복지 예산의 수립 및 집행 ······ 310
1. 예산과 예산제도 / 310
2. 사회복지 예산의 수립 / 313
3. 사회복지 예산의 집행 / 315

제4절 회계 및 회계감사 ······ 318
1. 회계의 개념과 활동 / 318
2. 회계감사 / 319

제12장 사회복지조직의 평가

제1절 평가의 의의 ······ 324
1. 평가의 개념과 필요성 / 324
2. 평가의 유형 / 325

제2절 평가의 과정과 기준 ······ 328
1. 평가의 과정 / 328

2. 평가의 기준 / 330

제3절 평가의 기술과 방법 331
1. 모니터링 기법 / 331
2. 사회조사 기법 / 332
3. 비용분석 기법 / 332

제4절 사회복지조직의 평가 시스템 333
1. MIS / 333
2. 평가 결과의 활용 / 334

제13장 사회복지 업무의 역할 분담

제1절 역할 분담의 필요성과 원칙 338
1. 역할 분담의 필요성 / 338
2. 역할 분담의 원칙 / 341

제2절 정부 간 역할 분담의 기준과 방법 344
1. 기능 배분 / 344
2. 사회복지 재정 / 350
3. 외국의 정부 간 사회복지 역할 분담 사례 / 354

제3절 정부와 민간 간의 사회복지 역할 분담 362
1. 역할 분담의 유형 / 362
2. 역할 분담의 방향 / 363

참고문헌 / 367
찾아보기 / 377

제 1 장

사회복지와 사회복지행정

제 1 절 사회복지에 대한 이해

1 사회복지의 개념

1) 세 가지 관점

사회복지행정은 사회복지의 제반 활동을 관리[1]하는 것으로, 사회복지행정을 연구하기 위해서는 먼저 사회복지의 개념에 대한 이해가 선행되어야 한다. 사회복지의 개념은 시대와 국가, 또는 학자에 따라 다르게 정의될 수 있으나 여기서는 어의적, 이론적, 역사적 등의 세 가지 관점에서 살펴본다.

---

1) 행정관리이론을 가장 먼저 주장한 프랑스의 페욜(Henri Fayol, 1841~1925)은 1916년 발간된 『일반 및 산업관리(*General and Industrial Management*)』라는 저서에서 "관리(administration)는 계획을 수립하고, 조직하고, 명령하고, 조정하고, 통제하는 것"이라고 정의하고 있다(최항순, 2018: 84).

(1) 어의적 관점

사회복지의 개념은 사회복지의 구성 요소인 '사회적' 및 '복지'가 지니는 사전적(辭典的) 의미를 통해서 파악할 수 있다. 먼저 사회적(social)은 개인이나 집단 등 사회 단위 간에 폐쇄적이지 않은 역동적 상호관계를 뜻하며, 물질적이거나 영리적인 요소보다는 비영리적이고 이타적인 속성의 공동체적 삶의 요소에 관심을 두는 개념이다(장인협, 1986: 1-2).

다음으로 복지(welfare)는 '평안히 잘 지내는 상태'라는 의미의 'well'과 'fare'의 복합명사로서 인간생활의 이상적인 형태를 가리킨다. 보다 구체적으로 대표적 영어사전인 『옥스퍼드사전(*Oxford Dictionary*)』에는 복지의 개념을 "good fortune, happiness, or well-being(of a person, community, etc.; 어떤 사람 또는 사회의 행운, 행복 또는 안녕)"으로, 대표적 일본어사전인 『광사원(廣辭苑)』에는 일반적인 의미로 "행복, 행운", 종교적인 의미로는 "생명의 위급으로부터의 구조, 생명의 번영"으로 정의한다. 그리고 한글학회에서 펴낸 『우리말 큰사전』에서는 복지를 "좋은 건강, 윤택한 생활, 안락한 환경 등이 이루어져 행복을 누릴 수 있는 상태"라고 정의하고 있다. 이상에서 복지(welfare)의 사전적 의미는 '어떤 사람 또는 사회의 행복, 행운, 안녕'이라는 뜻으로 귀결된다.

여기서 '사회적으로 행복한 생활상태'를 특히 사회복지(social welfare)라고 하며, 이는 인간생활의 이상 상태뿐만 아니라 그를 지향하는 실천활동까지 포함하는 실체적 개념으로 받아들일 수 있다.

(2) 이론적 관점: 협의적 개념과 광의적 개념

사회복지의 개념에 대해서는 학자들에 따라 다양한 견해가 제기되고 있으나 대체로 협의적(narrow) 개념과 광의적(broad) 개념의 두 입장으로 대별해 볼 수 있다. 이는 주로 사회복지의 객체, 즉 수혜 대상자를 좁게 잡느냐 또는 넓게 잡느냐에 따른 구분으로, 전자의 협의적 개념에서는 사회복지의 수혜 대상자를 사회적 약자 또는 불우계층(the disadvantaged) 등 국민 일부에 국한하려는 데 반해, 후자의 광의적 개념에서는 국민 전체를 수혜 대상자로 한다.

이러한 구별은 소극적 사회복지와 적극적 사회복지라는 용어로 표현되기도 한다. 즉, 로마니쉰(John M. Romanyshyn)은 사회복지의 주체, 즉 국가의 사회복지에 대한 태도가 소극적이냐 적극적이냐를 기준으로 협의의 사회복지를 소극적(negative) 사회복지, 광의의 사회복지를 적극적(positive) 사회복지라고 부르고 있다(Romanyshin, 1971: 5−6).

또한 윌렌스키와 르보(Wilensky & Lebeaux, 1965: 138)가 구분하고 있는 잔여적(residual) · 제도적(institutional) 개념도 각각 협의적 · 광의적 개념과 대응하는 개념으로 볼 수 있다. 이 구별은 사회복지 서비스의 공급 주체에 따른 것으로, 공급 주체가 가족 또는 시장이면 잔여적 사회복지이고, 공급 주체가 국가일 때는 제도적 사회복지이다.

협의적 개념의 사회복지는 전체 국민 중에서 보다 한정된 '사회적 약자' 또는 '사회적 낙오자'를 대상으로 그들의 구제 · 보호 · 갱생 등을 위해 전문적 기술이나 서비스가 중요시된다는 점에서 전문사회사업(professional social work) 또는 대인적 사회 서비스(personal social services)라는 용어로 표현되기도 한다. 클레인(Klein, 1968: 7)은 이러한 입장에서 "사회복지는 스스로의 노력으로는 물질적 자원이나 건강 유지가 곤란하거나 불가능한 개인 또는 가족들에게 일정한 서비스를 실시 · 제공하는 일"이라고 정의한다. 즉, 사회복지사업은 개인들이 더 이상 자신을 보호할 수 없거나 자신의 가족들로부터 지원 또는 문제 해결의 자원이 없는 경우에 한해 행하게 된다.

한편 광의적 개념의 사회복지는 제한된 요구호 대상자가 아닌 사회구성원 일반을 대상으로 하여 그 생활의 각 측면에서 나타나는 어려움, 즉 비복지(diswelfare)를 다루거나 해결코자 하는 복지활동으로서 오늘날 많은 국가나 학자들의 견해에서 그 실례를 찾아 볼 수 있다.

위켄덴(Wickenden, 1965: 11)은 이러한 의미에서 사회복지를 "국민의 복리와 사회질서 유지를 위한 기초로서 인정되는 사회적 욕구를 충족하기 위해 공급을 강화하거나 보장하는 법, 프로그램, 급부 및 서비스 등의 체계"라고 정의하였으며, 레셔(Rescher, 1970: 4)는 사회복지의 내용 또는 구성 요소에 대해 다음과 같이 비교적 구체적으로 언급하고 있다. 즉, "복지는 다차원적인 것이므로 한 사람의 복지를 고려할 경우에도 복합적인 구성 요소가 포함되며, 그 중에서 특히 중요한 것은 신체적 복지(건강), 물리적 복지(풍요나 부), 정신적 · 심리적 복지(정신적 안정) 등이다. 그리고 이러한 세 가지 측면의 복지를 확보하기 위해서는 건강과 관련하여 보건위생(공중위생 · 의료 등)과 영양 · 생활환경 등이 고려되며, 물질적 풍요인 부(富)와 관련해서는 소득보장 프로그램 · 주택 · 생활환경시설 등의 정비나 확보가, 그리고 정신적 안정과 관련해서는 정신위생 교육으로부터 각종의 상담 원조활동에 이르는 제반 시책이 고려될 수 있다."

이상에서 살펴본 사회복지의 두 개념, 즉 협의적 개념과 광의적 개념은 <표 1-1>과 같이 비교될 수 있다. 그리고 오늘날의 사회복지는 윌렌스키(Harold L. Wilensky)와 르보(Charles L. Lebeaux)가 산업화, 가족이나 사회의 변동, 가치 의식의 변화 등으로 사회복지의 개념이 잔여적인 것으로부터 제도적인 것으로 이행된다고 주장하고 있는 것처럼 광의적 개념으로 이해하는 것이 일반적인 견해이다.

표 1-1 사회복지의 협의적 · 광의적 개념

구 분	복지 대상	복지 내용	복지 방법
협의적 개념	특정한 국민(사회 부적응자, 저수혜자)	기본적 의식주 및 기타 생활수요의 최저한 또는 평균선 유지	구체적인 서비스
광의적 개념	전체 국민	모든 생활 영역의 생활수준 향상	모든 공공적인 정책 및 활동

<표 1-1>에서 요구호 대상자들에 중점을 두는 협의적 개념은 결국 전체 국민의 욕구 충족에 초점을 두는 광의적 개념에 포함되며, 그 구성 요소임을 알 수 있다. 그러나 현실적으로는 아직 많은 국가들이 국가재정 등의 이유로 법제 또는 운영에 있어 사회복지의 협의적 개념에 입각하고 있는 실정이다.

(3) 역사적 관점: 사회복지 개념의 변화

오늘날 보편적으로 받아들이는 사회복지의 개념은 앞서 언급한 것처럼 전체 국민의 생활수준을 보다 바람직한 상태로 향상시키기 위한 모든 공공활동을 의미하는 광의적 개념이다. 그러나 이러한 의미의 사회복지 개념이 등장된 것은 그렇게 오래된 일이 아니다.

복지국가(welfare state)라는 용어가 제2차 세계대전 중인 1941년 당시 영국 요크(York) 시의 대주교였던 템플(William Temple)[2)]에 의해 처음으로 사용되었고, 1948년 7월 5일 영국 노동당의 집권 하에서 국민보험법(National Insurance Act)과 국민보건서비스법(National Health Service Act)의 실시로 복지국가의 실체가 처음으로 현실화된 점으로 미루어 본다면 광의적 의미의 사회복지 개념은 제2차 세계대전의 종전을 전후하여 본격화되었다고 할 수 있다.[3] 그러나 사회적으로 취약한 사람들에게 최소한의 생활을 유지할 수 있도록 하는 협의의 사회복지 개념은 시대나 국가에 따라 특수한 양상을 띠기는 하였지만 짧지 않은 역사와 연원(淵源)을 가지고 있다.

고대로부터 지금에 이르기까지 사회복지와 연관되는 형태들을 보면 상호부조(mutual aid), 자선사업(charity), 구제사업(relief), 사회사업(social work), 사회복지(social welfare) 등을 열거할 수 있다.

① 원시 사회: 상호부조

인간생활의 가장 원시적인 사회형태는 조그마한 촌락을 형성하는 지역공동체로서, 이러한 사회에서 구성원들은 거의 같은 혈연관계를 가진 씨족일 뿐 아니라 일상생활에서 함께 생산 및 소비활동에 종사하는 밀접한 관계에 놓여 있었다. 따라서 사람들은 모두 공통적인 환경과 운명에 놓여 있다는 의식 속에서 단결된 힘으로 자연과 외적(外敵)으로부터 자신들을 지키고 생활문제를 해결코자 하였으며, 생활 궁핍자나 사회적 탈락자에 대해서는 동류 의식과 연대감에 입각한 상호

2) 템플(William Temple, 1881~1944)은 그 후 캔터베리(Canterbury) 대주교로서 제2차 세계대전 중 전쟁으로 폐허가 된 나라들을 돕고 전쟁포로에 대해 인간적 대우를 주장하는 등 영국 국민들에게 큰 영향을 끼쳤다.

3) 복지국가라는 말은 브루스(Maurice Bruce)의 저서 『복지국가의 도래(*The Coming of the Welfare State*』(1961)의 서문에 의하면, 1934년 영국 옥스퍼드대학 교수였던 짐먼(Alfred Zimmern)이 파시스트 독재자들의 무력국가(power state)에 대비하여 처음 사용했으며, 그 후 제2차 세계대전 중인 1941년 성직자 템플(William Temple)이 『시민과 성직자(*Citizen and Churchman*)』라는 저서에서 나치스의 전쟁국가(warfare state)와 대조하여 영국의 국가 이념을 복지국가라고 지칭한 후로부터 일반에게 사용되었다. 이듬해인 1942년 영국의 「사회보험과 관련 서비스(*Social Insurance and Allied Services*)」라는 「비버리지보고서」가 발표되고 종전 후인 1945년 집권한 영국의 노동당 정부가 「비버리지보고서」에 입각하여 광범위한 사회보장과 완전고용 실현을 국가 책임으로 하면서 복지국가(welfare state)란 용어가 일반화되었다고 한다. 그리고 복지국가란 어휘는 1955년 처음으로 사전(Oxford English Dictionary)에 수록되었는데, 그때 "국민의 생존과 제반 유리한 조건을 국민 모두에게 보장할 수 있도록 구성되어 있는 정치체제"라고 정의되어 있다.

부조(mutual aid)에 의해 구조해 주었다.

여기서 '상호부조'는 사회복지의 가장 원초적인 형태라고 할 수 있는데, 이러한 형태 하에서 자활할 수 없는 사람에 대해서는 근친(近親)이 양육하고 근친이 없으면 촌락에서 구제하도록 하는 규정이 있었다.

② 고대 및 중세 사회: 자선사업

그리스·로마 등 서구 고대 국가에 있어 최하층인 노예는 노동을 통해 사회를 지탱하게 하는 버팀목이었음에도 불구하고 인간으로 취급되지 않았기 때문에 구제의 대상이 못되었다. 당시 무산시민(無產市民)에 대한 구제활동이 때때로 행해지기도 했으나 이는 고도의 정치성을 띠거나 특정 개인의 자기 과시적인 성격의 것에 불과하였다. 또한 사원(寺院, temple)을 중심으로 한 빈민구제나 의료시술의 조직이 있었으나 고대 사회에 있어서 구빈사업은 전반적으로 미미하였다.

중세 봉건사회에서는 고대 국가의 경우와 달리 기본적으로 지배계급인 영주(領主, a feudal lord)가 자신의 지위와 생활을 궁극적으로 의존하였던 농노(農奴, serfs)의 보호를 담당하였다. 또한 이 시기에는 교회·수도원 등 종교기관을 통해 빈민, 노인, 고아, 장애자, 병자 등을 대상으로 한 자선사업(charity)이 행해졌으며, 중세 도시를 중심으로 부를 축적한 산업자본가들의 동업조합인 길드(guild)[4] 조직을 통해 아동과 병자의 구제, 관혼상제 비용의 지불 등 다양한 박애사업(philanthropy)이 전개되었다.

여기서 자선사업은 불쌍한 이웃을 동정하고 사랑하는 종교적(religious) 동기와 관련되는 데 비해, 박애사업은 종교적 동기와는 관련이 없고 부를 축적한 산업자본가들의 사회적 구제라는 인도주의적(humanitarian) 도덕관에서 형성된 행위라는 점에서 양자 간에 개념상 차이가 있다. 그러나 양자 모두 불우한 사람들에 대한 이타적 동정심과 자선을 베푸는 사람들 자신을 위한 자기 본위의 이중적

4) 길드(guild)는 일반적으로 특정 지역 상인들의 조합인 상인 길드(merchant guild)와 특정 산업 직공들의 조합인 수공업 길드(craft guild)의 형태를 띠었으며, 지역경제에서 여러 가지 기능을 수행하였다. 즉, 특정 소재지나 특정 산업에서 거래의 독점체제를 수립하고 상품의 질과 거래 관행의 보전을 위한 기준을 세우고 유지했으며, 거래상품과 필수 일용품의 안정된 가격 유지를 위해 힘쓰고 조합원들의 권익증진과 경제적 목적 달성을 위해 읍이나 시정부를 통제할 수단을 강구하였다.

(dual) 성격을 내포하고 있었다는 점에서는 공통된다.

③ 근대 사회(절대주의국가): 구제사업

중세 봉건사회가 해체되고 절대주의국가가 대두됨에 따라 그때까지 봉건사회 내부에 보호되어 있던 빈민의 종속사슬이 끊어짐으로써 대량의 빈민과 부랑자들이 사회에 생겨나게 되었다. 이러한 절대주의국가에서 대량적인 빈민의 대두 현상에 대해 중세적인 자선(charity)으로는 대처할 수 없었으며, 이에 국가 주도 하의 구제사업(relief)이 등장하게 되었다. 그 대표적인 것이 1601년 영국의 엘리자베스구빈법(The Elizabethan Poor Law)으로, 당시 구제사업은 요구호 대상자에 대해 국가가 최저생활을 보장해 준다는 공적 구제로서의 획기적인 의의가 있었다. 그러나 빈민구호보다는 통제 중심의 제도이고 아직 빈곤의 사회성을 인정하지 않은 구제의 자의성(恣意性, arbitrary)에 입각한 국가의 은혜적 구제라는 성격을 띠고 있어 오늘날의 사회복지와는 거리가 먼 제도였다.

④ 근대 시민사회: 사회사업

산업혁명의 전개와 더불어 근대 자본주의가 성장하면서 자본가와 노동자 계층 간의 소득격차나 편중현상이 중요한 사회문제로 대두되었다. 따라서 빈곤의 발생은 개인적 요인보다는 사회적 요인에 의해 야기된다는 입장이 강조되었으며, 그 결과 빈곤에 대해 사회가 책임져야 한다는 사상과 함께 사회사업(social work)이란 말이 등장하였다.

한편 당시 풍미했던 자유방임주의(laissez faire) 사조(思潮)에 의해 자유경쟁하에서 빈곤의 책임은 개인에게 있으며, 그 구제는 응당 수혜받을 자격을 갖춘 자에 한하여 최소 한도에 그쳐야 한다는 주장이 일어났다. 이런 의미에서 이 시기에는 공적 부조와 같은 제한적 구제제도가 실시되었다. 또한 영국을 중심으로 빈곤구제는 국가보다 지역사회에서 상호부조를 통해 이루어지는 것이 바람직하다는 원칙 하에 민간부문에서 구제 여부와 구제금액 등을 결정하는 기구인 자선조직협회(The Charity Organization Society: COS)가 만들어졌고, 이는 전문사회사업의 기초가 되었다. 이 시기의 사회사업은 오늘날 협의의 사회복지와 유사한 형태라고 할 수 있다.

⑤ 현대 산업사회: 사회복지

19세기 후반 이후 현대 산업사회가 전개되면서 자유방임주의를 기조로 삼았던 근대 자본주의의 논리는 실업, 빈곤 또는 경쟁의 불공정 등으로 위기에 처하게 되었고, 급격한 산업화나 도시화의 과정에서 보다 많은 사람들이 복지 대상에서 제외될 가능성이 많아짐에 따라 새로운 복지국가주의의 제도나 정책이 절실히 요청되었다. 따라서 선진국에서는 전체 국민을 대상으로 하는 조직적이고 계획적인 사회복지 서비스가 실시되었는데, 이는 오늘날의 광의적 사회복지 개념에 해당된다. 이상에서 살펴본 사회복지 개념의 변화를 요약·정리하면 <표 1-2>와 같다.

표 1-2 사회복지 개념의 변화(역사적 관점)

개 념	사회체제	사회복지 대상	사회복지 대책
상호부조	원시 사회	촌락 단위의 궁핍자	근친, 촌락에서 구제
자선사업	고대·중세 사회	개개의 궁핍자	자선·박애사업
구제사업	절대주의국가	빈민(paupers)	구빈법
사회사업	근대 시민사회	5대 사회악(빈곤, 질병, 무지, 불결, 실업)	자선조직협회(구빈법)
사회복지	현대 산업사회	전 국민의 생활문제	사회보장 및 사회복지사업의 체계화

자료: 木田徹郎(1975: 21)에서 재구성.

한편 로마니쉰(Romanyshn, 1971: 34-37)은 경제적으로 풍부하지 못한 산업화 이전의 사회에서 고도로 복잡하고 상호 의존적인 산업화 이후의 사회로 변천함에 따라 다음과 같이 변화해 왔다고 설명하고 있다. 즉, ① 보완적인 것에서 제도적인(institutional) 것으로, ② 자선에서 시민권(civil and political rights)으로, ③ 특수한 서비스에서 보편적인(universal) 서비스로, ④ 최저조건에서 최적조건(optimizing condition)의 지급이나 서비스로, ⑤ 개인적 차원에서 사회적(social) 차원으로, ⑥ 자발성에서 공공성(publicness)으로, ⑦ 빈민구제에서 복지사회(welfare society) 건설로 등이다. 이와 같이 서구의 사회복지는 국가가 순차적인 발전단계를 밟아 온 것과 같이 시대에 따라 점진적인 발전단계를 밟아 왔음을 알 수 있다.

이에 비해 우리나라의 사회복지는 자연스런 단계적 발전을 거치지 못하고 상당기간 동안 고대적인 상호부조, 중세적인 자선이나 근세의 제한적 사회사업 또는 현대의 사회복지사업 등이 공존하는 혼합적인 단계에 놓여 있었다(장인협, 1986: 1−2).

2) 사회복지의 유사 개념

사회복지라는 용어는 관점에 따라 다양한 의미로 사용되며, 또 다른 전문용어와 혼용되기도 한다. 예를 들면, 사회복지와 관련된 서비스·정책·행정 등의 용어가 함께 사용되어 어의(語義)의 혼란을 가져온다. 이러한 용어상의 혼란을 피하기 위해 몇 가지 사회복지의 유사 개념을 살펴본다.

(1) 복지국가·복지사회

먼저 복지국가(welfare state)는 국가에 의해 복지가 충분히 제공되어 국민들이 풍요로운 삶을 영위하는 국가를 뜻하며, 대체로 OECD 국가들[5]이 여기에 해당된다. 때로는 복지국가라는 용어가 특정 정당이나 행정부에 의해 정치적 수사(修辭, rhetoric)로 사용되지만, 이 경우 하나의 궁극적인 정치적 이상으로 제시되기 때문에 복지국가의 실제와는 거리가 멀다.

어떤 나라가 복지국가로 불릴 수 있기 위해서는 일반적으로 다음의 요건이 필요하다. 즉, ① 복지가 국가정책의 중요한 원리로 자리잡고, ② 복지의 주된 주체(subject)가 국가이며, ③ 복지의 수혜자(clients)는 가족이나 기업이 아닌 국민 전체이고, ④ 국가에 의해 제공되는 복지는 개별 국민들의 생활에서 차지하는 비중이 높고 복지의 수준이 높은 '복지의 완결성(completeness)'을 지니며, ⑤ 복지의 개념은 인간다운 삶의 조건이라는 점에서 정치적 자유와 권리의 보장이 필수적이어야 한다는 것 등이다. 과거 독일의 비스마르크(Otto Eduard Leopold von

5) OECD는 경제개발협력기구(Organization for Economic Cooperation and Development)의 약자로 대부분 정치적으로 대의제, 경제적으로 시장경제 원칙을 받아들인 선진국들로 구성된 국제기구이다. 1961년 유럽경제협력기구(OEEC, 1948) 18개 가맹국과 미국, 캐나다 등이 합쳐 설립했으며 우리나라는 1996년 회원국으로 가입하였다. 2018년 현재 회원국은 모두 35개국이다.

Bismarck)의 사회보험 도입(1883년)에서처럼 보수주의적 사회질서의 유지를 목적으로 하는 복지개혁은 오히려 복지에 반하는 정책적 조작(操作, manipulation)의 산물일 뿐이다.

다음으로 복지사회(welfare society)는 국가가 국민의 최저수준의 생활보장을 목표로 하는 복지국가와 달리, 개인의 잠재력과 창의성을 최대한으로 발휘할 수 있고 사회의 구성 요소가 모두 시민의 자기 구현과 자기 성취에 공헌하는 정도에 따라 평가되는 사회를 말한다. 복지국가와 복지사회 간의 구별 내지 상호관계에 대해서는 로빈슨(William A. Robinson)이 잘 표현하고 있다. 즉, "복지국가와 복지사회는 동의어가 아니다. 복지사회 없이 복지국가를 달성하려는 데 문제가 있으며, 복지사회를 근간으로 하지 않고는 진정한 복지국가는 존재하지 않는다. 양자는 상호 보완관계에 있다"(Robinson, 1976: 178).

복지사회는 국가의 개입이 없어도 시민사회 내에서 개별 사회구성원들 간의 협동을 통해 달성될 수 있는 사회로서, 이러한 사회에서는 모든 사회구성원들이 고도의 도덕률(morality)을 몸에 익혀 각 개인의 개별성과 존엄성을 존중하고 사회 전반의 인간관계가 가족적인 사랑과 우애를 바탕으로 이루어지며, 모든 사회제도가 '사회의 인간화(humanization of society)'라는 공통의 목표로 수렴될 것이 기대된다.

(2) 사회적 서비스 · 사회복지 서비스

먼저 사회적 서비스(social services)는 기본적이고 보편적인 인간의 욕구를 해결하기 위한 서비스를 뜻하며 영국에서 주로 사용되는 개념이다. 이는 광의의 사회복지 개념으로, 여기에는 소득 보장, 사적 사회 서비스, 의료, 교육, 고용 등과 같은 사회복지의 일반적 영역이 포함된다.

한편 영국에서 협의의 사회복지는 사적 사회 서비스 혹은 대인적 서비스(personal social services)라는 용어로 사용되는데, 이는 미국에서는 일반적 사회서비스(general social services)로, 그리고 우리나라와 일본에서는 사회복지 서비스(social welfare services) 또는 사회복지사업(social welfare works)으로 불린다. 사회복지 서비스 또는 사회복지사업은 서비스 제공자인 전문가가 아동, 노인, 여성, 장애인 등을 대상으로 적절한 프로그램과 시설 등을 통해 전문적 서비스를 제공하는 것을 뜻한다.

(3) 사회사업

사회사업(social work)은 근대 시민사회 이래 대두된 복지의 한 형태로서, 일반적으로 협의의 사회복지와 유사한 의미로 사용된다. 그러나 사회사업은 <표 1-3>과 같이 여러 측면에서 사회복지와 구별된다.

표 1-3 사회사업과 사회복지의 개념 구별

구 분	사회사업	사회복지
어의	실천적인 면 강조	이상적인 면 강조
목적	바람직한 인간	바람직한 사회
대상	개별적	인간적
기능	지식과 기술(micro)	제도와 정책(macro)
실천	역동적	고정적

자료: 장인협(1986: 35).

<표 1-3>에서 사회사업과 사회복지 간에는 어떤 경향이나 강조점에 따른 차이가 있음을 볼 수 있다. 즉, 사회사업은 대체로 실천적인 면을 중시하고 바람직한 인간화에 역점을 두며, 개개의 인간의 존엄성과 독자성에 비추어 그의 사회적 기능 향상에 도움이 될 수 있는 지식과 기술을 역동적으로 활용코자 할 때 더 유용할 것이다.

이에 비해 사회복지는 대체로 이상적인 면을 중시하고 바람직한 사회건설에 목표를 두며, 현대적 복지사회를 추구하여 이에 요구되는 광범위한 제도나 정책의 기획과 조직화를 강조할 때 더 유용할 것이다. 어떤 사람들은 그 역사적인 의미를 고려하여 사회사업을 자선사업이나 박애사업과 동일시하는 경우도 있으나, 사회사업은 어디까지나 빈곤의 사회성에 바탕을 둔 현대 사회의 전문적 분야의 용어라는 점에서 그 개념이 명확히 구별된다. 윌렌스키와 르보의 이론에서 잔여적 또는 보완적(residual) 개념은 사회사업에, 제도적(institutional) 개념은 사회복지와 관련된다.

(4) 사회정책 · 사회복지정책

먼저 사회정책(social policy)은 산업화 과정에서 나타난 개인의 복지를 저해하는 사회적 책임의 요인들, 즉 비복지(diswelfare)를 해결하는 정부의 정책을 말한다. 사회정책에 관한 학자들의 개념 정의를 보면 마셜(Marshall, 1975: 1)은 "시민들에게 서비스와 소득을 제공함으로써 그들의 복지에 직접적인 영향을 미치게 하는 조치와 관련된 정부의 정책"으로, 모리스(Morris, 1979: 1)는 "비형평성(inequities)의 시정, 불우계층(the disadvantaged)의 조건 개선, 그리고 취약계층(the less powerful)에 대한 원조의 제공 등을 목적으로 하는 정부의 정책"으로 정의하였다.

사회정책과 사회복지정책(social welfare policy)의 관계와 관련하여 길버트와 스펙트(Gilbert & Specht, 1974: 2)는 사회복지정책의 동의어로서 사회정책과 공공정책이 있음을 지적하고, 정책 내용의 범위에 따라 가장 광범위한 개념이 공공정책이고 그 다음이 사회정책이며 가장 좁은 개념이 사회복지정책이라고 설명하고 있다. 즉, 공공정책은 사회복지 영역뿐 아니라 국방, 우주공간 조사 및 수송 등 공금(公金)으로 지원되는 광범위한 범주의 서비스를 모두 포함하는 개념이며, 사회정책은 사회복지정책보다 더 확대된 인간관계나 사회생활의 질에 영향을 미치는 모든 행동 과정을 포괄하는 개념으로 사용된다.

이상에서 볼 때 사회정책의 개념을 좁게 잡느냐 또는 넓게 잡느냐에 따라 사회복지정책 · 복지정책과 동의어가 될 수 있고 또 안 될 수도 있다. 실제로 영국에서는 사회복지정책이란 용어가 거의 사용되지 않으며, 사회정책과 구별하려는 시도도 별로 없다. 왜냐하면 사회복지 서비스의 내용을 점차 확대 해석하는 방향으로 가고 있는 사회복지학의 추세에 비추어 볼 때 사회복지 서비스와 관련된 정책을 사회복지정책이라 부르든 혹은 사회정책이라고 부르든 크게 문제될 것이 없기 때문이다(김상균, 1987: 33). 우리나라에서는 사회정책보다 사회복지정책 또는 복지정책이란 용어가 더 빈번히 사용된다.

(5) 사회행정 · 사회복지행정

먼저 사회행정(social administration)은 영국에서 개별적인 사회문제와 그것의 점진적인 개혁에 의한 해결을 체계적으로 연구하는 것을 지칭하여 왔으며, 미국에서는 사회정책(social policy)이나 사회문제(social problems) 또는 사회복지(social welfare)라는 이름으로 행해지고 있다. 여기서 사회행정은 앞서 "국민의 비복지를 해결하기 위한 정부의 정책"의 뜻으로 언급된 사회정책과 별 차이가 없음을 알 수 있다.

티트머스(Titmuss, 1974: 20)는 사회행정은 혼란만 주고 오해받기 쉬운 어휘라고 지적하고, 이 용어가 영국에서 사용되는 것 자체에 불만을 토로한 적이 있다. 왜냐하면 일반적으로 행정은 업무관리, 문서관리, 인사관리 등에 관한 기술적 개념이 포함되는데, 실제 영국의 사회행정학 교과과정에는 그러한 내용들을 찾아볼 수 없기 때문이다. 여기서 티트머스(Richard M. Titmuss)는 사회행정학을 사회정책학과 동의어로 보고, 사회행정학보다는 사회정책학이란 어휘를 사용하여 용어의 혼란을 피하는 것이 바람직하다고 본 것 같다.

사회행정과 사회복지행정과의 관계는 앞에서 언급한 사회정책과 사회복지정책 간의 관계와 같이 양자를 동의어로 사용해도 무방할 것이며, 굳이 구별한다면 사회복지행정이 사회행정보다 다소 협의의 개념이라고 할 수 있다.

(6) 사회보장 · 사회개발

먼저 사회보장(social security)은 사회구성원들에게 뜻하는 않는 육체적 사고나 소득의 중단과 같은 생활상의 위험이 발생했을 때 정상적인 생활을 유지하도록 국가가 책임을 지고 보장해 주는 제도를 의미한다. 이 용어는 1935년 미국 루스벨트(Franklin Delano Roosevelt) 대통령이 뉴딜정책을 시행하는 과정에서 생겨난 것으로, 그 내용으로는 산업재해, 질병, 노령, 실업 등의 제반 위험이나 사고를 담보하는 사회보험, 사회적 취약계층인 요구호 대상자들을 구호해 주는 공적부조, 그리고 노인, 장애인, 불우아동 등에 대한 사회복지 서비스 등이 포함된다. 이때 앞의 둘을 '소득보장(income guarantee)'이라고 하여 이것만을 사회보장으로 보는 견해도 있다.

우리나라의 경우 사회보장기본법에 "사회보장은 출산 · 양육 · 실업 · 노령 · 장애 · 질병 · 빈곤 및 사망 등의 사회적 위험으로부터 모든 국민을 보호하고 국민 삶의 질을 향상시키는 데 필요한 소득 · 서비스를 보장하는 사회보험, 공공부조, 사회 서비스를 말한다"[6]라고 광의적으로 정의되고 있어 사회정책과 유사하다고 할 수 있다.

다음으로 사회개발(social development)은 1957년 유엔 총회의 연차보고서에서 GNP 위주의 경제발전을 지양하고 사회부문의 가치와 목적을 중요시하는 사회개발도 동시에 성취해야 한다고 결의 · 권고한 이래 1960년대에 들어 사용되기 시작하였다. 따라서 사회개발은 고도의 경제성장으로 생긴 부산물(副產物)에 대처하는 새로운 생활환경의 정비, 사회 및 환경의 파괴 예방, 풍부한 인간성과 인적 능력 개발 등을 주요 내용으로 하고 있다.

우리나라에서 사회개발은 제4차 경제개발 5개년계획(1977~1981) 시부터 경제개발과 균형 있는 발전을 기해야 한다는 시대적 요청에 따라 경제 · 사회의 균형발전론으로 대두되었는데, 최근에는 사회보장 · 사회복지의 개념까지 포괄하여 모든 사회부문을 개발한다는 넓은 의미로 해석된다(손준규, 1983: 255). 사회개발의 내용에는 소득재분배, 고용 증대, 교육, 주택, 보건, 영양, 생활환경, 복지시설의 확대 및 개선, 계층 간 · 지역 간의 격차 해소를 위한 여건 조성 등이 포함된다.

2 사회복지의 제도 개관

사회복지는 앞서 논의한 사회복지 개념들을 통해 개인이나 사회적 욕구를 국가 또는 사회가 최종적으로 책임을 지고 이를 충족시키기 위한 제도와 시책이라고 정의할 수 있으며, 그 제도적 장치로 흔히 사회보험, 공공(공적)부조, 사회복지 서비스 등을 든다. 비버리지(William Henry Beveridge)는 이 중에서 사회보험이 주된 제도이고 공공부조는 보완적인 제도로 보았는데, 이는 사회보험은 영구적으로 국민의 생활 불안을 해소하고자 하는 데 비해, 공공부조는 국민의 최저생활 확보에 목적을 둔 제도이기 때문이다. 그리고 사회복지 서비스는 사회보험과 공공부조가 재정적 부조에 의존하는 것과 달리, 전문 사회사업가에 의한 전문적 서비스가 있어야 소기의 성과를 기대할 수 있다(최항순, 2003: 142－212).

---

6) 우리나라에서 사회보장의 정의는 사회보장기본법 개정 시(2013.1.27) 다소 변경되었다.

1) 사회보험

사회보험(social insurance)은 질병·사망·실업·노령 등 우리 생활을 침해하는 불행에 대하여 사전에 충분한 대책을 세워 생활보장을 기하려는 제도로, 원래 생산 과정에서 탈락한 노동력 보존책의 일환으로 발전한 '노동보험'에서 유래하였다. 사회보험은 비용을 근로자·고용자 및 국가가 분담하도록 하고 있는데, 이는 노령·재해·실업 등에 의한 근로자들의 소득 중단은 근로자 개인이 책임질 수 없는 '사회적 사고(social accidents)'라는 인식을 전제로 한다. 사회보험은 사회적 적정성을 중시하고 강제가입이 원칙이고 보험금 부담과 급여수준이 법적으로 강제된다는 점에서 개인의 형평성을 중시하고 임의가입에 의한 사보험(private insurance)과 구별된다.

사회보험의 형태로는 의료(건강)보험, 산업재해보상보험(산재보험), 노령연금, 실업(고용)보험 등을 들 수 있으며, 도입 시기별로는 나라마다 차이가 있으나 대체로 자유주의와의 단절의 충격이 비교적 적은 산재보험이 제일 먼저이고, 실업보험이 가장 늦고 의료보험과 연금보험은 그 중간 시기에 정착되는 추세를 보인다. 사회보험제도는 1883년 독일의 비스마르크(Otto Eduard Leopold von Bismarck)[7]에 의해 처음으로 도입된 이래 유럽대륙 국가들은 물론 영국을 포함한 자유민주주의 국가들에도 급속히 확산되었으며, 제2차 세계대전 이후에는 선·후진국을 막론한 자유진영의 모든 국가들이 빈곤을 예방하는 방법으로 사회보험제도를 채택하게 되었다. 우리나라의 경우 1964년 산재보험을 시작으로 1977년 의료보험, 1988년 국민연금, 그리고 1995년 고용보험 순으로 제도화되었다.

먼저 의료보험(medical insurance)은 질병·부상·사망 등으로 인한 생활상의 불안을 방지하여 최저한의 생활을 보장하고 문화적인 생활을 영위하도록 하는데 그 목적이 있다. 현재 세계 여러 나라에서 운영되고 있는 의료보장제도[8]는 의료문제 해결에 있어 국민들이 별도의 보험료를 내지 않고 하나의 권리로서 거의

---

7) 비스마르크는 프로이센의 빌헬름 1세 때 재상으로서 독일 통일과 아울러 사회입법들을 제정하였는데, 최초의 사회보험인 의료보험(1883)을 비롯하여 산재보험(1884), 노령폐질연금(1889) 등이다.

8) 의료보장제도는 사회보험인 의료보험, 공공부조인 의료보호, 사회복지 서비스인 의료 서비스 등을 통합한 개념이다.

무료로 치료받는 제도인 국가의료서비스방식(National Health Service: NHS)과 질병·부상 등 사회적 사고에 대해 일정한 보험료를 내지 않으면 의료혜택을 받을 수 없는 제도인 사회보험방식(National Health Insurance: NHI)의 두 가지로 구분할 수 있는데, 전자는 영국, 스웨덴 등 실질적 복지국가에서, 후자는 독일을 시작으로 프랑스, 일본, 한국 등 여러 국가에서 실시되고 있다. 이러한 두 가지 방식 이외에 미국처럼 스스로 의료문제를 해결할 능력이 없는 저소득층에게는 국가에 의한 공적 의료보장제도를 적용하고 나머지는 민간보험에 의존하도록 하는 형태도 있다.

우리나라의 의료보험제도는 1963년 12월 의료보험법 제정으로 시작되었으나 당시 사회·경제적 상황으로 임의가입제도를 채택하였기 때문에 실효성을 거두지 못하였으며, 그 후 1977년 강제가입제도 채택과 시·군·구 단위 지역조합 및 공무원·교직원 등 조합주의방식으로 운영되다가 2000년 7월 국민건강보험법 제정으로 직장조합을 통합한 국민건강보험공단 체제로 운영되고 있다.

산재보험(Industrial Accident Compensation Insurance)은 근로자가 사업장에서 업무 수행 중 또는 업무 수행과 관련하여 부상·질병·사망 등 재해를 입은 경우에 근로자 본인의 치료와 본인 및 부양가족의 생계를 보장하기 위한 제도로, 최근 들어 독일 등 일부 유럽 국가에서는 "종래의 원인주의(principle of causality)에서 결과주의(principle of finality)로의 이행"이라는 질적인 변화를 보이고 있다. 이에 따라 산재보험의 적용범위도 근로계층의 근로 사고뿐 아니라 비근로 사고와 비근로계층에까지 확대되고 있으며, 이는 산재보험제도가 초기의 사용자보험적 성격에서 전 국민을 대상으로 하는 사회보장제도의 성격으로 이행되고 있음을 보여준다.

우리나라의 산재보험제도는 산업의 근대화가 본격적으로 시작된 1963년 산업재해보상보험법이 제정되고, 1964년 7월부터 집단적 사용자 공동책임의 근대적인 산재보험제도로 출발하였다. 그 후 수차례에 걸친 법 개정을 통해 적용 대상의 확대와 보상수준의 적정화를 기해 현재 근로자를 사용하는 모든 사업 또는 사업장에 적용되고 보험급여로 요양급여, 휴업급여, 장해급여, 간병급여, 유족급여, 상병(傷病) 보상연금, 장의비, 직업재활급여 등이 있다.

연금제도(pension system)는 일반적으로 가계를 책임지는 자가 폐질·노령퇴직 · 사망 등에 의하여 소득이 상실되는 경우 그 자신과 유족의 보호를 위하여 미리 설정한 기준에 따라 장기간에 걸쳐 정기적으로 급여가 행해지는 제도로, 급속한 산업화로 직장 근로자의 비율이 증가되고 이들의 사망 · 불구 등 사회적 사고가 발생할 경우 생계보장 문제에 대비한 소득보장제도로 그 의의가 크다. 연금제도는 운영 주체에 따라 정부가 운영하는 공적 연금과 기업주가 운영하는 사적 연금으로 구분할 수 있는데, 연금제도가 발전한 구미제국의 경우를 보면 일반적으로 공적 연금이 주된 위치이고 사적 연금은 보완적 차원에서 운영되고 있다.

우리나라의 연금제도는 1960년 공무원연금을 시작으로 1963년 군인연금, 1975년 사립학교교직원연금 등 특수직역연금제도가 먼저 도입되었으나 이는 전체 인구의 2.4% 밖에 적용시키지 못하는 한계가 있었으며, 1986년 국민연금법의 제정으로 1986년 1월부터 국민연금제도가 시행되고, 그 후 점차 적용 대상을 넓혀 1999년 4월부터는 도시자영계층에까지 적용범위를 확대함으로써 실질적으로 전 국민연금의 시대에 이르게 되었다.

실업보험(unemployment insurance)은 근로자가 실직으로 소득을 상실하였을 경우 생활 안정을 위하여 일정기간 동안 보험급부를 지급하는 사회보험으로, 임금근로자의 실업 중의 생활 안정을 목적으로 하고 노사의 보험료가 주된 재원이고, 일정기간의 거출을 수급의 최저 요건으로 하며 급부기간이 단기라는 특징이 있다. 실업보험은 본래적 의미로 실업에 대한 사전 또는 사후 대책적인 양면성을 띠고 있다는 점에서 독일, 일본, 한국 등 여러 나라에서 고용보험(employment insurance)이란 용어를 사용하고 있다.

우리나라의 고용보험제도는 1993년 12월 고용보험법 제정에 따라 1995년 7월부터 실시되고 있으며, 현재 고용보험사업으로는 고용안정 및 취업 촉진과 직업능력 개발 · 향상의 촉진 등 고용안정 · 직업능력 개발사업, 구직급여 · 취업촉진수당 등 실업급여사업, 육아휴직급여, 출산전후휴가급여 등이 있다.

2) 공공부조

공공부조 또는 공적 부조(public assistance)는 경제적 약자, 사회적 낙오자 등 도움이 필요한 사람들에게 국가가 책임을 지고 도와주는 제도로, 쇼트랜드

(Charles I. Schottland)는 공공부조를 "생활이 극빈한 사람들에게 국가의 자산으로 부조를 제공함으로써 그들을 빈곤에서 해방시키는 국가의 사회보장"이라고 정의하였다. 여기서 공공부조의 기본적 목표는 국민의 최저생활수준 확보이며, 사업 주체는 개인이나 사적 단체가 아니라 국가나 공공기관임을 알 수 있다. 우리나라 헌법 제34조에는 "모든 국민은 인간다운 생활을 할 권리를 갖는다. 국가는 사회보장 · 사회복지의 증진에 노력할 의무를 진다" 등을 규정하여 빈곤의 해소를 비롯한 국민의 복지증진은 국가의 의무임을 명시하고 있다.

공공부조제도는 국가에 따라 포함 내용이 다소 다르겠으나 생계보호를 비롯하여 주거보호, 의료보호 등이 일반적인 프로그램이다. 영국의 공공부조는 1601년부터 약 350년 간 유지되어 온 엘리자베스구빈법(The Elizabethan Poor Law)에 뿌리를 두고 있으며, 현재 자산조사(means test)를 거쳐 급여가 지급되는 비기여성 또는 보편적인 것들로서 소득보조(Income Support), 소득기반구직자수당(Income-based JSA), 소득기반고용지원수당(Income-based ESA), 근로세액공제(Working Tax Credit), 아동세액공제(Child Tax Credit), 주거급여(Housing Benefit), 지방세급여(Council Tax Benefit), 사회기금(Social Fund Payment), 돌봄자수당(Carer's Allowance) 등 아홉 개 프로그램이 있다.

이 중에서 수혜 대상자가 가장 많은 것으로 평가되는 '소득보조'는 1948년 종래의 구빈법을 폐지하고 새로 도입된 국가부조법(National Assistance Act)에 기원을 두고, 그 후 몇 차례의 개정을 통해 현재 질병 또는 장애로 인한 근로무능력자나 임신, 돌봄 또는 만 5세 이하의 자녀로 인해 근로가 불가능한 한부모가정에 지원되며, 주당 근로시간이 16시간 이하이고 배우자가 24시간 이하로 일을 해야 수급이 가능하다. 또한 수급가능연령은 16세에서 연금수급연령까지이며 고등교육에 전일 등록한 학생인 경우 19세 이하여야 수급이 가능하도록 하고 있다. 이 프로그램은 순소득이 정부가 정한 최저한도의 기준보다 낮은 대상자에게 금전적 보조의 역할을 하며 배우자의 유무, 연령 등의 기준을 고려해 최고수급가능액수에서 자신의 소득을 공제한 나머지를 지원받는다(한국보건사회연구원, 2014: 120-122).

영국에서 이들 급여의 설계 및 자격기준 획정은 세부법령에 따르며 급여수준 및 기간은 중앙정부가 매년 설정하고 급여증가분은 일반적으로 평균임금보다는 물가지수에 기반을 두어 산정된다(Finn, 2009).

미국의 공공부조는 1935년 뉴딜정책 하의 사회보장법 제정으로 본격화되었다고 할 수 있는데, 주요 프로그램으로는 1972년 닉슨(Richard Milhous Nixon) 대통령 시 법 제정(사회보장법의 Title 16)으로 1974년부터 실시하고 있는 빈곤노인과 장애인 대상의 보충적 소득보장 프로그램(Supplementary Security Income: SSI), 종래 부양가족이 있는 한부모가족 대상의 부양아동가족부조제도(Aid to Families with Dependant Children: AFDC)를 1996년 기존의 권리성 프로그램에서 한시적 프로그램으로 전환한 빈곤가족일시부조제도(Temporary Assistance for Needy Families: TANF), 그리고 1930년대 대공황기에 잉여농산물을 처분하기 위한 수단으로 저소득층을 대상으로 식료품을 저가 또는 무료로 지원한 식품교환권제도(Food Stamps Program: FSP)를 2008년 그 명칭을 변경한 영양보조지원 프로그램(Supplemental Nutrition Assistance Program: SNAP) 등이 있다.[9)]

그 밖에도 공공부조 프로그램으로 아동이 있는 저소득 가구, 저소득 노인, 장애인 등에 대한 의료 서비스인 메디케이드(Medicaid), SSI나 TANF의 수급 자격이 없는 빈곤가구나 개인에게 주정부가 제공하는 현금 또는 현물급여인 일반부조(General Assistance: GA), 조세체계를 통한 소득보장급여 프로그램으로 일정수준 이하의 근로소득이 있는 가구를 대상으로 적용되는 환급 가능한 세액공제제도인 근로장려세제(Earned Income Tax Credit: EITC) 등이 있다.

공공부조의 수급 대상 자격은 일반적으로 각국의 관련 법규에 규정되어 있는데, 우리나라의 경우 국민기초생활보장법에서 수급권자를 “부양 의무자가 없거나 부양 의무자가 있어도 부양 능력이 없거나 부양을 받을 수 없는 자로서 소득인정액이 최저생계비 이하인 자”로 하고 급여 종류로는 생계급여, 주거급여, 의료급여, 교육급여, 해산(解産)급여, 장제(葬祭)급여, 자활급여 등을 규정하고 있

---

9) AFDC는 연방정부와 주정부의 공동 프로그램으로서 일정 자격만 갖추면 기간의 제한없이 수급권을 보장했는데 반해, TANF에서는 수급기한 제한과 근로의무 조건을 강화한 포괄보조금(block grant) 형태의 지원으로 변경되었다. 그리고 식품교환권제도(FSP)는 1964년 법(Food Stamp Act) 제정 이래 그 수혜범위를 넓혀오다가 2008년 종래의 스탬프나 쿠폰 대신 카드 EBT(Electronic Benefit Transfer)를 발급받아 식료품점에서 직불카드처럼 사용 · 구매하는 영양보조지원 프로그램(SNAP)으로 명칭이 바뀌었는데, 2016년 기준으로 미국 인구의 14%인 4,400만 2천 명이 1인당 월평균 125.51달러의 혜택을 받고 있다.

다.[10] 우리나라의 공공부조는 1961년 제정된 생활보호법(1969년 시행령 공포)에 의해 근 40년 간 국가에 의한 보호적 성격을 띤 생활보호제도로 운영되어 오다가, 1999년 국민기초생활보장법 제정으로 2000년 10월부터 수급권자의 권리성을 부각하고 빈곤에 대한 사회적 책임을 강조한 현행의 국민기초생활보장제도가 시행되고 있다.

3) 사회복지 서비스

사회복지 서비스(social welfare services)는 사회적으로 불우하고 열세한 위치에 있는 사람들을 대상으로 전문적인 지식과 방법을 동원하여 문제를 해결하고 사회인으로서의 권리와 의무를 수행할 수 있도록 해주는 활동을 말한다. 우리나라의 경우 사회복지 서비스는 산업화와 도시화 과정에서 발생한 지역공동체나 대가족 해체현상 등으로 인해 그 수요가 급증하여 왔다. 영아보육 및 아동문제, 청소년비행, 부녀문제, 노인문제 및 주택문제 등이 그 대표적인 예이며, 이로 인해 전통적인 협동성의 상실과 비인간화의 사회문제가 야기되었다. 따라서 종래 빈곤층이나 저소득층을 대상으로 시설보호와 물질적 구호 중심으로 이루어져 왔던 우리나라의 사회복지 서비스는 대상의 다양화와 인간적 차원의 대인적 전문 서비스가 강조되는 방향으로 보완 내지 전환되고 있다.

특히 1980년대 이후 기혼여성 취업인력의 급격한 증가로 어린이집과 같은 사회보육 프로그램이 아동복지 분야의 최우선적인 과제로 등장하였고, 인구의 고령화 추세에 따라 재가복지 등 노인복지 서비스의 요청이 지속화되고 있다. 또한 장애인들에 대한 복지수요도 점차로 늘고 있어 사회복지 서비스는 보다 전문적 서비스에 의한 질적 향상이 요청된다.

사회복지 서비스는 대상에 따라 아동복지, 노인복지, 여성복지, 장애인복지 등으로 구분할 수 있다. 최근에는 복지문제를 개인 아닌 '가족(family)' 단위로 검토하는 가족복지, 직장에서의 법정복지를 뜻하는 직업복지, 그리고 지방자치의 활성화에 따라 강조되고 있는 지역사회복지도 중요한 사회복지 서비스의 분야로 대두되고 있다(최항순, 2003: 266－267).

---

10) 국민기초생활보장법 제5조 제1항(수급권자의 범위) 및 제7조 제1항(급여의 종류) 참조.

제 2 절 사회복지행정의 개념과 특성

1 사회복지행정의 개념

1) 개념의 정의

우리나라에서 행정은 일반적으로 공공행정(public administration)으로 이해되고 있으나 영국, 프랑스 등 서구 국가에서는 행정을 관리(management)와 동일한 뜻으로 사용하는 경향이 있다. 이렇게 볼 때 행정은 그것이 이루어지는 조직에 따라 기업행정, 정부행정, 교육행정, 사회복지행정 등으로 일컬어진다.

공공행정도 행정학의 성립 초기에는 순수한 관리의 의미로 인식된 적이 있다. 정치 · 행정이원론(politics-administration dichotomy)[11] 하에서의 행정 개념이 바로 그것으로, 행정은 정책집행(관리)만을 담당하는 것으로 이해되었다. 그러나 그 후 정치 · 행정일원론(politico-administration)[12]의 대두에 따라 행정은 종래 정치의 영역이었던 정책결정을 포함하는 보다 광의의 개념으로 변모되었다. 오늘날 행정의 개념은 정치 · 행정일원론에 입각하여 순수한 관리측면뿐 아니라 정책결정을 포괄하는 광의로 인식되고 있음은 물론이다.

그러면 사회복지행정(social welfare administration)의 개념은 어떻게 정의될 수 있는가? 사회복지행정이라는 용어는 강조하는 대상이나 내용 전달 방식에 따라 다양한 표현으로 기술된다. 가령 사회복지행정을 사회사업의 한 실천 방법으로 간주하면 '사회사업행정(social work administration)'으로, 사회복지기관이나 사회복지시설을 중심으로 파악하면 '사회사업기관행정(social agency administration)'으로, 그리고 사회적 서비스를 중시한다면 '사회적 서비스행정(social service

11) 정치 · 행정이원론은 정책결정 기능을 담당하는 '정치'와 집행을 담당하는 '행정'은 명백히 구별되어야 한다는 초기 행정학의 관점을 뜻하며 기술적 행정학이라고도 불린다. 그 대표적인 학자로는 윌슨(Thomas W. Wilson), 굿노(Frank J. Goodnow) 등이 있다.

12) 정치 · 행정일원론은 행정도 정책결정을 수행한다는 입장에서 정치와 행정은 하나라는 학문적 관점을 뜻하며 기능적 행정학이라고도 불린다. 그 대표적 학자로는 고스(John M. Gaus), 디목(Marshall E. Dimock), 화이트(Leonard D. White), 애플비(Paul H. Appleby) 등이 있다.

administration)'으로 불린다.

먼저 사회사업행정의 관점에서는 그 구체적인 실천 방안으로 ① 사회적 요구를 조직의 목표와 운영정책으로 전환하는 활동, ② 목표가 성취될 수 있도록 조직의 구조와 절차 또는 과정을 설계하는 활동, ③ 목표 달성에 필요한 인적·물적 자원을 확보하는 활동, ④ 필요한 기술을 선정하고 활용하는 활동, ⑤ 효과성과 효율성을 증진시키기 위하여 조직의 행동을 극대화하는 활동, ⑥ 체계적이고 지속적인 문제 해결을 촉진시키기 위해 조직의 수행 결과를 평가하는 활동 등을 들 수 있다(Ehlers et al., 1976: 2).

그리고 사회사업기관행정 또는 사회적 서비스행정의 관점에서는 사회복지행정은 사회복지기관에 의한 직접적인 서비스를 제공함에 있어서 필요하고, 또한 부수적인 활동을 지원하거나 용이하게 하는 과정으로서 그 행정활동은 기능 및 정책의 결정, 기록 보관, 회계, 서비스 실시 등과 같은 일상적 운영에 대한 집행적 지도력까지 미치는 것으로 간주되고 있다(Dunham, 1962: 42). 이러한 의미에서의 사회복지행정은 사회복지조직의 목표 달성을 용이하게 하기 위해 관리자에 의해 수행되는 상호 의존적인 과업과 기능 및 관련 활동 등의 체계적 개입활동을 뜻하는데, 이를 '협의의 사회복지행정'이라고 한다.

협의의 사회복지행정은 주로 사회복지조직 관리자의 활동과 관련되며 목표 설정, 프로그램 기획, 자원의 동원과 유지, 성과의 평가 등과 같은 과업활동을 포괄한다. 이에 비해 광의의 사회복지행정은 정부기관이나 민간단체 등 공·사 기관이 요구호자에 국한하지 않고 전체 국민을 대상으로 사회복지에 관한 정책을 수립하고 집행하는 일련의 과정을 말한다. 즉, 행정을 조직의 모든 활동과정에 다양하게 기여하는 조직구성원들의 협동적·조정적 노력으로 보는 시각에서 사회복지정책을 사회복지 서비스로 전환하는 데 필요한 사회복지시설의 총체적인 활동이다(Patti, 1983: 25). 이러한 광의의 관점은 오늘날 우리 사회에서 다양한 공·사(公·私)의 사회복지조직이 생겨나고, 또한 사회복지의 대상이 요구호 대상자가 아닌 전체 국민으로 확대되어 가는 추세를 반영한다.

사회복지행정의 개념을 설정할 때 또 한 가지 중요한 것은 '사회복지정책'과의 관계 규명이다. 영국의 도니슨(Donnison, 1964: 193)은 "사회복지행정은 행정관리의 과정뿐 아니라 사회정책의 결정 과정 및 전문적·기술적 실천 과정도 포괄하는 것"이라고 했으며, 티트머스(Titmuss, 1974: 57)도 "사회복지행정은 사회정책과 깊이 연관되어 있어 행정의 방법이나 서비스 전달의 과정, 조직구조 등은 정책에 커다란 영향을 끼치며, 반면 사회복지정책은 행정에 영향을 미친다고 하여 사회정책과 행정은 하나의 통합 과제를 구성하는 것으로 받아들여야 한다"고 하였다. 여기서 사회복지행정의 개념 범주는 사회복지기관이나 시설의 조직, 인사, 재무 등 관리 기술적 측면뿐 아니라 정책적 측면도 포괄하는 광의적으로 해석되고 있음을 알 수 있다.

이상에서 사회복지행정은 [그림 1-1]과 같이 공・사 사회복지기관에서 요보호자나 국민의 복지 증진을 위해 정책을 수립하고 그것을 달성하기 위한 관리체계라고 정의할 수 있다.

그림 1-1 사회복지행정의 개념

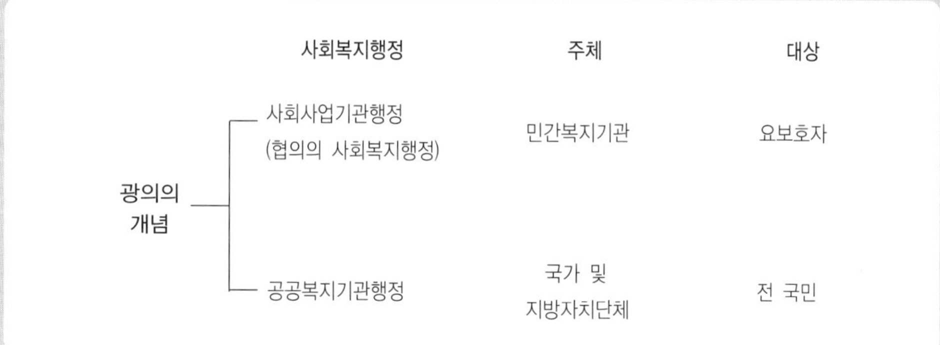

2) 사회복지행정의 특성

사회복지행정은 행정의 한 분야이기 때문에 행정 일반이 갖는 공통적인 속성을 지니며, 사회복지라는 특수한 분야를 다루므로 나름대로의 특수성을 가진다.

먼저 사회복지행정이 다른 행정 분야와 공유하는 공통점으로는 주로 관리의 원리 및 기술적 측면을 들 수 있다. 그 구체적인 내용으로는 ① 문제의 확인, 계획의 수행, 효과성 평가 등을 포괄하는 문제 해결 과정, ② 의사소통, 참여, 집단관계 등 개인과 집단이 보다 효과적으로 기능하도록 하는 과정, ③ 대안 선택에서 가치판단을 사용하고 미래(future)와 관련된 내용, ④ 효율화를 위해 프로그램, 서비스 및 구성원들을 조직화하는 것 등이다.

한편 사회복지행정은 모든 사회구성원들이 건전한 인간으로 육성·발전하도록 하는 데 최종 목표가 있다는 점에서, 다음과 같은 다른 관료제 조직과 구별되는 특수성이 있다(Hansenfeld, 1983: 9-11; 최성재·남기민, 2003: 14-17).

첫째, 사회복지행정의 장(場)인 사회복지조직은 클라이언트(clients)라는 인간을 원료(raw material)로 하는 인간관계 조직으로, 인간의 관계성과 감정에 관한 원리가 중요시된다. 이러한 조직에서 인간은 가치중립적이 아니고 문화적 가치를 부여받고 사회적·도덕적 정체성을 지니고 있으므로 사회복지조직이 사용하는 서비스 기술은 그 사회의 지배적인 가치에 의해 제약받고 도덕적으로 정당화되어야 한다. 또한 사회복지조직의 클라이언트들의 사회적 배경도 조직의 활동에 영향을 미치므로, 때로는 서비스 목적 달성에 장애가 될 수 있는 클라이언트들의 사회적 배경을 차단하는 장치를 마련할 필요가 있다.

둘째, 사회복지조직의 목표(goals)와 기술(technology)은 불확실하고 애매모호하다. 사회복지조직의 원료는 생명이 없는 대상물인 기업조직과 달리 인간의 어떤 가치, 규범 및 이념과 관계되며 조직이 이들의 기대를 다 수용하려다 보니 목표 설정이 불확실하고 애매모호하게 되기 쉽다. 또한 조직의 목표와 관련하여 과업환경 및 직원들의 합의를 찾기가 쉽지 않으며, 적지 않은 경우 가족의 위기, 위급한 건강문제 등의 비일상적인 활동에 직면한다. 또한 조직이 사용하는 서비스 기술은 인간의 속성이 각기 다르고 인간의 속성들 중 관찰 또는 측정될 수 없는 것이 많기 때문에 불확실하다. 조직의 기술은 조직의 원료를 미리 정해진 방식에 따라 현재의 상태에서 다른 상태로 변화시키기 위해 마련된 일련의 절차를 뜻한다.

셋째, 사회복지행정의 핵심적 활동은 직원과 클라이언트(employees & clients) 간의 관계로 구성되며, 직원의 전문성이 중요하다. 이러한 직원-클라이언트 간의 관계 때문에 사회복지조직에서 클라이언트와 접촉하는 일선직원들의 지위와 역할이 매우 중요하고 많은 재량권을 행사하게 된다. 따라서 사회복지조직의 이상적인 서비스를 위해서는 전문성과 아울러 투철한 사명감과 책임성을 가진 직원의 확보가 요청된다.

넷째, 사회복지행정에는 효과성(effectiveness)을 신뢰성 있고 타당성 있게 측정할 척도가 미흡하다. 사회복지행정에서는 인간 속성의 관찰 및 측정의 본질적인 어려움과 더불어 조직 목표의 다양성과 모호성, 서비스 기술의 불확실성 등으로 조직의 효과성 측정이 어렵다. 이렇게 조직의 효과성 측정이 제대로 이루어지지 못하는 경우 서비스에 대한 책임성 증가와 관련하여 조직의 정통성 문제도 제기된다. 현재 사회복지조직들이 사용하고 있는 간접적 효과성 제도는 그 본질적인 한계로 인해 조직의 효과성 문제에 분명한 대답을 제공해 주지 못하고 있다.

다섯째, 사회복지행정에서 어떤 서비스가 필요하고 누구를 위해 제공되며 누가 부담을 지는가 등은 정치적 결정에 의존한다. 또한 사회복지정책은 여러 가지 사회문제를 통해 도출되므로 사회적 환경은 사회복지정책의 형성과 실천의 중요한 환경적 요소이다. 그리고 국민들의 가치관, 이념, 전통, 문화적 요소 등도 사회복지행정과 밀접한 영향을 주고받으며 상호 의존한다.

사리(Sarri, 1971: 43-44)도 사회복지행정의 특수성으로 다음과 같은 세 가지를 지적하고 있다. ① 사회복지행정의 클라이언트는 투입(input)인 동시에 산출(output)이다. ② 사회복지행정은 카운슬링(counselling), 케이스워크(case work), 그룹워크(group work) 등과 같은 인간관계의 기술에 크게 의존하므로 전문가의 중요성이 크다. ③ 사회복지행정은 가족의 위기, 주택문제와 같은 긴장에 처한 클라이언트의 돌발적인 행동 등 높은 비율의 비일상적(non-ordinary) 사건에 직면한다는 것 등이다.

2 사회복지행정의 중요성

행정은 페욜(Fayol, 1916)의 이론에서 언급한 바와 같이 계획을 수립하고(planning), 조직하고(organization), 명령하고(command), 조정하고(coordination), 통제하는(control) '관리(administration)'를 뜻하는 것으로,[13] 사회복지행정에서도 중요하다. 만일 사회복지조직에서 직원들이 업무 수행에 있어서 계획이나 통제

13) 이 논문은 당초 프랑스어로 쓰여 있어 1929년 영어로 번역될 때까지는 서구 세계에 거의 알려지지 않았다.

활동을 행하지 않거나 다른 직원들과 유기적인 관련 없이 업무를 수행한다면 사회복지의 목표 달성이나 효율성을 기대할 수 없다. 즉, 사회복지기관이나 사회복지시설의 조직 및 관리면에서 어떤 결함이 생긴다면 그곳에서 제공되는 서비스는 효과적인 것이 되기 어렵다.

사회복지시설행정과 같은 사회복지행정의 초기 단계에서는 행정에 관한 지식 없이 주먹구구식으로 업무를 처리하는 경우가 많고, 결과적으로 관리 업무가 실패에 이르는 경우가 적지 않다. 최근 사회 전체에서 사회복지적 기능이 확산되고 이에 따라 사회복지조직이 증가되면서 공식적이고 체계적인 기획(planning), 조직화(organizing), 인사(staffing), 통제(controlling), 지도(leading) 등과 같은 행정 기능이 필요하게 되었다.

만일 사회복지조직에서 행정 기능이 없다면 어떤 현상이 나타날 수 있을까? 아마 직원들의 업무는 다른 직원들의 활동과 어떤 유기적인 관련 없이 이루어져 아무도 자신의 업무에 대해 책임을 지지 않고, 다른 사람의 업무 또는 프로그램 및 서비스를 평가하지도 않을 것이다. 그리고 직원들은 목표도 사명도 없고 제멋대로 행동할 것이 명약관화한 일이다. 사회복지조직에서 이러한 행동들이 나타난다면 사실상 그것은 이미 조직이 아니다. 행정 없는 조직이란 결코 존재할 수 없다.

특히 오늘날 사회복지 서비스에 대한 수요와 재정 간의 심한 괴리로 인해 효율적인 사회복지행정에 대한 필요성이 더욱 커지고 있는 상황에서 사회복지행정에 관한 지식이나 기술은 고위직 행정가나 운영자들만의 몫이 아니고 조직구성원 모두에게 필요하다. 중간관리층인 슈퍼바이저들(supervisors)은 물론이고 직접적인 서비스를 제공하는 일반 직원들도 매일매일 '관리' 업무에 관여해야 하기 때문이다.

티트머스(Titmuss, 1963: 13-33)는 20세기 초 영국이 근대적 사회복지제도를 도입하면서 겪었던 경험을 통해 사회복지행정의 필요성을 다음과 같이 제기하였다. 즉, "영국 사회에서 20세기 초는 개인에 대한 책임을 강요하는 구빈법(The Poor Law)의 전통에서 벗어나 집합적으로 사회문제를 해결하고자 하는 사상과 이념이 가장 왕성한 때였다. 그런데도 이 시기의 많은 사회적 서비스들은 새로운 아이디어와 도구의 부재로 인해 과거의 구빈법적인 낡은 실천방법론에 의존하였고, 그 결과 영국의 사회적 서비스의 구조와 기능은 심각한 저해를 경험했다. 새로운 환경에 적응할 수 있는 사회복지정책의 실현을 위해서는 새로운 이념과 실천 방법을 포함한 사회복지행정이 절대적으로 필요하다."

우리나라의 경우에도 1980년대 이전까지는 사회복지조직에서 수행된 실천활동이 사회복지행정의 중요성과 필요성을 제대로 인식하지 못한 채 시행됨에 따라 많은 시행착오를 범하였으며, 1980년대 말에 이르러서야 사회복지 법령과 제도를 구비하는 등 사회복지행정의 중요성을 새롭게 인식하기 시작했다(김상균 외, 2007: 20－21).

제 3 절 사회복지행정의 이념

1 행정의 이념

사회복지행정은 행정의 한 분야이고 사회복지정책을 서비스로 전환하는 행정과정이라는 측면에서 행정학에서 논의되는 행정 이념이 모두 사회복지행정의 이념으로 고려될 수 있다. 행정 이념은 행정이 추구하는 기본적 가치 내지 행정인이 준수해야 할 활동 규범이나 행동 기준을 의미하며, 그 일반적인 유형으로 합법성, 능률성, 민주성, 효과성, 생산성, 사회적 형평성 등이 있다.[14] 최근에는 창의적 적응성, 대응성, 신뢰성 등이 새로운 행정 이념으로 대두되고 있다.

합법성(legality)은 법의 테두리 속에서 운영되고 법에 대한 존중을 의미하는 것으로, 국민의 대표기관인 의회가 정한 법률에 의하여 행정권의 자의적인 발동을 억제함으로써 국민의 자유와 권리를 존중하고 법적 안정성이나 장래의 예측

14) 레드퍼드(Redford, 1975: 15－16)는 행정 이념으로 능률성, 법의 지배, 능력과 책임, 민주성, 공익 등을 들고 있다. 그밖에 가외성(redundancy)을 들기도 하는데, 가외성은 여분, 초과분, 정상적으로 필요한 것 이상의 것 등이 체제의 실패 가능성을 방지하고, 그 핵심인 중복성(duplication), 중첩성(overlapping)이 체제의 신뢰성, 적응성, 안정성 등의 확보에 기여한다는 데 그 의의를 둔다.

가능성을 확보한다는 의의가 있다. 민주성(democracy)은 국민의 의사와 요구를 수용하여 행정에 반영한다는 대외적 측면과 행정인이 민주적 가치관을 확립하고 행정 과정의 민주화를 추구한다는 대내적 측면을 포괄하는 개념으로, 민주주의 국가에 있어 무엇보다도 중요한 행정 이념이라고 할 수 있다. 능률성과 효과성은 수단적 또는 과정적 가치와 연관된 이념으로서 이 중 투입과 산출의 비율을 뜻하는 능률성(efficiency)은 비용－효과분석을 통해, 목표의 달성도를 의미하는 효과성(effectiveness)은 실적과 목표 간 대비로 그 정도를 측정할 수 있다.

생산성(productivity)은 능률성·효과성과 서비스의 질을 포함하는 개념으로, 일정 수준의 질을 가진 정부의 서비스 또는 산물을 적시에 제공하는 데 자원을 능률적으로 활용하는 것을 의미한다. 사회적 형평성(social equity)은 사회적 불평등이나 가치 배분의 불공평성을 전제하면서 가능한 한 모든 사람들이 인간다운 행복과 복지를 누리도록 하는 개념으로서 일반적으로 사회 정의(social justice)와 같은 뜻으로 이해된다.

그리고 대응성(responsiveness)은 조직이 환경을 구성하는 외부 집단의 욕구, 선호, 가치 등을 얼마나 만족시켜 주는가를 의미한다. 정책과정에서 대응성은 정책대상 집단 및 수혜자들의 요구에 얼마나 부응하며 정책의 성과가 그들의 인지된 욕구에 얼마나 부합하느냐가 관심의 초점이다.

2 사회복지행정의 이념

위에서 언급한 행정 이념 중 특히 사회복지행정과 관련이 깊은 실천 이념으로는 능률성, 효과성, 형평성 등을 들 수 있으며, 능률성과 효과성은 흔히 효율성이란 복합어로 사용된다. 그 밖에 편익성 또는 접근성도 사회복지행정의 대상인 사회복지의 성격과 관련하여 중요한 이념으로 요구된다(三浦文夫 외, 1985; 장인협·이정호, 2006: 18－20).

1) 효율성

효율성은 앞서 언급한 바와 같이 능률성과 효과성의 복합어로서, 그 중 '능률성(efficiency)'은 최소의 자원을 투입하여 최대의 결과를 얻는 것을 뜻하며, 효과성(effectiveness)은 목표달성도를 의미한다. 능률성이 수단적 개념이라면 효과성은 목적적 개념이라고 할 수 있다.

이렇게 개인 또는 조직이 적은 투입으로 산출을 극대화하고 제한된 자원으로 최대의 목표 성취를 위한 대안을 선택하려는 것은 너무나도 중요한 관리상의 원칙이다. 이러한 효율성의 명제는 사회복지에 대한 수요와 이를 충족시키기 위한 재원 간에 심한 괴리현상을 빚고 있는 사회복지 분야에 있어서 특히 중요하다. 자원의 유한성(有限性, limited liability)을 전제로 하는 경우 항상 효율성이 제기될 것이기 때문이다.

사회복지 분야에서는 효율성과 관련하여 흔히 목표효율성과 운영효율성의 개념이 거론된다. 여기서 목표효율성(target efficiency)은 정책이 목표로 하는 대상에게 그 정책의 내용이 되는 자원이 얼마나 집중적으로 할당하는가의 여부를 판단하는 기준으로, 목표 달성을 의미하는 효과성과 관련되는 개념이다. 사회복지 서비스의 경우 효과성은 욕구의 충족 또는 해결이 당초 목표를 어느 정도로 달성했는가에 초점이 두어지며, 이 경우 효과성은 욕구 충족을 위해 선택된 서비스가 대상자에게 얼마나 적합했는가의 관점에서 판단된다. 만일 사회복지 서비스가 수혜 대상자에게 의존성만을 조장하는 것이었다면 자주성이나 주체성을 위배하였다는 점에서 효과성이 없다고 할 수 있다.

이에 비해 운영효율성(administrative efficiency)은 정책을 운영하는 데 얼마나 적은 비용이 사용되는가 하는 것이 그 기준이 되며, 투입과 산출의 비율을 뜻하는 능률성과 관련되는 개념이다(최항순, 2003: 72).

2) 형평성

형평성(equity)은 능력에 따른 분배원칙에 입각하는 가치로, 일반적으로 공정성(fairness) 혹은 사회 정의(social justice)의 개념[15)]과 거의 같은 의미로 쓰인다.

돌바크(Baron d'holbach)[16]는 형평은 각자의 재능과 업적에 따라 대우하는 것을 의미하고, 기계적 평등은 사회 정의에 어긋나며 개인의 덕성·능력 또는 사회적 기여 등에 따른 불평등은 당연하다고 주장한다. 개인주의적 성향이 강한 사회일수록 평등보다 형평을 더 중요한 사회적 가치로 보는 경향이 있다.

형평성은 효율성과 비교할 때 개념상 내용면에서도 차이가 있다. 효율성은 비용이나 산출의 총량만을 고려할 뿐 비용이나 효과의 분포에 대해서는 고려하지 않는 데 비해, 형평성은 비용 부담자는 누구이며 효과를 향유하는 자는 누구인가가 중요한 문제이다. 그러나 사회복지 분야의 경우 동일한 욕구를 가진 대상자는 동일한 혜택을 받아야 한다는 원칙 하에 서비스를 받는 기회와 내용뿐 아니라 비용도 수반할 필요가 있다. 그럼에도 불구하고 현실적으로 사회복지 서비스의 공급은 필요한 서비스 또는 시설이 충분히 준비되어 있지 않기 때문에 간혹 서비스의 수혜자와 비수혜자 간에 공평성이 결여되는 경우가 있다.

또한 형평성은 기회의 평등이 확보되더라도 그것이 결과의 평등을 가져오는 것은 아님을 뜻한다. 예를 들면, 필요에 따라 장애를 가진 대상자에게 특별한 서비스를 제공하였지만 결과의 평등에는 관계없는 경우가 적지 않다. 이런 의미에서 형평성의 판단은 사례에 따라 유동성 있게 행할 필요가 있다.

3) 편익성 또는 접근성

편익성(convenience) 또는 접근성(accessibility)은 사회복지 대상자가 사회복지 서비스를 쉽게 이용할 수 있도록 되어야 한다는 것으로, 사회복지 욕구 중 특

---

15) 밀러(David Miller)에 의하면 사회 정의의 개념은 시대에 따라 변화한다. 즉, 원시 시대에는 사회 정의보다 관대함(generosity)이 더 중요했고, 봉건 시대에는 사회 정의가 기득권 보호에 초점을 맞추고 극빈자 보호는 2차적인 문제였다. 근대 시민사회에는 개인의 공과(功過)에 대한 보답이 우선시되고 분배문제는 보조적이었으며, 현대 사회에서는 사회적 형평과 분배가 사회 정의의 핵심이다. 이러한 밀러의 사회정의론은 선언된 사회정책과 행동으로 옮겨진 사회정책 간에 존재하는 괴리현상과 사회 정의의 다양함에도 불구하고 특정의 사회 정의가 유독 지배적이 될 수밖에 없는 이유를 설명하지 못한다는 비판을 받고 있다(최항순, 2003: 58).

16) 돌바크(Baron d'holbach, 1723~1789)는 계몽주의 시대의 백과전서파 철학자로 당대의 유물론, 결정론, 유신론 등을 대표하는 인물이다. 유럽에서 최초로 스스로를 무신론자로 일컬은 사람 중의 한 명이다.

히 비화폐적 욕구 충족의 경우에 그 중요성이 제기된다. 비화폐적 욕구 충족은 금전급부와는 달리 현물(시설, 물품, 인적 노동 서비스) 또는 상담 서비스로 행해지기 때문에 이용자의 신변에 쉽게 이용되도록 하는 것이 중요하다. 어떤 종류의 사회복지 욕구 충족에 있어서 시설 서비스가 필요할 때 시설이 충분한 설비와 기능을 갖추고 있어도 그 설비가 이용자에게 물리적으로 떨어져 있거나 시설의 운영관리가 지나치게 관료적이면 그 서비스는 욕구 충족의 기능을 다하지 못하게 되기 때문이다.

이와 같은 사회복지행정의 이념들은 때에 따라서는 상호 간에 모순·대립되는 것도 적지 않다. 따라서 사회복지 서비스를 보편주의에 의할 것인가 또는 선별주의에 의할 것인가라는 문제가 대두된다. 여기서 보편주의(universalism)는 서비스의 공급을 행할 때에 대상자에게 특정의 자격 또는 조건을 부여하지 않는 것을 원칙으로 하는 방법이며, 선별주의(selectivism)는 대상자에 대한 수급자격·조건 등을 붙여 서비스 제공을 행하는 것이다. 일반적으로 유한(有限)의 자원을 효율적으로 배분하기 위해서는 선별주의적 방법이 바람직하며, 사회복지 분야에서 이 방법은 오래전부터 광범하게 채택되고 있다.

연습문제

01 사회복지행정에 대한 설명으로 옳은 것은?

> 보기
>
> 가. 사회복지행정은 사회복지정책을 서비스로 전환시키는 것이다.
> 나. 사회복지행정은 가치와 지식에 근거한 휴먼 서비스와 연관이 있다.
> 다. 사회복지행정은 사회복지 목표를 달성하기 위한 실천적 방법이다.
> 라. 사회복지행정은 이윤추구 및 가격관리를 목적으로 한다.

① 가, 나, 다　　② 가, 다　　③ 나, 라
④ 라　　⑤ 가, 나, 다, 라

02 사회복지행정의 특성으로 옳지 <u>않은</u> 것은?

① 인간을 원료로 하기 때문에 도덕적 가치에 민감하다.
② 측정하는 도구가 잘 개발되어 성과 측정이 용이하다.
③ 조직 목표가 불명확하여 합의 도출이 어렵다.
④ 기관직원과 클라이언트의 관계에 관심을 둔다.
⑤ 결과평가에 논란이 많고 변화와 혁신에 대한 저항이 다른 조직보다 크다.

03 사회복지행정이 일반 행정과 구별되는 차이점으로 볼 수 <u>없는</u> 것은?

① 사회복지사 등 전문가의 직무수행 능력에 크게 의존한다.
② 인간에 대한 가치와 도덕성이 포함되어 있다.
③ 실천기술이 표준화되어 있다.
④ 지역사회에 대한 윤리적 책임을 가지고 지역사회와 밀접하게 관계를 맺는다.
⑤ 대상자에 따라 개별화한다.

04 사회복지행정과 일반 행정의 공통점에 해당하지 <u>않는</u> 것은?

① 공공의 이익, 다수의 의지를 실현하기 위한 실행체계이다.
② 대안을 선택함에 있어서 가치판단과 창의적인 지식을 활용한다.

③ 문제를 확인하고 해결 가능한 계획을 개발하는 문제 해결적 과정이다.
④ 사회복지조직의 특성을 이해하고 지역사회복지 업무를 해결한다.
⑤ 인적 · 물적 자원을 동원하고, 이를 조직화하는 기능을 수행한다.

05 사회복지행정의 이념으로 적절하지 않은 것은?

① 생산성　② 효율성　③ 편익성
④ 접근성　⑤ 형평성

정 답　1. ①　2. ②　3. ③　4. ④　5. ①

제 2 장

사회복지행정의 발전 과정

제 1 절 영국의 사회복지행정

영국은 1601년 엘리자베스구빈법(The Elizabethan Poor Law) 제정으로 빈민 구제에 관한 국가 책임을 세계 최초로 인정하여 어느 나라보다도 사회복지의 발달에 선구적 역할을 해 왔으나, 현대적 의미의 사회보장제도 도입은 독일보다 다소 늦게 20세기 초에 이르러 비로소 시작되었다.

영국의 사회복지행정은 19세기까지는 구빈행정 수준에 머물러 있었으며 20세기에 들어서서, 특히 두 차례의 세계대전을 겪은 후에야 체계화되었다. 그리고 영국 사회복지행정의 역사적 경험과 그로부터 도출된 지식은 많은 국가들에 전파되어 적지 않은 영향을 미쳤다.

영국에서는 사회복지행정이 흔히 '사회행정'으로 불리는데, 그 시기를 ① 실험기(1600~1900년), ② 정착기(1900~1945년), ③ 확장기(1945년 이후) 등으로 구분할 수 있다.

1 실험기(1600~1900년)

1) 절대왕정의 성립과 구빈법

영국에서 근대적 의미의 사회복지제도의 등장은 절대왕정 시대의 도래와 거의 일치한다. 중세 장원(莊園)제도[1]를 중심으로 약 10세기 동안 지속되었던 봉건주의가 붕괴되고 절대왕정 시대(15세기 말~17세기)로 접어들면서 영주와 교회 중심의 종래의 구빈체제는 와해되고 국가책임의 빈민 구제행정으로 대치되었다. 이러한 과정에서 빈민에 대한 여러 입법 및 조치들이 이루어졌는데, 이들은 빈민 구제보다 오히려 빈민에 대한 통제의 성격이 강하였다.

먼저 1349년에 에드워드 3세(Edward III)는 당시의 노동력 부족현상과 이에 따른 급격한 임금 상승에 대처하기 위해 노동자조례(The Statute of Laborers)를 제정하였으며,[2] 1531년에 헨리 8세(Henry VIII)는 시장이나 치안판사로 하여금 빈민의 구호신청조사와 걸인의 등록제를 내용으로 하는 법령을 제정하게 하고, 1536년에는 노동이 가능한 빈민을 취업하도록 하는 반면, 걸인이나 부랑자에 대해서는 처벌을 규정한 영국 최초의 정부 후원 하의 공공구호(public relief)를 시행하였다. 이어 1572년에 엘리자베스여왕 1세(Queen Elizabeth I)는 구빈자금 조달을 위한 세제 도입 및 민생위원제도를 설치하고, 1597년에는 치안판사로 하여금 모든 교구에 민생위원을 지정하게 하고 노인, 맹인, 불구자 등을 위해 구빈원을 설립하였다.

이러한 빈민구제에 관한 법제들은 1601년 엘리자베스구빈법(The Elizabethan Poor Law)으로 집대성을 보게 되었는데, 이 법은 교구 단위의 자선행위로서 행해지던 빈민 구제가 국가의 구빈세(relief tax)에 의해 행해지게 되는 계기를 마련하였다는 데에 그 의의가 크다.

---

1) 영국의 매너(manor), 프랑스의 세너리(seigneurie), 독일의 그룬트헤어샤프트(grundherrschft) 등이 보통 장원이라고 번역된다. 장원은 일반적으로 각 지역의 사적(私的) 대토지소유제를 뜻한다.

2) 영국에서는 1348~1349년 간 흑사병(黑死病, Black Death)의 만연으로 영국 국민의 3분의 2가 사망함에 따라 노동력 부족현상이 야기되었다.

엘리자베스구빈법의 성립 배경으로는 당시 영국에서 가내공업에 있어 양모(羊毛) 공업과 그 상업 · 무역활동의 발전으로 농경지의 종획운동(Enclosure Movement)이 진행되어 봉건제도 하의 많은 소작농민들이 토지로부터 추방되어 아직 충분히 성장상태에 이르지 못한 공업 때문에 노동력으로 흡수되지 못하고 빈민으로 전락하게 된 것을 들 수 있다. 이와 같이 이 시대에는 중세 사회의 자선의 대상이었던 '노동 능력이 없는 빈민(the impotent poor)'뿐만 아니라 '노동력이 있는 빈민(the able－bodied poor)'의 발생이 대량으로 나타난 데에 그 특징이 있다. 또한 헨리 8세의 종교개혁으로 영국교회가 로마교황으로부터 독립하여 국왕의 지배 하에 들게 되었고, 교회령 몰수와 수도원 해산 등의 조치가 취해짐에 따라 그동안 교회가 수행했던 빈민 구제의 역할은 국가의 책임으로 대치되었다.

엘리자베스구빈법은 빈민 구제와 더불어 많은 빈민과 부랑아들의 걸인행각 등을 금지하고 사회질서 유지를 목적으로 하고 있는데, 그 주요 내용은 다음과 같다(이계탁, 1995: 45－46).

첫째, 행정조직의 단위를 교구(敎區, parish)에 두고, 교회조직을 세속적 행정조직으로 포함시켜 치안판사(justices of the peace)의 감독 하에 빈민감독관(overseers of the poor)을 두어 빈민의 구호신청 접수, 생활실태 조사, 구호자격 판정 등 빈민 구제의 사무를 행하도록 하였다.

둘째, 빈민 구제를 위한 재원 확보를 위해 구빈세(poor tax) 거출을 교구민에게 의무화하였다. 당시 사적 기부금이나 벌금과 같은 보충적 재원이 있기는 하였으나 구빈세가 빈민 구제의 주요 원천이었다.

셋째, 구제 대상자를 ① 노동 능력이 있는 빈민(the able－bodied poor), ② 노동 능력이 없는 빈민(the impotent poor), ③ 공적 부양을 필요로 하는 아동(dependent children) 등으로 구분하여 각각 대책을 강구하였다. 즉, 노동 능력이 있는 빈민에게는 일자리를 제공하고 만약 노역을 거부했을 때에는 감옥에 보냈으며, 노인 · 심신장애자 · 병자 등 노동 능력이 없는 빈민은 구빈원 보호(indoor relief)를 원칙으로 하되 거처할 곳이 있어 그것이 보다 적은 비용이 드는 경우 집으로 식량 · 옷 · 연료 등을 보내주는 거택보호(outdoor relief)도 가능하게 하였다. 또한 고아나 기아 등 아동 중 노동 능력이 있는 8세 이상의 경우 남자는 24세, 여자는 21세까지 도제봉공(徒弟奉公)에 강제되었다.

넷째, 구제 대상자는 구호 신청을 요건으로 하고 해당 교구에서 3년 이상 거주한 자에게 신청 자격을 부여하였다. 당시 빈민(paupers)이 된다는 것은 참정권 박탈, 이주 제한 등 일반 시민으로서의 권리를 상실하는 일종의 계급적 낙인(烙印)이 찍히는 것으로서, 이 제도는 수혜자를 가급적 억제하려는 의도가 내재되어 있었다.

다섯째, 빈민구호의 수준은 구호받지 않는 사람들 중 가장 생활수준이 낮은 경우보다 나을 수 없도록 하는 최소적격원칙(principles of less eligibility)에 입각하였다.

엘리자베스구빈법은 종래 봉건주의 시대의 자선(慈善) 중심의 구빈과는 달리 지방교구의 공적 책임 아래 조직화·공식화된 빈민구호를 행하는 원칙을 수립했다는 데에 그 의의를 찾을 수 있으나, 빈민의 구제보다 오히려 빈민에 대한 통제에 초점을 두었다는 점에서 한계가 있다.

그 후 구빈법은 절대왕정의 부르주아적 중상주의로의 전환으로 점차 분권화되어 교구로 위임되는 경향을 보였고, 자본주의 발전으로 저임(低賃) 노동력을 대량으로 확보할 필요가 있게 됨에 따라 정주법, 노역장법, 노역장테스트법, 길버트법, 스핀햄랜드법, 신구빈법 등의 제정으로 적지 않은 변화를 초래하게 하였다(김수신·정홍익, 1996: 29－30).

먼저 정주법(Settlement Act, 1662)은 당시 각 교구가 자기 교구 내의 빈민보호 책임을 가지고 있었던 체제에서 구빈행정에 소요되는 비용을 최소화하기 위해 각 교구로 하여금 그 관할구역 내에 새로운 빈민이 유입했을 경우에는 특별한 사유가 없는 한 이들을 본래의 거주지를 송환하도록 한 제도로, 이 법은 선의(善意)의 빈민이 주거 선택의 자유를 침해받는다는 비판이 제기되어 1795년에 새로운 이주자라도 구호 신청 시까지는 강제 추방되지 않도록 하는 내용으로 개정되었다.

노역장법(Workhouse Act, 1696)은 당시 네덜란드인(the Dutch)과 치열한 상업경쟁을 하던 영국인들이 네덜란드 구빈원의 생산적인 운영에 고무되어 노동이 가능한 빈민을 저임금 노동력으로 확보하려고 한 제도이며, 노역장테스트법(Workhouse Test Act, 1722)은 빈민이 구제를 받으려면 노역장에 수용되어야 하고 노역장 수용을 거부한 경우에는 구제받을 자격을 박탈하는 제도이다. 그러나 노역장법은 숙련성의 부족 등으로 경제적으로는 성공하지 못하고 거리의 상습적인 걸인이나 부랑자를 없애는 데에 다소 도움이 되었을 뿐이며, 노역장테스트법은 당시 노역장 내의 생활상태가 매우 열악하고 강제노동 등으로 빈민들이 구제받기를 포기하게 하여 구제비의 경감과 자본축적을 촉진하는 결과를 초래하였다.

길버트법(Gilbert Act, 1782)은 노역장에서의 빈민의 비참한 생활과 착취를 개선할 것을 목적으로 리치필드(Lichfield)의 하원 의원인 길버트(Thomas Gilbert)가 제안하여 통과된 법으로, 이 법에서는 노동은 가능하나 자활 능력이 없는 빈민을 노역장에 보내는 대신 자기 가정 또는 인근의 적당한 직장에 취업하도록 알선해 주는 원외구조(outdoor relief)를 규정하고 있다. 그 결과 종래의 노역장은 주로 노령자·고아 등을 위한 시설로 활용되었다.

스핀햄랜드법(Speenhamland Act, 1795)은 버크셔(Berkshire) 주 스핀햄랜드 지역의 치안판사회의에서 제정된 법으로, 가족 규모를 고려하여 구호량을 정하고 최저생활기준에 미달되는 임금의 부족분을 보조해 주는 빈민의 처우개선책인 임금보조제도(relief allowance system)이다. 이 제도는 오늘날의 가족수당이나 최저생활보장의 기반을 이룬다고 할 수 있는데, 당시에는 집에 있는 사람들까지 폭넓게 구호 혜택을 주어 시민의 구빈세 부담의 증가와 더불어 빈민을 나태하게 한다는 비판을 받기도 하였다.

그리고 신구빈법(New Poor Law, 1834)은 19세기에 들어 세계에서 가장 빨리 산업혁명을 이룩한 영국이 경제적 번영과 더불어 대두된 인구의 도시집중, 빈민굴의 출현, 불결한 위생상태 등 사회문제를 해결하고자 종래의 구빈법을 개정한 것으로, 이 법은 당시 지배계급의 입장을 반영하여 길버트법, 스핀햄랜드법 등의 제정 이래 야기된 구빈 대상자 및 구빈세의 증가를 억제하는 데 초점을 두고 있다(Friedlander & Apte, 1974: 22). 그 주요 내용을 보면 노동이 가능한 자는 작업장(work house)에 모두 수용하고 병자·노인·허약자·아동 등을 거느린 과부에게만 원외구호(outdoor relief)를 허용하며, 구빈행정의 전국적 통일을 기하기 위하여 국왕 지정의 중앙통제위원회를 설립하고 교구 단위의 구호행정을 구빈법연맹(Poor Law Union)으로 통합한다는 것 등이다. 이 법의 시행으로 스핀햄랜드법의 임금보조제도가 폐지되어 구제자 수 및 구호 비용 감소를 초래하였으며, 노역소의 비참한 생활은 빈민들로 하여금 더 이상 생존할 수 없을 때에만 구호를 요청하게 하여 빈민구호 비용의 절감효과를 기하였다.

2) 사회복지 관련 제도의 정비

19세기의 영국은 철저한 자유방임 사회로서 사회복지제도에 대한 기본 시각은 앞서 살펴 본 구빈법의 기본적 골격을 벗어나지 못하였다. 그러나 18세기 후반부터 시작된 영국의 산업혁명이 빈부 격차의 심화 및 급격한 도시화로 많은 사회문제를 노정하게 됨에 따라 이러한 문제들을 해결하기 위한 사회복지 관련 제도의 정비가 이루어지게 되었다. 당시 추진된 사회복지 관련 제도들은 근로의 제반 여건과 기준을 규제하는 공장법, 보건 관련법, 주택 관련법, 교육 관련법 등이 그 주된 내용이다(신섭중 외, 1990: 441－442).

먼저 공장법으로 도제(apprentice)의 건강과 사기진작을 위한 법(1802), 근로시간 규제 및 근로자의 건강과 안전보장을 위한 공장 및 탄광법(1833), 공장 및 작업장법(1891), 여성근로자보상법(1897) 등이 있다. 보건 관련법으로 공중건강법(1948), 대도시 빈민을 위한 병원설치 및 치료에 관한 법(1867), 정신질환법(1890) 등이 있으며, 주택 관련법으로 주택임차법(1851), 대도시 무주택 빈민을 위한 법(1864), 장인 및 근로자의 주거법(1868), 주택법(1890) 등이 있다. 그리고 교육 관련법으로는 국가교육부조법(1833), 초등기본교육법(1870), 의무교육법(1880), 의무무상교육법(1891) 등이 있다.

여기서 19세기까지 영국 사회복지의 관심은 구빈 이외에 보건, 주택, 교육 등 한정된 범위에 국한되어 있음을 알 수 있다. 또한 이들과 관련된 국가에 의한 사회복지 서비스는 최저한의 형식적인 수준에 불과하였으며, 기본적으로는 산업혁명을 통한 지속적인 경제성장과 근로조건 등 사회경제적 여건을 향상시켜 스스로 자유방임 시장에서 획득하도록 하는 것이었다.

3) 민간 차원의 구빈활동

19세기에 들어 영국에서는 노동자의 단결금지법 폐지, 선거법 개정, 차티스트 운동(Chartist Movement)[3] 등 많은 사회개혁운동이 일어났으며, 특히 빈민 구제

3) 차티스트운동은 1830년대 초부터 노동자들이 자신들의 권익을 위하여 의회에 탄원 또는 집단적인 행동을 한 역사적 사건으로, 성년 남자의 보통선거, 무기명 비밀투표, 동등한 선거구 책정, 하원 의원의 매년 개선 및 봉급 지불, 하원 의원의 재산자격 철폐 등 노동계급의 정치의식

를 위한 민간 차원의 실천운동으로 자선조직협회, 인보관운동, 사회조사활동 등이 대두되었다.

먼저 자선조직협회(Charity Organization Society: COS)는 19세기 후반에 교회를 비롯한 많은 자선단체나 박애주의자들 간에 구호행정의 중복과 경쟁을 피하고 긴밀한 상호 협력 하에 자선활동을 전개하도록 하기 위해 설립된 것으로, 이 협회는 1868년 영국의 솔리(Henry Solly)에 의해 제안된 이래 그 이듬해에 자선구호 및 구걸 방지를 위한 조직으로 런던에 창설되었다. 자선조직협회는 공공구호에 대해서는 빈곤의 책임은 자신에게 있다는 찰머스(Thomas Chalmers)의 이론에 입각하여 빈민의 자존심을 파괴하고 자선금에 의존하여 살도록 한다는 점에서 반대의 입장을 취했으며, 반면에 사적 자선, 기부 및 자원봉사활동 등 순수한 민간의 구제 노력을 강력히 지지하였다.

자선조직협회의 활동은 주로 독일의 엘버펠트제도(Elberfeld System)[4]와 같이 시(市)를 여러 개의 작은 구역으로 분할하여 각 지역마다 생활보호위원회를 두고 위원회 밑에 감독관이 있어 구역 내의 요구호자를 직접 방문하여 실태조사를 토대로 적절한 구호를 실시하는 우애방문(friendly visiting)의 방법에 의존하였다. 이 방법은 빈민들에게 옷, 식량 등 물질적인 지원을 하기도 했으나 보다 역점을 둔 것은 빈민의 생활양식을 변화시킬 수 있는 도덕적인 영향이었다. 이러한 방문구제는 1890년대에 들어와 요구호자의 신청구제로 변경되고 신청자에 대한 실태조사 방법과 요구호자의 개별화 방법이 병용되었는데, 이것은 미국 사회사업의 중심 기술인 개별사회사업(social case work)의 시초라고 할 수 있다.

인보관운동(Settlement House Movement)은 실업자의 증가와 인구의 도시집중으로 인해 도시 내에 슬럼(slum) 지역이 발생하여 새로운 도시문제로 시달리게 되자 이러한 문제의 해결을 위해 중·상류 계층의 사람들이 인도주의 정신에 입각하여 빈민지구에 이주하여 살면서 빈민지구의 생활 실태를 파악하여 빈민들

과 의회민주주의의 명분에 대한 관심을 환기해 주었다는 점에서 그 의의가 있다(차하순, 1976: 479–480).

4) 엘버펠트제도는 1853년 독일 엘버펠트(Elberfeld) 시에서 각 지구에 보호위원(almoner)을 두어 빈민의 상담자로서의 임무를 수행하게 하고 9인으로 구성된 중앙위원회를 두어 제도 자체나 실시 내용을 감독하게 하는 민생위원제도의 일종으로, 전적으로 공공의 조세기금에 의해 운영되었다.

을 원조해 주는 활동을 말한다. 빈민지구에 이주한 자들을 이주자(settlers), 이들의 활동을 인보사업(settlement work), 그리고 이들이 주로 활동하는 장소를 인보관(settlement house)이라고 한다. 이 운동은 1867년 기독교 사회주의자인 데니슨(Edward Denison)이 런던의 빈민가에 이주하여 빈민들을 가르친 데서 비롯되었으며, 바넷(Samuel Augustus Barnett) 목사에 의해 본격적으로 전개되었다.

최초의 인보관은 바넷 등과 더불어 열성적으로 활동하다가 젊은 나이에 사망한 옥스퍼드대학 출신의 토인비(Arnold Toynbee)를 기념하기 위해 1884년 런던에 세워진 토인비 홀(Toynbee Hall)로서, 그 주요 활동 내용을 보면 ① 빈민을 위한 교육과 문화적 발전, ② 대학생 등 인보관 거주자들에게 빈민의 실태와 사회개혁의 필요성 전달, ③ 사회·보건문제 및 사회입법에 관한 일반 대중의 관심 제고 등이다. 이 토인비 홀의 경험을 바탕으로 1887년 뉴욕에 미국 최초의 인보관인 근린조합(Neighborhood Guild)이 생겨났고, 1889년에는 시카고에 헐 하우스(Hull House)가 건립되었다.

사회조사활동(Social Research)은 빈곤의 실태를 조사하여 빈곤의 원인이 개인적 속성이 아니라 사회적·구조적 결함에 있음을 입증하게 했다는 점에서 그 의의가 매우 크다. 영국에서 사회조사의 첫 번째 시도는 1842년 채드윅(Edwin Chadwick)의 노동자 계층의 건강과 위생상태를 다룬 보고서였으며,[5] 이어 1849년 런던 조간신문에 발표된 '런던의 노동자와 런던의 빈민(London Labour and London Poor)'이라는 메이휴(Henry Mayhew)의 기사는 사람들에게 깊은 감명을 주고 사회적 양심을 일깨우게 했다.

이러한 사회조사활동 중 가장 의의 깊은 것은 1886년 부유한 상인인 부스(Charles Booth)에 의해 행해진 런던 시민들의 주택, 임금, 보건, 고용 및 근로조건 등에 대한 포괄적인 조사로서, 이를 통해 당시 런던 시민의 3분의 1이 빈곤선 이하에 있으며, 빈곤은 항상 개인의 결함에 기인하는 것이 아니라 불충분한 임금조건이나 환경에 의해서도 발생된다는 사실이 최초로 밝혀졌다. 부스의 견해는 1901년 출판된 라운트리(Benjamin Seebohm Rowntree)의 요크(York) 시 대상의 「빈곤: 도시생활에 관한 연구(Poverty: A Study of Town Life)」에 의해서도 뒷받

5) 채드윅의 보고서는 「노동인구의 위생상태(The Sanitary Condition of the Labouring Population)」이며, 이것의 영향으로 1848년 영국에서 공중위생법이 제정되었다.

침되었으며, 보다 효과적인 사회개혁 방법의 도입 필요성을 인식하도록 하는 계기가 되었다.

2 정착기(1900~1945년)

1) 구빈법보고서와 사회보험의 발전

20세기에 들어서면서 지금까지의 구빈행정과는 차원을 달리하는 새로운 사회복지행정이 이룩되어야 한다는 소리가 유럽 전역에서 일어났다. 그 대표적인 사람은 웹(Sidney Webb) 부부로서, 이들은 종래의 구빈법을 탈피해서 빈민(paupers)뿐 아니라 어린이, 노인, 병자, 실업자 등도 구제 대상으로 포함해야 한다고 주장하였다. 한편 1906년 집권한 자유당 정부는 파업, 폐업 등 산업쟁의와 실업 및 빈곤문제 등 심각한 사회문제에 직면하면서 개인 책임에 입각한 종래의 빈민구제정책으로는 부족하다고 판단하고, 국민 전체를 대상으로 한 사회복지 입법을 추진하게 되었다.

이렇게 종래의 구빈 중심 행정으로부터 국민 전체를 위한 사회복지로 전환되는 근본적인 계기는 1905년 발족된 왕립위원회(Royal Commission on the Poor Laws and Relief of Distress)가 현존의 구빈법 및 실업에 관한 철저한 조사를 실시하여 1909년 정부에 제출한 「구빈법보고서(The Report on Poor Law)」로서, 이 보고서는 구빈법에 대한 관리상 개혁의 필요성뿐만 아니라 개혁의 방향이 치료적이고 예방적일 것을 강조하고 있다. 당시 위원회가 제안한 주요 권장사항을 보면 ① 구빈행정을 위한 기구를 구빈법연맹(Poor Law Union)에서 주협의회(Country Council)로 확대하고, ② 구빈원의 혼합시설을 철폐하여 환자는 병원에서 치료를 받고 아동은 위탁가정이나 학교 기숙사 보호로 대치하며, ③ 노인을 위한 국민연금, 빈민을 위한 무료 치료, 실업자를 위한 사회보험 프로그램 등을 도입한다는 것 등이다.

당시 위원회는 문제에 대한 기본적 견해의 차이로 18명의 위원들이 다수파와 소수파로 분리되어 각기 보고서를 제출하였는데, 이것이 이른바 유명한 다수파

보고서와 소수파 보고서이다. 로크(Charles Lock), 힐(Octavia Hill), 보상케(Hellen Bosanquet) 등을 중심으로 한 다수파는 구빈법의 존속을 인정하되 그 개선점을 시정할 것을 주장한 반면, 웹(Mrs. Beartrice Sidney Webb), 랜스버리(George Lansbury), 챈들러(Francis Chandler) 등을 중심으로 한 소수파는 보건 · 교육 · 주택 · 사회보험 등의 예방적 대책을 주장하고 구빈법을 전면적으로 폐지할 것을 제안하였다.

이러한 구빈법에 대한 재검토와 아울러 1908년 노령연금법(Old Age Pensions Act)이 제정되어 중앙정부가 70세 이상의 노인들에게 자산조사와 도덕성조사를 통하여 생계보조비를 지급하도록 하였으며, 1911년에는 실업 · 건강 · 재해 · 폐질 등을 포괄하는 국민보험법(National Insurance Act)이 제정되어 처음으로 실업보험과 질병보험이 실시되었다. 그리고 이 시기를 즈음하여 영국 사회보장제도의 중점이 종래의 공적 부조로부터 사회보험제도로 전환되었다고 할 수 있다.[6]

그 후 영국의 사회보험제도는 제1차 세계대전 이후부터 제2차 세계대전이 일어나기 전까지 20여 년 동안 지속적으로 발전하여 1939년에는 기여금을 불입하지 않아도 생계보호의 혜택을 받는 노인연금, 맹인연금 등이 생기게 되었다. 또한 노동자들을 위한 보험제도 중에는 기여금을 불입하는 연금, 미망인 및 고아연금, 실업 및 의료보험 등과 실업보험의 혜택이 끊어졌을 때 생계보호를 받는 최저생활비 보조제도 등이 있었다. 그러나 당시 영국의 사회보험제도는 각종 보험제도로 분산되어 여러 종류의 조직에 의해 관리되고 이를 조정하는 종합적인 기구가 없고, 모든 피고용자들이 보험 혜택을 받지 못하는 등 적지 않은 단점을 내포하고 있었다.

2) 「비버리지보고서」

영국 정부는 제2차 세계대전의 종전을 앞두고 모든 국민의 전쟁 의지를 결집

---

6) 영국에서 사회보험의 시작은 1897년 피고용자보상법에 의해 산재보험이 실시된 때부터였다. 당시 산재보험제도는 작업 중에 재해를 입은 피고용자들에게 사고가 우연히 일어났던 혹은 과실로 일어났던 간에 보상을 받도록 하였으나 그 적용 범위는 위험률이 특히 높은 소수의 산업에 국한되었다.

시키고 전후 사회보장의 획기적 재건을 위한 청사진을 제시할 필요가 있었다. 이에 따라 1941년 6월 '사회보장 및 관련 서비스에 관한 정부부처 간 조사위원회'가 구성되고 비버리지(William Henry Beveridge)가 위원장으로 임명되었다. 이 위원회의 보고서[7]는 1942년 11월에 완성되어 처칠(Winston Churchill) 수상에게 보고되었는데, 이때 다음과 같은 세 가지 주요 원칙이 제시되었다.

첫째, 이 보고서는 일시적인 미봉책이 아니라 혁명적 결단이므로 부분적이고 분파적인 이해에 구속되어서는 안 된다.

둘째, 사회보험의 구성은 전체 사회발전정책의 일부분으로서 다루어져야 한다. 왜냐하면 사회보험은 소득보장을 위한 제도로 하나의 빈곤 추방을 위한 대책에 불과하며, 실제 우리 생활을 어렵게 하는 것은 빈곤(want) 이외에도 질병(disease), 무지(ignorance), 불결(squalor), 나태(idleness) 등이 있기 때문이다.

셋째, 원만한 사회보장제도의 실시를 위해서는 개인과 국가 간에 수준 높은 협조가 반드시 이루어져야 한다.

「비버리지보고서(Beveridge Report)」는 영국 사회보장제도의 전반적인 개혁을 위해 우선 빈곤의 원인이 무엇인가에 대해 철저한 조사를 실시했으며, 그 결과 빈곤의 주요 원인은 소득의 중단 또는 상실이라는 사실을 밝혀냈다. 그리고 이러한 소득의 중단이나 상실에 대비하기 위해서는 무엇보다도 전 국민에게 사회보험을 적용하는 '국민보험(National Insurance)'의 실시를 주장하였다. 이 보고서에 의하면 공적 부조는 국민보험의 도입단계에서 일정기간 이상의 기여조건을 충족시키지 못한 자 등 국민보험의 최종 안전판(safety net)으로서의 구실을 해야 하며, 국민보험제도의 목적 달성을 위해 완전고용의 유지와 종합적인 국민건강 서비스의 도입 및 저임금 대가족 근로자에 대한 가족수당 지급 등이 강조되었다. 따라서 「비버리지보고서」에서 제시된 사회보장체계는 사회보험을 근간으로 공적 부조, 완전고용, 국민건강 서비스, 가족수당 등 다섯 가지 프로그램으로 구성된다고 할 수 있다.

한편 「비버리지보고서」는 사회보험의 기본 원리로서 ① 적용 대상의 전(全) 국민화, ② 모든 위험에 대한 포괄적 적용, ③ 최저생계를 보장할 수 있는 적절한

7) 이 보고서의 공식 명칭은 「사회보험과 관련 서비스: 비버리지보고서(Social Insurance and Allied Services: Report by Sir William Beveridge)」이다.

수준, ④ 단일액(flat-rate)에 의한 기여와 급여, ⑤ 기여에 의한 권리로서의 급부혜택, ⑥ 관리행정의 통합 등 6대 원칙을 내세우고 있으며, 사회보험기금(social insurance fund)은 보험 가입자, 사용주, 국가 등 3자 공동 부담으로 하고 보험에 의한 급여수준은 최저생계를 보장할 수 있는 수준이어야 한다고 주장하였다.

「비버리지보고서」는 출판과 동시에 폭발적인 인기를 끌게 되었다. 이 보고서를 구입하기 위해 정부간행물센터에 몰려든 인파(人波)는 무려 1마일에 달했고 이는 곧 비문학부문의 베스트셀러가 되었다. 이 보고서는 당시 영국 국민들에게 전쟁 종료 이후 펼쳐질 새로운 세계의 설계에 관한 정부의 공약(公約)으로 받아들여졌던 것이다.

3 확장기(1945년 이후)

1) 복지국가로의 출범

제2차 세계대전이 끝난 뒤에 「비버리지보고서」의 건의는 종전 이후 집권한 노동당 정부에 의해 대부분 채택되었다. 우선 1945년 가족수당법(Family Allowance Act)을 제정하여 2인 이상의 부양가족을 가진 가정에 정부재정에서 가족수당을 지급하도록 하였고, 1946년 국민보험법(National Insurance Act)에 의해 노령, 질병, 불구, 실업, 퇴직, 산재, 분만, 남편의 사망 등 각종 사회적 사고 시에 소득을 보장하는 포괄적인 사회보험체계를 마련하였다. 그리고 1946년 국가보건서비스법(National Health Service Act)을 제정하여 영국 내에 거주하는 모든 주민에게 정부재정으로 무료 의료 서비스를 제공하는 국민의료제도를 1948년부터 실시하게 되었다.

한편 공적 부조의 측면에서 1948년에 종전의 구빈법(Poor Law)을 폐지하고 구빈사업에 대한 책임을 지방정부에서 중앙정부로 전환하는 국민부조법(National Assistance Act)을 제정하여 공적 부조사업을 현대화하였다. 영국에서는 국민부조법이 발효된 1948년 7월 5일을 근 350년의 긴 역사를 지녔던 구빈법이 소멸되고 복지국가가 정식으로 출범한 시기로 선언하고 있다(인경석, 1998: 31-32).

그 후 세월이 흐르고 환경이 변화함에 따라 당초 비버리지의 이상(理想)은 다음과 같이 많은 변화를 겪게 되었다(신섭중 외, 1990: 446－447).

첫째, 사회보험의 모든 급부에 있어 빈곤선(poverty line)을 넘어야 한다는 최저생계보장의 원리는 당초부터 지켜지지 못했고, '동일 거출에 입각한 동액 급여'라는 기여금 거출 및 보험급여 방법도 점차 변화되었다. 「비버리지보고서」의 동액주의(同額主義) 원칙에 따르면 저소득자의 부담 능력을 고려하면서 보험재정을 어떻게 확보할 것인가가 가장 중요한 과제라고 할 수 있는데, 재정문제의 해결을 위해 1961년 이후 기존의 동액주의 체제에 점차 소득수준에 따라 기여금과 급여수준의 차이를 두는 차별연금 또는 층별연금(graduated pensions)제도가 가미되었다. 그러다가 1975년 사회보장연금법의 제정으로 1978년부터는 무직자와 자영업자의 일부를 제외하고 소득 비례의 보험료 거출 및 정액 급부 방식으로 전환되었다.

둘째, 「비버리지보고서」에서 사회보험을 보완하는 제도로 생각되었던 공적부조가 오히려 주요한 역할을 수행하게 되었다. 또한 공적 부조의 수혜 대상이 종래 병약자, 불구자, 연금수급자 등에서 점차 장기실업자, 편부모가정 등으로 옮겨가고 제도의 명칭도 1966년에 보충급여(Supplementary Benefit)로, 1986년에는 다시 소득보조(Income Support)로 개칭되고 내용도 부분적으로 수정되었다.

셋째, 행정관리기구의 변천을 들 수 있다. 1944년 설치된 국민보험부는 주로 실업부조에 대한 생계부조를 담당하던 국민부조청과 통합, 1966년 사회보장부(The Ministry of Social Security)로 개칭되어 종래의 사회보험과 공적 부조라는 이원화된 행정체계가 일원화되었으며, 1968년에는 건강부를 흡수하여 모든 사회복지 서비스를 총괄하는 보건성(Department of Health and Social Security)으로 변천되었다.

한편 1970년에는 시봄(Frederic Seebohm)을 위원장으로 하는 조사위원회의 보고서를 바탕으로 지방자치단체의 사회복지법이 제정되었다(김만두 · 한혜경, 1993: 63－64). 시봄위원회는 1968년 보고서에서 서비스 양의 불충분, 서비스 범위의 불충분, 서비스 질의 불충분, 제 서비스 간의 조정 결여, 서비스에의 접근 곤란성, 제 서비스의 적응성 결여 등과 같은 기존 사회복지 업무의 결함을 지적함과 아울러 이러한 제반 문제의 해결을 위해 지방자치단체에 '사회복지부'라는 새로운 기구의 설치를 권고했다. 「시봄보고서」는 정치가, 사회복지 관계자, 그리고 다양한 수혜자집단을 대표하는 제반 단체들로부터 환영을 받았으며, 보고서의 제반 권고를 실현하기 위해 '시봄 실시촉진단'이 발족되고 지방자치단체사회복지법(안)으로 구체화되었다. 이 법안이 1970년 의회를 통과함에 따라 영국의 사회복지 서비스는 소득 · 보건 · 주택 · 교육 등에 이어 제5의 사회적 서비스로 자리잡게 되었다.

2) 대처리즘(Thatcherism)

1980년대에 대처(Margaret Hilda Thatcher) 정부는 영국 경제의 재생과 부활, 그리고 국가경쟁력을 강화하는 다양한 경제정책과 더불어 전후 영국 사회보장 40년의 결과를 재평가하는 '사회보장 개혁'을 단행했다. 즉, 복지 대상을 꼭 필요로 하는 사람에 한정하는 등 복지 공급의 국가 책임을 축소하고 사회보장은 국가와 개인의 제휴에 의해 구축되어야 한다는 전제 아래 복지 제공의 민영화를 촉진하려는 것이다. 이러한 복지축소정책은 1990년대에 들어서도 추진되었는데, 이는 경제 불황이 계속되고 인구의 노령화 현상과 실업률 증가에 따른 보험금 지급 등 실업자에 대한 정부지원금의 증가로 심각한 재정위기를 가져왔기 때문이다. 이러한 대처 정부의 복지축소정책은 메이저(John Major) 정부로 이어져 보수당 집권 18년 동안 영국은 경제지표 면에서 비교적 양호한 상태로 호전되는 결과를 가져왔다.

3) 제3의 길(the Third Road)

영국은 1997년 노동당의 블레어(Tony Blair)가 집권하여 '멋진 영국(Cool Britannia)'을 제창하며 블레어리즘(Blairism)을 제시하였는데, 그의 복지개혁은 전통적인 사회민주주의 노선을 대폭 수정하여 이른바 '제3의 길(the Third Road)'이라는 실용주의 노선을 제시한 것이다. 제3의 길은 기든스(Anthony Giddens)가 이론적으로 체계화한 것으로, 복지/고부담/저효율로 요약되는 사민주의적 복지국가 노선(제1의 길)도 아니고, 고효율/저부담/불평등으로 정리되는 신자유주의적 시장경제 노선(제2의 길)도 아닌 새로운 노선이라는 뜻이다. 제3의 길에서 내세우는 복지전략은 다음과 같이 요약된다.

첫째, 전통적 복지국가 대신에 사회투자국가(social investment state) 건설을 지향한다. 사회투자국가는 국민들에게 경제적 급여를 직접 제공하기보다는 인적 자원에 투자한다는 것이 그 핵심이다.[8)]

둘째, 복지다원주의(welfare pluralism)로서 중앙정부 중심의 복지 공급을 지양하고 지방정부, 비영리단체(제3섹터), 기업 등으로 복지 공급의 주체를 다원화한다.

셋째, 의식 전환(consciousness conversion)으로서 일을 통해 개인들의 독립성과 진취성을 높여 도덕적 해이를 막고 국가에 대한 경제적 의존을 줄인다.

이러한 특징들을 기든스의 견해에 따라 종합해서 정리해 보면 사회투자국가에서는 적극적인 복지사회 건설을 위한 복지지출은 계속하되 의존적 인구계층에 대한 부양비를 직접 제공하기보다는 가능한 한 인적 자원에 대한 투자로 전환하고 복지국가 대신에 사회투자국가의 건설, 직업의 창출, 도덕적 해이가 야기되는 급여제도의 개혁 등과 같은 생산적 복지(workfare)를 강조한다는 것이다(Giddens 저, 한상진 · 박찬욱 역, 1998: 171－189).

제 2 절 미국의 사회복지행정

미국은 독립 이후 약 100년이 지난 1860년경에 이르러 산업혁명과 공업화를 경험하면서 자본주의화에 따른 각종 사회적 · 경제적 문제 해결을 위한 정부의 개

8) 사회투자국가의 특징으로는 다음과 같은 것을 들 수 있다(김영순, 2007). ① 복지지출은 명확한 수익을 낳는 것이어야 한다. ② 경제정책과 사회정책의 통합성을 강조하며, 사회정책은 경제정책에 우선하지만 경제성과 효율성 향상에 기여할 때만 의미를 갖는다. ③ 사회투자의 핵심은 인적 자본이며 핵심 대상은 아동이다. ④ 사회지출은 소비적 지출과 투자 지출로 나눠 소비적 지출은 가능한 한 억제한다. ⑤ 사회투자국가에서 시민의 권리는 시민권을 권리로 간주한 전통적 복지국가와 달리 의무와 균형을 이루어야 한다. ⑥ 결과의 평등보다 기회의 평등을 중시하며, 사회투자국가에서는 국가가 시장에서 밀려난 실패자에게 소득을 보장해 주기보다 청소년들이 지식기반 경제에 적응해서 시장의 승리자가 될 수 있도록 돕는 일을 해야 한다.

입 증대와 더불어 민간 차원의 자선활동을 보다 효과적으로 개선하려는 노력이 이루어졌다. 그리고 현대적인 사회보장제도는 1935년 사회보장법의 성립을 계기로 시작되었으며, 1960년대 후반 존슨(Lyndon Baines Johnson) 대통령의 '빈곤에 대한 전쟁'으로 보다 확대되었다. 미국의 사회복지행정은 형성기(1870~1920년대), 발전기(1930~1960년대), 확립기(1970년대 이후) 등으로 구분할 수 있다.

1 형성기(1870~1920년대)

1) 초기의 구빈정책

미국의 초기 이주자들(settlers)은 주로 영국인들로서 모국인 영국의 법제나 관습에 따라 나태한 것은 종교적인 죄악으로 간주되고 '빈곤은 개인의 책임'이라는 개인주의적 사상이 일반화되어 있었다. 또한 초기 미국인들에게 펼쳐진 넓은 땅과 풍부한 자원은 누구나 열심히 일하기만 하면 자신의 생활안정을 누릴 수 있다는 자수성가(自手成家)의 사상과 자립정신을 북돋우게 하여 오늘날 미국인의 개인주의 전통과 정신을 이어오게 한 배경이 되었다.

미국의 초기 식민지 시대에 있어 교회의 자선(charity)은 영국과 달리 일반인이 아닌 신자(信者)에게만 대상을 국한하는 소극적인 양상을 띠었으며, 빈민에 대한 대책은 주로 지방교구의 역할에 맡겨져 있었다. 당시 지방교구에서는 민생위원(overseers of the poor)을 두어 빈민세 징수, 구호 대상자 조사 등의 업무를 담당하게 하였다.

신대륙 개척지에서도 구빈 대책은 원칙적으로 영국의 엘리자베스구빈법(The Elizabethan Poor Law)을 채택하였으며, 이에 따라 많은 시에서 빈민들에게 식량, 의류품, 연료 등 생활필수품을 공급하는 규정을 제정하였다. 당시 구제 대상은 노인, 병자, 고아 등 노동 무능력자와 원주민, 이재민, 빈민이민 및 파산자 등으로 국한되었으며, 구빈의 방법은 생활필수품을 현물로 지급하거나 최저가격으로 빈민을 일반 가정에 위탁하는 원외보호(outdoor relief)가 주된 것이었다. 이는 영국의 경우 구빈원이나 노역소에 수용·보호하는 원내보호(indoor relief) 중심이었던 것과 차이가 있다.

빈민구호의 비용은 빈민세와 더불어 추수 때 일하기를 거부하거나 교회의 예배에 빠지거나 또는 불법적으로 빈민을 끌어들인 죄로 부과된 벌금으로 충당하였다. 그리고 구제수준도 영국과 같이 최소적격원칙(principles of less eligibility)에 입각하였고, 해당 지역에 일정기간(3~5년) 거주한 자에게만 구제 혜택을 주었다. 미국의 경우에도 영국과 같이 빈곤은 개인적 결함의 산물이라는 관점에서 시혜 범위의 축소를 통해 개인의 게으름 방지에 시각을 두었다. 이에 따라 구호 대상인 빈민들에게 소위 '빈민에 대한 선서'를 한 후에 시청에 전시된 빈민명부(貧民名簿)에 등록하도록 하였고, 또한 지방신문에 빈민의 명단과 함께 급여액을 공개하고 심지어 펜실베이니아 주에서는 그들의 오른쪽 소매 끝에 'P'자를 새긴 옷을 입고 다니도록 하였다.

미국은 19세기에 접어들면서 종래의 원외보호 중심에서 원내보호 중심으로 변화하는 등 구빈정책상 다소의 변화가 있었다. 구빈원은 1657년 뉴욕의 론셀래스위크(Ronsselaeswyck)에 최초로 설립된 이래 19세기 초에 이르러 본격화되었다. 이러한 구호 방법의 전환은 종래의 원외구호의 낭비성을 신랄하게 비판하고 원내구호를 주장한 1821년의 「퀸시보고서(Quincy Reports)」와 1824년의 「예이츠 보고서(Yates Reports)」에 크게 영향을 받은 것으로 알려져 있다. 이들 보고서의 주요 내용은 거택보호는 소비·낭비적이고 구빈원이 가장 경제적인 형태이며, 건장한 걸인과 유랑민들에게는 노역소를 주선한다는 것 등이다.[9] 그러나 구빈원은 시설이 노후하고 빈약할 뿐 아니라 아동의 교육을 위한 기금이나 가르칠 인력이 없었기 때문에 빈민의 생활 상태를 개선하는 데는 별 효과가 없었다. 따라서 구빈원은 수용자의 20~25%가 백치나 정신이상자로서 인간 쓰레기의 집합소로 변했으며, 빈민을 보호한다는 당초 개혁에서 제기되었던 희망은 이루어지지 못하였다(Commager, 1951: 355-356). 한편 1817년에는 뉴욕빈민방지협회(New York Society for the Prevention of Pauperism)를 설립하여 빈곤의 원인을 규명하고 단

9) 「퀸시보고서」는 매사추세츠 주 의회, 「예이츠보고서」는 뉴욕 주 의회의 자문에 응하기 위해 마련된 것으로, 이들 보고서는 해당 주뿐 아니라 미국 전체의 구빈제도에 큰 영향을 주었다. 「퀸시보고서」와 「예이츠보고서」의 보다 자세한 내용은 Sophonisba P. Breckinridge, *Public Welfare Administration in the United States*(Chicago: University of Chicago Press, 1955), pp.30-35 참조.

순한 재정적 구호 대신에 자립의 수단을 개발하는 등 건설적인 빈민구제책을 강구하기도 하였다.

2) 자선조직협회와 인보관운동

미국에서 19세기 중·후반에 걸친 기간은 산업혁명이 추진되면서 공업화가 이루어지고 자본주의적 경제체제가 확립된 시기이다. 이 기간은 제1·2차 산업혁명 단계로 구분할 수 있는데, 제1차 산업혁명 단계에서는 섬유, 직물, 철광, 제분, 피혁 부문 등을 중심으로, 제2차 산업혁명 단계에서는 기계, 금속, 자동차, 정유, 화학 부문 등을 중심으로 급격히 생산이 증가하였다.

이렇게 자본주의 경제가 확립되면서 자본주의화에 따른 각종 사회적·경제적 모순이 나타나기 시작했으며, 이러한 문제의 해결은 전통적인 개인주의적·자유방임적 사회복지제도로는 어렵다는 인식이 제기되었다. 이에 따라 점차 정부의 개입 증대와 더불어 종전의 무계획적이고 낭비가 많던 민간 차원의 자선활동을 보다 효과적으로 개선하려는 노력의 일환으로 영국에서와 같이 자선조직협회(COS)가 설립되었다.

자선조직협회는 가난의 원인을 개인적인 결함이나 도덕적 잘못에서 찾았으며, 빈민 구제는 단순한 적선(積善)만으로는 불충분하고 우애적 방문 등을 통해 도덕적으로 개조해야 한다고 믿었다. 빈곤의 원인을 개인적 결함이나 도덕성의 결여에서 찾고자 하는 사고는 당시 유행하였던 다윈(Charles R. Darwin)의 진화론을 사회경제 생활에 적용한 스펜서(Herbert Spencer)의 사회진화론(Social Darwinism)에서 유래된 것으로, 스펜서의 모국인 영국에 비해 미국에서 더 강력한 영향력을 발휘하였다. 스펜서는 공적 구호와 무분별한 사적(私的) 자선은 둘 다 사람들이 문명화된 삶을 누릴 수 있는 능력을 획득하는 과정인 사회적 적응 과정을 방해하는 것이라고 주장하였다(Rimlinger 저, 한국사회복지학연구회 역, 1991: 65-70).

미국의 자선조직협회는 영국의 런던자선조직협회의 영향으로 1877년 뉴욕 주 버팔로(Buffalo) 시에 최초로 설립된 이래 그 수가 10년 동안에 25개로 증가하였다. 이 협회의 활동은 주택 및 교도소의 개량, 슬럼가의 정화, 각종 사회 입법의 개정뿐 아니라 직업소개소, 대부금취급소, 연수회, 세탁소, 여행자숙소, 법률상담소 등의 운영, 그리고 장애자, 장님, 귀머거리, 불구자의 재활 및 소녀들의 가사 실습을 위한 훈련원과 병원, 진료소, 레크리에이션 및 여름캠프, 탁아소 등을 후원하는 것이다. 자선조직협회의 활동에는 무엇보다도 워커(wokers)와 자원봉사자(volunteers)에 대한 특별한 훈련이 필요했으며, 이에 따라 1898년 뉴욕에서는 리치먼드(Mary E. Richmond) 여사에 의해 최초의 사회사업교육 과정이 편성되었다(Abbott, 1942: 20－21).

자선조직협회의 활동은 재원을 기부금이나 희사금에 의존하고 인적 자원으로는 주로 자원봉사자를 활용한다는 점에서 공적 구호에 비해 경비가 적게 들고 세금을 절약할 수 있다는 장점이 있다. 따라서 미국의 각 지방정부, 심지어 연방의회까지도 구호 서비스를 위한 보조금을 지급해 줌으로써 민간자선기관의 사업을 오랫동안 지원해 왔다(Warner, Queen, & Harper, 1930: 185－189).

한편 1884년 영국에서 대학생들로 하여금 빈민지역에 정착하도록 하여 빈곤의 실상 파악과 더불어 빈곤문제의 해결에 도움을 주려는 의도에서 출발한 인보관운동은 미국에서 1887년 뉴욕시 근린조합(Neighborhood Guild)을 시작으로 1889년 시카고에 헐 하우스(Hull House)가 설립되었으며, 1897년에 74개, 그리고 1910년에는 무려 400개를 넘어서게 되었다.

인보관운동은 처음에는 이웃으로부터 불신을 받기도 했지만 점차 생활상담, 자활지도, 아동보육 및 각종 워크숍 등을 통해 지역 사람들의 공감을 얻게 되었고, 노동자들에게 값싼 비용으로 음식과 주거를 제공할 뿐 아니라 사회적 환경의 개선과 개혁을 위한 활동을 함으로써 20세기 초반까지 노동운동 및 사회복지 입법 활동에 크게 이바지하였다. 또한 이 운동은 빈곤의 원인을 종전까지 개인적 결함에서 찾던 것과는 달리 사회경제적 맥락에서 이해하려고 하였다(최일섭, 1989: 275).

앞에서 언급한 자선조직협회와 인보관운동을 통해 미국의 사회복지는 요구호자와 직접 접촉하여 생활실태를 파악하고 개별적으로 적합한 구제 방법을 강구하도록 하는 전문적 사회사업, 즉 소셜 케이스워크(social casework) 방법이 전개되었다. 특히 이 방법의 대표적 인물인 리치먼드 여사는 『빈곤자에 대한 우호적 방문(*Friendly Visiting Among the Poor*)』(1899), 『선한 이웃(*The Good Neighbour*)』

(1907), 『사회진단(*Social Diagnosis*)』(1917), 『소셜 케이스워크란 무엇인가(*What is Social Casework?*)』(1922) 등의 저술을 통해 전문 사회사업으로서의 케이스워크 보급에 많이 기여하였다.

또한 1898년 뉴욕자선조직협회가 미국 최초의 6주간의 '사회사업전문인력 교육과정'(후에 뉴욕사회사업학교로 명칭 변경)을 개설하였으며, 1903년에는 시카고대학에 사회사업학과가 설치되었다. 이러한 전문 사회사업가에 대한 교육기관의 설립과 더불어 1921년에는 미국사회사업가협회(National Association of Social Workers: NASW)가 발족되고 영역별 협회가 설립되기도 하였다.

20세기에 들어 미국 사회는 스펜서의 사회진화론으로 대표되는 개인주의와 자유방임주의로 대표되는 정치경제 사상이 유럽의 사회주의운동의 영향을 받아 진보적 변화를 겪는 등 많은 변화를 가져왔다. 미국에서의 진보주의는 윌슨(Thomas Woodrow Wilson), 브랜다이스(Louis D. Brandeis), 루스벨트(Theodore Roosevelt), 크로리(H. Croly) 등으로 대표되며, 이들은 사회윤리와 공공복지에 입각한 간섭주의를 표방하였다. 이러한 진보주의 사상의 영향으로 빈곤에 대한 전통적인 개념은 점차 변화되고 주정부 차원이지만 사회보험의 도입을 위한 노력들이 나타났다.

2 발전기(1930~1960년대)

1) 뉴딜정책과 사회보장법 제정

19세기 말까지 미국 사회복지 서비스의 주된 형태는 사적인 것이든 공공(公共)의 후원을 받는 것이든 간에 주정부의 한계를 넘지 않는 지방분권적 전통을 반영하는 것이었다. 20세기에 들어서면서 산업화, 도시화 등으로 점차 연방정부 차원의 사회복지 서비스의 필요성을 인식하게 되었으나 주정부와 지방정부의 자율성을 요구하는 뿌리 깊은 저항에 부딪쳐 제대로 반영되지 못하였다.

이와 같이 빈곤을 비롯한 사회복지 문제에 대해 소극적인 자세를 취해 오던 연방정부의 입장은 대공황(Great Depression)과 그에 따른 뉴딜정책(New Deal

Policy)을 계기로 하여 적극적 개입이라는 변화 양상을 띠게 되었다. 대공황으로 실업자는 150만 명에서 1,200만 명으로 늘어나게 되어 민간기관과 지방정부로서는 도저히 감당할 수 없는 상태가 되었으며, 이에 부득이 연방정부가 개입하게 된 것이다.

1933년 집권한 루스벨트(Franklin Delano Roosevelt) 행정부는 뉴딜정책의 일환으로 두 가지의 사회복지정책을 실시하였다. 하나는 현실적인 실업자 구제와 같은 빈민구호정책으로서 현금, 식료품, 의료 등을 제공하는 동시에 대대적인 공공사업의 전개로 일거리를 창출하는 것이고, 또 하나는 항구적인 제도로서 사회보장제도의 도입을 추진하는 것이다. 이를 위해 1934년 6월 경제보장위원회(Committee on Economic Security)를 구성하여 동년 12월에 최종보고서의 건의를 받아들여 1935년 8월 사회보장법(Social Security Act)을 제정하였다. 이 법에서 사용된 '사회보장(social security)'이란 용어는 세계에서 최초로 쓰인 것으로서 오늘날 세계 각국에서 널리 사용되고 있다.

사회보장법은 사회보험, 공적 부조, 사회복지 서비스 등 세 개 부분으로 구성되어 있다. 먼저 사회보험(social insurance)으로 연방정부가 직접 운영하는 노령연금제도를 실시하여 일정한 업종에 5년 이상 근무하다가 퇴직한 65세 이상 노인을 대상으로 고용 당시의 임금을 기준으로 산출된 총합(總合)을 받을 수 있도록 하였다. 당시 노령연금이 우선적으로 포함된 것은 미국 인구의 고령화 추세, 노인 인구 중 피부양자 수의 증가, 구빈원에서의 높은 구빈 비용 등에 기인한다. 의료보험 실시도 최종보고서에 포함되어 건의되었으나 의회의 심의 과정에서 의사단체의 반대 등으로 제외되었다. 다음으로 또 다른 사회보험인 실업보험제도를 신설하여 각 주정부가 운영하도록 하되 연방정부가 보조금을 지급하게 하였다. 따라서 실업보험의 적용 범위 · 보험료율 · 재원거출 방식 등은 주에 따라 다르다. 실업보험의 실시는 소득보장이 이제는 개인적 아닌 사회적 보호가 필요하다는 미국인들의 사고 변화를 반영한 측면이 있다.

한편 노인(the aged), 어린이(child), 맹인(the blind) 등을 위한 공적 부조와 사회복지 서비스를 주정부가 운영하도록 하고, 이를 실시하는 주에 대해서 연방보조금을 지급하게 하였다. 미국에서 사회보장법은 사회보장제도를 도입함으로써 개인주의, 지방분권주의를 수정한 면이 있는 반면, 개인과 주정부 책임의 전통을 어느 정도 계승한 면이 있는 이중성(二重性, duality)을 가지고 있다고 할 수 있다.

2) 빈곤에 대한 전쟁(War on Poverty)

1935년 제정된 사회보장법은 1960년대 초기까지 미국 사회가 안정과 지속적인 번영에 힘입어 실업이나 빈곤 등은 별로 문제가 되지 않았기 때문에 당초의 프로그램이 별 변화 없이 유지되었다. 그러나 1960년대에 들어 갤브레이스(John K. Galbraith)의 소위 '풍요한 사회(affluent society)' 뒷면에 잠재하고 있는 빈곤문제에 관심을 가지게 되었으며, 민권(civil right)과 함께 복지권(welfare right)에 대한 강력한 시민운동이 정부로 하여금 구빈문제에 보다 적극적인 자세를 취하게 하였다.

이에 존슨(Lyndon Baines Johnson) 대통령은 '빈곤에 대한 전쟁(War on Poverty)'을 선언하고 여러 가지 사회 입법을 통해서 적극적인 구빈행정을 전개하였다. 종래 빈곤은 태만에서 온다는 생각이 지배적이었으나 이때부터 빈곤은 환경의 산물이라는 생각이 대두된 것이다. 그 중심적인 입법은 경제기회법(Economic Opportunity Act, 1964)으로, 이 법은 지금까지 연방정부에 의해 개별적으로 실시되어 온 여러 사업을 빈민 중심으로 개선한 것이다. 여기에는 도시빈민층 자녀들의 조기 두뇌개발을 위한 헤드 스타트(Head Start)를 비롯하여 근린청년단(Neighborhood Youth Corps), 빈민지원사업(Volunteers in Service to America), 빈민의 자립을 위한 지역활동사업(Community Action Program), 빈민에게 직업훈련을 시키는 직업부대(Job Corps) 등이 포함된다.

3) 의료보험제도 도입

1965년에는 그동안 의사단체 등의 반대로 시행되지 못했던 의료보험제도가 도입되었는데, 여기에는 65세 미만의 저소득층과 장애인을 위한 제도인 의료보호제도(Medicaid)와 65세 이상의 노인을 위한 제도인 의료보험제도(Medicare)가 포함된다. 메디케이드(Medicaid)는 연방정부와 주정부가 공동으로 운영하는 프로그램으로 연방정부는 각 주정부의 재정 능력을 고려하여 소요 비용의 50%에서 80% 수준까지 주정부에 보조해 준다. 메디케어(Medicare)는 연방정부가 운영하는 프로그램으로 취업 시 사회보장세 형태로 의료보험료를 납부하였다가 65세에 달하여 은퇴한 이후 병원입원비, 외래치료비, 노인요양시설 입소비 등을 보장받는다.

두 제도 중에서 의료혜택을 받는 수혜자 수가 메디케어보다 메디케이드가 더 많으며 자격을 동시에 인정받아 중복혜택을 받는 사람들도 적지 않다.[10]

3 확립기(1970년대 이후)

1) 닉슨 대통령의 적극적 복지정책

1970년대에 들어 닉슨(Richard Milhous Nixon) 행정부는 1972년 노령-유족-장애보험(OASDI) 급여를 일괄적으로 20% 대폭 인상함과 아울러 연금급여의 수준을 물가수준 변동과 연계하는 자동지수제도(Cost of Living Adjustment)를 도입하였으며, 1974년에는 보충적 소득보장제도(Supplemental Security Income: SSI)를 도입하여 종래 주정부가 운영하던 노인, 맹인, 장애인 등을 위한 공적 부조 프로그램을 연방정부가 운영하도록 전환하였다. 그리고 1975년에는 종래 주정부가 대상에 따라 선별적으로 현금을 제공하던 개별적 사회 서비스에 대하여 통제를 강화하고, 연방정부가 재정지원을 하도록 하는 '타이틀 20계획(Title XX)'을 시행하는 등 부분적인 변화가 있었다(인경석, 1998: 44-45). 이러한 정부의 적극적인 복지정책으로 국가예산 중 복지부문과 국방부문이 차지하는 비율이 1965년 각각 19%, 41%에서 1975년 38%, 25%로, 그리고 1982년에는 35%, 27%로 역전의 추세를 보였다. 이는 곧 전쟁(warfare)과 복지(welfare)의 우선순위가 바뀌어졌음을 나타내는데, 이것을 "부지중에 일어난 하나의 혁명(the revolution no

10) 2016년 기준으로 메디케이드 대상이 되려면 소득기준 월 1,209달러 이하이고 재산은 21,750달러 이하라야 한다. 메디케어는 65세 이상 노인뿐 아니라 65세 미만이라도 일정한 장애조건을 가진 사람들도 포함된다.

one noticed)"이라고 말하는 사람도 있다. 이러한 과정에서 1970년대 후반부터 미국 최초의 사회복지행정 교과서인 『사회복지행정(*Administration in Social Work*)』(1976)를 비롯하여 사회복지행정에 관한 교재가 30여 종이나 출간되어 사회복지행정의 학문적 정체성 확립에 기여하였다.

2) 레이거노믹스(Reaganomics)

1980년대에 들어 레이건(Ronald Wilson Reagan) 행정부는 프리드먼(Milton Friedman) 등의 신자유주의(neo-liberalism)의 영향으로 종래 1960년대부터 성립·전개되어 왔던 복지행정에 대해 중대한 수정을 가하였다. 그것은 종래에 비해 보다 보수적인 입장에서 크게 축소된 복지행정을 의미하는 이른바 레이거노믹스(Reaganomics)로, 그 이론적 기반은 다음과 같다. 즉, ① 복지에 대한 정부예산의 지출은 최소화되고, ② 특히 연방정부는 복지사업에 대한 관여를 최소화해야 하며, ③ 정부로부터의 복지 원조는 꼭 필요한 사람(the truly needy)에 한해서 단기적이어야 한다는 것이다(김해동·정홍익, 1985: 30-33).

1982년 레이건 행정부가 연방정부가 의료보호제도(Medicaid)에 소요되는 모든 부담을 맡는 대신 식품교환권(Food Stamps)과 부양아동가족부조제도(AFDC)에 필요한 재정을 전적으로 주정부가 맡도록 하는 프로그램을 제안했던 것은 사회복지에 대한 연방정부의 책임을 가능한 한 축소하려는 의도를 여실히 나타내는 단적인 예이다.

1980년대 이후 사회복지부문의 민영화와 프로그램 예산의 축소 등에 따라 사회복지 프로그램에 대한 엄격한 관리와 분석, 자원 동원 등의 능력을 갖춘 관리자에 대한 수요가 증가되었으며, 1990년대 이후에는 사회복지 분야에서 재정 관리와 마케팅이 점차 강조되고 사회복지조직들의 합병과 연합 등 새로운 경영 기법과 가치관이 확대되었다. 여기서 민영화(privatization)는 공공조직을 키우지 않으면서도 서비스의 다양성과 범위를 확대하기 위한 것으로, 세금자원으로 공공조직을 운영하지 않고 대신에 프로그램 보조나 서비스 구매 등의 방법을 통해 민간부문의 서비스 역량을 활용하려는 것이다. 그 결과 서비스 구매계약(Purchase of Service Contrating: POSC)과 보조금으로 유지되는 많은 민간 사회 서비스 기관들이 만들어졌으며, 이로 인해 사회사업가들이 행정관리자로서 활동할 수 있는 기회와 폭이 넓혀졌다.

3) TANF 프로그램과 그 이후

1993년 집권한 클린턴(Bill Clinton) 행정부에서는 1996년 '개인 책임 및 노동기회조정법(Personal Responsibility and Work Opportunity Act: PRWORA)' 제정으로 미국 공공부조 역사에 획기적인 변화가 일어나게 되었다. 이 법의 취지는 복지 의존을 감소시키고 개인의 책임과 근로를 통한 자립을 강조하려는 것으로, 이로 인해 근 60년의 역사를 가진 미국의 공공부조 프로그램인 부양아동가족부조제도(Assistance to Family with Dependent Children: AFDC)가 폐지되고, 빈곤가족일시부조제도(Temporary Assistance for Needy Families: TANF)로 대치되었다. TANF 프로그램은 빈곤 가족의 취업이나 결혼을 장려해서 빈곤층의 행동 변화를 유도하고 복지 의존을 감소시키는 것을 주된 목적으로 한 제도로, 이의 실행을 위해 개별 대상자의 생애주기 총 복지수급 기간을 정해두고 프로그램 실행의 주된 권한과 책임을 주정부에 이양하였다.[11)]

그 후에도 1998년의 인력투자법(Work Investment Act: WIA)이나 부시(George Walker Bush) 행정부의 2005년 적자감축법(Deficit Reduction Act: DRA) 등에서 나타났던 바와 같이 공공의 복지 서비스를 민영화, 지방화, 시장화(영리화)하려는 신자유주의적 기조를 유지해 오고 있다. 이로 인해 미국의 사회복지 전달체계는 공급 주체가 지방정부, 민간비영리조직, 영리조직 등으로 다양화되고, 또한

11) AFDC는 아동을 양육하는 빈곤가정에 현금급여를 제공하는 것으로 기간이 정해지지 않고 일정한 소득기준만 충족시키면 급여를 받을 수 있었다. 그런데 1960년과 1970년에 들어서면서 수급자 수가 각각 300만 명, 960만 명에 달하게 되어 이들에 대한 사회적 불신과 비판이 점차 증가하였다. 이는 근로 능력이 있는 사람은 스스로 일해서 얻은 수입으로 생활을 영위해야 한다는 미국 사회의 가치관에 배치되는 것으로, 클린턴 행정부는 복지제도에 대한 의존을 줄이고 개인의 책임과 노동을 통한 자활을 주요 내용으로 하는 「개인 책임 및 노동기회조정법(PRWORA)」을 제정하면서 TANF의 도입을 시작하였다. TANF 하에서는 연방정부의 기본적인 가이드라인 안에서 주정부가 자유롭게 프로그램을 설계할 수 있으나 자동적 수급권은 인정되지 않는다. TANF 시행으로 복지수급자 중 취업비율은 1990년 6.7%에서 1999년 28.1%로 증가했으며, 1996년과 2000년 사이에 복지수급자는 550만 명으로 53%나 급감하였다.

이들 간의 연결망 회로가 다선화(多線化)되는 추세를 보이고 있다.

한편 1990년대 초부터 사회복지 전달체계에서 공공과 민간조직이라는 전통적인 구분을 파괴하는 복합적인 조직형태들이 나타나고 있다. 예를 들면, 전통적인 공공 관료조직들이 점차로 기능적 또는 지리적으로 느슨하게 연결되는 공공 서비스 조직들로 대체되는 것으로, 이 경우 공공 서비스 조직들은 실제로 서비스를 제공하지 않고 개인 서비스 제공자, 비영리 서비스 조직, 영리기업 등과 계약이나 서비스 구매 방법으로 묶어 서비스를 제공하게 된다. 또한 전통적인 민간 사회복지 서비스 기관들의 규모가 점차 커지는 현상도 계속되고 있다(김영종, 2010: 85－86).

제 3 절 우리나라의 사회복지행정

우리나라는 예로부터 두레나 계(契) 등 민간 차원의 상부상조의 전통이 강했으며 어려운 사람들에 대한 구휼(救恤)행정이 일찍부터 전개되었다. 조선 시대까지의 사회복지행정은 대체로 이러한 구빈 중심의 전통이 이어져 왔다. 그 후 일제 및 군정 시대를 거치면서 다소간의 체계화를 이루었으나 1960년대에 이르러서야 오늘날의 사회복지행정체계가 확립되었다.

1 조선 시대 이전

1) 삼국 및 고려 시대

삼국 시대에는 빈민구제사업으로 천재지변이나 흉년이 들었을 때 굶주린 백성들에게 국고에 비축했던 양곡을 풀어 구제하거나 춘궁기에 정부의 양곡을 빌려 주었다가 가을 추수기에 거두어들이는 방식이 주로 행해졌다. 전자의 예로는 신라 남해왕(南解王) 때 기근으로 굶주린 백성들에게 국고를 털어 구휼한 것이라든지 또는 유리왕(儒理王) 때에도 홀아비, 과부, 고아, 병자 등에게 먹을 것을 주고 돌보았다는 기록을 볼 수 있으며, 후자의 예로는 고구려 고국천왕(故國川王) 때 재상 을파소(乙巴素)에 의해 시행된 진대법(賑貸法)을 그 효시로 보는데, 이것은 춘궁기인 3월부터 7월 사이에 나라에서 양곡을 가난한 사람들에게 빌려 주었다가 추수기에 납부하도록 한 것이다. 이 밖에도 민족문화 창달에 많은 역할을 한 유(儒)·불(佛)·선(禪) 등의 영향으로 흉년에 조세를 면제해 주는 제도나 고아를 양자로 삼는 풍습, 노인 존중의 풍속 등이 오래전부터 있어 왔다.

고려 시대에는 우리 민족 고유의 상부상조 정신에 국교인 불교의 자비정신이 복합되어 삼국 시대의 민생구휼제도가 더욱 체계화되고 확대되었다. 우선 상설 구빈기관으로 제위보, 흑창(성종 때 의창으로 개명), 상평창 등이 있었고, 임시 구빈기관으로 동서제위도감, 구제도감, 구급도감 등을 들 수 있다(조홍식, 1986: 165−186).

제위보(濟危寶)는 광종 14년(963)에 설치되어 고려 말까지 존속된 빈민구제기관이며, 흑창(黑倉)은 고구려의 진대법이 발전한 것으로 건국 초부터 설치되어 평상시에 양곡을 쌓아 두었다가 흉년이나 전쟁, 기근, 전염병의 창궐 등 비상사태 하에서 빈민구제의 역할을 담당하였다. 그리고 상평창(常平倉)은 성종 12년(993)에 곡식의 매매를 통한 물가조절 기능과 구빈사업 등을 담당하였다.

이렇게 흉년이나 전쟁 등 비상시 각종 재해에 대한 대비책을 강구함과 아울러 평상시에도 생계가 곤란한 사람들을 돕기 위한 여러 제도가 마련되어 있었다. 예를 들면, 은면제 또는 재면제, 환과고독진대제, 납속보관제 등이다. 여기서 은면제(恩免制) 또는 재면제(災免制)는 왕위의 즉위 직후 또는 전쟁이 끝난 뒤 일정기간 동안 천재, 지변, 전염병 등에 의해 심한 피해를 입게 된 백성들에게 조세와 부역을 감면해 주던 제도이며, 환과고독진대제(鰥寡孤獨賑貸制)는 늙고 아내 없는 사람이나 지아비 없는 사람, 부모 없는 어린이, 늙고 자식 없는 노인 등에게 양곡을 대여해 주고 식량·옷·포목 등 필수품을 급여해 주던 제도이다. 그리고 납속보관제(納粟補官制)는 재민구휼을 위해 많은 돈을 기부한 사람들에게 벼슬을 주어 구호사업에 일반 사람들의 참여를 유도하였던 제도이다.

또한 고려 시대에는 동서대비원(東西大悲院)과 혜민국(惠民局)을 중심으로 어려운 환자들에게 약과 옷을 나눠주고 치료해 주는 의료구제사업을 실시하였으며, 홀로 된 어린이를 양육하여 양자 또는 승려 · 종으로 삼는 제도와 양로 · 경로제 등이 있었다.

2) 조선 시대

조선 시대에는 고려 시대와 달리 유교를 존중하고 불교를 억압하였기 때문에 민간에 의한 자선사업은 다소 쇠퇴하였다. 조선의 치국 이념인 왕도정치에 따라 왕은 백성을 위한 정치, 즉 위민정치(爲民政治)를 행해야 했다. 농본사회인 조선의 경제구조적 측면에서 볼 때, 위민정치는 그 주체인 왕과 국가의 생산을 도맡고 있는 민(民)과의 원만한 관계를 도모하기 위한 이념이었으며, 백성의 구휼문제에도 상당한 영향을 미쳤다고 할 수 있다(나병균, 1985: 27-28).

조선 초기에 있어서 빈민구제의 원칙으로는 ① 빈민구제는 왕의 책임으로 하고, ② 구제의 신속을 중시하며, ③ 일차적인 구빈행정의 실시 책임은 지방관이 지휘하고, ④ 중앙정부는 구호관계 교서 및 법 제정과 지방구호행정에 대한 지도 · 감독을 하는 것 등이다(하상락, 1983: 27-28).

구빈제도를 보다 구체적으로 살펴보면 ① 춘궁기나 재해 시에 대비하는 비황제도, ② 특히 어렵고 가난한 사람들을 보살펴 주는 구황제도, ③ 병자의 치료 등 의료 시혜에 관한 구료제도 등의 세 가지로 대별해 볼 수 있다.

첫째, 비황제도(備荒制度)는 3창(의창, 상평창, 사창)을 위시한 창제(倉制)의 운영을 들 수 있다. 이 중 관창인 의창과 민창인 사창(社倉)은 춘궁기에 곡식을 빌려 주었다가 추수기에 갚게 함으로써 빈민이나 재민을 구호하는 환상[還上; 환곡 또는 환자(還子)]제도이며, 상평창은 주로 곡물과 포목으로 물가조정 기능을 수행하였다.

둘째, 구황제도(救荒制度)는 진궁, 양로 · 경로, 고조, 애상, 관질 등을 들 수 있다. 진궁(賑窮)은 홀아비, 과부, 고아, 무자식 노인 등 네 가지 궁한 사람들, 즉 사궁(四窮)에 대한 구호사업을 뜻하는데, 특히 유아기의 보호 및 입양에 관한 법적인 체계성과 내용을 지닌 자휼전칙(字恤典則, 정조 7년, 1783년 반포)은 일정한 한계 내에서 국가의 개입을 표방하고 있어 아동복지의 성격을 지닌 법령으로 평가된다(최원규, 1988: 173-188). 이는 숙종 때부터의 수양사목(收養事目) 등을 집대성하여 정리한 것으로, 유기 또는 부랑하는 어린이의 생명을 절대적으로 보호하기 위해 국가에서 수용하거나 또는 민가에 수양하여 양자녀 또는 노비, 고공(雇工)을 삼는 것을 상황에 따라 허가하는 것을 말한다. 또한 고령의 노인들에 대한 양로(養老) · 경로(敬老)사업도 시행되었는데, 100세 이상의 노인들에게 연초에 양곡을, 90세 이상자에게는 해마다 술과 고기를, 그리고 80세 이상자에게는 지방관으로 하여금 향양하도록 하였다. 그리고 노인직을 두어 명예직으로 하였으며, 이미 계급에 있는 사람은 한 계급을 승진시켰다.

한편 고조(顧助)는 양반집 처녀의 혼인 장려책으로 사족(士族)의 여자로서 나이 30세가 넘어도 가정이 빈곤하여 혼인을 하지 못한 사람에게 호조(戶曺)에서 혼비를 지급하는 제도였으며, 애상(哀喪)은 빈곤하여 장례를 치르지 못하는 사람에 대해 장례비를 대주는 것이고, 관질(寬疾)은 불구폐질자, 봉사, 절름발이, 문둥이, 간질병, 벙어리, 곱추 등과 같이 자력으로 의식주 해결을 못할 뿐 아니라 사람들이 싫어하고 미워하는 불쌍한 사람들에 대한 대책으로서 맹인에 대해서는 점복(占卜), 술 등을 팔게 하고, 절름발이는 그물을 짜서 자활할 수 있게 하며, 기타 경우와 상황에 따라 관청에서 구휼하는 제도였다.

셋째, 구료제도(救療制度)는 활인서, 혜민서(처음에는 혜민국) 등을 통해 운영되었는데, 활인서(活人署)는 태조 때 설치되어 성내의 환자를 구활하는 일을, 혜민서(惠民署)는 서민의 질병 치료와 여의(女醫)를 교습하는 일을 담당하였다.

이 밖에 조선 시대에는 계, 두레 등 민간의 상부상조 관습과 오가통제도, 향촌교화로서의 향약의 존재 등 인보제도가 있었다. 계(契)나 두레의 관습은 원시적 협동체의 유습으로서 동지의 결합, 동업 또는 동리 주민의 단결, 일가친척의 상부상조, 애경사에 있어서의 공제 등을 목적으로 하는 민간조직이었다. 특히 두레는 농민의 협동조직으로 마을 단위로 서로 협동작업을 하고 농악을 연주하며 즐기기도 하던 관습이었다.

오가통(五家統)은 각 지역별로 구역 내의 지역주민이 서로 상부상조하고 연대 책임으로 지역 내의 치안을 유지하고 복리를 증진하며, 교화하고, 지방행정의 운영을 돕게 하던 국영의 자치제도였다. 그리고 향약(鄕約)은 덕업상권, 과실상규, 예속상교, 환난상휼 등 네 개 덕목을 실천 목적으로 삼고 있으며, 그 중 환난상휼(患難相恤)의 구제적 방법으로서 급난의 구제, 질병의 구제, 빈궁의 진휼, 고

약(孤弱)의 부양, 가자(嫁資)의 보급, 사장(死葬)의 조위, 사창의 경영 등 일곱 개 사업을 규정하고 있다(장인협, 1986: 99).

2 일제 및 미군정 시대

일제 식민지 초기에 실시된 빈민정책은 그 법적인 준거틀도 미약하였으며 단편적이고 사후적인 특성을 지녔다. 1920년대에 들어 빈민문제가 사회문제로 심각하게 대두되자 1921년 조선총독부 내무국에 사회과를 설치하고 1929년 구호법을 제정하는 등 나름대로 구호 시책을 폈으나 극히 부진한 상태를 면치 못하였다. 또한 1944년 3월에는 조선구호령을 공포하여 빈곤자나 병자 등에 대한 보상 규정을 두었으나 조선총독부가 국민들을 회유하는 형식적인 구호행정의 도구에 불과하였다. 이 법령은 해방 이후 1961년 생활보호법이 제정되기까지 공적 부조의 지침 역할을 하는 등 우리나라의 근대적 구호행정체계 수립에 있어 중요한 역할을 수행하였다.

한편 1945년 해방 이후 3년 간 미군정 기간의 사회복지행정은 군정법령(1945. 10.27)에 의해 설립된 후생국(1946년에 보건후생국으로 확대 개편)을 중심으로 기아의 방지, 최저생계 유지, 보건과 의료보호, 응급주택 보급 등을 위해 노력하였으나 적극적이고 계획적인 사업추진이나 장기계획은 거의 이루어지지 않았다. 그러나 미군정 3년 간 미국 등 선진적 사회복지 이념에 영향을 받은 국내·외 독지가들에 의한 자선활동이 활발하였으며, 자선활동에 의한 사회복지사업이 신장되어 월남 및 귀환 동포, 요보호 대상 아동에 대한 수용 보호의 필요성이 증가되었다.

미군정 시 제정된 구호에 관한 여러 각서들(memorandums)에 의하면, 공공구호의 대상은 ① 65세 이상인 자, ② 6세 이하의 부양할 아동을 가진 여자, ③ 13세 미만의 아동, ④ 불치의 병으로 신음하는 자, ⑤ 분만 시 원조를 요하는 자, ⑥ 정신적·육체적 결함이 있는 자 등으로 규정되어 있다. 그러나 미군정의 구호정책은 요구호자들에 대한 구호의 필요성보다 이들로 인해 야기되는 정치적 불안에 대응하여 전개되었고, 구호의 범위와 수준도 열악한 실정에 머물렀다.

3 대한민국 시대

1) 시동기(1948~1960년대)

1948년 정부수립 이후 국민생활을 보장하는 관계 법률이 제정되기도 전에 1950년 6·25 전쟁이 발생하여 전쟁기간 중은 물론 전후 1960년대 초까지도 주로 전재민(戰災民) 구호사업에 치중하게 되었다. 1953년 전쟁이 끝날 즈음에 파악된 요구호 대상자 수는 당시 인구의 절반에 가까운 1,000만 명 가량이었다(하상락, 1989: 89). 이들 인구에 대한 의식주 문제, 의료와 교육문제, 생업 지원 등이 당시 한국 사회가 처한 막중한 사회문제였다.

이 시기의 구호행정은 보건사회부[12]와 유엔민간원조사령부(UNCACK)의 공동노력으로 이루어졌는데, 초기에는 주로 전재민의 응급 생계보호에 치중하였고 1952년 이후에는 장기사업으로 난민정착사업을 실시하여 피난민에게 주택을 공급하고 자활사업으로 농지, 임야 개간, 농축사업 등에 종사하게 하였다. 이 기간 중 구호에 필요한 재원은 유엔구호계획에 의해 주로 외국 민간원조단체를 통하여 우방국으로부터 받은 원조물자에 의하였는데, 특히 미국 민간원조단체가 미국 잉여농산물에 의하여 양곡을 도입하여 많은 도움을 주었다.[13] 그러나 이 시기에는 전쟁 피해자인 고아, 미망인, 무의탁 노인, 빈민 등에 대한 긴급구조를 위주로 활동하였기 때문에 단순한 기관 운영 외에는 조직적이고 전문적인 사회복지 활동은 이루어지지 않았다. 그리고 국내의 몇 개 대학에서 사회사업학과가 설치되었지만 종전에 비해 별다른 진전은 없었고, 사회복지행정이 단순히 교과과정에 포함되는 시기였다.

우리나라에서 사회복지행정의 본격적인 추진은 1960년대부터라고 할 수 있

---

12) 1948년 미군정 시의 보건후생부와 노동부를 병합하여 사회부로 개편되었고, 다음해에는 사회부에서 보건행정을 분할하여 보건부로 분리하였다가 1955년에 다시 합쳐 보건사회부로 되었다. 그 후 노동부, 환경부 등이 분리되면서 보건복지부로 불리다가 2008년 부처 개편에 의해 보건복지가족부, 다시 보건복지부로 명칭이 바뀌었다.

13) 6·25 전쟁이 발발하자 유엔(UN)은 유엔한국통일부흥위원단(UNCURK)과 유엔한국재건단(UNKRA)을 설치하여 전쟁 중 및 전후 긴급복구와 재건사업을 실시하였는데, 전자는 1956년까지 약 4억 6천만 달러, 후자는 1960년까지 약 1억 2천만 달러에 달하는 물자 지원을 하였다.

다. 5·16 혁명 이후 많은 법령이 제정·개정되는 와중에서 복지행정에 관한 각종의 입법이 나타났다. 공무원연금법(1960), 생활보호법(1961), 군인연금법(1963), 산재보험법(1963), 사회보장에 관한 법률(1963) 등이 그것이다. 특히 이 시기에 우리나라 사회복지행정의 기본을 이루고 있는 생활보호법이 제정된 것은 의미 있는 일이다. 당시 생활보호법은 65세 이상의 노인, 18세 미만의 아동·불구폐질자 등 근로 능력이 없는 무의탁자 약 40만 명에 대하여 생계보호를 실시하는 것이었다. 그러나 이 생활보호법은 본법이 제정되고서도 8년이나 지난 1969년에 가서야 비로소 시행령이 제정되었다. 또한 1963년에 제정된 「사회보장에 관한 법률」은 당시의 미흡한 여건으로 구체적인 프로그램을 제시하지 못하고 선언적이고 형식적인 규정에 그쳤다.

한편 1963년에는 구빈행정 가운데 노동에 관한 문제들을 담당하기 위해 노동청이 보건사회부로부터 분리·설치되었으며, 군사원호 업무를 독립적으로 수행할 군사원호청이 창설되었는데 이는 후에 원호처를 거쳐 국가보훈처로 개칭되었다. 그리고 오늘날 한국사회복지사협회의 전신이라고 할 수 있는 한국사회사업가협회가 1967년 창립되었으며, 이 협회는 1977년 사단법인화된 데 이어 1985년 한국사회복지사협회로 개칭되었다.

2) 정착기(1970~1980년대)

1970년대의 사회복지행정은 공적 부조의 측면보다는 사회보험이 큰 발전을 보이고 있는 것이 특징이다. 1970년 사회복지사업법을 비롯하여 사립학교교원연금법(1973), 국민복지연금법(1973), 의료보험법(1976년 개정), 의료보호법(1977) 등 많은 복지 관련 입법들이 이루어졌다. 특히 사회복지사업법의 제정은 사회복지법인에 대한 보도와 지도·감독을 가능하게 하여 사회복지행정을 제도화하는 기초를 마련했다는 점에 큰 의의가 있으며, 의료 관련 입법의 보강은 이 시기의 각별한 성과라고 할 수 있다. 당시 개정된 의료보험법은 실제 국민에게 주는 혜택의 내용이나 범위에 있어서 1970년대에 채택된 어떤 제도보다도 우리나라 사회복지제도 발전에 중요한 조치였으며, 의료보호법은 생활보호 대상자와 영세민에 대해 과거의 생활보호법에 의해 제공되던 의료시혜를 독립시켜 보강한 것이다.

또한 이 시기에는 보건사회부의 직무 중에서 '구호'를 '공적 부조'로 개정함으로써 사회보험, 공적 부조, 사회복지 서비스 등의 업무를 관장하는 중앙행정기관의 성격이 보다 명확해졌다. 그러나 이 시기의 여러 복지 관련 입법들은 제도의 일관성이 없는 경우가 많고 법에서 규정하고 있는 생활보호수준이 이전의 구호수준과 별로 차이가 없다는 지적도 있다.

1980년대에 들어와서 사회복지정책은 여러 가지 측면에서 보강되었다. 즉, 사회보험의 적용 범위가 확대되고 공적 부조에서 영세민들에 대한 자활 지원을 강조하고 군인에 대한 원호는 수혜수준을 대폭 높이도록 하였다. 특히 이 시기에는 특수 수요를 가진 집단에 대한 사회복지 서비스를 강화한 것을 그 특징적인 시책으로 지적할 수 있다. 노인복지법(1981), 심신장애자복지법(1981) 등의 제정과 여성정책심의위원회(1984)의 구성은 각각 지금까지 등한시되었던 특수 복지 수요를 충족시키기 위한 조치였다. 1980년대 후반에는 장애자올림픽의 서울 개최를 계기로 장애인복지법의 제정 및 각종 장애인 관련 제도가 보강되었으며, 1988년부터 국민연금의 실시로 사회복지정책의 폭을 보다 넓히게 되었다.

이러한 과정에서 새로운 형태의 전문적인 사회복지조직들이 나타나게 되었는데, 특히 1980년대 후반에 집중적으로 이루어졌다. 민간부문에서는 종합사회복지관 중심의 사회복지 전문서비스 기관들의 수가 급증하고 각종 상담 및 치료전문 사회사업기관들도 나타났다. 이러한 조직들은 대부분 정부기관의 자원 제공에 의해 운영되며, 사회복지법인이나 전문인력들이 운영권만을 소유하는 형태의 사회복지조직 운영형태를 띠게 되었다(김영종, 2010: 70). 한편 공공부문에서도 1987년 저소득층의 복지 증진을 위하여 저소득층 밀집지역 동사무소에 사회복지 전문요원(후에 사회복지 전담공무원)을 배치하여 전문직에 의한 공공 사회복지 행정의 토대를 마련하였으며, 1990년에는 보건사회부의 사회국과 가정복지국을 사회복지정책실로 통합하여 종합적인 복지행정이 가능하게 되었다.

3) 확장기(1990년대 이후)

1990년대에 들어 사회보험의 적용 대상은 지속적으로 확대되었으며, 1993년에는 고용보험법을 제정하여 1995년 7월 1일부터 실시하였다. 이로써 우리나라의 사회복지는 1990년대 중반을 계기로 의료보험, 국민연금, 산재보험, 고용보험 등 4대 사회보험제도가 기본적인 틀을 갖추게 되었다. 그리고 1995년에 제정된 사회보장기본법에 의하면 사회보장제도를 사회보험과 공공부조, 사회복지 서비스, 관련 복지제도 등으로 구성하는 것으로 규정함으로써 공적 부조와 사회부조로 혼용되어 온 명칭을 '공공부조'로 명문화하였으며, 공공부조의 기준선이 되는 최저생계비를 매년 공표하고 5년마다 최저생계비 계측을 위한 조사를 실시하도록 규정하였다. 이에 따라 1999년에 정확한 최저생계비 계측조사를 실시하여 2000년부터는 계측된 적정생계비를 지급하게 되고, 생계비 지원 방식도 최저생계비에 미달하는 부족분을 지원해주는 보충급여제도가 도입되었다. 특히 2000년 10월부터는 국민기초생활보장법(1999년 8월 제정)이 발효되고, 이에 따라 종래의 생활보호법은 폐지됨으로써 저소득층 보호를 위한 기본적인 제도로서 근 40년에 걸쳐 실시되어 왔던 생활보호제도는 국민기초생활보장제도로 바뀌게 되었다(최항순, 2003: 253).

한편 1990년대 중반부터는 지방자치제도의 전면적 실시와 더불어 사회복지 서비스 전달이 보다 체계적으로 관리되어야 할 필요성이 제고되었다. 이에 대한 논의는 1995년부터 1999년까지 실시된 보건복지사무소 시범사업과 2004년 실시된 사회복지사무소 시범사업 이후 2005년 공공과 민간의 대표적 복합 형태인 지역사회복지협의체 도입과 2006년 주민생활지원 서비스 도입으로 일단 종지부를 찍었다고 하겠으나 복지 기능의 확대에 따른 전달체계 개선문제는 진일보하고 있음을 보여주고 있다. 지역사회복지협의체는 시·군·구 단위로 포괄적이고 통합적인 서비스 제공을 위해 지역사회의 다양한 분야의 대표성을 확보하도록 한 대표협의체-실무협의체-실무분과-클라이언트 등의 연계관계를 이루도록 하였는데, 2015년 7월부터는 지역사회보장협의체로 개칭하고 그 기능을 더욱 강화하였다. 주민생활지원 서비스는 보건복지부, 행정안전부, 고용노동부 등 범부처 합동으로 주민생활지원 서비스(보건, 복지, 고용, 교육, 주거, 문화, 체육, 관광 등) 체제로 추진해 전국 시·군·구 단위로 복지전달체계 개편을 시도한 것이다.

그 밖에 2008년에는 지방자치단체 중심의 통합서비스 제공체계인 '희망복지지원단'이 운영되고, 2009년에는 '사회복지통합관리망' 구축과 민간복지시설의 기능 강화 방안이 추진되었으며, 2013년부터는 국민의 복지체감도 향상을 목표로 지방자치단체 사회복지 전담공무원 확충(2014년부터 2017년까지 단계적으로 6,000명 증원)과 더불어 2015년부터 읍·면·동 복지허브화를 위한 정책개편이 시도되고 있다.

또한 우리나라의 사회복지조직들은 미국의 경우와 유사하게 전통적인 공공과 민간의 구분도 점차 약해지고 공공의 보조금과 계약에 의해 일정기간 동안 운영권을 행사하는 민간 사회복지기관들을 민간이나 공공으로 확연히 구별하는 것도 쉽지 않다. 결국 지방화에 따라 사회복지 서비스의 기획·전달·평가에 이르는 제반 과정이 과거 중앙집권적인 획일 구조로부터 다양한 정부 차원의 다원화된 구조로 전환되고 있다.

2006년경부터 시작된 사회 서비스 바우처(voucher)사업[14]이나 2008년 시행된 노인장기요양보험 등도 사회복지 서비스의 공급 질서를 다원화 및 다선화(多線化) 방향으로 변화시키고 있다. 사회복지 서비스 공급자의 다원화를 위한 법적 장치는 이미 1997년 사회복지사업법 개정 시 사회복지시설에 대한 설치기준을 대부분 허가제에서 신고제로 바꾸면서 구비되었으며, 사회 서비스 바우처사업을 통해 재정적 인센티브가 가능해지면서 영리부문의 진입이 본격화되는 계기가 마련되었다고 할 수 있다.

최근 들어 서울 등 대도시지역을 중심으로 사회 서비스 바우처 방식과 더불어 민간 서비스 기관이 계약을 하고 정부가 비용을 지불하는 '서비스구매계약(Purchase of Service Contract: POSC)' 방식이 일부 시행되고 있는데, 이에 따라 민간 비영리조직들은 영리조직과의 경쟁이 불가피하게 되고 있다. 그리고 이러한 경쟁에 대비한 전략으로는 사회복지조직의 전략적 기획과 관리 능력의 강화 등이 절실히 요청된다(김영종, 2010: 117).

---

14) 바우처제도는 정부가 특정 재화 또는 서비스의 수요자에게 일정액의 상품권(구매권)을 지급하고 공급자에게는 사후에 서비스 제공의 대가를 지불하는 서비스 공급체계이다. 예를 들면, 정부가 저소득 가정을 대상으로 문화교육을 수강할 수 있는 상품권을 만들어 각 세대에 제공하면 저소득 가정은 제공받은 상품권으로 관할 행정기관 내에서 문화교육을 듣고 교육기관은 그 상품권을 행정기관에 제출하여 돈으로 받게 되는 일련의 과정과 행위를 말한다. 이 제도는 현물지급제도와 현금지급제도의 중간형태로서 서비스 공급자 간의 효율적인 경쟁을 유도하고 수요자의 선택권을 보장할 수 있다는 장점이 있다.

연습문제

01 영국의 사회복지행정에 대한 설명 중 <u>틀린</u> 것은?

① 1601년 엘리자베스구빈법 제정으로 빈곤 구제에 대한 국가 책임을 세계 최초로 인정하였다.

② 길버트법은 1782년 노역장에서 빈민의 비참한 생활과 착취를 개선할 것을 목적으로 제정되었다.

③ 신구빈법은 1834년 영국이 경제적 번영과 더불어 대두된 사회문제를 해결하고자 종래의 구빈법을 개정한 것으로 빈민구호의 융통적 운용의 성격을 지닌다.

④ 19세기까지 영국 사회복지의 관심은 구빈 이외에 보건, 주택, 교육 등 한정된 범위에 국한되었다.

⑤ 1997년 집권한 노동당의 블레어(Tony Blair) 총리는 전통적인 사회민주주의 노선을 대폭 수정한 '제3의 길'이라는 실용주의노선을 제시하였다.

02 「비버리지보고서」의 사회보험의 기본 원리에 해당되지 <u>않는</u> 것은?

① 적용 대상의 전국민화

② 모든 위험에 대한 포괄적 적용

③ 최저생계를 보장할 수 있는 적절한 수준

④ 동일 갹출에 입각한 동일 급여

⑤ 소득수준에 따라 기여금과 급여수준의 차이를 두는 차별연금제도

03 미국의 사회복지행정에 대한 설명으로 옳지 <u>않은</u> 것은?

① 1910년대에 사회사업 교과과정에 행정과목이 최초로 등장하였다.

② 1935년 사회보장법이 제정되면서 공공복지행정의 규모가 확대되었다.

③ 1960년대 초 존슨 대통령의 '빈곤에 대한 전쟁' 선포 이후 여러 가지 사회 입법을 통해 적극적인 사회보험제도가 전개되었다.

④ 1965년 저소득층을 위한 의료보호제도(Medicaid)와 노인을 위한 의료보험제도(Medicare)가 도입되었다.

⑤ 1996년 '개인 책임 및 노동기회조정법(PRWORA)' 제정으로 근 60년 역사의 공공부조 프로그램인 부양아동가족부조제도(AFDC)가 폐지되고 빈곤가족일시부조제도(TANF)로 대치되었다.

04 우리나라 사회복지행정의 발달 과정으로 틀린 것은?

① 1950~1960년대: 민간 사회복지시설의 운영 지원에 외원단체 비중이 컸다.
② 1970년대: 공적 부조보다 사회보험이 큰 발전을 보였다.
③ 1980년대: 특수 수요를 가진 집단에 대한 사회복지 서비스가 강화되었다.
④ 1990년대: 사회복지 전문요원제도가 도입되어 공공 사회복지행정의 체계가 마련되었다.
⑤ 2000년대: 사회복지사 1급 시험이 실시되고 지역사회복지협의체가 의무화되었다.

05 다음은 우리나라 사회복지행정에 관한 기본적인 법률이다. 제정된 순서가 맞는 것은?

① 생활보호법－사회복지사업법－사회보장기본법－국민기초생활보장법
② 사회복지사업법－생활보호법－국민기초생활보장법－사회보장기본법
③ 생활보호법－사회복지사업법－국민기초생활보장법－사회보장기본법
④ 생활보호법－사회보장기본법－사회복지사업법－국민기초생활보장법
⑤ 사회보장기본법－생활보호법－사회복지사업법－국민기초생활보장법

정답 1. ③ 2. ⑤ 3. ③ 4. ④ 5. ①

제 3 장

사회복지행정의 이론적 기초

제 1 절 사회복지행정과 조직이론

1 조직이론의 출발과 이론모형

사회복지행정에서 조직을 운영하는 관리자가 어떻게 조직을 설계하고 직원들에게 동기를 부여하는가는 일반적인 조직이론모형에 기초한다. 조직이론은 조직현상이 인류문명이 시작되면서 생겨나게 되었다는 점에서 그 시원(始源, origin)을 멀리 고대 사회와 고대 국가에까지 거슬러 올라갈 수 있으나, 오늘날의 조직이론은 그 출발시기를 산업혁명 이후 산업조직의 급속한 성장에 따라 여러 문제들이 발생한 시점인 1900년대 초로 잡고 있다. 이 시기에는 노동자의 권익문제를 두고 노·사 간 대립이 빈번히 일어났고 이에 따라 조직의 체계화를 통한 능률의 극대화가 무엇보다도 추구해야 할 과제였다. 이러한 능률성의 요구는 당시 능률적 관리를 의도하여 성립된 행정학에 있어서도 우선적인 연구과제였다.

그 후 조직에 관한 연구는 1930년대를 거쳐 1940년대에 이르면서 보다 활발한 양상을 보였는데, 마치(March, 1965: 10－15)가 조직이론 분야의 '선조적 (ancestral) 저서' 33권을 선정한 바에 의하면 그 중 4권이 1930년대에, 7권이 1940년대에 출간된 것으로 기록되어 있다(최항순, 2018: 66).

조직이론모형은 흔히 역사적 발전 단계에 따라 구분하는데, 왈도(Dwight Waldo)는 고전이론, 신고전이론, 현대이론 등으로, 사이먼과 마치(Simon & March)는 고전적 조직이론, 인간관계론, 의사결정론 등으로, 그리고 스콧(W. Richard Scott)은 조직과 인간에 대한 관점을 중심으로 폐쇄·합리적 조직이론, 폐쇄·사회(자연)적 조직이론, 개방·합리적 조직이론, 개방·사회(자연)적 조직이론 등으로 구분하였다. 고전이론은 다시 과학적 관리론, 행정관리론, 관료제론 등으로, 신고전이론은 인간관계론, 환경유관론 등으로 구분되며, 현대이론은 현대구조이론, 후기행태이론, 체제이론, 상황이론, 신제도주의이론, 신공공관리론 등이 있다.

2 스콧의 조직이론 분류

스콧(Scott, 1987)의 조직이론 분류에서는 [그림 3－1]과 같이 '조직에 대한 관점'을 기준으로 조직의 환경 개념 포함 여부에 따라 폐쇄적/개방적 관점으로 나

그림 3－1 스콧의 조직이론 분류

구 분		조직에 대한 관점	
		폐쇄적(closed)	개방적(opened)
인간에 대한 관점	합리적 (rational)	Ⅰ. 폐쇄－합리적 조직이론 • 과학적 관리론(Taylor, 1911) • 행정관리론(Fayol, 1919) • 관료제론(Weber, 1924)	Ⅲ. 개방－합리적 조직이론 • 제한된 합리성(Simon, 1957) • 구조적 상황이론(Lawrence & Lorsch, 1967) • 조직경제이론(Williamson, 1975)
	사회적 (social) 또는 자연적 (natural)	Ⅱ. 폐쇄－사회(자연)적 조직이론 • 인간관계론(Mayor, 1932) • 환경유관론(Selznick, 1949)	Ⅳ. 개방－사회(자연)적 조직이론 • 조직군생태이론(Hannan & Freeman, 1977) • 자원의존이론(Pfeffer & Salancik, 1978) • 조직화이론(Weick, 1979)

자료: Scott(2003: 108)에서 재구성.

누고, '인간에 대한 관점'을 기준으로 조직을 구성하고 있는 인간을 합리적 존재 또는 사회적(혹은 자연적) 존재로 가정하는지에 따라 합리적/사회(자연)적 관점으로 구분하였다.

[그림 3-1]에서 '폐쇄-합리적 조직이론'은 1900년대에서 1930년대까지 지배했던 이론으로, 이들의 가정은 조직을 외부 환경과 상관없는 폐쇄적 체계로 보고 조직을 구성하는 인간은 합리적으로 사고하고 행동하는 것으로 간주하였다. 여기에 해당하는 대표적 학자들은 과학적 관리론의 아버지로 불리는 테일러(Frederick W. Taylor), 합리성에 입각해 관료제 이론을 제시한 베버(Max Weber), 그리고 경영관리의 중요성을 주창한 페욜(Henri Fayol), 귤릭(Luther H. Gulick), 어윅(Lyndall F. Urwick) 등이다. 이들의 이론은 조직구성원들에게 합리성과 능률을 강조하고 이를 뒷받침하는 수단으로 강력한 통제와 명령적 지도체제, 직무 중심의 반복적·일상적 업무 수행 등을 중시하였으며, 조직과 환경 간의 관련성 속에서 제기되는 위협(threat)이나 기회(opportunity)와 같은 환경에 대한 조직의 개방적 측면을 고려하지 않았다.

'폐쇄-사회(자연)적 조직이론'은 1930년에서 1960년 사이에 주창된 이론으로, 메이요(George Elton Mayo)의 호손연구(Hawthorne Studies)를 시발점으로 한 인간관계론이 그 대표적 이론이다. 이 이론에서는 조직구성원들은 다양한 욕구를 가진 인간이며, 특히 그들의 사회적 욕구를 연구하고 그 결과를 이용하여 조직의 생산성을 향상시킬 수 있다는 신념을 토대로 하고 있다. 이어 맥그리거(Douglas M. McGregor)의 X이론, Y이론과 같이 조직에 있어서 인간을 중요시하는 연구가 설득력을 가지며, 과업 수행의 동기화를 위한 조직 내부 구성원의 욕구문제를 중점적으로 다룬다. 그러나 아직 이론의 관심은 조직의 내부문제에 있었기 때문에 외부환경의 문제에는 소홀하였다.

'개방-합리적 조직이론'은 1960년대에서 1970년대 사이에 풍미한 이론으로, 조직에 관한 '체제적 접근(systems approach)'을 근간으로 하고 있다. 체제적 접근법은 조직은 유기체와 같이 그들의 환경에 대해 '개방적'인 존재이기 때문에 생존을 위해서는 항상 환경과의 적절한 관계를 유지해야만 한다는 원칙에 입각하며, 조직을 둘러싼 환경을 강조하고 조직을 상호 연결된 하위체계로 보며, 상이한 체계들 간의 조화를 이룩하고 발생 가능한 역기능을 규명·제거하려는 시도 등 세 가지 핵심적 주제에 초점을 맞추고 있다. 이 이론은 일보 후퇴인 동시에 일보 전진의 이론이라고 할 수 있는데, 여기서 '일보 후퇴'는 인간을 합리적 존재로 보는 관점으로 회귀했음을 의미하며, '일보 전진'은 경영학자들이 경쟁이 심한 시장 환경을 이론에 반영하여 기업을 외적인 힘에 의해 영향을 받는 존재로 보게 되었다는 것이다.

'개방-사회(자연)적 조직이론'은 학습이론(학습조직)이나 지식경영(하이퍼텍스트조직)과 같이 1970년 이후 각광을 받고 있는 비교적 최근의 이론들로서, 대표적인 학자들로는 웨이크(Karl E. Weick), 힉슨(David J. Hickson), 마치(James G. March)와 올슨(Mancur Olson), 마이어(J. Meyer)와 로완(B. Rowan), 페퍼(Jeffrey Pfeffer)와 살란시크(Gerald R. Salancik) 등이 있다. 그들이 제시한 모형들은 환경의 중요성을 강조하면서 조직이 목표 달성보다는 생존을 중시하고, 조직 속에 흐르는 비공식성, 비합리성에 초점을 맞추어 규칙만으로는 설명하기 어려운 조직 또는 인간의 비합리적인 동기적 측면을 중점적으로 다루고 있다(이창원 · 최창현 · 최천근, 2012: 50-82).

제 2 절 고전이론과 인간관계론

조직이론을 고전이론, 신고전이론, 현대이론 등으로 구분할 때 고전이론(classical theory)은 조직의 능률성 추구를 위해서는 공식적 구조를 잘 설계해야 하며, 조직구성원들은 합리적이고 경제적으로 동기가 부여되므로 기계와 같이 계획 또는 조작될 수 있다는 가정에 입각한다. 이러한 이유로 이 이론은 기계이론(machine theory)이라고 명명되어 왔으며(Katz & Kahn, 1978: 259-263), 과학적 관리론, 행정관리론, 관료제론 등이 여기에 속한다. 고전이론은 이러한 인간의 합리성에 대한 가정 및 기계적 성격 등으로 학자들 간에 사회복지조직에는 부적절한 것으로 평가되기도 했지만(Litwak, 1961), 그간 경험한 조직관리모형 중 가장 영향력 있는 모형으로서 사회복지조직 관리자들에게 있어서도 유용한 이론이라고 할 수 있다.

그 후 인간문제를 도외시한 기계론적 고전이론에 대한 반발로 신고전이론이 대두되었는데 그 대표적인 이론이 인간관계론이다. 인간관계론에서는 조직 내 인간에 대한 관심과 더불어 비공식적 조직의 중요성이 강조되었으며, 특히 클라이언트라는 인간을 원료로 하는 사회복지조직에서 그 활용성이 높다고 할 수 있다.

1 과학적 관리론

과학적 관리론(scientific management)은 1900년대 초 미국의 공업화가 비약적인 발전을 이룬 시기[1)]에 노사 간 갈등 해소와 능률 향상을 통해 기업의 사용자와 노동자 양측의 이익을 함께 도모하려는 관리 방법으로, 종래의 주먹구구식(rule of thumb) 관리에 비해 과학적(scientific)으로 관리한다는 것을 의미한다. 1911년 테일러(Frederick W. Taylor)의 『과학적 관리의 원리(*The Principles of Scientific Management*)』에서 소개되어 일명 테일러리즘(Taylorism)이라고도 불리는 이 이론은 근로자가 담당할 업무를 과학적으로 설계하고 이를 과학적으로 선발·훈련된 근로자에 의해 담당하게 하며 관리자와 근로자는 책임을 적절히 분담하고 지속적이고 긴밀하게 협조해야 한다는 것이 핵심적인 내용이다.

근로자의 일일작업량을 의미하는 과업(task) 설정은 '시간과 동작연구(time and motion study)'[2)]에 의하도록 하였는데, 이는 조직에서 개인의 기여를 극대화하기 위해 개개인의 기본 동작에 관하여 그 형태 및 소요시간을 표준화하고 적절한 일일 작업량을 설정한 다음, 과업의 성과와 임금을 관련시키는 것이다. 그리고 과업을 달성한 자에게는 높은 임금을 지불하고 그렇지 못한 자에게는 낮은 임금을 지불하는 차별성과급(differential piece rate)을 적용한다. 그 밖에도 과학적

1) 미국은 1860년대 남북전쟁(American Civil War)를 계기로 그 후 30년 간 급격한 발전을 이루었는데, 세계적 사업가로 이름난 카네기(Andrew Carnegie), 록펠러(John D. Rockfeller), 포드(Henry Ford) 등은 모두 이 시기의 인물들이다.

2) 업무에 특히 숙련된 사람을 10명 정도 찾아내어 작업을 시킨 다음 각각의 기본적인 동작을 행하는 데 요하는 시간을 스톱 워치(stop watch)로 측정하여 과업(일일 작업량)의 수행에 필요한 표준시간과 표준동작을 정한다. 이때 잘못된 운동, 느린 운동, 쓸모없는 운동은 모두 제거하고 가장 빠르고 가장 좋은 작업 방법을 골라내는 것이다.

관리의 방법으로 일선감독자가 1인일 경우 과다한 업무 부담으로 관리 기능을 제대로 발휘하지 못할 것을 우려하여 감독 업무를 전문적인 감독자에게 맡기는 '기능적 직장제도(functional foremanship)', 종래 주먹구구식으로 만들어진 공구들을 성능이 좋은 표준제품으로 교체함으로써 근로자의 피로감 감소나 작업 능률 제고를 기하려는 '공구의 표준화(standardization of tools)', 그리고 일상적인 업무는 부하에게 일임하고 관리자는 예외적이고 새로운 사안만을 담당하게 하는 '예외에 의한 관리(management by exception)' 등이 있다(최항순, 2010: 78－81).

과학적 관리론은 작업 과정의 표준화와 임금, 작업조건 등의 유인기술 개발과 같은 소위 과학적 사고에 입각하여 기업의 생산능률 제고에 기여하였다는 점에서 그 유용성이 크다. 그러나 이 이론은 실제 작업환경에서 존재하는 인간의 감정적·비합리적 측면이나 작업 동료 간의 사회적 유대관계를 간과하고, 인간의 동기가 물질적·경제적 욕구에 의해 충족된다는 가정 하에 인간을 기계시하였다는 점에서 비판을 받고 있다.

이러한 과학적 관리론의 특성과 관련하여 사회복지조직에서 과학적 관리론의 적용은 여러 가지 어려움이 있다. 우선 과학적 관리론은 조직의 폐쇄체제를 가정하여 형성된 이론이므로 조직의 환경, 즉 다른 조직이나 사람들과의 관계의 필요성을 무시한다고 할 수 있는데, 이는 인적 교류를 강조하는 사회복지조직과는 배치된다. 또한 과학적 관리론에 의하면 조직은 시간이 경과해도 변하지 않는 명확한 목적을 가지며 그 목적의 중요성 정도에 따라 우선순위를 결정한다고 가정하고 있는데, 이러한 이론적 특성은 사회복지조직의 상충되고 모호한 목표를 받아들이기 어렵다고 할 수 있다.

그리고 과학적 관리론은 조직구성원들 간의 권력배분에 영향을 미치는 내적, 외적, 정치적 과정을 무시하고 조직구성원은 경제적 동기에 관심을 갖는 존재라고 가정하여 인간에 대한 기계론적 견해를 펴는데, 이러한 성격은 인간 중심의 사회복지조직과는 부합되지 않는다고 할 수 있다. 사회복지조직이 행하는 모든 조직 활동은 클라이언트와 관련하여 규범적 선택을 필요로 하는데, 과학적 관리법을 채택할 경우 '과학(science)'이라는 탈을 가지고 이러한 규범적 선택이 애매하게 될 수 있다는 것이다(Hansenfeld, 1983: 22; 최성재·남기민, 2003: 67).

그 밖에도 사회복지조직에 대하여 과학적 관리론이 갖는 문제점은 업무 부담 및 과업분석의 문제와도 관련된다. 예를 들면, 업무 부담이 많은 공공복지기관에서는 직원 능력, 과업 기대, 보상체계 등을 검토하고 때로는 위험한 업무에 대해 위험수당 도입이 필요한데, 미국의 경험에 의하면 사회복지조직에서는 보수의 중요성이 일반적으로 과소평가되어, 특히 신입 사회복지사들에게 추가수당 없이 과도한 업무를 부담시켜 불평불만을 나타내는 경우가 많았다고 한다(Austin, 1981: 90–98).

2 행정관리론

행정관리론(administrative management)은 조직의 능률성 제고를 위해 조직관리자가 따라야 할 일반관리의 원리 또는 원칙(principles)을 개발하는 데 초점을 두며, 대표적 주창자로는 프랑스의 페욜(Henri Fayol)을 시발로 미국의 무니(James D. Mooney)와 레일리(Allen C. Reilly), 귤릭(Luther H. Gulick)과 어윅(Lyndall F. Urwick) 등이 있다.

먼저 페욜은 1916년 『산업과 일반관리(*Industrial and General Management*)』라는 저서에서 관리의 개념과 일반 원칙을 제시하고 있다. 그에 의하면 관리(management)는 계획을 수립하고 조직하고 명령하고 조정하고 통제하는 것으로, 조직 전체와 관련된 활동이라는 점에서 조직의 다른 활동보다 중요하다고 한다.[3] 그리고 관리의 일반 원칙으로 분업, 권한과 책임, 규율, 명령통일, 지휘통일, 전체 이익에 대한 개인 이익의 종속, 보상, 집권화, 계층제, 질서, 형평성, 신분안정, 솔선력 배양, 단체정신 등 열네 개의 원칙을 제시하였다. 한편, 무니와 레일리는 『전진하는 산업(*Onward Industry*)』(1931)이라는 저서에서 조정의 원리, 계층의 원리, 기능적 원리, 계선과 참모의 관계 등 네 가지 원리를 제시하였으며, 귤릭과 어윅은 『행정과학논집(*Papers on Science of Administration*)』(1937)에서 조직의 형성원리로 분업, 계층제, 조정, 통솔범위, 명령통일 등을, 그리고 최고관

3) 페욜은 조직(기업)이 수행하는 기본적인 활동을 기술활동(생산 · 제조 · 변형), 영업활동(구매 · 판매 · 교환), 재무활동(자금의 조달과 운영), 보안활동(사람과 재산의 보호), 회계활동(재고조사 · 대차대조표 작성 · 원가계산 등), 관리활동 등 여섯 가지로 분류하였다.

리자의 기능으로 POSDCoRB이론을 제시하였다. POSDCoRB는 기획(planning), 조직(organizing), 인사(staffing), 지휘(directing), 조정(coordinating), 보고(reporting), 예산(budgeting) 등 최고관리자의 일곱 가지 기능을 나타내는 영문의 머리글자를 따서 합성한 것이다.

이상의 제 견해들을 통해 볼 때 조직의 일반적 관리 원칙은 대체로 다음과 같이 요약될 수 있다. 즉, 조직의 능률을 위해서는 업무를 분업·전문화하고 아울러 계층제 및 명령통일의 원리 등을 통해 조직의 성과를 감독하고 통제한다는 것이다.

행정관리론은 작업현장의 능률 제고에 주력한 과학적 관리론과 달리 조직의 상층부에 초점을 맞추고 기업뿐 아니라 정부, 군대, 병원, 학교 등 모든 조직에 적용할 수 있는 관리의 일반이론을 정립하였다는 점에서 그 유용성이 있다. 그러나 이 이론은 관리를 정태적이고 비인간적 과정으로 파악하고 경험적으로 검증되지 않은 명제들이 대부분이며, 친관리자적 편견이 내재되어 있다는 점에서 비판을 받는다(최항순, 2010: 93).

행정관리론에서 제시하고 있는 관리의 원리들은 사회복지조직에 있어서도 일반적으로 적용된다고 할 수 있으나 사회복지의 특수성에 따른 다소간의 이견이 있을 수 있다. 우선 사회복지조직에서 오랫동안 쟁점이 되어온 통제와 조정의 필요는 사회복지조직이 일반행정가(generalists)가 아닌 전문가들(specialists)로 구성되어 있고 적지 않은 경우 직접적 서비스가 한 사람의 서비스 제공자만의 노력에 의존하기 때문에 필요하지 않다고 한다(Perlman, 1975: 26). 또한 사회복지조직에서 분업 또는 전문화는 대체로 시대 또는 자금조달기관의 요구에 따라 변해왔다고 하겠으나, 미국의 경우 1960년대에는 지리적 영역에 따른 서비스 전문화 형태로 이루어졌던 것이 이제는 노인, 정신박약자 등과 같은 구체적 수혜층에 따른 전문화로 바뀌고 있다(Neugeboren, 1985: 43).

한편 사회복지조직에서 통솔범위는 얼마나 많은 감독(supervision)이 요구되는가의 문제와 관련된다. 한 연구에 의하면 공공복지기관에서는 감독을 자주하면 생산성이 낮아지고 창의성이 떨어지며 상관에의 의존성이 높아진다고 한다(Blau & Scott, 1962: 149). 따라서 사회복지조직에서는 감독을 자주 하거나 지나치게 강조하는 것은 조직의 성과에 바람직하지 않다고 할 것이다.

3 관료제론

관료제(bureaucracy)는 베버(Max Weber)가 1922년 『관료제론(*Bureaucracy*)』이라는 저서[4]에서 처음으로 사회체제 내에서 자원과 권력을 동원하는 가장 효율적인 도구로 제시한 조직구조 형태로서, 베버는 현대 사회의 본질적인 특성을 지배자와 피지배자 간의 권력관계의 기반이 되는 합법적 권위의 우월성으로 보았으며, 따라서 관료제의 속성은 합법적이고 합리적인 규칙과 최대한의 효율성 추구에서 찾아볼 수 있다.

관료제론의 근본적인 명제는 관료제에 대해 정당성을 부여하는 권한(authority)의 양식이 전통적이거나 카리스마적인 것이 아니라 합법성·합리성을 띠고 있다는 것이며, 관료제 내에서는 정당한 권한에 의한 명령에 순응하기 위하여 합리적 수단이 사용된다는 점에 있다. 베버의 이상적인 관료제 형태는 ① 고도의 전문화, ② 계층제적 권한구조, ③ 조직구성원들 간의 비정의적 관계, ④ 실적과 기술적 지식에 따른 관리의 임명, ⑤ 직무 권한의 사전 명시, ⑥ 정책결정과 행정의 분리, ⑦ 그 밖의 제반관계를 지배하는 규칙 등의 특징을 지닌 대규모조직을 말한다(Weber, 1947: 329－334).

베버의 관료제론은 그 후 기대하지 않았던 부작용이 나타나고 역기능을 가져온다는 비판을 받게 되었다. 머튼(Robert K. Merton)은 『사회이론과 사회구조(*Social Theory and Social Structure*)』(1957)라는 저서에서 관료제에서 규칙이행 및 통제의 강조는 조직의 경직화를 가져오며 직원의 자발성과 창의성에 제약을 가져온다고 하였으며, 굴드너(Alvin W. Gouldner)는 『산업관료제의 패턴(*Patterns of Industrial Bureaucracy*)』(1954)이라는 저서에서 관료제의 통제 강조는 직원들의 창의성 저하로 조직의 성과수준을 낮추게 하는 역기능적 결과를 가져온다고 주장하였다. 또한 셀즈닉(Philip Selznick)은 『TVA와 풀뿌리(*TVA and Grass Roots*)』(1949)라는 저서에서 분업 또는 전문화를 뜻하는 권한의 위임은 직원의 전문적 능력을 향상시키는 한편 조직 내 하위 단위 간의 갈등을 야기하는 역기능을 초래

---

4) 이 책은 베버가 사망한 1920년 직후인 1922년 발간되었는데, 1940년대에 영문으로 번역되면서 미국에서 많이 읽혀지게 되었다.

한다고 하였다.

아무튼 베버의 관료제론은 일상적인 과업을 위해서는 가장 합리적이고 효과적인 이론이라고 평가되고 있다. 그러나 사회복지조직과 같이 조직의 과업이 일상적 또는 일률적이 아닐 경우 조직구조를 수정하여 적용할 필요가 있다. 리트와크(Litwak, 1961: 179)에 의하면 조직이 일률적이지 않은 일을 다룰 때 베버의 모형과 어느 정도 차이가 나는 관료제모형이 더 효율적이라고 했는데, 그 특성들은 ① 권한의 수평적 형태, ② 최소한의 전문화, ③ 정책과 행정에 관한 결정의 혼합, ④ 직무에 부여된 의무와 특권의 사전제한 불허, ⑤ 비정의적 아닌 인간적 관계, ⑥ 최소한의 일반 규칙 등이다.

실제로 사회복지조직에 종사하는 실천가들은 베버의 관료제모형이 규칙 및 규제에 지나치게 의존하고 사회적 서비스 전달 과정에서 직원과 클라이언트의 비인간화, 클라이언트에게 효과적인 서비스를 전달하는 데 필요한 융통성의 결여 등의 특성을 가지며, 직원들의 자질 평가에 있어서 비인격적이고 무감각한 성과측정 방법에 의존하고 있다고 비판한다(Hasenfeld, 1983: 18). 사회복지조직에서 관료제는 서비스의 합리화 및 효율성 증가, 그리고 많은 경우 서비스 개선의 성과를 이루었지만 서비스 수혜 대상자들을 조직으로부터 크게 소외시키는 결과를 가져오기도 했다. 이러한 상반된 결과 간에 어떻게 만족할 만한 균형을 이루느냐가 해결 과제라고 할 수 있다(Hasenfeld, 1983: 18).

4 인간관계론

인간관계론(human relations)은 고전모형의 기계론적 사고에 입각한 능률성 원리에 한계점이 노정되고 인간문제에 대한 새로운 관심이 제고됨으로써 대두된 모형으로서, 고전이론에서 도외시되었던 조직에서의 인간적 요소의 중요성을 강조하고 있는 것이 특징이다. 이 이론은 메이요(George Elton Mayo)를 중심으로 1927년부터 1932년까지 시카고 교외에 있는 미국 전신전화국(AT&T) 계열의 서부전기회사의 호손공장에서 실시된 세 차례에 걸친 호손실험(Hawthorne Experiment)[5]에서 밝혀진 것으로, 그 내용은 다음과 같다(최항순, 2010: 103).

첫째, 근로자의 만족과 동기유발에는 경제적 요인보다 칭찬, 포상, 고충처리, 인사상담 등 사회 심리적 욕구에 입각한 비경제적 요인이 더욱 중요하다.

둘째, 근로자들은 관리층의 요구나 규범 또는 보상에 대해 개인이 아닌 집단 구성원으로서 반응을 보인다.

셋째, 근로자의 작업량은 그의 육체적 능력이 아니라 비공식적 집단이 합의한 사회적 규범(social norms)에 의해 결정된다.

넷째, 조직에는 비공식적 집단(informal group)이 존재하며, 이는 조직 내 개인의 태도와 생산성에 강력한 영향을 미친다.

인간관계론은 조직 내 인간적 요소의 연구 분석을 통해 조직의 실질적 능률 향상에 기여하였다는 점에서 긍정적인 평가를 받는다. 오늘날 인사행정에서 인사상담제도, 고충처리제도 및 제안제도의 적용, 또는 조직관리에서 비공식조직과 소집단, 의사전달, 리더십 등의 중시는 모두 인간관계론의 영향이라고 할 것이다. 그러나 인간관계론은 공식적 조직이나 합리적·경제적 요인보다 비공식적 조직이나 비합리적·감정적 요인을 지나치게 중시하여 오히려 합리적 결정이나 능률의 저하를 초래하였다는 비판을 받고 있다. 또한 인간관계 중심의 관리를 강조하다 보면 조직혁신과 기술혁신의 도입에 저항하고, 결국 조직관리가 보수주의에 빠지는 결과를 초래하게 된다.

인간관계론은 사회복지조직의 관리자들에게 크게 각광을 받아왔는데, 그 이유는 대인관계 기술, 클라이언트의 노력과 동기부여의 상대적 중요성에 부합될 뿐 아니라 직원 간의 상호작용의 질이 직원과 클라이언트의 역할에 영향을 미친다는 가정에도 부합되기 때문이다(NASW, 1987: 31). 한편 인간관계론은 일률적이지 않은 과업을 수행하는 조직에만 적용될 수 있다는 주장도 있는데, 이는 계층적 분화를 최소화하고 의사소통을 극대화하며 집단을 통해 문제 해결을 촉진하는 구조가 그와 같은 과업을 효과적으로 수행하는 데 필요하기 때문이다(Litwalk, 1961). 사회복지조직에서 그와 같은 과업의 예로는 심층적 심리치료, 학대 부모

---

5) 호손실험은 1924년 호손공장의 기술자들에 의해 실시된 조명실험을 계기로 메이요 등 하버드 대학교 연구팀에 의해 실시된 것으로, 여공(女工) 6명에 의한 전화 부속품 조립실험인 계전기 조립실험(relay assembly test, 1927), 2만 명의 직공을 대상으로 한 면접실험(interview test, 1931), 남공(男工) 14명에 의한 전화기 건반조립실험인 뱅크선실험(bank wiring test) 등이 있다.

의 치료, 알코올 중독자에 대한 집단상담 등을 들 수 있다.

사회복지조직에서 인간관계기법의 적용은 일선직원들을 단순히 조작하는 결과를 가져올 우려가 있다. 인간관계모형은 조직의 의사결정에 대한 일선직원들의 참여기회를 강조하나 실제로는 중요하지 않은 의사결정에 참여시킴으로써 그들로 하여금 자신들이 조직관리에 중요한 몫을 하고 있다고 믿게 할 수도 있다. 더욱이 조직의 서비스 형태를 정당화하는 방향으로 직원들을 사회화하고 교화시키기 위해 집단 과정(group process)이 이용될 수도 있다(Hasenfeld, 1983: 28, 최성재 · 남기민, 2003: 74).

제 3 절 현대이론

현대이론은 종전의 고전이론, 신고전이론의 입장을 함께 수용 · 발전시키고 여러 가지 사고 경향과 경험적 연구의 바탕 위에 조직에 관한 이론과 모형 정립에 중점을 두는 이론이다. 이는 고전이론과 신고전이론이 각각 공식적 구조와 인간관계라는 조직의 부분적 요소만을 대상으로 하고 있는데 비해, 이러한 두 관점을 포괄하면서 조직 전체를 하나의 분석 단위로 하고 있는 것이 특징이다.

스콧(Scott, 1987)은 앞서 언급한 바와 같이 조직 분류에 있어 조직에 대한 관점을 폐쇄적 · 개방적, 합리적 · 사회적 관점으로 구분하고 폐쇄적 관점이 개방적 관점으로 대체되는 분기점은 1960년이고, 합리적 관점이 사회적 관점으로 변화된 것은 1970년을 기점으로 보면서, 현대조직이론은 1960~1970년대 이후에 풍미한 개방적이고 사회적 관점의 다양한 이론들이라고 지적하고 있다.

1 현대구조이론

현대구조이론(modern structural theory)은 고전적 조직이론의 분업 · 전문화 등 구조 형성의 원리와 공식적 권한체계에 중점을 두는 이론으로, 인간관계모형에 대한 비판으로부터 대두되었다. 즉, 인간관계적 접근은 조직에 대한 완전한 시각을 제공해 주지 못하며 그 부분적 시각은 관리자들을 유리하게 하고 근로자들을 잘못 인도하고 있다는 것이다(Etzioni, 1964: 41).

현대구조이론은 조직 내 공식적 요인과 비공식적 요인의 공존, 비공식적 집단의 역할 인정 등 고전모형에 인간관계모형을 조화·통합시키는 접근을 하고 있다. 한편 이 이론은 고전이론 및 인간관계론과는 대조적으로 환경과의 상호작용을 강조하고, 갈등의 존재 및 순기능을 인정하고 있다. 현대구조이론에서 사회의 급변하는 환경적 특성은 조직이 기능하고 생존하기 위해서는 반드시 다루어야 할 부분으로 간주한다. 그리고 갈등은 문제를 노출시키고 그에 따라 해결책을 찾게 함으로써 사회적 기능을 달성할 수 있게 하며, 갈등에의 직면은 권력을 시험하게 하고 조직체계를 현실적 상황에 적응하도록 인도하며, 궁극적으로는 조직의 평화를 가져올 수 있도록 한다(Etzioni, 1964: 44).

제2차 세계대전 이후 영국의 번즈(Tom Burns)와 스토커(Gerald M. Stalker)가 영국과 스코틀랜드의 전기산업의 급속한 기술 변화를 검토한 후 제시한 기계적 체제(mechanic systems)와 유기적 체제(organic systems)의 이론은 그 대표적인 이론이라고 할 수 있다. 이들에 의하면 안정적 상황에서는 전통적인 계층제, 공식적 구조에의 의존, 수직적 의사전달, 구조화된 결정작성 등이 가능한 '기계적 조직구조'가 적합한 반면, 환경에 급속히 변하는 동태적 상황에서는 덜 경직되고 참여적인 '유기적 조직구조'가 요구된다는 것이다(Burns & Stalker, 1961: 76-122).

또한 미국의 우주 프로그램에 시원을 두고 있는 매트릭스(matrix) 구조는 조직설계에 있어 분화와 통합의 필요성을 함께 제기하고 있다. 즉, 변동하는 상황에 대처하기 위해서는 종래의 기능구조뿐 아니라 사업구조도 강조한다.

사회복지조직에서도 최근 서비스 전달 형태에 미치는 환경에 대한 강조가 점차 중요해지고 있다. 이 경우 환경에는 정치적, 법적, 경제적, 사회적, 기술적 환경 등 일반적 환경과 재정자원, 정통성 및 권한, 클라이언트, 보충적 서비스 등의 제공자, 조직 산물의 소비자 및 수혜자, 경쟁 및 협력조직 등 과업환경이 포함된다.

한편 사회복지 분야에서 문제 해결을 위한 전략으로서 '갈등(conflict)'을 사용하는 것에 대해서는 광범위한 저항이 존재한다. 법이나 정치 등 다른 전문직과 대조적으로 사회복지 서비스 실천가들은 일반적으로 갈등을 성격상의 문제 증상으로 보고 있기 때문이다(Neugeboren, 1985: 48).

후기행태론자인 아지리스(Agyris, 1964)는 구조주의(structuralism)의 가정은 자기 표현, 창의성, 독립성 등 인간의 욕구를 충족시킬 여지를 충분히 주지 않기 때문에 결국 조직의 비효율성과 건조성을 초래한다고 비판하고 있다. 이러한 비판에도 불구하고 사실상 현대구조이론은 광범위한 조직문제를 설명하고 해결하는 데 유용한 이론이라고 할 수 있다.

2 후기행태이론

후기행태이론(post-behavioral theory)은 1930년대 인간관계론에 연원을 두고 조직 내 인간의 행태를 보다 과학적이고 체계적으로 분석하는 접근방법으로, 머슬로(Abraham H. Maslow)의 욕구단계이론을 비롯하여 허즈버그(Frederick Herzberg)의 욕구충족요인이원론, 맥그리거(Douglas M. McGregor)의 X · Y이론, 리커트(Rensis Likert)의 관리체제론, 아지리스(Chris Argyris)의 미성숙 · 성숙이론, 브룸(Victor H. Vroom)의 선호 · 기대이론, 애덤스(J. Stacy Adams)의 공정성이론 등의 동기이론이 있다.

머슬로의 욕구단계이론(hierarchy of needs theory)은 인간의 욕구는 계층을 이루고 있어 그에 따라 충족되며 이미 충족된 욕구는 동기의 유발 요인이 되지 못한다는 것이 그 주요 내용이다. 그리고 그가 제시하고 있는 욕구계층으로는 생리적 욕구(physiological needs), 안전에 대한 욕구(safety needs), 애정적 욕구(belonging needs and love needs), 긍지와 존경에 대한 욕구(esteem needs), 자기실현의 욕구(self-actualization needs) 등이 있으며, 후에 자신보다 더 높은 목적을 위한 삶을 의미하는 '자기초월의 욕구(self-transcendence needs)'를 제시한 바 있다(Covey, Merrill, & Merill, 1994: 48).

허즈버그의 욕구충족요인이원론(motivation-hygiene theory or two-factor theory)은 인간의 욕구충족 요인은 만족과 불만의 두 가지이며 이들은 서로 별개의 차원에 있다는 것으로, 만족 요인 또는 동기 요인(satisfiers or motivators)은 직무 자체와 관련된 것들로서 직무상의 성취, 보람 있는 직무, 책임의 증가, 성장과 발전 등이 있고, 불만 요인 또는 위생 요인(dissatisfiers or hygiene factors)은 직무 외적 또는 환경적 요인들로서 조직의 정책과 행정, 감독, 보수, 대인관계, 작업 조건 등이 있다고 한다. 그리고 조직에서 불만 요인의 제거는 소극적이고 단기적인 효과를 가질 뿐인데 비해, 만족 요인을 크게 하는 것은 적극적이고 장기적인 효과를 가진다고 하며 만족 요인에 중점을 둔 동기화전략으로 직무충실화(job enrichment)와 직무확충(job enlargement) 방안 등을 제시하고 있다.

맥그리거의 X · Y이론은 머슬로의 욕구단계이론을 바탕으로 인간관과 그에 따른 관리전략을 인간의 하급 욕구에 착안한 관리전략과 인간의 고급 욕구에 착안한 관리전략으로 구분하여 각각 X이론, Y이론으로 명명한 것으로, 앞으로 관리체계가 X이론에서 Y이론으로 이행될 것을 주장하고 있다. 그리고 Y이론에 입각한 관리전략으로 분권화와 위임, 직무확장 · 직무충실화 등 직무개선, 참여관리, 목표 설정에 의한 업적평가제도 등을 제시하고 있다.

리커트의 관리체제론(management system theory)은 조직이 효과적인 성과를 가져오기 위해서는 권위형(authoritative system)에서 참여형(participative system)으로 이행해야 한다는 전제 하에 체제 1, 체제 2, 체제 3, 체제 4 등의 네 가지 유형으로 분류했으며, 이 중에서 관리자가 부하를 신뢰하고 부하에 의한 의사결정이 활발하게 이루어지는 '체제 4'가 가장 바람직한 관리체제라고 주장하고 있다.

아지리스의 미성숙 · 성숙이론(immaturity－maturity theory)은 한 개인이 성숙된 인간으로 발전하기까지에는 일곱 가지 국면의 성격 변화[6]를 거쳐야 한다고 주장한다. 또한 고전이론에서 강조하는 공식적 조직은 인간의 미성숙 상태를 고정시키거나 조장한다고 지적하면서 이를 미성숙이론(immaturity theory)이라고 명명하였으며, 이를 대치할 관리전략으로 모든 구성원들이 성장 지향적 욕구를

6) 수동적(passive)에서 능동적(active), 의존성(dependence)에서 독립성(independence), 행동 방법의 한정(behave in a few ways)에서 다양한 행동 방법(capable of behaving in many ways), 변덕스럽고 피상적인 관심(erratic shallow interests)에서 깊고 강한 관심(deeper and stronger interests), 단기적인 안목(short time perspective)에서 장기적인 안목(long time perspective), 예속적 지위(subordinate position)에서 대등하거나 우월한 지위(equal or superordinate position), 자아의식의 결여(lack of awareness of self)에서 자아의식과 통제(awareness and control over self) 등으로 성격 변화를 거친다.

충족할 수 있도록 분위기를 조성하는 성숙이론(maturity theory)을 제시하였다.

그리고 브룸의 선호 · 기대이론((preference-expectation theory)은 동기부여의 강도는 결과에 대한 매력의 강도를 나타내는 선호도와 결과에 대한 기대를 곱한 것에 달려 있다는 것이며, 애덤스의 공정성이론(equity theory)은 조직 내 구성원 간의 처우의 형평성에 대한 사람들의 지각과 신념이 직무 행태에 영향을 미친다는 것이다(최항순, 2018: 308-328).

후기행태이론은 인간 중심적 연구의 과학성이나 체계화를 기하려는 행태과학(behavioral science)에 기본을 두고 있는데, 여기서 과학적 연구의 특색으로는 절차의 명확성, 명확한 정의, 자료수집의 객관성, 연구 결과의 적용 가능성, 체계적인 접근법, 목표의 설명 · 이해 및 예측 등이 있다(Berekson & Steiner, 1964: 16-18). 행태주의모형에는 인간성과 개인 동기의 파악, 그리고 조직민주주의 등의 주요한 명제가 반영되어 있는데, 이는 사회복지조직 관리 및 서비스 전달과 관련하여 그 유용성이 크다.

3 체제이론

체제이론(system theory)은 조직을 다양한 역동성과 메커니즘에 기초를 둔 구체적 기능을 수행하는 많은 하위체제로 구성된 복합체로 본다(Katz & Kahn, 1978: 69-120). 여기서 체제(system)는 어느 정도의 독립성과 자기의 경계를 유지하면서 다른 대상이나 부분 및 요소들과 상호 의존, 상호 관련, 상호작용하는 전체(whole), 집합(set), 혹은 실체(entity)로서, 인간의 복합체인 조직은 물리적 · 생물학적 체제와 유사한 특성을 가지고 있는 체제로서 인식된다.

체제이론에서 조직은 생산(production), 유지(maintenance), 경계(boundary), 적응(adaptive), 관리(managerial) 등 다섯 개의 하위체제로 구성되는데, 각 하위체제는 생존과 발전을 위한 경쟁의 역동성 때문에 부단히 활동하며 하위체제 간의 갈등과 모순은 불가피하다고 가정한다(최성재 · 남기민, 2003: 77-84).

사회복지조직에서 '생산 하위체제(production subsystem)'의 기능은 클라이언트에게 서비스를 제공하는 것으로, 조직 내로 들어가는 재화나 인력과 같은 투입

자원은 서비스로 변형된다. 생산 하위체제에서는 숙련과 기술이 강조되는 전문화의 원리가 중요한데, 전문화는 목적, 과정, 사람, 장소 등 네 가지 영역에서 조직화될 수 있다. 그러나 전문화를 추구하는 과정에서 기술을 지나치게 강조하여 기술이 클라이언트의 욕구를 대치하면 수단과 목적이 바뀌는 부정적인 결과를 가져올 수도 있다(Neugeboren, 1985: 75–76).

'유지 하위체제(maintenance subsystem)'의 기능은 개개 직원들의 목표를 조직목표에 통합되도록 하여 조직 내 안정상태를 유지하기 위한 것으로, 이 목적을 위해 사용되는 메커니즘은 활동의 공식화, 보상체계의 확립, 새로운 구성원의 사회화, 직원 선발과 훈련 등이다. 그러나 유지 하위체제가 현재 상태의 계속성과 안정상태 유지라는 목적 추구활동 과정에서 클라이언트의 욕구보다 직원들의 욕구를 더 강조한다면 이는 조직에 대해 역기능적이 될 것이다(Neugeboren, 1985: 50).

'경계 하위체제(boundary subsystem)'의 기능은 조직에 대한 환경적 영향에 대응하는 것으로, 동의와 조정절차를 통해 외부의 다른 조직과 교환관계를 맺고 조직의 임무와 업적을 지역사회에 홍보하고 필요한 경우 지지와 정통성을 확보하기 위해 지역사회의 다양한 조직 및 후원자들에게 영향을 미쳐 환경을 조정한다.

그리고 '적응 하위체제(adaptive subsystem)'의 기능은 연구 및 계획과 관련되며, '관리 하위체제(managerial subsystem)'의 기능은 다른 네 가지 하위체제를 조정하고 통합하기 위해 리더십을 제공하는 것이다.

체제이론은 독창적인 이론이라기보다는 종전부터 여러 학문 분야에 걸쳐 과학적인 지식을 통합하는 기초로서 제시되어 온 일반체제이론(general system theory)에 근거를 두고 있다. 이러한 일반체제이론의 창시자라고 할 수 있는 버탈랜피(Ludwig von Bertalanffy)는 체제를 단순한 집합이 아닌, 서로 교호작용하는 일련의 요소들의 집합이라고 정의하고 모든 생명체의 기본인 조직을 이러한 관점에서 보았다(최항순, 2018: 114).

최근 사회복지조직 관리에 있어 체제이론의 적용은 사회복지조직의 문제들을 진단하는 포괄적인 도구를 제공하여 주고 있다는 점에서 그 유용성이 인정된다.

4 상황이론

상황이론(contingency theory)은 조직과 환경은 끊임없이 변화하므로 조직관리의 항구적이고 절대적인 방법은 존재하지 않는다는 이론으로, 보편적 합리성을 추구한 고전이론의 조직관을 극복하려는 데서 출발하였다. 따라서 상황이론에서는 고전이론에서와 같이 조직에 보편적으로 적용되는 단 하나의 최선의 방법은 존재하지 않으며, 효과성에 있어서도 어떤 방법도 모두 다 마찬가지로 보는 극단적인 비합리적인 방법은 부정된다.

결과적으로 최선의 조직화 논리는 상황적 조건에 따라 가장 적합한 적응형태로서 이해될 필요가 있으며, 조직의 구조적 특징들은 기본적으로 조직의 특정 상황에 조건적으로 이루어진다는 것이 상황이론의 핵심적 명제라고 할 수 있다.

그러나 최선의 조직화에 영향을 미치는 핵심적 상황조건 자체에 대해서는 구조 중심의 상황이론, 기술 중심의 상황이론, 환경 중심의 상황이론, 기타 전략적 상황이론 등으로 분류된다(이창순, 1997: 143-156).

'구조 중심의 상황이론'은 조직규모가 조직구조에 영향을 미친다는 것으로, 조직규모가 커질수록 구조분화와 공식화정도가 증대하고 관리부문의 비율이 높아지는 반면, 중앙집권성이 감소한다는 것이다. 이에 대한 대표적인 경험적 연구로는 블라우(Peter M. Blau)와 숀헤르(Richard Schoenherr), 마이어(Marshall Meyer), 스콧(W. Richard Scott) 등에 의한 연구[7]가 있다.

'기술 중심의 상황이론'은 기술이 조직구조에 영향을 미친다는 것으로, 기술의 일상성, 분석 가능성, 복잡성 등이 조직구성원의 숙련도나 재량권에 영향을 미치고 이에 따라 다양한 조직통제방식이 요구되고 조직구조도 달라진다는 것이다. 이에 대한 초기의 대표적 연구는 영국의 우드워드(Joan Woodward)의 연구[8]

---

7) Peter Blau & Richard Schoenherr, *The Structure of Organizations*(New York: Basic Books, 1971); Peter Blau & Richard Scott, *Formal Organizations*(San Francisco: Chandler, 1962); Marshall Meyer, "Some Constraints in Analyzing Data on Organizational Structure," *American Sociological Review*, 36(1971).

8) Joan Woodward, *Industrial Organization: Theory and Practice*, London: Oxford University Press, 1965.

로, 그녀는 기술적 복잡성에 따라 단일 및 소량식 생산체제(unit and small-batch production system), 대량식 생산체제(large-batch and mass production system), 계속적 유동 또는 연속적 생산체제(continuous flow or long-run process production) 등으로 구분하고, 기술적 복잡성이 높아짐에 따라 조직 내 계층 수는 많아지고 통솔 범위는 축소되며 행정 농도는 커진다고 하였다. 그 후 헤이지(Jerald Hage)와 아이켄(Michael Aiken)은 보다 일상적인 기술을 사용하는 조직일수록 조직구조에서 중앙집중도와 공식화의 정도가 높게 나타난다고 하였고, 페로(Charles Perrow)는 기술의 분석 가능성과 '관련 변수들의 많고 적음(과업변화성)'에 따라 일상적 기술(routine), 공학적 기술(engineering), 기능(craft), 비일상적 기술(non-routine) 등으로 분류하였다.

'환경 중심의 상황이론'은 최선의 조직구조는 개별 조직이 속한 환경의 특성에 따라 달라지며 조직구조는 환경의 요구에 가장 적합한 적응형태라는 것이다. 이러한 입장에서 번스와 스토커는 영국의 섬유 등 전통적 산업으로부터 엔지니어링, 전자 등 급속히 변화하는 첨단산업에 이르기까지 약 20개 기업체들에 대한 경험적 분석을 통해 조직구조를 기계적(mechanic) 구조와 유기적(organic) 구조로 구분하고, 고전적 조직 원리는 기술적 복잡성이 중간 정도인 기계적 체제와 결합할 때 성공적이며, 반면 기술적 복잡성이 높거나 낮은 유기적 체제에는 부적합하다고 하였다(Burns & Stalker, 1961: 5-6).

그리고 가장 뒤늦게 발전된 상황이론인 '전략적 상황이론'은 '환경과 조직구조 간 관계'에 관한 번스와 스토커의 이론을 로렌스(Paul R. Lawrence)와 로쉬(Jay W. Lorsch)가 발전시킨 이론[9]으로, 동일한 조직에서도 조직 내 하위부문들은 환경으로부터 각기 다른 압력이나 영향을 접하고 있는 관계로 서로 다른 구조적 특성을 가지며 내적 분화를 촉진시킨다고 한다. 예를 들면, 표준화된 시장환경에서 활동하는 기계적 구조의 조직일지라도 그 안에서 새로운 제품, 기술개발을 담당하는 연구개발부서는 표준화된 생산부서와는 다른 현격한 구조상 차이가 있다(이창순, 1997: 153-156).

상황이론의 성격과 관련하여 스콧(William G. Scott)과 미첼(Terrence R. Mit-

9) Paul R. Lawrence & Jay W. Lorsch, *Organization and Environment: Managing Differentiation and Integration*, Boston: Graduate School of Business Administration, Harvard University, 1967.

chell)은 상황이론과 체제이론의 관계는 신고전이론과 고전이론의 관계와 같다고 했으며, 왈도(Dwight Waldo)는 "상황이란 무엇이냐 이론이냐, 관점이냐, 방법론인가? 정확한 대답은 이 모두를 합친 것"이라고 언급하고 있다. 여기서 상황이론은 경험적 내용이 부족한 일반체제이론에 비해 한정된 현상에서의 이론 구축을 행하는 특수이론 또는 중범위이론으로서 조직에 대한 실증연구를 통해서 검증 가능한 명제를 축적하고 그 중에서 보다 통합적인 이론을 만들어내는 것이라고 할 수 있다(최항순, 2018: 117).

사회복지조직의 관리에 있어서 상황이론은 사회복지 서비스의 대상이 나름대로 독특한 특징을 가지고 있다는 점에서 특히 유용한 이론이라고 할 수 있다.

5 신제도주의이론

신제도주의(neo-institutionalism)는 종래의 제도주의가 공식적 정부기관의 권한이나 기능을 파악하여 서술하는 데 초점을 두는 것에서 한 걸음 나아가, 제도와 인간 행동 간의 동태적 관계를 일단의 규칙을 통해 설명하려는 새로운 제도이론이다. 즉, (구)제도주의가 공식적이고 법적인 측면의 기술을 강조하는 데 반해, 신제도주의는 비공식적 측면과 환경적 측면과의 교호작용까지 연구 범위를 확대하고 연구 내용도 단순히 제도의 기술에 그치는 것이 아니라 제도와 제도, 제도와 개인, 제도와 정책 등의 인과관계를 역동적으로 설명한다. 여기서 제도(institution)는 개인의 권리와 의무를 규정하고 개인이나 집단의 행동에 제약을 가하는 제반 규칙들로서, 공식적 제약(헌법, 법률, 규칙 등)과 비공식적 제약(관례, 관행, 규범, 문화, 민속 등)으로 구분할 수 있다. 신제도주의와 (구)제도주의 차이점을 보다 구체적으로 보면 <표 3-1>과 같다.

그러나 신제도주의는 제도가 개인의 행동을 형성하고 질서지우며 변화시키는 데 가장 큰 영향을 미친다는 인식을 연구의 중심 개념으로 삼고 있다는 점에서는 (구)제도주의와 공통점이 있다. 신제도주의의 등장은 1970~1980년대로 볼 수 있는데, 그 등장 배경으로는 주로 행태주의, 구조기능주의 등에 대한 반작용[10]을 들 수 있고, 그 외에 근대화론, 종속이론, 마르크스주의 등도 포함할 수 있다.

표 3-1 (구)제도주의와 신제도주의의 차이점

구 분	(구)제도주의	신제도주의
제도의 개념	공식적인 법령	공유하고 있는 규범, 관습
제도의 형성	외생적 요인에 의해 일방적 결정	제도와 행위자 간의 상호작용으로 형성
제도의 특성	공식적, 구체적, 정태적	비공식적, 상징적, 분석적, 동태적
접근법	거시적(전체주의)	거시와 미시의 연계(방법론적 개체주의)
인간관	합리적(이기적) 인간, 피동적 인간	합리적 선택자, 능동적 인간
추구 목표	완전한 합리성, 정치사회적 요소(이념, 전략)	제한된 합리성, 효율성
주요 학자	Mitchell, Veblen	Coase, Williamson, North

신제도주의는 단일한 성향을 가진 하나의 학파가 아니라 제도를 중심 개념으로 설정하는 학문 분파들의 통칭으로 크게 역사적 제도주의, 합리적 선택론적 제도주의, 사회학적 제도주의 등으로 구분할 수 있다(DiMoggio, 1998).

역사적 제도주의(historical institutionalization)는 역사적 과정 속에서 제도는 일단 형성되면 방향성과 일관성을 유지하면서 일정한 경로를 지속하는 경로의존성(path dependence)이 있다는 것으로, 행정과 정책현상을 설명하는 데 있어 제도가 만들어지고 진화해 온 경로와 맥락에 대해 강한 관심을 갖는다. 1960년대부터 1970년대까지 행정학에서 주류를 차지했던 구조적 기능주의에 대응하면서 발전한 이론으로, 합리적이고 능률적인 제도를 상정하기보다는 기존 제도에 의해 발생하는 예기치 못한 결과와 비능률을 강조한다(March & Olsen, 1984).

합리적 선택론적 제도주의(rational choice institutionalization)는 집합적 행동의 딜레마를 해결한 상태에서는 더 이상 인간의 상호작용 패턴이 변화할 이유가 없다는 의미에서 균형(equilibrium) 상태를 강조하며 이를 유지하는 데 있어서 제도의 역할을 중요시한다. 개인들은 제도를 통해 자신의 목표가 가장 잘 달성될 수 있다고 인식한다. 그러나 이 입장에서는 규칙 등의 제도가 개인 선택을 결정하는 것이 아니라 단지 영향을 미치는 것으로 보고 있다. 이를 경제적 신제도주의(new economic institutionalization)라고 부르기도 한다. 합리적 선택론적 제도

10) 행태주의는 가치(value)가 배제된 사실(fact)에 치중하여 계량화를 중시함으로써 규범적 및 정치철학적 측면이 무시되는 문제점이 대두되었으며, 구조기능주의는 지나치게 균형성이나 사회질서를 중요시하여 사회 변화를 설명하는 데 한계를 맞았다.

주의자들은 제도의 운영과 개발에서 재산권, 지대 추구와 거래비용의 중요성을 강조한다(Moe, 1984). 특히 윌리엄슨(Oliver E. Williamson)은 특정의 조직형태는 동일한 활동을 수행하는 데 필요한 거래비용을 줄이려는 노력의 결과라고 설명한다(Williamson, 1985).

그리고 사회학적 제도주의(sociological institutionalization)는 가장 늦게 발전한 제도주의로서 제도를 규칙이나 절차뿐 아니라 전통과 관습, 문화까지도 포함하는 인간 행동에 영향을 미치고 제약하는 모든 것을 의미하는 것으로 정의하고, 이러한 입장에서 제도와 인간 행동과의 관계에서 개인의 역할을 인정하지 않고 제도가 인간 행동에 절대적으로 영향을 미친다는 제도 결정론적 입장을 강조한다(Powell & DiMaggio, 1991; Hall & Taylor, 1996). 사회학적 제도주의자들은 현대사회에서 사용되는 다수의 제도는 가장 능률적이기 때문에 개발된 것이 아니라 많은 사회에서의 미신이나 같은 문화에 바탕을 둔 관습 때문이라고 주장한다. 이상에서 언급한 신제도주의의 세 분파의 특징을 비교하면 <표 3-2>와 같다.

표 3-2 신제도주의 세 분파의 특징 비교

구 분	제 도	선호 형성	강조점	제도 변화	방법론
역사적 제도주의	공식적 측면	내생적	권력 불균형 역사적 과정	결론된 균형 외부적 충격	사례연구 비교연구
합리적 선택론적 제도주의	공식적 측면	외생적	균형 전략적 행위	비용편익 비교 전략적 선택	연역적 일반화된 이론
사회학적 제도주의	비공식적 측면	내생적	인지적 측면	유질 동형화 적절성의 논리	경험적 연구 해석학

자료: 하연섭(2002: 344).

6 신공공관리론

신공공관리론(new public management: NPM)은 행정국가 또는 복지국가 시대의 정부실패에 대한 대응으로 '작지만 효율적인 정부'를 구현하기 위해 1980년대 이후 대처 정부와 레이건 정부로 대표되는 앵글로색슨(Anglo-Saxon)계 국가들에서 주로 진전된 시장개혁적인 정부개혁에서 비롯된 것으로, 크게 신보수주의(자유주의, 시장주의)와 신관리주의의 두 개의 패러다임으로 살펴볼 수 있다.

신보수주의(new conservatism)는 경쟁원리와 고객주의를 포함하는 개념으로 기존의 독점적 정부 서비스에 경쟁과 고객선택권을 최대한 적용하여 행정 서비스를 제공하려는 것이며, 이와 관련된 주요 정책수단으로는 고객 지향적 서비스, 수익자부담 원칙의 강화, 민간위임 및 위탁, 규제 완화 등이 있다. 이에 비해 신관리주의(new managerialism)는 행정과 경영의 유사성 인식 하에 도입된 이론으로 인사 및 예산 업무에서 내부통제를 대폭 완화하고 일선관리자에게 관리상 재량권을 부여하여 정부의 성과를 향상시키도록 하는 기업적 정부를 실현하려는 것이며, 이와 관련된 주요 정책수단으로는 성과에 기초한 관리, 인력 감축 및 재정 지출 억제, 민영화와 민간위탁, 책임운영기관, 규제완화, 품질관리(Total Quality Management: TQM)[11] 기법 활용, 유인 및 마케팅(marketing) 기법의 도입 등이 있다.

신공공관리론은 1960년대의 정치경제학자들을 중심으로 인간의 합리성에 대한 확신에 근거해서 관료제에 대한 합리적 계획을 강조하고 관료제의 의사결정 능력에 관심을 두었던 공공관리론(public administration: PA)이 정부 과부하와 정부 규모의 확대 등 관료제의 팽창과 정부실패를 초래함에 따라 대두된 이론으로, 그 이론적 배경에는 공공선택론, 주인－대리인이론, 거래비용이론 등의 사상이 짙게 깔려 있다.

공공선택론(public choice theory)은 경제학자들이 시장을 분석하는 데 사용하는 경제학적 방법론을 정치현상(투표, 정당제도, 이익집단, 입법활동, 관료제, 지방자치단체 등)의 연구에 적용하려는 것이다. 즉, 경제학자들은 시장에서 사람들이 사익(self－interest)에 따라 움직인다고 가정하는데 이러한 가정은 정치행정 영역에서도 적용할 수 있다고 한다.

공공선택론은 결과적으로 시민의 선호와 의사를 존중할 수 있는, 즉 고객만

11) TQM은 관리자와 직원들이 함께 서비스 개선에 참여할 수 있게 하는 일종의 관리철학으로, 조직의 전 과정에 품질 인식을 불어 넣어 소비자의 만족을 이루고 소비자 만족을 통해 조직의 장기적인 성공을 지향하려는 것이다. 여기서 총괄품질(TQ)은 조직이 소비자들의 욕구를 충족시키는 서비스를 제공하려는 문화, 태도, 조직 등을 포함하는 것으로 개별 업무자가 아닌 팀(team)의 노력으로 도출되는 것을 강조한다.

족을 위한 제도와 체제를 설계하려는 이론이라는 점에서 신공공관리론의 고객주의에 많은 영향을 주었다고 할 수 있는데, 1950년대부터 연구되기 시작하여 털럭(Gordon Tullock)과 함께 이 이론을 창시했던 뷰캐넌(James M. Buchanan)이 1986년 노벨경제학상을 받으면서 널리 알려지게 되었다.

주인-대리인이론(principal-agent theory)은 인간생활의 대부분은 주인과 대리인이라는 일련의 거래 또는 계약관계를 통해 이루어진다는 사고에 기초를 두고, 쌍방의 계약에 따라 대리인은 주인을 위하여 여러 가지 임무를 수행하고 그 대가로 주인은 상호 합의된 방식에 따라 보상을 지급한다는 것이다. 이러한 주인-대리인 관계의 성립은 대리인은 정보가 많고 주인은 정보가 적다는 정보의 비대칭성(非對稱性)에 기인한다. 이렇게 정보가 비대칭적으로 존재할 경우 이런 기회를 주인과 대리인 모두 자신에게 유리하도록 이용하려는 유혹이 생기게 되는데 이때 사전적 기회주의로서 역(逆)선택이, 사후적 기회주의로서 도덕적 해이가 나타난다. '역선택(reverse selection)'은 주인이 대리인을 선택할 때 대리인의 능력을 충분히 알지 못하므로 과다하게 보수를 지급하거나 기준 미달의 대리인을 선택할 수 있다는 것이며, '도덕적 해이(moral hazard)'는 대리인이 주인을 위해 업무를 수행할 때 주인이 대리인의 행동을 효과적으로 감시하거나 통제하기 어려우므로 대리인은 과업 수행에 필요한 주의와 노력을 기울이지 않을 유인이 생기며 이는 곧 관료 부패와 연결될 수 있다는 것이다.

주인-대리인이론은 처음에는 회사의 주주와 경영자 간의 관계분석에서 출발하였으나 점차 사회적, 경제적, 정치적 일상문제로 적용을 확대하게 되었다. 예를 들어, 국민과 공무원, 유권자와 정치인, 소송 의뢰인과 변호사, 지주와 소작농 등에서도 주인-대리인 관계는 설정될 수 있다. 이 이론에서는 공공선택론이나 다른 고전학파 경제학에서와 같이 개인들을 합리적인 사익을 추구하는 효용 극대 추구자로 가정하고 있으며, 주인과 대리인 간에는 목적이나 선호가 달라 갈등이 발생할 수밖에 없다고 한다.

거래비용이론(transaction cost theory)은 기업의 존재 이유를 설명하기 위해 코스(R. H. Coarse)에 의해 제기된 후 윌리엄슨(Oliver E. Williamson) 등이 사이먼(Herbert A. Simon)의 '제한된 합리성(bounded rationality)'을 토대로 하여 발전시킨 이론으로, 기업의 시장거래의 개인 간 계약관계에서 발생할 수 있는 거래비용을 절감할 수 있기 때문에 존재한다고 본다. 시장거래에는 계약의 협상과 배달, 검사, 품질보증 등에 관한 많은 거래비용이 수반되지만 시장거래의 독립된 주체들이 한 기업으로 흡수되면 거래는 내부화되고 거래에 따른 비용은 감소된다는 것이다. 이 이론에 의하면 기업의 범위는 시장의 거래비용과 조직 내부 관리비용의 상대적 크기에 따라 결정되며 이에 따라 시장과 기업 간의 '효율적인 경계(efficient boundary)'가 나타난다고 한다.

오스본(David Osborne)과 게블러(Ted Gaebler)는 1992년 펴낸 『정부재창조론(*Reinventing Government*)』에서 이러한 신공공관리론에 입각하여 정부운영의 10대 원리를 강조한다. 즉, 정부의 역할은 ① 서비스 제공에 있어 노젓기(row) 역할보다 방향잡기(steering)을 하는 촉진적 정부, ② 서비스 공급에 있어 독점이 아니라 경쟁을 중시하는 경쟁적 정부, ③ 서비스 공급에서 정부 이외에 지역주민과 지역공동체를 공급 주체의 일원으로 참여시키는 지역사회 주도정부, ④ 법규나 규칙보다 목표와 임무를 중심으로 조직운영하는 사명 지향적 정부, ⑤ 정부의 성과를 높이기 위해 투입 아닌 성과나 결과를 기준으로 배분하는 성과 지향적 정부, ⑥ 소비자의 선택권을 높이기 위해 고객을 중시하는 고객 지향적 정부, ⑦ 지출보다 수입의 개념이 활성화되고 이를 위해 수익자 부담의 원칙이 강화되는 기업가적 정부, ⑧ 각종 문제 발생 후의 사후 대책보다 사전 예방 능력을 배양하는 미래에 대비하는 정부, ⑨ 분권과 위임을 통해 참여적 의사결정을 촉진하는 분권적 정부, ⑩ 시장기구를 통해 변화를 촉진하는 시장 지향적 정부 등을 추구한다는 것이다.

연습문제

01 조직이론에 관한 설명 중 옳지 않은 것은?

① 제도이론과 상황이론은 개방체계이다.
② 인간관계론은 자율성과 책임감을 강조한다.
③ 행정관리론은 일반관리의 원칙 또는 원리 개발에 초점을 둔다.
④ 과학적 관리론은 분업과 효율성을 중시한다.
⑤ 관료제론은 합리성과 융통성을 중시한다.

02 과학적 관리론과 관련이 없는 것은?

① 공구의 표준화　② 시간과 동작 연구　③ 예외에 의한 관리
④ 칭찬 및 포상제도　⑤ 기능적 직장제도

03 인간관계이론에 대한 설명으로 옳은 것은?

보기
가. 조직에서 규칙을 강조하며 능률을 최우선시한다. 나. 인간의 심리·사회적 욕구를 중요시한다. 다. 맥그리거의 X이론과 유사한 관점의 이론이다. 라. 조직구성원의 자율성과 책임성을 강조한다. 마. 조직 내의 비공식적 과정의 중요성에 대한 이해를 증진시킨다.

① 가, 나, 다　② 가, 다, 라　③ 나, 라, 마
④ 다, 라, 마　⑤ 가, 나, 다

04 베버(Max Weber)가 제시한 관료제의 특징에 해당되지 않는 것은?

① 정책결정과 행정이 혼합
② 계층적 권한구조
③ 조직구성원들 간의 비정의적 관계
④ 고도의 전문화
⑤ 직무권한의 사전 명시

05 상황이론에 알맞은 것은?

① 업무가 형식주의화된다.
② 시간, 동작 연구가 중요시된다.
③ 조직구조는 환경과 기술에 영향을 받는다.
④ 엄격한 통제관리의 원칙이 적용된다.
⑤ 구체적 목표 설정을 통해 관리한다.

06 조직이론 중 합법성과 재원 및 인력 등이 조직의 생존과 발전에 중요하다고 강조하는 이론은?

① 제도이론 ② 정치경제이론 ③ 조직군 생태이론
④ 총체적 품질관리론 ⑤ 학습조직이론

07 조직이론에 대한 설명으로 옳지 않은 것은?

① 제도이론: 조직은 법률, 규칙, 사회적 여론 등의 영향을 받는다.
② 조직군 생태이론: 개별 조직을 분석 대상으로 한다.
③ 정치경제이론: 개방체계적 시각을 가지고 있다.
④ 상황이론: 업무 환경과 기술 환경은 조직에 영향을 받는다.
⑤ 자원의존이론: 외부적으로 자원을 창출한다.

08 다음 〈보기〉에서 제시된 조직의 문제를 해결하는 데에 적합한 사회복지행정에 관한 이론은 무엇인가?

보기
A사회복지관은 최근 수년 간 프로그램이 급속도로 확대되어 직원 수가 크게 늘어났고 의사결정에 더 이상 효과적이거나 효율적이지 못하게 되었다.

① 과학적 관리론
② Y이론
③ 학습조직이론
④ 상황이론
⑤ 제도이론

09 머슬로의 욕구이론 중 '안전'욕구와 관련된 프로그램은?

보기

가. 심리사회 상담
나. 노인집단거주시설
다. 노인 여가선용 프로그램
라. 노인학대 예방

① 가, 나, 다 ② 가, 다 ③ 나, 라
④ 다, 라 ⑤ 가, 나, 다, 라

10 다음 중 동기부여이론에 관한 설명으로 틀린 것은?

① 머슬로의 욕구이론에서는 하위욕구가 충족되어야 상위욕구가 나타난다.
② 애덤스의 형평성 이론에서는 노력과 보상 간의 공정성이 동기부여의 핵심 요소이다.
③ 알더퍼의 ERG 이론에서 존재욕구, 관계욕구, 성장욕구는 동시에 추구될 수 있다.
④ 허즈버그의 동기위생이론에서 봉급과 근무환경은 위생 요인이다.
⑤ 맥클리랜드의 성취동기이론은 X · Y이론에 바탕을 두고 있다.

정답 1. ⑤ 2. ④ 3. ③ 4. ① 5. ③ 6. ② 7. ② 8. ① 9. ③ 10. ⑤

제 4 장

사회복지조직의 구조와 환경

사회복지조직은 국가 또는 사회로부터 공익을 위한 활동을 하도록 인가받을 뿐 아니라 활동에 필요한 물질적 및 비물질적 후원을 받는 조직으로서, 다른 어떤 종류의 조직보다도 환경과 밀접한 관련을 맺고 있다. 그럼에도 불구하고 사회복지조직은 환경과의 관계를 등한히 하거나 의식하지 못함으로써 조직의 목표를 효과적으로 달성하지 못하는 경우가 많다. 따라서 이 장에서는 사회복지조직의 구조 및 환경과의 관계를 이해하고 환경적 여건에 대응해 나가는 방법들을 살펴보고자 한다. 먼저 사회복지조직의 구조를 살펴본 후 사회복지조직의 환경문제에 대해 언급한다.

제 1 절 사회복지조직의 구조

1 조직구조의 개념과 형성원리

조직구조는 조직구성원들 간에 기능과 권한, 책임 등을 배분하고 조정하는 조직구성원들의 '유형화된 교호작용(patterned interactions)'을 의미한다. 이와 유사한 뜻으로 블라우(Blau, 1972: 12)는 "조직구조는 조직구성원들의 역할관계에 영향을 미치는 사회적 지위를 구성원들에게 분배하는 것", 그리고 랜슨, 히닝스와 그린우드(Ranson, Hinings, & Greenwood, 1980: 3)는 "조직구조는 구성원들의 상호작용 속에서 계속적으로 산출·재창조되고 상호작용을 형성하는 통제의 복잡한 매개체"라고 정의한다.

조직구조 형성의 원리는 조직의 가치로 능률성(efficiency)을 최우선으로 삼고 이를 확보하기 위해 피라미드형의 집권화된 조직구조 형성을 처방한 고전적 조직 원리에 그 근저를 두고 있다. 고전적 조직 원리는 조직구조 설계에 있어 분화(분업)와 통제(계층제)에 초점을 두고 있는데, 분화 또는 분업은 수평적 분화(horizontal differentiation)로서 대규모 조직에서 가능한 한 업무를 세분하여 각기 다른 사람들이 맡도록 조직 하위 단위를 구성하는 것이 능률적이라는 것이며, 통제 또는 계층제는 수직적 분화(vertical differentiation)로서 분업의 결과 형성된 조직 단위들이 조직의 공동 목표에 기여할 수 있도록 통제하고 조정하는 장치를 가지고 있어야 능률적이라는 것이다.

고전적 조직이론에서 제시하고 있는 수평적 분화에 관한 원리로는 분업의 원리(division of work principle), 부성화의 원리(departmentalization principle), 참모조직의 원리(line–staff principle) 등이 있으며, 수직적 분화에 관한 원리로는 계층제의 원리(scalar principle), 통솔 범위의 원리(span of control principle), 명령 통일의 원리(unit of command principle), 조정의 원리(coordination principle) 등이 있다.

이러한 고전 원리에 따라 조직구조를 형성하면 폭이 좁은 피라미드형의 고층구조의 양태가 된다. 이 경우 참모조직은 피라미드형의 계선구조 밖에 위치한다. 고전적 조직이론에서 제시된 구조 형성의 원리들은 보편적인 적용 가능성이 보장되기는 어려우며, 또한 조직의 내부에만 초점을 둔 폐쇄체제에 입각한 이론이라는 점에서 한계점이 있다.

따라서 현대조직은 전통적 조직구조로부터 벗어나 새로운 조직구조를 설계할 필요가 있으며, 그 설계 방향은 수직적 조직에서 수평적 조직으로, 기계적 조직으로부터 유기적 조직으로, 단순조직으로부터 복합조직으로, 정태적 조직으로부터 목표 지향적 조직으로, 개인 중심의 조직으로부터 '팀(team) 중심의 조직'으로, 그리고 사람 중심의 '조직으로부터 과업(task) 중심의 조직'으로 이행되어야 할 것이다.

2 현대 조직구조의 형태

조직구조의 형태는 베버(Max Weber)의 관료제(bureaucracy)가 대표적인 것이라고 할 수 있는데, 이것이 갖는 특성, 즉 권위의 계층, 한정된 권한, 노동의 분화, 잘 숙련된 요원들, 작업의 과정, 재직자에 관한 규칙, 그리고 차별적 보수 등은 조직의 능률화를 위해 조직구조가 갖추어야 할 요소들이다. 그러나 베버의 관료제론은 고전이론의 특성인 합리성과 폐쇄체제에 입각하고 있다는 점에서 앞서 언급한 바와 같이 많은 수정을 요한다.

1) 유기적(적응적) 구조

유기적 또는 적응적(organic) 구조는 1961년 번스와 스토커가 영국과 스코틀랜드의 20개 산업조직을 대상으로 조직구조와 조직구성원의 관리행동이 어떻게 달라지는가를 연구함으로써 처음으로 제시된 것으로, 직무와 권한 및 책임관계의 탄력성, 분권적 의사결정, 수평적 상호작용 등으로 특징지어지는 비관료적 구조이다. 이는 기계적(mechanic) 구조가 고도의 직무세분화, 권한과 책임관계의 명확화, 수직적인 명령계통과 계층적 지배관계 등으로 특징지어지는 관료적 구조인 것과 대비된다.

이러한 유기적 구조는 토플러(Alvin Toffler, 1970)의 『미래의 충격(*Future Shock*)』[1)]에서 애드호크라시(adhocracy)로 불리는데, 이는 '임시특별위원회'로 번

---

1) 토플러가 말하는 '미래의 충격'은 기술과 지식은 급변하는데 인간의 적응력은 이를 따라가지 못해 충격을 받게 된다는 것으로, 기존 문화에 새로운 문화를 중첩시킴으로써 나타나는 문화충격을 뜻하며, 1980년 『제3의 물결(*The Third Wave*)』은 농업혁명, 산업혁명에 이어 나타나는 탈산업정보화를 의미한다. 그리고 『권력이동(*The Power shift*)』에서는 과거의 권력이 물리적 힘, 군사력, 자본 등에 기반을 두었다면 미래 권력의 원천은 지식으로서, 앞으로 미래 세계는 지식

역되며 대체로 영구적인 부서나 공식적인 규칙, 그리고 일상적인 문제를 처리하기 위한 절차가 없으며 프로젝트에 따라 전문요원들이 팀을 구성하여 상황에 맞게 문제를 해결해 나가는 조직구조이다.[2] 이러한 조직구조의 예로는 사업전담반(task force), 프로젝트 팀(project team), 위원회(committee) 등이 있다. 이들 세 가지 형태는 대체로 유사하다고 할 수 있으나 흔히 프로젝트 팀이 태스크 포스보다 넓은 의미로 사용되고, 또한 위원회는 한시적인 경우 태스크 포스와 비슷하고 비교적 존속기간이 긴 경우 매트릭스 구조의 사업구조와 비슷하다는 점에서 다소 차이가 있다.

2) 매트릭스 구조

매트릭스 구조(matrix structure)는 전통적 조직구조 원리에 입각하여 분업과 계층제의 원리를 기준으로 한 기능구조(functional structure)와 특정 사업 수행에 필요한 권한을 위임받아 수행하는 사업구조(project structure)를 통합한 조직구조로, 안정된 조직 기능을 유지하는 기능구조와 신축적이고 자율적인 과업환경 속에서 전문성과 쇄신성을 도입할 수 있는 사업구조의 장점을 모두 살려보려는 데 그 목적이 있다.

매트릭스 구조에서 사업구조는 기능구조의 소속원을 차출하여 구성하는 팀(team) 형태를 보이며, 이 경우 조직구성원은 사업구조와 기능구조에 중복적으로 소속된다. 따라서 조직구성원은 기능부서 상급자와 프로젝트(사업구조) 관리자 양쪽에 보고하고 지휘·관리를 받는다. 여기서 사업구조는 태스크 포스 또는 프로젝트 팀과 구조상의 차이를 발견하기 어려우며, 사업구조가 태스크 포스나 프로젝트 팀보다 대체로 보다 영속적이라는 시간상의 차이가 있을 뿐이다. 사업구조는 대규모 조직에서는 흔히 '사업부제(business subtitle)'라는 이름으로 많이 사

을 소유하고 있는 사람들에 의해 지배된다는 것을 예견한 것이다.

2) 애드호크라시의 기원은 제2차 세계대전 중 특수 임무를 수행하였던 기동타격대(task force)에서 찾아볼 수 있는데, 애드 혹 팀(Ad hoc team)이라고 불렸던 이 부대는 임무가 완수되면 해산되었다가 새로운 임무가 주어지면 재구성되는 속성을 띠었다. 따라서 팀 구성원의 역할은 주어진 임무의 성격과 복잡성의 정도에 따라 바뀌어졌으며 구성원 각자는 세분화된 자기 분야에 대해서만 책임지는 형태를 취했다고 한다(앨빈 토플러의 『미래의 충격』 중에서).

용된다. 서울에 본사를 두고 있는 H건설회사가 사우디아라비아나 태국에 각각 현지 건설 업무를 총괄하는 사업부를 두는 경우가 그것이다. 윌리엄슨(Williamson, 1975)은 이를 M형 조직형태(multi-divisional form)라고 하며, 이러한 조직 형태는 미국, 일본 등 선진국을 중심으로 점차 증가하고 있다.[3)]

매트릭스 구조의 장·단점을 보면 먼저 장점으로 조직구성원의 능력과 재능을 최대한 이용할 수 있고 개별 팀을 프로젝트 간에 이동시킬 수 있으며, 소비자의 특별한 요구나 환경 변화에 신속히 대응할 수 있다. 그리고 단점으로는 조직구성원의 시간 배분과 성과측정의 문제, 프로그램 관리자의 불만이나 역할 갈등 초래, 긴축을 요하는 불황기에 활용이 어렵다는 점 등을 들 수 있다.

사회복지조직은 대부분 이러한 매트릭스 구조를 어느 정도 갖추고 있다. 기능별로 직원들이 배치되어 있으면서 프로그램 운영을 위해 팀이 꾸려지는 경우가 많다. 그러나 한 조직에서 매트릭스 구조의 활용 정도에 관한 결정은 장점 못지않게 두 개의 권위 라인을 유지하는 데 따른 복잡성 등 단점들을 정확히 파악한 후에 내려져야 할 것이다.

3) 팀 제

팀(team)은 조직의 상층부로부터 위임받은 권한을 바탕으로 특정한 임무를 자율성을 가지고 자율적으로 수행하는 단위를 말한다. 팀제에는 조직 직제에 반영되어 있는 공식적 조직인 '협의의 팀제'뿐 아니라 직제에 반영되지 않은 한시적 조직인 태스크 포스(task force)나 프로젝트 팀(project team)도 포함된다. '협의의 팀제'의 특징은 기존의 계급 중심의 국·과·계 등 계층제를 성과 중심의 팀장체제로 개편하고 결재 단계를 축소하며, 구성원의 전문화와 내부 경쟁체제를 통해 창의성을 향상시키려는 데 있다.

팀제는 조직구성원의 창의성과 전문성을 제고할 수 있다는 점에서 사회복지

---

3) 전통적인 U형 구조(unitary form, 기능구조)는 조직의 규모가 확대되고 사업 영역이 다양화됨에 따라 각 부문 간의 조정이 어려워지고 개별 부서가 자기 부서의 목표만을 추구하는 데 비해, M형 구조는 각 부문이 자체의 사업 영역 내에서 이익극대화를 위한 합리적 행동을 추구하므로 대규모 조직에서 발생하기 쉬운 불합리한 요인들이 제거되고 조정이 용이해짐으로써 조직의 효율적인 운영이 가능해진다고 한다(이창원 외, 2012: 489-490).

조직에서 많이 활용되고 있다. 그러나 팀제는 의사결정 단계의 축소로 충분한 검토가 이루어지지 못하며 팀 간에 정보가 공유되지 못하고 단절될 수 있다는 문제점이 있다.

최근 들어 팀제가 전통적 관료제의 대안으로 평가받기 시작한 이유로는 정보화사회에서 규모의 경제보다 스피드의 경제가 중요해지고, 세계화와 관련하여 조직 내 각 부문의 외부와의 연계성이 더욱 강조되었으며, 민주화와 분권화 등의 환경적 변화 추세를 들 수 있다(최항순, 2018: 266).

4) 네트워크 구조

네트워크 구조(network structure)는 다수의 조직들 간에 필요한 활동이나 자원이 교환관계로 결합된 체제로, 일반적으로 대규모 아웃소싱(outsourcing)에 의해 또는 독자적으로 경쟁하기 힘든 소규모 기업들 간의 수평적 연결에 의해 만들어진다. 네트워크 구조의 대표적 사례로는 합작투자사업(joint venture business), 전략적 제휴(strategic alliance), 회사집단(company group), 연합연구(coalition research), 관계계약(relationship contract) 등을 들 수 있다. 예를 들면, 직원 125명으로 연간 5,800만 달러의 매출을 올리고 있는 '루이스 갈루'라는 장난감업체는 생산과 포장은 홍콩의 기업과 계약을 맺고 디자인은 프리랜서 디자이너와 계약을 하고 판매는 독립적인 판매업소와 계약을 맺고 있다(Daft, 1998: 161; 이창순, 2001: 80).

네트워크 구조는 계층제보다 일상적 탐구에서 훨씬 큰 다양성이 있고 풍부하고 복잡한 정보를 더 많이 공유할 수 있으며, 한 조직과 특별한 자원의존 관계를 강화함으로써 환경적 불확실성을 완화할 수 있다는 장점이 있다. 그러나 네트워크 구조는 이질적인 조직들 간의 느슨히 연결된 관계이기 때문에 과대한 네트워크 구조의 경우 실패로 이어질 수도 있다는 문제점이 있다(김병섭 외, 2008: 181-184).

3 사회복지조직 구조의 특징

조직구조는 일반적으로 기구 도표로 나타나는 가시적이고 계획적인 구조인 공식적 구조(formal structure)와 조직 내에서 자연적으로 발생하는 비공식적 구조(informal structure), 또는 명령과 복종의 관계를 가진 수직적 구조인 계선조직(line)과 계선조직을 지원하고 촉진하는 참모조직(staff)으로 구분할 수 있다. 한편 경직적이고 조직 내부의 관리에 초점으로 두는 기계적 구조(mechanic structure)와 환경에 신축적으로 대응할 수 있는 유기적 구조(organic structure)로 구분할 수도 있다.

사회복지조직은 대부분 복잡하고 불명확한 기술을 사용하며 불확실한 환경에서 운영되고 있기 때문에 사회복지 서비스는 업무 수행자와 클라이언트 간의 강도 높은 대면적(face−to−face) 상호작용을 통해서만 가능하며, 이러한 유형의 상호작용은 미리 만들어진 표준화되고 고정된 규칙을 통해 통제하기가 어렵다. 이를 보통 '전문적 관계(professional relationship)'로 표현하는데 이러한 사회복지조직에서는 공식화와 집권화 구조를 과도하게 강조하면 오히려 업무 수행자들의 직무만족도나 사기가 저하되기 쉽다.

이와 같은 사회복지조직의 성격이나 환경적 요소들과 관련해 볼 때 사회복지조직의 구조는 조직의 각 부서들이 비교적 자율적으로 움직이고 부서들 간의 업무 조정도 최소한의 수준에서 이루어지는 '느슨한 결합(loose coupling)'을 통한 유기적 구조가 적절하다고 할 수 있다. 또한 변화하는 환경에 적응하기 위해 변화에의 대응뿐 아니라 운영의 유연성, 자원 제공자와 클라이언트 간의 즉각적이고 직접적인 피드백(feedback)의 수용을 가능하게 하는 소규모의 한시적인 태스크 포스(task force) 구조가 적절할 수 있다. 그리고 사회복지조직은 전문직 중심의 조직구조라는 점에서 관료체제에서의 조직 자체에 대한 충성 대신 전문성에 대한 충성으로 대체하게 된다(김영종, 2010: 175−178).

그 밖에도 사회복지조직은 각각의 업무 단위로 일렬로 나열하여 조직하는 생산 일선조직(예: 노인복지관의 경우 밑반찬 서비스, 이동목욕 서비스, 레크리에이션, 상담 등), 중계자의 역할을 하는 연계조직(예: 입양기관, 사회복지 서비스 안내 및 의뢰기관 등), 인간을 원료로 클라이언트에게 서비스를 제공하는 고객 서비스조직 등으로 구분할 수 있다.

그리고 민간 사회복지조직 또는 기관에는 이사회(board of directors)와 위원회(committee)를 두고 있는데, 이사회는 목표 달성을 위한 법률적 책임을 지고 있는 정책결정기구이며, 위원회는 특별한 업무를 처리하기 위해 전문가들로 구성된다. 양자의 차이를 보면 이사회는 조직의 행정책임자의 참석 하에 회의를 갖지만 위원회는 실무담당자가 참여하며, 이사회의 구성원은 위원회에 비해 수가 적은 것이 보통이다.

제 2 절 조직환경의 개념과 유형

1 조직환경의 개념

조직환경에 대한 문제 제기는 처음에는 하위체제로서의 조직에 국한된 것이 아니고 행정체제라는 관점에서 이루어졌다. 이러한 입장에서 고스(Gaus, 1947)는 행정에 영향을 미치는 환경적 요인으로 주민, 장소, 물리적 기술, 사회적 기술, 욕구와 사상, 재난 및 인물 등을 제시하였으며, 리그스(Riggs, 1961)는 경제적 기반, 사회적 구조, 이념, 의사전달 및 정치체제 등을 중요한 환경적 요소로 지적한 바 있다. 여기서 조직환경은 조직의 외부적 요소뿐 아니라 조직구성원의 욕구나 이념, 의사전달 과정 등과 같은 조직 내부적 요소들도 포함된다고 할 수 있다.

그 후 환경의 개념에 대한 정의는 다양하게 제기되었는데, 어떤 학자들은 조직의 전체 또는 부분에 영향을 미칠 가능성이 있는 조직의 경계 밖의 모든 요소들을 환경이라고 하였으며(Miles, 1980), 조직의 과업 수행에 영향을 주지만 조직에 의해서 통제되지 않는 기관이나 세력들의 집합으로 인식하는 견해도 있다(Churchman, 1968). 여기서 환경의 공통된 요소로는 조직과 환경을 구별하는 경계(boundary)가 있고 환경은 경계 밖의 외부 변수라는 점을 들 수 있다.

2 조직환경의 유형

조직환경을 조직 밖의 외부 변수라고 정의하는 경우 홀(Hall, 1977)에 의하면 환경은 일반적 환경과 과업환경으로 구분된다. 여기서 일반적 환경(general environment)은 모든 조직에 공통적으로 영향을 미치거나 잠재적으로 영향을 미칠 가능성을 지닌 것으로서 정치적 환경, 경제적 환경, 문화적 환경, 법적 환경, 기술적 환경, 사회적 생태 등으로 구분할 수 있다. 이러한 일반적 환경은 특별한 경우를 제외하고는 조직이 변경할 수 없는 주어진 조건으로 여겨진다. 과업환경(task environment)은 특정 조직과 자원 및 서비스를 교환하고 직접적인 상호작용을 하는 집단들을 의미하는데, 사회복지조직의 경우 조직활동에 대한 인·허가기관, 감독기관, 재정자원 제공기관, 클라이언트를 의뢰해 오는 기관, 보조 서비스 제공기관 등이 포함된다. 과업환경은 일반적 환경에 비하여 특정 조직에 영향을 미치기도 하지만 특정 조직에 의해 영향을 받기도 한다.

1) 일반적 환경

(1) 정치적 환경

정치적 환경은 사회의 일반적인 정치풍토나 권력집중의 정도, 정치조직의 성격 등을 뜻하며, 특히 정치적 안정(political stability)은 조직활동의 안정을 보장해 준다. 사조직은 공조직에 비해 정치적 상황의 영향을 덜 받기는 하지만 로비활동을 자신의 이익을 추구하는 입장에서 볼 때 예외는 아니다.

사회복지조직의 경우에도 재정자원의 대부분을 정부에 의존하고 있는 상황에서 자원 분배를 통제하는 과정으로서 정치적 환경은 매우 중요하다. 또한 사회복지 관련법의 제·개정과 관련하여 국회 또는 정부의 역할은 크다고 할 수 있다.

더욱이 현대 복지국가에서 복지부문 예산의 증가로 인해 복지부문에 대한 정치적 결정은 매우 중요한 관심사로 부각되고 있다. 이와 관련한 연구로는 힉스(A. Hick)의 "복지지출의 증가 원인에 대한 정치경제학적 연구"를 비롯하여 "영국과 미국의 복지부문 예산 결정에서 정치적 영향력 특성 비교에 관한 연구",

“라틴아메리카 제국의 사회정책 배분의 결정 요인에 관한 연구” 등이 있다. 특히 워햄(Joyce Warham)은 사회복지 서비스에 대한 정치적 측면의 영향 요소로 ① 사회복지 서비스 급여에서의 국가의 역할, ② 정당제도, ③ 로비활동의 역할, ④ 사회복지행정에서의 정치적 요소 등 네 가지를 들고 있다.

또한 후기산업사회의 복지형태에서 사회정책에 대한 정치적 연관성을 계급 갈등의 측면에서 파악하여 복지국가의 정당성을 비판하고 그 위기를 주장하는 일군(一群)의 학자들이 있다. 이들은 네오마르크스주의자들(Neo-Marxists)로서, 마르크스(Karl Heinrich Marx)가 경제결정론적 입장에서 복지국가에 대해 비판론적 견지에 서는 것과 달리 마르크스가 간과한 정치결정론적 입장에서 후기산업 사회에서의 사회정책 결정 요인을 찾고 있는 것이 특징적이다.

그 밖에 사회정책은 집단 간의 갈등을 조정하는 정치적 결단의 소산이라는 점에서 사회정책과 이익집단의 관계를 결부한 연구들도 있다. 집단이론을 지지하는 리처도스(J. J. Richardos)와 조던(A. G. Jordan), 킴버(Richard G. Kimber)와 리처드슨(Jeremy J. Richardson) 등의 견해가 여기에 포함된다.

(2) 경제적 환경

경제적 환경은 조직이 속해 있는 사회의 경제체제나 경제적 조건을 뜻하는 것으로, 경기의 부침(浮沈)이나 시장의 수요 · 공급조건의 변동은 기업활동에 민감하게 작용하며 조세수입에 의존하는 정부조직의 활동도 경제적 환경에 크게 영향을 받는다.

사회복지 재정도 경제성장과 더불어 증가하는 경향이 있고 특정 부분의 사회복지 재정, 예를 들면 공공부조에 대한 비용은 경제성장률이 낮거나 경기 후퇴의 경우에 증가하는 경우가 많다. 특히 지방정부의 재정지원이나 지역주민의 기부금에 의존하고 있는 사회복지조직일수록 지역사회의 경제 상황에 따라 많은 영향을 받게 된다. 이렇게 경제 상황은 사회복지조직에 대한 자원 공급을 결정하는 주요 요인이 될 뿐만 아니라 사회복지조직에 대한 클라이언트의 수요를 결정하는 주요 요인이 된다(최성재 · 남기민, 2003: 149).

이와 관련된 사례로는 1930년대 초 미국이 세계대공황으로 인한 경제적 파탄과 실업 증대를 해소하기 위해 시도한 일련의 정책 중 1935년의 사회보장법

(Social Welfare Act) 제정과 1942년 「비버리지보고서(Beveridge Report)」에서 사회보험 수립의 필수적인 선결 요건으로 완전고용정책을 논의한 사실, 그리고 1960년대 중반 존슨(Lyndon Baines Johnson) 대통령의 '빈곤에 대한 전쟁(War on Poverty)' 정책의 일환으로 경제정책과 복지정책의 혼연일체를 시도한 것 등을 들 수 있다. 이에 대해 티트머스(Titmuss, 1979: 164-369)는 종래의 사회정책이 경제성장의 부산물에 지나지 않는다는 견해를 논박하고 경제성장이란 구호에서 사회성장이란 구호를 제창하기도 했다(황진수, 2011: 112).

(3) 문화적 환경

문화적 환경은 인간의 사회생활을 지배하는 가치 기준이나 행동양식 등을 뜻하는 것으로, 일반화된 사회적 가치 기준이나 역할의 존재, 조직의 공동 인식의 존재 등은 조직의 설계와 행태에 영향을 미치는 제약 요인이 된다.

사회복지조직의 경우 조직에서의 서비스 형태, 클라이언트의 서비스에의 접근, 문제의 규정 등이 문화적 가치에 의해 크게 영향을 받는다. 예를 들면, 노동윤리를 존중하는 문화에서는 노동 능력이 있는 자에 대한 공공부조는 일을 시키는 대가로 지불하는 방식(국민기초생활보장에서의 취로사업 등)의 서비스 형태를 취하며 노동을 국민의 권리로 인정하는 문화에서는 노동에 대한 요구 없이 금품을 지급하는 서비스 형태를 취할 수 있다. 또한 알코올 중독자에 대한 문제 정의에서 미국 사회는 엄격한 데 비해, 한국 사회는 느슨하게 적용하여 미국의 정의를 한국에서 적용한다면 알코올 중독자 수는 크게 늘어날 것이다(최성재 · 남기민, 2003: 150).

사회복지의 원조(元祖, originator)라고 할 수 있는 영국에서는 19세기에 자유주의와 국가개입주의를 지지하는 사람들 간에 사회정책의 축소 또는 확대에 대한 논쟁이 있었다가 그 후 20세기에 들어오면서 점차 국가개입을 찬성하는 주장이 압도하게 되었는데, 이러한 논쟁 과정에서 중요한 역할을 한 것은 종래의 자조(自助, self-help) 사상의 퇴조와 벤담(Jeremy Bentham)의 공리주의(utilitarianism)의 등장, 그리고 웹(Sidney Webb)의 집단주의(collectivism)의 앙양이라는 가치관의 변화라고 할 수 있다(Fraser, 1978: 369-371). 미국에서도 이러한 사회사상이나 가치관의 영향력은 잘 나타나고 있다. 즉, 미국은 자유주의적이고 개인주의적인 풍토가 지배적이라는 점에서 서구의 다른 나라들에 비해 국가개입적인 사회정책의 폭이 좁다. 이런 측면에서 히긴스(Joan Higgins)는 미국의 복지체계를 윌렌스키(Harold L. Wilensky)가 말한 보완적 모형(residual model)으로 보고 있다.

(4) 법적 환경

법적 환경은 대부분의 조직들이 법규범의 체계 속에서 정당성의 근거를 얻기 때문에 조직의 운영과 활동에 기본적인 틀을 제공한다. 새로운 법률이 통과되거나 법 해석이 달라지면 조직은 중요한 변화를 가져오는데 세금이나 고용 규정과 같은 비교적 세속적인 문제에서 그러한 현상을 많이 볼 수 있다. 여기서 '법(law)'은 중앙 및 지방정부 수준에서 만들어지는 헌법, 법률, 명령, 규칙, 조례 등을 뜻한다.

사회복지조직의 경우에도 이러한 법적 환경은 클라이언트들에게 서비스 제공과 관련한 많은 조건들을 규정하고 통제 또는 장려함으로써 사회복지의 고객선정, 장소, 계획, 서비스 기술, 재원, 서비스 인력 등에 중대한 영향을 미친다. 우리나라의 사회복지 관련법들은 사회복지사업에서 국가책임과 자활 조성을 원칙으로 하여 개인의 책임 및 국민의 의무를 강조하고 있는데, 중앙정부나 지방자치단체가 사회복지사업을 직접 운영하기보다는 민간 사회복지법인이 담당하는 것을 장려하고 있다. 우리나라의 주요 사회복지 관련법으로는 사회보장기본법, 국민기초생활보장법, 국민건강보험법, 국민연금법, 사회복지사업법, 아동복지법, 노인복지법, 장애인복지법 등이 있다.

(5) 기술적 환경

기술적 환경은 증기기관의 발명이 산업혁명을 통해 산업의 발전뿐 아니라 사회 전체에 큰 변화를 초래했으며, 최근 들어 컴퓨터의 발명이 우리 생활의 많은 영역을 크게 바꾸고 있는 것처럼 생산양식뿐 아니라 사회의 가치관도 변화시킨다는 점에서 매우 중요하다.

사회복지조직에서 기술개발이 영향을 줄 수 있는 서비스의 범위는 의료, 정신건강, 교육, 지역사회 및 사회계획 등이다. 특히 정신건강 분야에서 정신작용약물(psychoactive)의 발견으로 치료가 크게 향상되었고, 심리학에서의 행동수정이론(behavior modification theory)[4]은 사회복지조직에서의 서비스 기술을 크게 향상시키고 있다.

(6) 사회적 생태

연령과 성별 분포, 가족 구성, 거주 지역, 사회적 계급 등과 같은 사회적 생태(social ecology)도 조직에 영향을 미친다. 예를 들면, 우리나라의 경우 평균 가족 수가 1970년 5.2명, 1980년 4.5명, 1990년 3.7명, 2000년 3.1명, 2005년 2.9명, 2010년 2.7명, 2016년 2.5명 등으로 감소하고, 총 가구 중 65세 이상의 노인이 홀로 사는 노인단독가구(독거노인)의 비율이 1990년 8.9%, 1995년 13.2%, 2000년 16.1%, 2005년 17.9%, 2010년 19.7%, 2016년 19.1% 등으로 증가 추세를 보이는 등 가족 구조에 큰 변화를 보이는데(통계청, 2017), 이에 따라 보육 서비스와 노인보호 서비스의 필요성을 증가시키고 있다.

또한 윌렌스키와 르보(Wilensky & Lebeaux, 1992)에 의하면 사회계층화가 심해질수록 불균형에 따른 사회문제가 증대하고 사회복지에 대한 요구가 커진다고 한다. 이들은 그 대표적인 예로 공업화 과정에서 나타나는 대도시의 인구집중과 유동적인 노동력, 대규모 조직의 발달과 전문화, 계층화 등이 사회복지 서비스에 대한 요구를 창조하고 사회정책의 출현을 촉진시킨다는 점을 지적하고 있다.

2) 과업환경

과업환경은 사회복지조직의 활동에 직접적으로 관련된 환경으로 사회복지조직과 구체적으로 교호작용하는 조직이나 개인을 뜻하며, 구체적 환경, 업무환경 또는 매개적 환경이라고도 한다. 예를 들면, 특정 사회복지조직의 재정자원 제공자, 정당성과 권위의 제공자, 클라이언트 및 클라이언트 제공자, 보충적 서비스 제공 및 조직 산출물의 인수자, 그리고 경쟁하는 조직 등이 있다.

4) 행동수정이론은 인간은 어떤 환경적 자극이 주어지는가에 따라 무한한 변화 가능성을 지닌다는 것으로, 자녀의 행동을 수정하기 위한 부모교육이론으로 널리 활용되고 있다. 이 이론은 러시아의 심리학자 파블로프(I. P. Pavlov)의 고전적 조건형성 원리를 인간의 행동에 적용시킨 왓슨(J. B. Watson), 스키너(B. F. Skinner) 등의 연구에서 비롯되었다.

(1) 재정자원 제공자

재정자원 제공자(financial support provider)는 사회복지조직에 재정자원을 제공해 주는 외부 환경 요소로서, 대부분의 사회복지조직의 경우 중앙정부 및 지방자치단체가 주요 재정자원 제공자이다. 정부보조금이나 사업비 형태의 직접 지원 방식일 수도 있고, 바우처제도에서와 같이 정부가 이용자를 거쳐 시설에 재정자원을 제공하는 간접 지원 방식일 수도 있다.

근래에는 민간 차원의 재정자원 제공자들로 삼성복지재단, 아산사회복지재단, 현대차정몽구재단, 엘지연암재단 등 주요 기업들이 설립한 공익재단이 증가하는 추세에 있다. 그리고 사회 서비스가 시장화되는 영역(본인 부담 몫)에서는 소비자로서의 유료 이용자가 사회복지조직에 있어 결정적으로 중요한 재정자원의 공급자가 된다.

(2) 정당성과 권위의 제공자

사회복지조직의 합법성과 권위는 법률에 의해 부여되며, 조직에 대한 사회적 승인이나 정당성은 조직이 봉사하고 있는 지역사회나 클라이언트집단, 전문가집단으로부터 나온다. 예를 들면, 사회복지조직의 인가나 감독권을 가진 보건복지부, 시·도, 시·군·구 등이나 사회복지조직의 협의체인 한국사회복지협의회, 한국사회복지사협회 등이 '정당성과 권위의 제공자(a provider of legitimacy and authority)'에 해당된다.

사회복지공동모금회도 프로그램 공모사업에 선정된 기관들에게 '사랑의 열매' 현판을 달 수 있도록 해서 사회복지공동모금회의 이미지에 수반된 합법성과 권위를 해당 기관에 제공해 준다. 그 밖에 운영법인의 명성, 전문직 종사자들의 사회적 권위, 클라이언트 옹호집단이 표시하는 인정 수준 등이 모두 사회복지기관으로서의 존속과 활동에 필요한 합법성과 권위의 원천들이다.

(3) 클라이언트 공급자

클라이언트 공급자(client provider)는 사회복지조직에 클라이언트를 공급해 주는 외부 환경 요소이다. 지금까지 사회복지 서비스는 대부분 저소득계층을 대상으로 했는데, 이런 경우 주된 클라이언트 공급자는 공급 조치의 권한을 보유하는 일반 행정기관이나 담당 공무원들이다. 그 밖에 클라이언트를 사회복지조직에 의뢰하는 학교, 경찰 등 특수 정부조직이나 청소년단체, 노인복지회관, 사회복지관 등 민간 사회복지기관, 그리고 교회 등도 여기에 포함된다. 그러나 이제 사회복지 서비스가 일반 국민을 대상으로 한 보편적 서비스를 지향하게 되면서 서비스 공급 방식이 바우처(boucher, 사회 서비스 이용권) 방식 등으로 전환하게 되면 사회복지조직의 주된 클라이언트 공급자는 많은 경우 가족이나 이용자 본인이 차지하게 된다.

(4) 보완적 서비스 제공자

보완적 서비스 제공자(complementary service providers)는 사회복지조직이 과업을 수행하는 데 필요한 업무의 일부분을 거들어 주거나 대행해 주는 외부 조직들을 말한다. 이들은 사회복지조직과 다양한 요소들(클라이언트, 재원, 합법성·권위, 신뢰 등)을 교환하는 관계에 있다. 예를 들면, 어떤 종합사회복지관이 대상 클라이언트에 대한 의료나 법률상담 서비스를 조직 내부에서 제공할 수 없으므로 관련 외부 조직들과 협력이나 용역을 통해 수행할 수 있다.

(5) 경쟁조직

경쟁조직(competitive organization)은 클라이언트나 재정지원과 같은 조직운영에 필요한 자원들을 획득하는 과정에서 해당 조직과 경쟁관계에 있는 조직들을 말한다. 예를 들면, 사회복지조직들이 정부기관이나 사회복지공동모금회로부터 재정지원을 받기 위해 서로 경쟁한다든지 클라이언트를 놓고 조직 간 경쟁하는 것 등이다. 앞서 언급한 정당성과 권위의 제공자, 클라이언트 공급자, 보충적 서비스 제공자 등은 이와 달리 '협력조직'이라고 할 수 있다.

경쟁조직은 과거처럼 사회복지 업무가 거의 정부보조금으로 운영되었을 경우에는 큰 의미가 없었으나 바우처제도와 같은 이용자 본위제도 하에서는 제반 환경 요소들 가운데 우선적으로 고려되어야 할 부분이 되었다고 할 수 있다(김영종, 2010: 162-165).

제 3 절 사회복지조직의 환경 대응전략

조직이 환경에 적극적으로 적응 또는 대응하는 방법으로 전략적 선택론, 자원의존론, 공동체생태학론 등이 있다. 여기서 적극성의 순위는 기술한 순서대로 전략적 선택론, 자원의존론, 공동체생태학론 순이다.

1 전략적 선택론

전략적 선택론(strategic choice theory)은 차일드(Child, 1972)가 관리자는 필요에 따라 조직 특성을 환경에 적응시킬 뿐 아니라 환경 그 자체를 조직에 적합하도록 조정할 수 있다고 주장한 이론이다. 차일드(John Child)의 전략적 선택론의 특징을 보면 다음과 같다.

첫째, 조직관리자는 최적의 성과수준만이 아니라 다양한 수준의 성과에도 만족할 수 있다는 것으로, 이는 관리자들의 여러 제약 조건들과 관련하여 선택할 수 있는 대안들이 다양하게 존재한다는 것을 보여준다.

둘째, 조직은 환경의 영향에 좌우되기만 하는 것이 아니라 때로는 조직에 유리하도록 환경을 조정하거나 통제할 수 있다.

셋째, 조직관리자들의 전략적 선택은 환경의 객관적이고 실질적인 특성과 상관없이 주관적이고 지각된 환경을 토대로 조직구조 설계에 높은 수준의 영향을 미친다.

한편 관리자가 선택할 수 있는 환경 대응전략은 환경의 변화시도 없이 환경의 영향으로부터 조직활동의 핵심을 보호하는 소위 완충전략(buffering)을 뜻하는 '조직의 대내적 전략'과 조직 관련 환경 요소들을 통제하는 소위 경계관리전략(boundary-spanning)을 뜻하는 '조직의 대외적 전략'으로 구분할 수 있다. 그리고 그 예로서 전자에는 부호화(coding), 비축(stockpiling), 평준화(levelling), 예측(forecasting), 할당(allocating) 등이 있고, 후자에는 협상(bargaining), 계약(contracting), 호선(cooptation), 합병(mergers), 연합(association), 로비활동(lobbying)

등이 있다(최항순, 2018: 146－147).

2 자원의존론

자원의존론(resources dependence theory)은 톰슨과 맥이웬(Thompson & McEwen, 1958), 벤슨(Bensen, 1975) 등이 조직이 필요한 자원을 자급자족할 수 없다는 점에서 조직의 효과성 증대를 위해 환경에 대해 보다 적극적으로 대처하여 자원을 효율적으로 관리하려는 이론이다. 이 이론은 환경의 영향을 인정한다는 점에서 상황론 등과 동일하지만 상황론과 같이 환경이 조직구조를 결정한다는 결정론의 입장은 아니다. 또한 전략적 선택론과 같이 관리자가 환경에 영향을 미칠 수 있다고 가정하지만 전략적 선택론과 달리 상대적으로 환경에 대한 의존성을 인정함으로써 생존에 필요한 자원을 제공해주는 다른 조직들의 요구에 주의를 기울인다.

1) 톰슨과 맥이웬의 이론

조직이 환경으로부터의 도전과 영향을 극복하고 그 생존을 유지해 나가기 위해서는 환경 변화에 조직이 어떻게 대처해 나가느냐가 중요하다. 이와 관련하여 톰슨(Victor A. Thompson)과 맥이웬(William J. McEwen)은 조직은 환경, 특히 다른 조직과 경쟁 및 협력관계에 있다고 지적하면서 협력관계를 다시 협상, 포용, 연합 등으로 구분하여 그 대응 방안을 논하고 있다(Thompson & McEwen, 1958: 23－31).

첫째, 경쟁(competition)은 둘 이상의 조직이 자원이나 고객 등을 보다 많이 확보하기 위하여 호소하거나 좋은 조건을 제시하는 등 조직활동을 전개하는 것으로, 이러한 활동의 예로는 정부부처 간의 예산 확보 경쟁이나 국민의 지지획득을 위한 정당의 활동 등을 들 수 있다. 사회복지조직의 경우에도 유사조직 간에 중앙 또는 지방자치단체로부터의 재정 확보를 위해 경쟁하는 경우가 많으며, 고객 유치를 위한 경쟁도 적지 않다.

이러한 경쟁 전략은 조직의 일방적인 목표 설정이나 독단적인 운영을 방지하며 조직의 효율적인 운영을 촉구한다. 또한 환경으로부터의 자원 확보 여부에 따라서는 조직의 도태를 초래하기도 한다.

둘째, 협상(bargaining)은 둘 이상의 조직이 재화나 서비스의 획득 및 제공을 위한 공식적 또는 비공식적 교섭을 벌이는 것을 뜻하며, 이러한 예로는 FTA 협상과 같이 국가 또는 조직 간 자원교류 조건 등을 교섭하거나 기업들이 생산 원료의 공급자 또는 하청업자와 협상하는 것 등을 들 수 있다. 사회복지조직의 경우에도 이와 같은 협상전략은 정부조직이 자금을 가지고 있고, 민간 사회복지조직이 서비스를 제공할 수 있는 경우에 많이 사용된다. 우리나라에서 흔히 볼 수 있는 중앙정부 또는 지방자치단체가 사회복지관에 대해 운영자금을 제공하고 사회복지관에서는 서비스를 제공하는 사례는 그 좋은 예이다. 또한 공립학교와 아동상담소가 각기 상대편이 필요로 하는 중요한 자원이나 서비스를 가지고 있을 경우 양자가 상호 필요에 의해 자원이나 서비스를 협상에 의해 교환할 수 있다.

그러나 협상전략은 조직으로 하여금 선택 범위를 좁히고 자율성을 침해당하게 하며 조직의 목적과 맞지 않거나 부주의한 서비스 전달이 이루어지는 문제도 초래될 수 있다. 이러한 서비스의 남용과 악용 사례들은 미국의 요양원에서 많이 발견되고 있다(Hasenfeld, 1963: 76).

셋째, 포용(cooptation)은 조직이 그 존립과 계속성을 유지하기 위하여 조직의 지도층이나 의사결정기구에 외부의 영향력 있는 유력한 인사를 흡수 영입하여 위험 요소를 제거하거나 지지기반을 확대하는 것을 말한다. 과거에 미국에서 테네시강 유역개발공사를 담당했던 TVA(Tennessee Valley Authority) 내에 지역주민들의 지지를 받기 위해 전 테네시대학교 총장을 이사로 임명했던 일은 그 대표적인 예이다.

사회복지조직의 경우에도 포용전략은 조직이 필요로 하는 자원이 없거나 조직이 직면하는 위협을 기존 자원으로 상쇄할 수 없을 때 이용되는 경향이 있다. 사회복지조직의 의사결정 및 프로그램 평가에 클라이언트 대표자 또는 주민대표를 참여시키거나 모금기관의 대표자를 이사회 또는 운영위원회에 참여시키는 것 등이다. 그러나 조직의 의사결정에 외부 조직의 대표들이 참여한다는 것은 그 조직의 목표나 활동을 수정하고 조정해야 하는 경우가 있게 될 것이므로 조직의 자율성을 크게 저해할 수도 있다.

넷째, 연합(coalition)은 둘 이상의 조직이 공동 목표의 추구를 위해 결합하는 것으로, 몇 개의 건설회사가 연합하여 대규모 토목사업에 참여하거나 여러 정당이 연합하여 연립내각을 구성하는 경우가 이에 해당된다. 사회복지조직의 경우 사회복지연합회나 사회복지사협회 등과 같이 관련 조직들이 연합회를 결성하여 대외적으로 영향력을 발휘하게 하는 것은 그 예가 될 수 있다.

그러나 연합전략은 예상 밖의 손실이 따를 수 있다는 데 유의해야 한다. 즉, 연합이 취한 행동으로 회원조직 간에 불화가 생길 가능성이 있으며, 연합을 통해 얻은 이익배분에 대한 의견불일치가 있을 수 있다. 그리고 연합은 시간적으로 한정된 목적을 위해서 형성되고 목적이 달성되면 해체되는 경우도 많다.

2) 벤슨의 이론

벤슨(J. Kenneth Benson)은 조직 간 관계에서 환경인 상대 조직에의 의존도를 낮추면서 자율성을 높이기 위한 전략으로 협조적 전략, 방해적 전략, 조종적 전략, 권위적 전략 등을 들고 있다(Benson, 1975: 229−249).

첫째, 협조적 전략(cooperative strategy)은 둘 이상의 조직이 서로 협상 또는 타협하여 공동 계획이나 합의를 이루는 것으로, 협의 대상으로는 자금, 인력, 시설, 고객 등이 있다. 이러한 전략의 구체적 형태로는 앞서 언급한 톰슨과 맥이웬의 분류에 따른 협상, 포용, 연합 등을 들 수 있는데, 사회복지조직의 경우 경쟁적 전략을 사용할 조건들이 잘 형성되는 일이 적은 조직들에서 많이 사용되고 있다. 협조적 전략과 관련된 내용들은 이미 살펴보았기 때문에 여기서는 생략한다.

둘째, 방해적 전략(disturbing strategy)은 한 조직 또는 개인이 상대 조직(또는 상대방)의 자원공급 능력을 위협하는 행동을 하는 것으로, 상대 조직에게 갈 자원을 빼앗거나 상대 조직의 사업효과를 떨어지게 함으로써 양보를 받아내거나 조직 간 권력−의존관계를 바꿀 수 있기를 기대한다. 이러한 방해적 전략은 다음과 같은 조건 하에서 채택되기 쉽다. 즉, 세력이 약한 어떤 조직이 영향을 미치고자 하는 과업환경(조직)이 방해적이 아닌 요구를 묵살할 때, 방해하려는 조직이 실패해도 손해볼 것이 별로 없을 때, 특정 조직과 상대 조직 간에 이념적 갈등이 존재할 때, 그리고 특정 조직이 상대 조직과의 갈등 해소를 위한 공통적 기본 규칙을 제공할 수 있는 외부 요인과 상호작용을 지속하지 않고 있을 때 등이다.

사회복지조직의 경우 소규모 또는 일시적으로 방해적 전략을 사용하는 경우가 흔히 있을 수 있는데, 이는 조직 간에도 일어나지만 클라이언트들이 사회복지조직에 대해 사용하는 경우가 많다. 예를 들면, 수입이 전무한 노인이 재산한도액을 약간 넘어 기초생활보장을 받지 못하는 경우 관계 부처(보건복지부)에 계속적으로 탄원하여 기초생활보장에 관한 규정을 재검토하게 할 수 있다.

사회복지조직에서 방해적 전략은 빈민 및 불우한 사람들을 대신하여 조직으로부터 양보를 받아내는 데는 효과적일 수 있으나 장기적으로 볼 때 일시적으로 얻은 이득을 상쇄해 버리는 반작용을 야기할 수 있다. 왜냐하면 방해당하는 조직으로부터의 양보는 약소한 것이 되고 오히려 사회복지전달체계 내에 존재하는 더 기본적인 불평등에 대한 관심을 딴 곳으로 돌리게 하는 결과를 가져올 수 있기 때문이다(최성재 · 남기민, 2003: 160-161).

셋째, 조종적 전략(manipulative strategy)은 자원의 흐름에 대한 환경의 제약조건들을 의도적으로 변경시키는 것으로, 정부가 이자율이나 세율을 조종함으로써 경제를 규제하는 것 등이 그 예이다. 사회복지조직에서도 법인설립 시 인가요건을 강화 또는 약화시킴으로써 조직의 설치를 조종할 수 있으며, 사회복지관 등의 위탁운영 시 기존 위탁자에게 불리 또는 유리하게 하는 조종전략을 사용할 수 있다.

넷째, 권위적 전략(authoritative strategy)은 네트워크를 형성하고 있는 조직 간의 관계를 일방적으로 권위에 의해 재배열하는 것으로, 정부부처 또는 공공규제위원회가 새로운 조직을 창설하여 기존의 조직 간 네트워크를 개조하거나 조직 간 관계를 전반적으로 재배열하는 것 등을 들 수 있다.

사회복지조직의 경우 자금 지원과 권위를 관장하는 중앙 및 지방정부조직이 민간 사회복지조직에 대해 이러한 전략을 사용할 수 있다. 권위적 전략은 우세한 위치를 점하고 있는 소수의 사회복지조직에 한정될 수밖에 없고, 명령에 대한 순응 여부를 감시하기 위해 비용도 많이 들고 비록 명령에 대한 순응이 이루어진다고 하더라도 실질적이 아닌 상징적으로 될 수 있는 문제점이 있다.

3 공동체생태학론

공동체생태학론(committee ecology theory)은 애스틀리(W. G. Astley)와 폼번(C. J. Fomburn)이 조직을 생태학적 공동체 속에서 상호 의존관계를 맺고 있는 조직군의 한 구성원으로 파악하고 이에 기반하여 조직의 행동과 환경적응 과정을 설명한 이론이다. 이 이론은 조직상호 간 호혜적 상호전략 등을 통해 능동적으로 환경에 적응하는 과정을 강조하는데, 조직상호 간에 호혜적 관계를 형성하는 근거로는 정부 규제에 대응하기 위하여 조직 간에 교환관계나 연합을 형성하는 필요성 차원, 주요 자원이 산재된 경우 이의 획득을 위해 조직 간 관계를 형성하는 불균형 차원, 공동 목표나 이익추구를 위한 호혜성 차원, 조직 내의 투입 대 산출의 비율을 향상시키기 위한 효율성 차원, 환경의 불확실성을 감소하기 위한 안정성 차원, 그리고 조직의 이미지 제고와 기존의 사회적 규범 등에 부응하기 위한 정당성 차원 등이 있다.

연습문제

01 사회복지조직의 구조에 관한 설명 중 옳은 것은?

> 보기
>
> 가. 조직구조가 복잡하면 분화 정도가 높다.
> 나. 공식화는 표준화 정도를 낮춘다.
> 다. 집권화 정도는 소수에게 힘이 집중된 정도이다.
> 라. 분권화는 새로운 정보에 신속한 대응이 가능하다.

① 가, 나, 다　　② 가, 다　　③ 나, 라
④ 다, 라　　⑤ 가, 나, 다, 라

02 사회복지조직의 특징으로 옳은 것은?

① 도덕적 정당성에 민감하다.
② 이해관계집단의 구성이 단순하다.
③ 성과에 대한 평가가 용이하다.
④ 일선전문가의 재량을 인정하지 않는다.
⑤ 주된 기술이 단순하고 확실하다.

03 다음 중 행렬조직(matrix organization)에 대해 바르게 설명한 것은?

> 보기
>
> 가. 상황 변화에 따라 신속하고 유연한 대처가 가능하다.
> 나. 조직의 안정성이 높다.
> 다. 구성원의 참여에 의한 동기유발이 가능하다.
> 라. 부서별 역할의 조정과 협력이 높아진다.

① 가, 나, 다　　② 가, 다　　③ 나, 라
④ 라　　⑤ 가, 나, 다, 라

04 지역사회 차원의 공공기관과 민관기관들 간 협력과 연계에 유리한 조직 방식은?

① 관료제 조직 ② 계조직 ③ 행렬조직
④ 피라미드 조직 ⑤ 네트워크 조직

05 사회복지조직이 휴먼 서비스를 제공하기 때문에 갖게 되는 구조적 특성은?

보기

가. 분권화(decentralization)
나. 획일화(unification)
다. 전문직화(professionalization)
라. 공식화(formalization)

① 가, 나, 다 ② 가, 다 ③ 나, 라
④ 다, 라 ⑤ 가, 나, 다, 라

06 사회복지사업법 제36조에서 규정하고 있는 사회복지시설의 운영위원회에 대한 설명 중 틀린 것은?

① 시설장은 당연 위원장이 된다.
② 사회복지 프로그램의 개발 · 평가에 관한 사항을 다룬다.
③ 시설종사자의 인건비 등 근무환경 개선에 관한 사항을 다룬다.
④ 시설과 지역사회와의 협력에 관한 사항을 다룬다.
⑤ 시설거주자의 생활환경 개선 및 고충처리 등에 관한 사항을 다룬다.

07 사회복지조직의 부문화(department)에 대한 설명으로 옳은 것을 모두 고른 것은?

보기

가. 서비스 기준: 서비스 제공, 사례관리, 지역사회조직 등으로 구분
나. 지리적 기준: 클라이언트 거주지역에 따른 구분
다. 기능 기준: 개별사회사업, 집단사회사업, 지역사회 조직사업 등으로 구분
라. 업무시간에 따라 2교대 또는 3교대로 구분

① 가, 나 ② 가, 다 ③ 나, 라
④ 가, 나, 라 ⑤ 나, 다, 라

08 비공식조직에 대한 관리자의 일반적 지침으로 적절하지 않은 것은?

① 비공식조직의 목표나 기능 등은 공식조직의 목표와 일치시키도록 해야 한다.

② 비공식조직을 통해 구성원 간 경험 및 정보를 공유함으로써 업무능률의 향상을 꾀한다.

③ 공식조직에서 해결되지 않는 문제를 비공식조직을 통해 해결하도록 한다.

④ 비공식조직을 통해 집단의 응집력을 향상시킬 수 있도록 한다.

⑤ 조직구성원들이 생각과 감정을 나눌 수 있는 의사소통 채널로 활용한다.

09 사회복지조직의 과업환경에 해당되지 않는 것은?

① 클라이언트

② 경쟁조직

③ 보충적 서비스 제공자

④ 문화적 조건

⑤ 재원과 합법성의 제공자

10 사회복지조직을 설명하면서 외부 환경과의 연관성을 중시하는 이론을 모두 고른 것은?

보기

가. 인간관계론
나. 정치경제이론
다. X·Y이론
라. 제도이론

① 가, 나, 다 ② 가, 다 ③ 나, 라
④ 라 ⑤ 가, 나, 다, 라

11 최근 사회복지행정의 환경 변화에 관한 설명으로 옳지 않은 것은?

① 서비스 이용자의 권리가 강조되고 있다.

② 사회복지조직 관리에 기업경영 기법이 도입되고 있다.

③ 품질관리를 통한 이용자 중심 서비스가 요구되고 있다.

④ 사회 서비스 공급에서 영리부문의 참여가 감소되고 있다.

⑤ 사회 서비스의 시장화 경향성이 뚜렷해지고 있다.

12 사회 서비스 이용권(바우처)에 관한 설명으로 옳지 <u>않은</u> 것은?

① 사용 범위가 제한된 선택 허용
② 현물과 비교하여 이용자의 높은 선택권 보장
③ 이용자에게 이용권 지원
④ 서비스 제공자에 관한 정보접근성 필요
⑤ 영리기관으로 서비스 제공자 제한

정답 1. ② 2. ① 3. ① 4. ⑤ 5. ② 6. ① 7. ③ 8. ③ 9. ④ 10. ③ 11. ④ 12. ⑤

제 5 장

사회복지 서비스 전달체계

제 1 절 사회복지 서비스 전달체계의 의의

1 사회복지 서비스 전달체계의 개념

사회복지 서비스 전달체계(social service delivery system)는 사회복지 서비스의 공급자 간 또는 공급자와 소비자(클라이언트) 간을 연결시키는 조직적 장치(organizational arrangements)라고 할 수 있다(Gilbert & Terrell, 1998: 143). 일반적으로 사회복지 대상자들은 일시에 여러 사회복지기관들로부터 도움을 받아야 할 복합적인 문제를 지니는데, 이때 공급자 간 또는 공급자와 소비자 간을 연결시키기 위해 만들어진 조직적 체계가 사회복지 서비스 전달체계이다. 예를 들면, 영세민의 경우 생계유지뿐만 아니라 주택문제, 가구원의 탈선, 교육의 기회, 가족성원 간의 불화, 사회부적응 등으로 인해 정부의 공공부조와 함께 다른 공·사 복지기관의 서비스를 필요로 하는 경우가 많으며, 장애인의 경우에도 장애와 관련한 의료 서비스는 물론 재활에 필요한 특수교육, 직업훈련, 사회적응 등 전문기관의 도움이 필요하다. 이렇게 사회복지 대상자를 둘러싼 일체의 공·사(公·私) 사회복지기관과 이들 기관의 서비스 전달망을 사회복지 서비스 전달체계라고 부른다(Friedlander & Apte, 1974: 181).

사회복지 서비스 전달체계는 구조·기능, 운영 주체, 서비스 종류 등 관점에 따라 다양하게 구분될 수 있다. 여기서 구조·기능은 사회복지 서비스의 공급자(정부, 기관, 시설, 단체, 개인 등) 간에 구조와 기능이 어떻게 분화되어 있는가를 뜻하며, 운영 주체는 공공체계, 민간체계 또는 구체적 조직 등과 같이 실제로 프로그램 운영이나 서비스를 행하는 조직을 의미한다. 그리고 서비스 종류는 아동복지 서비스, 노인복지 서비스, 정신보건 서비스 등과 같은 분야별 서비스 네트워크(network)를 나타낸다.

먼저 '구조·기능'으로 볼 때 사회복지 서비스 전달체계는 서비스 전달을 기획, 지원 및 관리하는 '행정체계'와 전달자가 소비자와 상호 접촉을 가지면서 서비스를 직접 전달하는 '집행체계'로 구분될 수 있다(성규탁, 1997: 406-410). 예를 들면, 국민기초생활보장 서비스의 전달체계는 보건복지부→특별시·광역시·도→시·군·구→읍·면·동→기초생활보장 대상자 등으로 연결되는 조직체계로 되어 있는데, 보건복지부로부터 시·군·구에 이르는 서비스는 기획, 지시, 지원, 관리, 감독 등의 업무를 주로 하므로 '행정체계'라고 할 수 있고, 읍·면·동과 기초생활보장 대상자 간은 최일선에서 구체적인 서비스를 제공하는 업무를 주로 하므로 '집행체계'라고 할 수 있다.

사회복지의 개별 조직이나 프로그램들을 이와 같이 전체 전달체계 구조상의 위치를 통해 파악하게 되면 그에 따라 각각의 역할과 기능들에 대한 이해가 수월해진다. 또한 서비스 전달체계에서 책임성의 문제가 대두될 때 그것이 행정체계에 기인하는 것인지 아니면 집행체계의 미비 때문인지 분리해서 고려할 수 있다.

다음으로 '운영 주체'로 볼 때 크게 정부(중앙 및 지방)나 공공기관이 관리·운영하는 공적(공공) 사회복지 서비스 전달체계와 민간기관 및 단체가 관리·운영하는 사적(민간) 사회복지 서비스 전달체계로 구분할 수 있다. 이를 앞서 살펴본 구조·기능적 구분과 결부시켜 보면 공적 전달체계는 행정체계로서의 기능을, 민간체계는 집행체계로서의 기능을 주로 담당한다. 현실적으로 공적 사회복지 서비스 전달체계는 사회보험과 공공부조에 관련되는 서비스를 제외한 대부분의 대인적 사회복지 서비스를 민간 전달체계에 위탁하거나 의존하고 있다.

그 밖에 '서비스 종류'에 따른 구분은 앞서 논의된 구조·기능적 분류나 운영주체별 분류가 서비스 제공자들을 중심으로 한 것인데 비해, 소비자 중심의 구분이라는 점에서 차이가 있다. 이러한 관점에서 특정 지역사회의 서비스 네트워크를 아동복지 서비스, 노인복지 서비스, 정신보건 서비스 등으로 예시적으로 구분해 볼 수 있다(김영종, 2010: 378).

여기서 아동복지 서비스 네트워크에는 사회복지 공무원, 보육시설, 육아시설, 학교급식 프로그램, 아동상담소, 가출청소년일시보호, 청소년캠프, 청소년쉼터, 소년원, 종합사회복지관, 비행청소년 예방 프로그램 등이, 노인복지 서비스 네트워크에는 사회복지 공무원, 주간보호소, 양로원, 경로당, 요양원, 노인연금 프로그램, 재가복지서비스센터, 무료급식 프로그램, 종합사회복지관, 치매치료센터 등이, 그리고 정신보건 서비스 네트워크에는 사회복지 공무원, 정신질환자가족협회, 요양시설, 정신병원, 종합병원, 장애인종합복지관, 종합사회복지관, 장애인고용촉진공단 등이 있다.

2 사회복지 서비스 전달체계의 기능

사회복지 서비스 전달체계가 제대로 기능을 발휘하기 위해서는 전달체계의 부분 혹은 단위를 구성하는 기관들이 적절한 기능을 수행해야 한다. 왜냐하면 몇 개의 단위 조직들로 구성된 협력체에서 한 개라도 맡은 바 기능을 수행하지 못할 때에는 자원의 낭비, 서비스의 중복 및 누락은 물론 복지 대상자의 치료와 재활에 역기능으로 작용할 것이기 때문이다.

펄먼(Robert Perlman)은 모든 사회복지기관은 복지 대상자를 돕기 위한 일련의 사업을 수행해야 한다라며, 그 바람직한 기능으로 초입, 책임, 서비스 제공, 계획 및 통제 등 네 가지 기능을 제시하고 있다(Perlman, 1975: 103-107).

첫째, 초입 기능(entry functions)은 사회복지기관이 사회복지 수요를 지닌 주민들(prospective users)에게 이용 가능한 서비스에 대해 홍보와 교육활동을 하고 전문적인 서비스를 필요로 하는 사회복지 대상자들에게 이의 소재를 알려 주어야 하며, 사회복지 대상자의 문제를 해결하기 위해 지역사회에 있는 다른 복지기관들과 협력해야 한다는 것이다.

둘째, 책임 기능(accountability functions)은 사회복지기관이 사회복지 대상자의 문제를 사정(査定)하고 이용 가능한 자원을 찾아내어 복지 대상자가 이를 활용하도록 도와주고, 필요하다면 복지 대상자를 타 기관에 위탁하고 그 기관이 필요한 서비스를 제공할 수 있도록 보장해 주며, 위탁에 문제가 발생했을 때에는 서비스를 받을 수 있도록 하는 등 사회복지 대상자의 권리 보호를 위한 대변자(advocate)의 역할을 해야 한다는 것이다.

셋째, 서비스 제공 기능(provision of services)은 사회사업가와 사회복지기관에 의해 주어지는 특정한 형태의 도움, 예컨대 개별지도사업, 재활 서비스, 법률구조사업, 재정적 부조 등을 말한다.

넷째, 계획 및 통제 기능(planning and control functions)은 사회복지기관이 사회복지 대상자의 욕구 변화를 파악하고 이를 해결하기 위해 지역사회에 있는 타 기관과 공동 협력을 하거나 가능하다면 이들 욕구에 맞도록 자체의 서비스를 조정할 책임을 져야 한다는 것이다.

이상에서 펄먼이 제시하고 있는 기능과 과업은 매우 이상적이라고 할 수 있으며, 이를 실천에 옮길 수 있는 사회복지기관은 매우 드물다. 다만 여기서 강조하는 것은 사회복지기관들이 대상자 중심의 서비스(client oriented service)를 그 존재 가치로 삼아야 한다는 것이다. 우리나라의 사회복지 서비스 전달체계는 아직 관료주의, 경직성, 행정편의주의 등이 적지 않게 존재하기 때문이다.

제 2 절 사회복지 서비스 전달체계의 원칙

사회복지기관들의 기능이 원활하게 수행되기 위한 사회복지 서비스 전달체계의 원칙은 학자들에 따라 여러 가지가 고려될 수 있겠으나(Friedlander & Apte, 1980; Gilbert & Specht, 1986; 성규탁, 1997: 400-409), 여기서는 그 성격에 따라 행정적 측면과 서비스 제공의 측면으로 구분하여 고찰한다.

1 행정적 측면

행정적 측면의 사회복지 서비스 전달체계 원칙은 대상자들에게 적절한 서비스를 제공하기 위해 모든 사회복지기관들이 수행하는 다양한 기능들의 효율성을 극대화시키는 데 필요한 원칙들로서, 기능 분담의 체계성, 전문성에 따른 업무 분담, 책임성, 접근용이성, 통합 조정, 지역 참여, 조사 및 연구의 원칙 등이 있다.

첫째, 기능 분담의 체계성(systematic function distribution)의 원칙은 사회복지기관은 중앙과 지방에 걸친 수직적 체계를 이루며 이들 간에는 행정의 효율성 측면에서 주된 기능에 차이가 있어야 된다는 것이다. 예를 들면, 보건복지부는 그 주된 기능으로 정책결정과 관련된 계획 및 통제 기능을 담당하고 시・도 단위에서는 책임 및 서비스 제공 기능에, 그리고 시・군・구 및 읍・면・동 단위의 하부체계는 사회복지 대상자와의 접촉활동에 중점을 둔다.

둘째, 전문성(professionalism)에 따른 업무 분담의 원칙은 사회복지 서비스의 제공과 관련된 제반 업무는 그 특성에 따라 반드시 전문가가 해야 할 일과 그렇지 않은 것으로 구별되어야 한다는 것이다. 예를 들면, 복지 대상자 욕구의 파악이나 진단, 필요로 하는 서비스의 판정 및 평가, 자원봉사자 관리 등은 전문적 성질의 업무로서 전문가가 담당해야 하지만 각종 기록 및 보고서의 정리・보관, 현금 및 현품의 전달, 사회복지 대상자의 소재 파악 등과 같은 업무는 비전문가도 수행할 수 있다. 따라서 전문가의 활용에 수반되는 고가(高價)의 인건비를 고려할 때 해당 기관의 업무를 전문적인 것과 비전문적인 것으로 구분하는 업무 분담이 요구되며, 전문성이 낮은 업무는 가급적 비전문가에게 맡기는 것이 바람직하다.

이와 아울러 전문인력도 전문가(professional)와 준전문가(semi-professional or para-professional)로 구분하여 행정비를 절감시키는 것이 필요하다. 여기서 '전문가'는 상식적으로 생각하는 경험과 지식이 많은 정도의 사람이 아니라 국가 또는 단체에 의해 자격이 객관적으로 인정된 사람으로 자신의 전문적 업무에 대한 권위와 자율적 결정권 및 책임성을 지닌 사람을 뜻한다. 사회복지 분야에는 사회복지사, 의사, 간호사, 보육사, 물리치료사, 작업치료사, 영양사 등의 여러 전문가들이 참여하고 있지만 그 중에서 사회복지사가 가장 보편적인 전문가라고 할 수 있다.

셋째, 책임성(accountability)의 원칙은 사회복지조직은 복지국가가 시민의 권리로 인정한 사회복지 서비스를 전달하도록 위임받은 조직이므로(Hasenfeld, 1983: 1－2), 사회복지 서비스의 전달에 대해 책임을 져야 한다는 것이다. 사회복지조직이 책임져야 할 주요 내용은 서비스가 수혜자(소비자)의 욕구에 적절히 대응하는 것인가, 서비스의 전달 절차가 적합한가, 그리고 서비스가 효과적인가 등이다. 이러한 서비스 제공자의 책임성은 구체적으로 전문가로서의 책임을 비롯하여 사회에 대한 책임, 사회복지 대상자에 대한 책임 등으로 구분할 수 있다.

넷째, 접근용이성(accessibility)의 원칙은 사회복지 서비스를 필요로 하는 사람이 필요한 때에 편리한 곳에서 해당 서비스를 받을 수 있어야 한다는 것이다. 이는 사회복지 대상자의 측면에서는 사회복지 서비스에 대한 필요성을 느낄 때 용이하게 접근할 수 있어야 하고, 서비스 제공자인 전문가의 입장에서 볼 때 기피나 무지로 사회복지기관을 활용하지 않는 잠재적(潛在的) 복지 대상자를 발견해 낼 수 있는 전달체계가 확립되어야 함을 의미한다.

사회복지 대상자(또는 클라이언트)가 서비스에 접근하는 데에는 여러 가지의 장애 요인이 있을 수 있는데, 주요한 장애 요인으로는 서비스에 관한 정보 결여 또는 부족, 지리적 장애(원거리 또는 교통의 불편 등), 선정 절차상 장애(자산조사의 엄격한 적용, 시간의 많은 소요), 자원 부족(금품이나 상담자) 등이 있다(Gates, 1980: 148－160). 특히 사회복지기관의 사무실 분위기가 사회복지 대상자에게 위압감을 주거나 불편하게 느껴진다면 접근용이성은 저하될 수밖에 없다. 따라서 사회복지조직의 서비스 전달은 이러한 장애 요인들을 가급적 제거하여 잠정적 클라이언트가 서비스의 제공 장소에 쉽게 접근하여 서비스를 받을 수 있도록 설계되어야 한다.

다섯째, 통합 조정(coordination)의 원칙은 분산된 서비스기관이 다양한 사회복지 서비스를 동시에 제공함으로써 야기될 수 있는 서비스의 효과 저하와 자원 낭비가 없도록 관리기관, 전문가 선정, 사회복지계획 및 자원의 분배 등을 원활하게 이룰 수 있는 전달체계를 구축해야 한다는 것이다. 예를 들면, 보육 프로그램은 양호, 교육, 급식, 영양교육, 가족계획 등을 통합하고, 미혼모 서비스 프로그램의 경우 보육, 보건, 급식, 사회사업 서비스 등의 통합이 바람직하다. 서비스가 통합적으로 제공되기 위해서는 한 행정책임자 아래 서비스들이 제공되고 서비스 제공 장소들이 지리적으로 상호 근접되며, 서비스 프로그램 또는 서비스 조직 간에 상호 유기적인 연계와 협조체제가 갖추어져야 한다(최성재 · 남기민, 2003: 91).

여섯째, 지역 참여(community participation)의 원칙은 지역사회의 광범위한 참여를 통해 지역의 특수성에 부합되는 사회복지계획의 수립이나 보다 정확한 주민의 욕구 파악을 가능하게 하는 전달체계가 구축되어야 한다는 것이다. 예를 들면, 자원봉사활동의 촉진, 지역사회의 자치성 고취, 지역공동모금운동의 전개, 민간복지부문의 확대, 사회복지계획에 있어 지역주민의 참여 등을 들 수 있다.

일곱째, 조사 및 연구(research & study)의 원칙은 사회복지 문제를 해결하기 위해 조사와 연구를 필요로 하는 활동 영역은 광범위한데, 현실적인 전문인력의 부족을 극복하기 위해서는 현장과 학계의 유기적인 협조체제의 구축이 필요하다는 것이다. 즉, 바람직한 사회복지 서비스의 전달체계는 자체 전문인력의 발전과 동시에 산학협동체제 구축을 통해 사회복지에 관한 조사 및 연구 기능을 활성화한다.

2 서비스 제공의 측면

서비스 제공의 측면과 관련된 전달체계 원칙은 일정 시점에서 정해진 가용자원(可用資源), 즉 현존의 서비스와 대상자의 욕구를 연결시킴에 있어서 서비스의 효율성을 제고시키기 위한 원칙들로서 평등성, 적절성, 포괄성, 지속성, 가족 중심의 원칙 등이 있다.

첫째, 평등성(equality)의 원칙은 모든 국민은 성별, 연령, 종교, 지위 및 소득 등에 관계없이 사회복지 서비스를 신청 또는 이용할 수 있는 권리를 부여받아야 한다는 것이다. 다만 사회복지의 희소성을 고려하여 사전에 공개적으로 규정된 수혜자격(eligibility) 요건이나 전문가의 전문적 진단에 의한 수혜자격의 판단에 따라 서비스 제공이 제한될 수 있다. 예를 들면, 공공부조 대상자 선정에서 일정한 소득수준으로 제한하고 아동에 대한 교육부조나 노인에 대한 건강진단에서 연령을 각각 18세 미만, 65세 이상으로 제한하는 것 등이다.

둘째, 적절성(appropriateness)의 원칙은 사회복지 서비스는 그 양과 질 및 제공기간이 클라이언트나 소비자의 욕구 충족(또는 문제 해결)과 서비스의 목표(재활 및 자활) 달성에 충분해야 한다는 것이다. 예를 들면, 소득보장을 위한 급여가 최저생계비 수준에 못 미치고 상담 서비스가 단순히 타이르고 조언하는 정도에 그치며 서비스 제공기간이 너무 짧다면, 사회복지 대상자는 욕구를 충족할 수 없을 뿐 아니라 나아가 서비스 목표를 달성하기 어렵다.

셋째, 포괄성(comprehensiveness)의 원칙은 사회복지 대상자들의 욕구는 다양하고 다른 여러 가지 문제들과 연관되어 있기 때문에 사회복지 서비스 전달체계는 이러한 다양하고 복잡한 욕구를 처리할 수 있도록 구성되어야 한다는 것이다. 예를 들면, 소득보장의 문제는 경제적 원조뿐만 아니라 직업훈련 또는 직업알선, 행동개선, 질병치료, 자녀교육 등 다양한 문제와 얽혀 있기 때문에 동시에 또는 우선순위에 따라 문제를 해결하기 위한 다양한 서비스가 필요하며(일반화 접근 방법: generalistic approach), 상담 서비스도 한 사람의 전문가가 여러 문제를 다루거나(전문화 접근 방법: specialistic approach) 각기 다른 전문가들이 한 사람의 다른 문제들을 다루고 여러 전문가들이 한 팀이 되어 문제를 해결할 수도 있다(집단 접근 방법: team approach). 여기서 '일반화 접근 방법'은 전문성이 약하고 '전문화 접근 방법'은 문제 진단과 서비스 간 통합 조정이 어려워질 우려가 있으며, '집단 접근 방법'은 전문가들 간의 갈등이 있을 수 있는 문제점이 있다. 그 밖에 개인의 다양하고 복합적인 문제를 해결하는 데 있어 한 전문가가 책임지고 계속적으로 필요한 서비스와 전문가를 찾아 연결시켜 주고 적절한 서비스를 받도록 하는 사례관리 방법(case management)이 있다(Rubin, 1987: 212).

넷째, 지속성(continuity)의 원칙은 사회복지 서비스가 추구하는 자활 및 재활의 목표를 달성하기 위한 전문적 과정은 오랜 기간을 요하는 어려운 과정으로, 재활이 이루어질 때까지 모든 서비스는 자활이라는 목표를 중심으로 통합되고 지속되어야 한다는 것이다. 예를 들면, 직업훈련 프로그램이 직업알선 프로그램과 잘 연계되어 있지 않으면 직업훈련을 통한 소득 증대의 목표를 달성할 수 없다. 또한 같은 조직 내의 서비스 프로그램 간 상호 협력뿐 아니라 지역사회 내의 사회복지 서비스 조직 간에도 유기적인 연계가 잘 이루어져야 한다. 지속성의 원칙이 잘 적용되지 못하는 데는 클라이언트의 문제를 전반적으로 파악하고 필요한 서비스를 연결하고 사후 확인하는 절차와 방법이 미흡하기 때문이라고 할 수 있는데, 이런 경우 앞에서 언급한 사례관리 방법을 활용하는 것이 바람직하다.

다섯째, 가족 중심(family-centered)의 원칙은 문제 해결을 호소하는 단위가 개인일지라도 서비스 제공의 기본 단위는 가족 또는 가정이 되어야 한다는 것이다. 특히 서비스 제공의 일선기관인 하위체계는 해당 구역 내에 거주하고 있는 지역주민의 가정생활을 가능한 한 세밀히 파악할 수 있도록 구성되어야 한다.

제 3 절 공적 사회복지 서비스 전달체계

1 공적 사회복지 서비스 전달체계의 특징

공적 사회복지 서비스 전달체계는 보건복지부를 정점으로 각 시·도를 거쳐 다시 시·군·구에서 행정의 최소 단위인 읍·면·동으로 연결되고 최종적으로 복지 대상자에게 이어지는 수직적인 조직체계이다. 복지 대상자가 사회복지시설에서 생활하거나 이용하는 경우에는 시·군·구에서 사회복지시설을 거쳐 복지 대상자에게 서비스가 전달된다. 공적 사회복지 서비스 전달체계에서 보건복지부로 대표되는 중앙정부는 법령에 의해서 사회복지 관련 정책을 개발하고 전국적인 지침을 만들며, 지방자치단체는 시·도 및 시·군·구의 해당 업무를 기획, 지원, 관리하며 일선행정기관인 읍·면·동의 사회복지 담당자를 통해 복지 대상자에게 직접 서비스를 제공한다.

우리나라의 경우 국토가 좁고 중앙집권의 경험이 오래되었기 때문에 주민의 복지문제를 대체로 중앙정부의 지침과 예산배정에 의해 해결하여 오다가 근래에 들어 지방자치제도가 어느 정도 정착되면서 노인복지와 영유아 보육 등 주민생활과 밀접히 관련된 대인 복지 서비스를 중심으로 지역 차원에서 자주적으로 해결하는 등 점차 지방자치단체의 역할이 증대되고 있다. 현행 지방자치법은 제8조

제1항에서 "지방자치단체는 그 사무를 처리함에 있어서 주민의 편의 및 복리 증진을 위하여 노력하여야 한다"는 '사무처리의 기본 원칙'을 천명하고, 이어 동법 제9조에서 '지방자치단체의 사무범위'를 예시하고 그 중 '주민의 복지 증진에 관한 사무'를 규정하고 있다.

공적 사회복지 서비스 전달체계는 세금형태의 비교적 고정적인 자원들이 관료제적 조직구조를 통해 전달되므로 복지자원이 안정적이며, 공공부문에서의 대량 공급으로 인한 단위당 비용이 적게 드는 '규모의 경제(economy of scale)'라는 이점이 있다. 오늘날 현대 복지국가에서 공적 전달체계가 사적 전달체계에 비해 주도적 역할을 담당하고 있음은 물론이다.

2 공적 사회복지 서비스 전달체계의 현황

1) 개관 및 전개 과정

우리나라에서는 사회복지 관련 입법상 여러 정부기관들이 사회복지에 관한 업무를 담당하고 있다. 이를 구체적으로 보면 사회보험 프로그램의 경우 연금보험, 국민건강보험, 고용보험, 산업재해보상보험 등 4대 보험과 관련된 업무를 보건복지부, 고용노동부, 행정안전부, 교육부, 국방부 등이 담당하며, 공공부조 프로그램의 경우 기초생활보장, 의료보호, 보훈급여, 재해구호, 갱생보호 등과 관련된 업무를 보건복지부, 행정안전부, 국가보훈처, 법무부 등이 담당하고 있다. 그리고 아동 및 청소년복지, 장애인복지, 노인복지, 여성복지, 교정복지, 정신보건복지 등과 같은 사회복지 서비스 관련 업무는 보건복지부, 행정안전부, 문화체육관광부, 고용노동부, 교육부, 법무부 등이 담당하고 있다.

여기서 사회보험 업무는 관련 중앙부서 또는 공공기관(예: 국민건강보험공단, 공무원연금관리공단 등)에서 행정안전부의 지방행정조직을 거치지 않고 직접 관련 산하 지부를 통해 수혜자에게 전달되어 시행된다. 그러나 공공부조 및 사회복지 서비스 업무는 보건복지부와 행정안전부의 지방행정(자치)조직이 주로 담당하고 있다. 즉, 보건복지부에서 사업계획과 지침을 수립하여 행정안전부의 지방조직인 시 · 도의 관련 부서(보건사회국, 가정복지국 등)에 시달하면 시 · 군 · 구의 사회복지과와 가정복지과에서 업무지침을 시달받아 사업을 시행하고 필요한 업무는 다시 읍 · 면 · 동에 시달되어 복지팀이나 복지담당 공무원이 직접 클라이언트를 선정하거나 서비스를 제공하는 절차를 밟게 된다.[1)]

그 밖에 각종 사회복지 서비스 전달체계의 단계(중앙 및 시 · 도, 시 · 군 · 구)마다 주요 사항을 자문하거나 심의하기 위하여 각종 위원회가 있고, 읍 · 면 · 동에는 자원봉사직으로 실제업무를 처리하는 정부위촉위원(복지위원, 아동위원 등)이 있다.

참고로 사회복지 주무부서라고 할 수 있는 보건복지부의 연혁을 보면 정부수립 시 발족된 사회부가 이듬해 보건에 관한 기능이 분리되어 보건부로 별도로 설치되었다가 1955년 정부조직의 통 · 폐합에 따라 보건부와 사회부가 합하여 보건사회부로 재편되었다. 그 후 노동청(1963)과 환경청(1979)이 보건사회부의 외청으로 신설 분리되고, 1981년에는 노동청이 노동부로, 1989년에는 환경청이 환경처로 승격되었다. 그리고 환경처는 1999년에 행정 각부인 환경부로 다시 승격되었다. 보건사회부는 1994년에 보건복지부로 개칭되어 상당한 동안 유지되다가 2008년에 보건복지가족부, 2010년에 다시 보건복지부로 개칭되어 현재에 이르고 있다.

지방복지행정조직은 시 · 도－시 · 군 · 구－읍 · 면 · 동사무소(주민센터)로 연결되어 시 · 도－시 · 군 · 구의 경우 보건복지국, 사회복지과 등 다양한 명칭의 복지담당 부서가 존재하며, 최일선조직인 읍 · 면 · 동사무소에는 복지팀(또는 복지담당)이 있다. 그리고 지방복지행정조직에는 별도로 선발된 사회복지 전담공무원이 배치되어 있다.

사회복지 전담공무원은 서비스 공급과 수요가 만나는 최접점에 위치해서 공공 서비스 제공에 핵심적인 역할을 수행하는데, 이러한 제도는 1987년 전문인력을 통한 공공복지 서비스 제공의 효율성을 제고하기 위해 사회복지 전문요원 3,000명을 별정직으로 저소득층 밀집지역의 읍 · 면 · 동 사무소에 우선적으로 배치하게 된 데서 비롯되었다.

---

1) 시 · 도 및 시 · 군 · 구의 복지 관련 조직은 지역에 따라 명칭이 약간씩 차이를 보인다.

그 후 사회복지 전담공무원은 1999년 4,200명, 2002년 7,200명, 2005년 9,030명으로 확대되었고, 2015년 12월 말 현재 전국적으로 17,371명이 충원되어 있다.[2] 이들은 2000년부터 당초 사회복지 전문요원에서 사회복지 전담공무원으로 명칭이 바뀌고 신분이 별정직에서 일반직으로 전환되었으며, 그 역할도 초기의 생활보호 대상자 중심의 업무에서 아동복지, 노인복지, 장애인복지, 주거 및 보육 관련 업무 등으로 확대되었다(최항순, 2007: 125－126). 이러한 보완 노력에도 불구하고 우리나라의 공적 사회복지 서비스 전달체계는 최근 크게 증가한 사회복지 수요를 감당하기 어렵고, 서비스 제공의 통합성과 서비스 간 연계가 이루어지지 않는 등 한계점이 지적되어 왔다.

이에 따라 정부는 1994년 선진국의 사회복지가 '보건 · 의료 · 복지'의 통합으로 가는 것을 모델로 하여 사회복지 서비스 전달체계의 최종 단위조직인 '보건복지사무소'를 설치하기로 결정하고, 1995년 7월부터 2년 간씩 두 차례에 걸쳐 시범사업을 실시하였는데,[3] 보건과 복지 서비스의 연계가 바람직하고, 또한 기존의 보건소 조직을 활용하면 용이할 것이라는 점이 그 추진배경이었다. 그러나 이러한 사회복지 서비스 전달체계의 개선계획은 시 · 군 · 구청과 보건복지사무소 간 복지사무의 이원화, 복지와 보건부문의 조직통합에 의한 서비스 전달의 상승효과 미흡 등 시범사업에서 나타난 여러 가지 문제점으로 인해 결국 확대 · 실시되지 못하였다(최항순, 2003: 410－412).

2000년대에 들어 사회복지 서비스 전달체계의 개선 논의가 계속되면서 지역사회복지협의체 시범사업이 실시되었고, 2003년 7월 사회복지사업법 개정 이후 지역사회복지협의체의 확대 · 실시를 통한 사회복지 서비스 전달체계 개편이 추진됨에 따라 지역 공공복지 서비스 전달체계로서 시 · 군 · 구 복지전담기구인 사회복지사무소 설치에 관한 논의가 이루어졌다. 이러한 논의는 그동안 시 · 군 · 구 복지조직이 잦은 인사이동과 전문성 부족으로 중앙의 정책을 일선기관에 전달만 하고 지역 특성에 맞는 정책을 수립하는 데에는 부족하며, 읍 · 면 · 동에 배

---

2) 지역별로는 경기 2,859명, 서울 2,701명, 부산 1,285명 순이다. 행정안전부, 『2016 행정자치통계연보』 참조.

3) 보건복지사무소 시범사업 운영지역은 대도시로 서울 관악구, 대구 달서구, 중소도시로 경기 안산시, 농촌지역으로 강원 홍천군, 전북 완주군 등 5개 지역이다.

치되어 있는 사회복지 전담공무원도 여러 분야의 행정업무를 담당하고 있어 전문적인 서비스를 제공하지 못한다는 문제점이 지적되어 온 데 따른 것이라고 할 수 있다.

사회복지사무소 설치는 2004년 7월부터 2006년 6월까지 2년 간 전국 9개 시·군·구를 대상으로 시범사업을 실시했으나,4) 전반적으로 기획, 발굴, 상담, 조사 등에서 강점이 나타났음에도 불구하고 관리, 지원, 연계, 협력 등은 이전보다 나아지지 않는 등 사회복지사무소 시범사업에 대한 평가가 부정적으로 나타남에 따라 결국 확대·실시하지 못하고, 2006년 7월 주민생활지원 서비스체계 설치안으로 대치하게 되었다. 이렇게 사회복지사무소가 시범사업으로 끝난 데에는 시·군·구 단위의 복지전담 업무체계로 인해 오히려 읍·면·동 사무소 등 일선행정조직의 복지 기능 수행이 어렵다는 판단이 컸던 때문이라고 할 수 있다(최항순, 2007: 127).

그리고 2013년부터는 국민의 복지체감도 향상을 목표로 2014년부터 2017년까지 단계적으로 6천 명 증원 등 지방자치단체 복지담당 공무원 확충과 더불어 2015년 '읍·면·동 복지허브화'를 위한 정책 개편이 시도되고 있다. 한편 종래 시·군·구 단위에서 사회복지위원회를 대체하여 2005년 8월 이래 실시되어 온 지역사회복지협의체를 2015년 7월부터 업무의 범위를 확대하고 기능을 강화한 지역사회보장협의체로 개편하여 운영하고 있다.

2) 주민생활지원 서비스체계

주민생활지원 서비스는 취약계층에게 제공되는 복지 서비스 이외에 복지·보건과 고용·주거·평생교육·생활체육·문화·관광 등 주민생활의 질 향상을 위해 제공되는 모든 서비스를 뜻한다. 이러한 새로운 서비스 전달체계는 종래 정부의 복지정책 및 예산의 확대에도 불구하고 국민의 복지체감도가 여전히 낮은 수준을 나타내며, 주민의 복지수요가 고용·주거·문화·관광 등 주민의 삶의

4) 사회복지사무소 시범사업 실시지역은 대도시로 서울 서초구, 부산 부산진구·사하구, 광주 남구 등 4개 지역, 중소도시로 강원 춘천시, 충남 공주시, 경북 안동시 등 3개 지역, 농어촌지역으로 충북 옥천군, 울산 울주군 등 2개 지역이다.

질 향상을 위한 수요로 다원화되는 것과 관련하여 통합 서비스 제공체계로의 전환이 필요하다는 점에서 제기되었다.

주민생활지원 서비스 전달체계는 2006~2007년 간의 시범시업을 거쳐 2008년부터 실시되었는데, 그 주요 골자를 보면 시·군·구는 복지기획, 복지 대상 통합조사, 서비스 연계, 급여 지급, 긴급지원 등의 업무를 중심으로 집중화함으로써 효율성과 전문성을 제고하고, 읍·면·동사무소는 현장 방문, 신청접수 및 상담, 급여 대상자 사후관리 등의 업무를 중심으로 접근성 및 현장성을 제고하도록 조직을 재구성하고 인력을 재배치하는 것이다.

이에 따라 시·군·구에는 주민생활 조직을 신설하고 실·국별로 분산되어 있는 복지, 고용, 여성, 보육, 주거복지, 평생교육, 문화 등 주민생활 서비스 기능을 하나의 부서, 즉 주민생활지원국 또는 주민생활지원과로 통합하고 통합부서에 주민생활지원 종합계획, 서비스 조정·연계, 통합조사 등 관련 기능을 확대하도록 하였다. 그리고 읍·면·동 사무소에는 주민생활지원 담당을 설치하고 인력을 확대·재배치하여 현장방문, 심층 상담, 정보 제공, 관련 기관 연결 등의 업무가 더욱 강화될 수 있도록 하였다.

3) 지역사회보장협의체

2000년대에 들어 보건과 복지의 연계 필요성이 계속하여 제기됨에 따라 지역사회복지협의체 구성의 필요성이 확인되고 그 검증을 위해 2001년부터 2년 간 15개 시·군·구를 대상으로 시범사업이 실시되었다. 지역사회복지협의체 시범사업의 효과는 긍정적으로 나타났는데, 그 내용을 보면 ① 상호 이해 및 협력이 증대되고, ② 지역 내의 자원 및 욕구에 대한 종합적인 자료를 확보할 수 있고, ③ 지역 내의 보건복지 발전 방향 정립을 위한 계기를 마련하고, ④ 실무협의체 운영을 통해 복지 대상자에게 복지와 보건 서비스를 종합적으로 지원함으로써 이용자의 서비스 만족도가 향상되었다는 것 등이다(보건복지부, 2005: 226).

정부는 이러한 시범사업 결과를 반영해서 2003년 7월 사회복지사업법을 개정해 종전의 시·군·구에 설치되어 있던 사회복지위원회를 폐지하는 대신에 지역사회복지협의체를 설치하도록 근거 규정을 마련하고, 2005년 8월부터 단계적으로 시행하도록 하였다.

지역사회복지협의체는 시 · 군 · 구 등 지역사회 단위별로 사회복지 관련 공공과 민간의 주체, 그리고 학계 전문가 등을 포함하는 협의구조를 구성 · 운영하여 관할지역의 사회복지사업에 관한 중요 사항과 지역사회복지계획을 심의 또는 건의하고, 사회복지 및 보건의료 관련 기관 · 단체가 제공하는 사회복지 서비스 및 보건의료 서비스의 연계 · 협력을 강화하려는 데 그 목적이 있다.

그 후 2012년 1월 개정된 사회보장기본법에서 기존의 사회복지 서비스 외에 보건의료, 교육, 고용, 주거 등 다양한 복지 서비스를 포괄하는 사회 서비스 개념을 도입함에 따라 국민의 보편적이고 생애주기적인 특성에 맞게 소득과 사회 서비스를 함께 보장하는 맞춤형 사회보장제도의 운영을 지향하기 위해 기존의 지역사회복지협의체를 지역사회보장협의체로 개칭하고 그 기능을 강화하였다.

지역사회보장협의체의 성격을 기존의 사회복지위원회, 지역사회복지협의체의 기능과 비교하여 설명하면 <표 5-1>과 같다.

지역사회보장협의체는 사회보장전문가, 사회보장 서비스 제공기관의 대표자,

표 5-1 지역사회보장협의체의 성격 및 기능 변화 추이

구 분	사회복지위원회	지역사회복지협의체	지역사회보장협의체
시기	2005.7.31 이전	2005.8.1~2015.6.30	2015.7.1 이후
법적 근거	사회복지사업법 제7조	사회복지사업법 제7조2	사회보장급여[5] 제41조
목적	• 사회복지사업에 관한 중요 사항을 심의 또는 건의	• 관할지역의 사회복지사업에 관한 중요 사항과 지역사회복지계획을 심의 및 건의 • 사회복지 서비스 및 보건의료 서비스 연계 · 협력 강화	• 지역의 사회보장 증진 • 사회보장과 관련된 서비스를 제공하는 관계기관 · 법인 · 단체 · 시설과 연계 · 협력 강화
성격	심의/자문기구	심의/자문기구	심의/자문기구(기능 강화)
비고	시 · 도 및 시 · 군 · 구에 설치 운영	공공과 민간의 네트워크 강화를 통한 지역복지 거버넌스의 구조와 기능 확대	기존 사회복지에서 탈피하여 사회보장으로 범주 확대

자료: 보건복지부(2017). 「2017년도 지역사회보장협의체 운영안내」.

5) 「사회보장급여의 이용 · 제공 및 수급권자 발굴에 관한 법률」(2014.12.30 제정, 2015.7.1 시행)의 약칭임.

비영리단체 추천자 등 10명 이상 40명 이하의 위원으로 구성되어 지역의 복지문제 전반에 대해 논의 및 협의하는 대표협의체를 비롯하여 서비스 제공 및 서비스 연계에 관한 협의를 하는 실무협의체, 그리고 분야별 서비스 제공과 관련 공동사업을 추진 및 운영하는 실무분과 등으로 구성된다. 지역사회보장협의체는 민·관을 포괄하는 협치(協治)구조, 즉 거버넌스(governance)로서의 의의가 있으나 그동안 운영 결과 구성원의 대표성 확보나 회의 운영 시 미흡한 점이 적지 않게 나타나고 있다.

4) 희망복지지원단 및 읍·면·동 복지허브화

희망복지지원단은 경제적, 의료적, 정서적으로 복합적인 문제를 안고 있는 대상자에게 복지, 보건, 교육, 주거, 교육, 신용, 법률 등의 다양한 서비스를 맞춤형으로 제공하여 문제가 해결될 수 있도록 지역 단위 통합 서비스의 중추적 역할을 수행하는 전담조직으로, 2011년 7월 '복지전달체계 개선대책'에 따라 전국 시·군·구 단위로 실시되고 있다. 희망복지지원단의 복지 프로그램은 동시다발적이면서 다각적으로 접근하는 원스톱(one-stop) 체제로서 대체로 단편적이고 단선적이었던 종전의 정책과 다르다.

'읍·면·동 복지허브화'는 주민의 복지체감도를 높이기 위해 읍·면·동 주민센터에 맞춤형 복지팀을 설치하여 사각지대 발굴, 방문상담, 통합사례 관리, 민관협력 활성화 등을 수행하는 것을 골자로 하며, 2016년을 시작으로 2018년까지 전국 읍·면·동에 확산시킬 예정이다.

3 공적 사회복지 서비스 전달체계의 문제점

우리나라의 공적 사회복지 서비스 전달체계는 지금까지 대부분의 사회복지 서비스가 중앙정부(주로 보건복지부)에서 기본 정책과 계획을 수립하고, 중간 및 하부 행정기관인 지방자치단체에서는 그 지침에 따라 업무를 수행하는 상의하달식(top-down)으로 되어 있어서 관료적, 경직적, 획일적 및 행정편의주의적이라고 지적되어 왔다. 이러한 중앙집권화의 특성은 사회복지 서비스 전달체계가 지역적 차이 및 지역의 욕구를 반영할 필요성이 증가하는 추세 속에서 적지 않은 장애물이 될 수 있다.

또한 사회복지 서비스 전달체계가 보건복지부 등 복지 관련 부처 아닌 행정안전부의 지방행정체계에 편입되어 수행됨으로써 사회복지 서비스의 특성과 전문성을 전반적으로 살리지 못하고 있으며, 일선기관의 사회복지 전담공무원이 타 행정업무를 중복 수행함으로써 사회복지 서비스 전달업무의 효과성, 책임성, 업무만족도 등이 저하될 가능성이 높다. 더욱이 복지업무량의 증가에 비해 전문인력인 사회복지 전담공무원의 수가 크게 부족하여 서비스의 질을 저하시키고 결국은 서비스의 효과성을 약화시키는 결과를 초래할 것이다.

또한 행정구조의 경직성을 보완하기 위한 장치로서 보건복지부, 시 · 도, 시 · 군 · 구 단위로 사회복지 관련 위원회(committee)를 설치하고 있으나, 대부분 담당부서에서 필요한 경우에 소집하여 사업실적 및 계획을 설명하고 형식적인 승인을 받는 정도로 운영되고 있다. 이러한 위원회들 중에는 회의를 1년에 1회 정도 개최하며, 단순히 보고를 청취하고 있는 수준에 머물고 있는 경우도 적지 않다.

그리고 공공부문은 기본적으로 소유자가 정부이기 때문에 비효율적인 운영을 방지할 수 있는 동기 강화가 어렵고, 경쟁체제가 이루어지지 않아 불필요하게 높은 비용으로 서비스가 제공될 뿐 아니라 자기 이익을 추구하는 특정 집단들의 요구에 정치적으로 응하게 되어 불필요한 서비스 확대와 낭비를 초래할 수 있는 문제점이 있다.

제 4 절 사적(민간) 사회복지 서비스 전달체계

1 사적 사회복지 서비스 전달체계의 특징

사적 사회복지 서비스 전달체계는 일반적으로 민간 사회복지기관 또는 단체를 뜻하는데, 이는 비영리의 사회복지법인, 재단법인, 사단법인, 종교단체, 기타 특수법인, 등록단체나 그 법인 또는 단체가 사회복지사업을 목적으로 운영하는 시설(institution)과 기관(agency)을 총칭한다. 민간부문의 복지활동은 그 규모가 정부 차원의 복지활동에 비해 작고 서비스 내용도 한정적인 측면이 있으나, 정부 기관으로서는 할 수 없는 다음과 같은 독자적인 특성을 가지고 있다.

첫째, 민간 복지활동은 정부의 복지 프로그램에 대한 보충적 역할을 한다. 정부에서 제공하는 서비스는 많은 경우 수혜자의 자격기준을 심사하여 선별적으로 제공되기 때문에 수혜자가 제한될 수밖에 없는데, 이렇게 수혜자격이 있음에도 불구하고 수적인 제한으로 서비스를 받지 못하거나 자산 정도 또는 연령 등으로 필요로 하는 서비스를 받을 수 없는 사람들을 위해 민간부문의 서비스가 필요하다. 즉, 민간 복지활동은 정부의 보편주의적 복지정책으로부터 소외되는 특수 취약계층에 대해 원조를 행함으로써 보충적 역할을 수행하게 된다.

둘째, 민간 복지활동은 정부의 복지활동에 비해 시범적이고 융통성이 있고, 전문적이면서 봉사적이라는 특징이 있다. 정부의 복지활동은 법과 행정에 의한 틀에 박힌 관료적인 서비스를 제공하는 점에서 융통성이 적고 변화에 대해 저항성이 강하다. 이에 비해 민간 복지활동은 전문적인 서비스에 역점을 두는 것이 보통인데, 서구 복지국가의 민간복지기관들은 정부의 프로그램에 비해 훨씬 많은 전문가들을 활용하고 있다.

셋째, 민간 복지부문에 의해 제공되는 사회복지 서비스는 정부의 서비스보다 수혜 대상자의 자존심을 유지시키는 데 있어 유리하다. 정부기관에 의해 제공되는 공공부조사업이 갖는 가장 큰 취약점의 하나는 자산조사(means test)나 기타 자격요건(eligibility)을 확보하기 위한 조치 등으로 인해 수혜 대상자들이 무능력자 혹은 낙오자라는 낙인(stigma)이 찍힐 가능성이 높은데, 이에 비해 민간복지기관은 사회복지 대상자의 자발적 참여를 전제로 하기 때문에 복지 대상자가 불필요한 낙인의 소지가 없다.

넷째, 민간복지기관은 주민들로 하여금 복지와 사회적 연대에 대한 의식을 가지게 하여 사회 통합에 기여할 수 있다. 민간복지기관은 그 설립과 운영에 있어서 많은 주민들의 참여와 지원을 촉구하기 때문이다.

현대 국가들은 정치 · 경제 · 사회 등 모든 분야에서 정부 개입을 축소하려는 이른바 '작은 정부(small government)'를 지향하는 경향이 있기 때문에 사회복지 분야에 있어 민간부문의 역할이 더욱 중요시되고 있다. 정부 개입의 축소와 민간 부문의 역할 증대는 정부의 사회복지 비용을 절약하는 효과를 가져오기도 한다. 따라서 사회복지 서비스 전달체계에 있어서 정부기관과 민간복지기관의 체계적인 협력이 요청된다.

2 사적 사회복지 서비스 전달체계의 현황

1) 일반적 체계

민간부문의 사회복지기관은 여러 기준에 의해 분류될 수 있다. 즉, 조직에서 제공하는 서비스의 대상자에 따른 분류, 서비스가 소비자에게 직접적으로 전달되느냐 또는 서비스의 기획 및 감독 등과 같이 간접적으로 전달되느냐에 따른 분류, 서비스 제공 장소 또는 서비스 제공 장소 이외의 다른 장소에 거주하느냐에 따른 분류, 해결해야 할 문제나 욕구별 대상 인구집단에 따른 분류, 그리고 조직의 설립 주체의 성격에 따른 분류 등이다. 이러한 여러 기준에 따른 분류를 도표로 제시하면 <표 5-2>와 같다.

<표 5-2>에서 서비스의 직·간접성에 의한 분류인 직접서비스기관과 간접

표 5-2 민간 사회복지조직의 분류

분류 기준	조직 분류
사회사업의 방법	금품지급 서비스조직, 개별사회사업조직, 집단사회사업조직, 종합복지조직
서비스의 직·간접성	직접서비스기관, 간접서비스기관
서비스 제공 장소에서의 수혜자 주거 여부	생활시설, 이용시설
문제 또는 대상 인구	소득유지조직, 보건의료조직, 가족복지조직, 아동복지조직, 청소년복지조직, 노인복지조직, 장애인복지조직, 여성복지조직, 정신건강서비스조직, 갱생보호조직, 자원봉사자양성조직 등
설립 주체	사회복지법인, 재단법인, 사단법인, 사회단체, 개인 등

자료: 서상목 외(1989: 100-104).

서비스기관에 대해 던햄(Arthur Dunham)은 각각 소비자서비스기관(consumer service agency), 비소비자서비스기관(non-consumer service agency)으로 부르고 있다. 여기서 소비자서비스기관은 공적 부조, 아동지도, 시설보호, 집단 서비스, 대중오락, 보건 서비스 등과 같이 개별 복지 대상자나 소비자에게 직접적으로 서비스를 제공하는 기관을 뜻하며, 비소비자서비스기관은 지역사회조직에 주로 관심을 가지는 지역사회복지협의회, 지역공동모금회, 국가적 차원의 계획전담기관 등과 같이 개별 복지 대상자에게 직접적으로 서비스를 제공하지 않고 다른 기관들을 돕거나 지역사회 전체 혹은 특정 지역이나 집단을 상대로 활동하는 기관을 말한다.

이들 사회복지기관들이 제각기 사회복지 서비스를 행하는 경우 서비스의 중복, 소외 대상의 발생 등 서비스 전달체계상 비효율성이 노정되기 쉽다. 따라서 민간부문의 사회복지 서비스도 일정한 체계에 의해 움직이는 것이 필요하다.

이러한 필요성에 따라 민간 사회복지기관이나 단체들의 연합체인 사회복지협의회를 구성하고 중앙 및 지방조직을 갖추고 있는 경우가 많다. 이 경우 분야에 관계없이 협의회를 만들거나 전문 분야별로 직능별협의회를 구성·운영한다. 외국의 경우 사회복지협의회는 지역사회복지협의회라는 지방협의회가 중심이 되어 전국협의회가 구성되는 이른바 '하부상달(bottom-up)' 체계를 지니는 것이 보통이며, 이때 지방조직이 사업 수행의 주도권과 독자성을 갖는다. 다시 말하면 지역사회복지협의회들이 지방행정 단위 내에 있는 각종 사회복지기관의 서비스를 조정하고 기획하는 역할을 수행하고, 전국 차원의 협의회는 여러 지역사회복지협의회의 활동을 계도·조정하거나 국가적인 차원의 복지 서비스에 관한 조정과 계획을 담당한다.

2) 우리나라의 실태

위에서 언급한 민간 사회복지조직의 분류 중 개별사회사업, 집단사회사업 등과 같이 사회사업 방법에 따른 분류는 오늘날 대부분의 사회복지조직들이 종합복지기관(comprehensive welfare agency)의 성격을 띠고 있다는 점에서 현실적으로 적용하기가 어렵다. 또한 문제나 대상 인구에 따른 분류는 너무 다양하기 때문에 일일이 기술하기가 쉽지 않다. 따라서 여기서는 서비스 제공 장소에서의 수혜자 주거 여부에 따른 생활시설 · 이용시설의 분류, 설립 주체에 따른 사회복지법인 · 재단법인 · 사단법인 · 사회단체 등의 분류, 그리고 서비스의 직 · 간접성에 의한 직접서비스기관 · 간접서비스기관 등을 중심으로 우리나라 민간 사회복지조직의 실태를 살펴보고자 한다.

우리나라에서 민간 사회복지기관으로는 우선 사회복지법인이 운영하는 각종 사회복지시설이 있다. 사회복지법인은 사회복지사업을 위해 설립된 비영리법인으로 사회복지사업법에 의하여 시 · 도지사의 설립인가를 받고 공익법인으로서 정부의 지도 · 감독을 받아야 한다.

사회복지법인이 운영하는 사회복지시설은 생활시설과 이용시설로 구분된다. 생활시설(living facilities)은 요보호자가 시설에 기거하며 서비스를 받는 시설이며, 이용시설(facilities)은 자기 집에서 통원하면서 일시적 또는 단기간 이용할 수 있는 시설이다.

생활시설로는 노인복지시설, 장애인복지시설, 아동복지시설, 정신요양시설, 모자복지시설 등이 있으며, 시설에서 보호받고 있는 사람들에 대한 생활보호비용과 시설종사자의 인건비 등 시설운영에 필요한 비용은 전액 정부(국고 및 지방비)가 지원하고, 시설 설치비는 법인 자체부담분을 제외하고는 정부가 지원한다.

이용시설로는 지역사회복지관, 노인복지회관, 장애인종합복지관, 여성회관, 공부방, 방과후교실, 노인복지센터(주간보호센터, 가정봉사원파견센터), 자원봉사센터 등이 있으며, 시설운영에 필요한 비용은 원칙적으로 정부(국고 및 지방비)가 부담하나 일부 시설의 경우에는 운영비의 20% 수준을 법인이 부담하고 시설 설치비는 법인 자체부담분을 제외하고는 정부가 지원한다. 이 중 가장 중심적인 사회복지시설인 (종합)사회복지관은 2017년 현재 465개소이며, 운영 주체별로는 사회복지법인 337개소, 비영리법인 71개소(재단법인 55, 사단법인 16), 학교법인 25개소, 지방자치단체 직영 27개소, 시설관리공단 4개소, 의료법인 1개소 등이다.[6)]

다음으로 서비스의 직 · 간접성에 의한 분류인 직접서비스기관 · 간접서비스

6) 한국사회복지관협회 홈페이지 자료를 참조한 것임. 종합사회복지관은 1990년 58개소, 2000년 338개소, 2010년 420개소, 2015년 453개소 등이다.

기관 등을 중심으로 살펴보면 직접서비스기관으로는 지역사회복지관, 재가복지봉사센터 등이, 간접서비스기관으로는 사회복지협의회, 사회복지공동모금회, 자원봉사센터 등이 있다.

먼저 지역사회복지관(community welfare center)은 지역사회 내에서 일정한 시설과 전문인력을 갖추고 지역사회의 인적·물적 자원을 동원하여 모든 지역사회 주민을 대상으로 종합적인 복지 서비스를 제공하는 직접적인 서비스기관으로, 시설 규모에 따라 종합사회복지관 가형(600평 이상), 종합사회복지관 나형(300~600평 미만), 종합사회복지관 다형(300평 미만) 등으로 분류된다. 2017년 기준으로 '가형' 210개소, '나형' 213개소, '다형' 42개소 등 총 465개소이다.

재가복지봉사센터는 지역사회 내에서 일정한 시설과 전문인력 및 자원봉사자를 갖추고 필요한 재가복지 서비스를 제공하는 사회복지시설로서, 현재 지역사회복지관 부설센터를 비롯하여 전국적으로 많은 시설이 운영되고 있다.

사회복지협의회는 사회복지시설의 운영문제를 포함하여 민간사회복지에 관한 조사연구, 교육훈련, 간행물 발간, 홍보사업, 대정부 정책건의 등 민간복지에 관한 지원조직으로, 전국 단위의 중앙협의회와 시·도 및 시·군·구 단위의 협의회를 두고 있다(인경석, 1998: 309-310). 우리나라에서 사회복지협의회는 한국전쟁 직후인 1952년 당시 주로 구호활동을 전개하고 있던 민간 사회사업기관들의 모임인 한국사회사업연합회가 시초였으며, 이 연합회는 1954년 사단법인으로 허가되고 1961년 한국사회복지사업연합회로 그 명칭이 바뀌었다가 1970년에는 현재의 명칭인 사회복지법인 한국사회복지협의회가 되었다. 그리고 1983년 개정된 사회복지사업법은 이 협의회를 법정단체화함으로써 사회복지 분야에서의 위치와 성격에 있어 괄목할 만한 변화를 가져오게 하였다.

한국사회복지협의회의 목적은 "사회복지에 관한 조사연구와 각종 복지사업을 조성하고 사회복지사업과 활동을 조직적으로 협의·조정하며 복지에 대한 국민의 참여를 촉진함으로써 우리나라의 사회복지의 증진과 발전에 기여하는 것"이며, 이를 달성하기 위해 협의회는 사회복지에 관한 조사·연구, 교육·훈련, 계몽·홍보, 사회복지사업 종사자의 자질 향상과 복리 증진, 사회복지사 자격증 교부, 지역사회복지협의회의 육성 및 연락 조정, 그리고 사회봉사안내소의 설치·운영 등의 사업을 실시하고 있다. 또한 한국사회복지협의회의 지회 성격을 가진 시 · 도 및 시 · 군 · 구 사회복지협의회는 각각 1998년과 2003년의 사회복지사업법 개정으로 사회복지법인으로 인정되었으며, 이에 따라 현재 각 시 · 도 및 시 · 군 · 구 사회복지협의회가 설치 · 운영되고 있다.

그 밖에 직능별 협의회로 한국맹인복지협의회(1981), 한국사회사업시설연합회(1973), 부녀보호사업전국협의회(1952), 한국노인복지시설협회(1984), 한국부랑인복지시설연합회(1983), 한국사회복지관협의회(1984), 한국여성단체협의회(1959), 한국장애자복지시설협회(1983), 한국청소년단체협의회(1965), 한국정신요양복지시설협회(1984) 등이 있다.

사회복지공동모금회는 공동모금을 통해 사회복지에 대한 국민의 이해와 참여를 제고함과 아울러 국민의 자발적인 성금으로 조성된 재원을 효율적이고 공정하게 관리 · 운용함으로써 사회복지 증진에 이바지하는 기관으로, 1999년 사회복지공동모금회법에 의해 설치된 이래 2018년 현재 중앙의 사회복지공동모금회와 17개 시 · 도(세종특별자치시 포함)에 지회가 운영되고 있다. 사회복지공동모금회는 사회복지협의회와 밀접한 관계를 가지는데, 이 경우 공동모금회 자체가 사회복지협의회의 한 부서로서 기능하는 협의회형, 상호 별개 기관으로 협력하거나 역할을 분담하는 공존형, 그리고 공동모금회의 자체 모금으로 자체 배분하는 독립형 등으로 구분할 수 있다. 우리나라의 경우 일본, 캐나다 등과 함께 공존형에 속한다고 할 수 있다.

마지막으로 자원봉사센터는 자원봉사활동의 개발 · 장려 · 연계 · 협력 등의 사업을 수행하기 위해 법령과 조례 등에 의해 설치된 기관 · 법인 · 단체 등을 말하며, 설립 주체에 따라 공공 영역의 자원봉사센터와 민간 영역의 자원봉사센터로, 그리고 설치 목적별로 수요자 중심의 자원봉사센터, 공급자 중심의 자원봉사센터, 조정자 중심의 자원봉사센터 등으로 구분할 수 있다(최항순, 2007: 212).

우리나라의 자원봉사센터는 종합사회복지관 · 재가복지봉사센터 등의 수요자 중심기관, 기업 또는 대학의 사회봉사단 등 공급자 중심기관, 그리고 공공 영역의 시 · 군 · 구 자원봉사센터 등 조정자 중심기관이 다양하게 분포되어 있는데, 현재 조정자 중심의 자원봉사센터로는 행정안전부, 보건복지부, 문화체육관광부, 여성가족부, 교육부 등 정부부처 관할의 자원봉사센터가 설치 · 운영되고 있다. 이 중 가장 중심적인 역할을 한다고 할 수 있는 행정안전부 산하의 종합자원봉사센터는 1996년 전국 20개 지방자치단체에 시범 설치된 것을 필두로 하여 2002년 전국 248개 지방자치단체에 설치를 완료했으며, 현재 중앙자원봉사센터를 비롯하여 국내 모든 지방자치단체(광역과 기초자치단체 포함)에서 설치·운영되고 있다.

3 사적 사회복지 서비스 전달체계의 문제점

사적 사회복지 서비스 전달체계는 민간부문의 장점인 자율성과 창의성이라는 특성에도 불구하고 현실적으로 재정의 취약성으로 정부 보조에 크게 의존하기 때문에 독창적인 프로그램 운영이 어렵고, 근무 여건의 열악성으로 인하여 사회복지사들이 취업을 기피하고 있어 전문적인 프로그램 제공이 어렵다. 게다가 사회복지시설의 설치 및 운영에는 여러 가지 규제들이 많다. 우선 사회복지시설 설치 요건이 너무 엄격하여 사실상 사회복지사업을 하고 있으면서도 법적 보호를 받지 못하는 경우가 적지 않다. 따라서 정부는 회계 및 재정집행 감독 등 시설 운영에 대한 사후관리를 강화하여 시설 운영의 투명성을 확보하도록 하는 조건으로 사회복지시설에 대한 사전적인 규제를 완화할 필요가 있다.

현재 정부의 사회복지시설에 대한 재정지원은 시설수용자에 대한 생계보호수준이나 시설종사자의 보수수준 등에 있어 아직 저급한 실정이나 사회복지관, 노인복지회관, 장애인복지관, 여성회관 등 이용시설은 전국적으로 많이 분포되어 있다. 그간 주로 저소득층 보호 대상자 중심으로 이용하도록 운영되어 왔던 것이 이제는 고령화에 따라 지역사회의 일반 주민들도 이용할 수 있도록 시설 확충을 기하고 있다.

현재 우리나라 민간사회복지의 대표적인 조직이라고 할 수 있는 한국사회복지협의회의 경우 전문인력 및 재원 등의 부족으로 제 기능을 원활히 수행하지 못하고 있는 실정이다. 예를 들면, 그동안 협의회의 주요 업무로 되어 있는 조사·연구의 업무는 자체 전문직원이 아닌 용역에 의해 이루어졌으며, 지역주민과의 괴리상태에서 협의회가 운영될 뿐 아니라 회원단체 상호 간의 연락, 조정 및 협의의 업무도 형식적인 수준에 머물러 있다. 또한 조직형태에 있어서도 선진국처럼 지역협의회 중심으로 발전되어 온 것이 아니고 중앙 단위로부터 하향식으로 이루어졌기 때문에 아직 지역수준에서의 협의회 운영은 미흡한 실정이다. 따라서 정부는 지역 단위의 사회복지협의회의 원활한 운영을 위한 지원 확대 방안을 강구해야 할 것이다.

연습문제

01 사회복지 서비스 전달체계의 원칙에 대한 설명으로 적절하지 못한 것은?

① 전문성의 원칙: 사회복지 서비스 제공과 관련된 업무는 모두 전문가가 담당해야 한다.

② 포괄성의 원칙: 사회복지 대상자들의 욕구는 다양하고 서로 연관되어 있기 때문에 사회복지 서비스 전달체계는 이러한 다양한 욕구를 처리할 수 있도록 구성되어야 한다.

③ 접근(용이)성의 원칙: 사회복지 서비스를 필요로 하는 사람이 필요한 때에 편리한 곳에서 해당 서비스를 받아야 한다.

④ 적절성의 원칙: 사회복지 서비스는 그 양과 질 및 제공하는 기간이 클라이언트의 욕구 충족과 서비스의 목표 달성에 충분해야 한다.

⑤ 지속성의 원칙: 재활이 이루어질 때까지 모든 서비스가 통합되고 지속되어야 한다.

02 우리나라의 사회복지 서비스 전달체계의 동향으로 옳지 않은 것은?

① 민간 서비스가 공공으로 이전

② 사회복지 서비스 분야에 영리조직의 참여 증가

③ 전달체계의 한 대안으로 시장화, 민영화

④ 민·관 협의기제 강조

⑤ 수평적 네트워크체계에 의한 조직 간 관계가 중요

03 공적 사회복지 서비스 전달체계의 특징으로 옳은 것은?

① 사회복지 서비스는 지방의 시·군·구보다 중앙정부를 통해 제공되는 방향으로 변하고 있다.

② 사회복지 전담공무원의 배치는 공적 서비스 대상자의 요구로 인해 이루어졌다.

③ 시·군·구 등 지방자치단체의 적극적 노력으로 지역사회보장협의체가 마련되었다.

④ 시 · 군 · 구에는 지역사회보장협의체와 더불어 지역사회복지협의회의 설치가 의무화되었다.

⑤ 공적 사회복지 서비스 전달체계의 문제점은 복지업무 담당부서에 따라 대상이 개별 관리된다는 점이다.

04 2000년 이후 공적 사회복지 전달체계의 변화에 해당하는 것을 모두 고른 것은?

보기
가. 사회복지통합관리망 구축 나. 주민생활지원 서비스로의 전환 다. 사회복지전문요원제도 도입 라. 사회보장정보시스템 구축

① 가, 나　② 가, 라　③ 가, 나, 라
④ 나, 다, 라　⑤ 가, 나, 다, 라

05 공공에 비해 민간 사회복지 서비스 전달체계의 강점으로 옳지 않은 것은?

① 정부제공 서비스의 비해당자를 지원
② 대상자 선정 과정의 강한 엄격성과 책임성 보증
③ 서비스 선택의 기회 확대
④ 특정 영역에서 고도로 전문화된 서비스 제공
⑤ 환경 변화에 대응하여 서비스 선도

06 사회복지 서비스의 통합성 증진을 위한 전달체계 개선전략이 아닌 것은?

① 도움을 찾고 요구하는 사람들을 기다리는 것이 아니라 필요로 하는 사람들을 직접 찾아가는 아웃리치(outreach) 서비스를 시행한다.
② 지역사회수준에서 사례관리체계를 도입 · 실시한다.
③ 클라이언트의 서비스 이력 정보를 공유한다.
④ 서비스별 인테이크(intake) 창구를 만든다.
⑤ 통합정보망 구축을 위해 서비스 연계를 강화한다.

정답　1. ①　2. ①　3. ⑤　4. ③　5. ②　6. ④

제 6 장

기획과 의사결정

제 1 절 기획과 의사결정의 의의

1 기획의 개념과 유형

1) 기획의 개념과 필요성

기획(planning)이란 용어는 그리스어로 flat surface란 의미의 'planum'에서 연유한다. 이는 17세기에 영어에서 '지도나 청사진과 같은 형식적인 문서'라는 의미를 내포하는 것으로, 그 후 그 의미가 확대되어 사용되고 있다.

기획의 개념을 보면 먼저 뉴먼(Newman, 1963)은 미시적인 개인 차원에서 기획을 "무엇을 할 것인가를 사전에 결정하는 것"이라고 정의한다. 귤릭(Gulick, 1937)은 중범위적인 조직 차원에서 최고관리자의 기능을 POSDCoRB[1])로 규정하

1) 귤릭(Luther H. Gulick)은 「행정과학논집」에 실린 「조직이론 소고(Notes on the Theory of Organization)」라는 논문에서 페욜(Henri Fayol)의 영향을 받아 최고관리자의 기능으로 POSDCoRB이론을 제시했는데, 이는 planning, organizing, staffing, directing, coordinating, reporting, budgeting

면서 그 중 하나의 기능인 기획을 "사업을 위해 설정된 목적을 달성하기 위하여 수행되어야 할 일들과 이를 수행하기 위한 방법을 개괄적으로 만드는 것"이라고 규정한다. 그리고 드로(Dror, 1968)는 거시적인 국가 차원에서 기획을 "국가 목표를 달성하기 위한 수단으로서 미래의 행동에 대한 일단의 결정을 준비하는 과정"이라고 정의한다.

한편 기획 개념의 특성으로 요크(York, 1982: 12-13)는 ① 목표 지향적이고, ② 미래 지향적이고, ③ 계속적인 과정이고, ④ 의사결정과 연결되고, ⑤ 목표를 위한 수단적인 것 등을 들고 있다. 기획의 미래 지향성과 관련하여 기획을 소여(Sawyer, 1983)는 "앞서서 준비하는 활동", 채드윅(Chadwick, 1971)은 "인간이 장래에 관해서 미리 사고하는 과정"이라고 정의한다. 그리고 기획의 의사결정과의 연결성과 관련하여 쿤츠와 오도넬(Koontz & O'Donnell, 1959)은 기획을 "목적을 달성하기 위하여 설계된 행동 과정을 의식적으로 결정하는 것"으로 정의한다.

기획은 계획(plan)과 많이 혼용되고 있는데 양자는 좀 다른 의미를 지니고 있다. 즉, 기획이 계획을 세워가는 계속적인 행동인 데 비해, 계획은 기획 과정에서 도출된 행동노선을 가리키는 결과를 뜻하는 정적인 상태이다. 사회복지행정에서는 프로그램과 연결되어 프로그램 기획(program planning)이라는 말이 많이 쓰이는데, 이는 기획의 일반적이고 포괄적인 과정이 어떤 구체적인 프로그램에 적용된 것으로서 기획의 결과를 의미하는 프로그램 계획을 의미하는 것으로 흔히 쓰인다. 프로그램 기획은 보다 구체적으로 프로그램 개발활동을 어떻게 수행할 것인가의 계획을 수립하는 활동과 최종 산출물로서의 프로그램 형태를 예상하고, 그러한 프로그램을 만들어내기 위해 수행해야 할 개발활동의 논리적 타당성을 점검하는 활동의 두 가지 차원의 의미로 정리할 수 있다.

사회복지행정에서 기획의 필요성은 합리성, 효율성, 효과성, 책임성, 사기 등의 이유에서 강조되고 있다(Skidmore, 1990: 42-43; York, 1982: 13-14).

첫째, 합리성(rationality)과 관련하여 기획은 문제 해결과 의사결정을 위해 경험적으로 증명되어 보다 타당하게 적용될 수 있는 수단을 제공함으로써 합리성

등 일곱 가지 기능을 나타낸다.

을 높여준다.

둘째, 효율성(efficiency)과 관련하여 사회복지행정에서 인적·물적 자원은 제한되어 있으므로 최소의 비용과 노력으로 서비스 목표를 달성하는 효율성을 위해 사전의 치밀한 기획이 필요하다.

셋째, 효과성(effectiveness)과 관련하여 사회복지행정에서 클라이언트에게 제공한 서비스는 문제나 욕구 해결에 효과가 있어야 하는데 소기의 효과를 얻기 위해서는 기획이 필요하다.

넷째, 사기(morale)와 관련하여 기획 과정에는 많은 조직구성원들이 참여하고, 또한 이들은 최선을 다하기 위해 성취감과 만족감을 필요로 하는데 이러한 사기진작을 위해 기획이 필요하다.

사회복지조직은 정부의 인가를 받아 국고와 개인의 기부금을 사용하고 있기 때문에 조직이 목표로 하는 서비스를 효과적이고 효율적으로 제공할 책임이 있다. 이러한 책임을 잘 수행하기 위해서는 서비스에 대한 기획이 반드시 필요하다.

2) 기획의 유형

기획은 기준에 따라 조직의 위계적 수준에 따른 유형, 시간 차원에 따른 유형, 대상에 따른 유형 등으로 구분할 수 있다. 조직의 위계적 수준에 따른 유형은 최고관리층, 중간관리층, 감독관리층, 관리실무자 등으로 구분할 수 있는데, 최고관리층(top management layer)은 조직 목표나 장기적 계획을, 중간관리층(middle management floor)은 프로그램 계획이나 보완적 목표를, 감독관리층(supervisory floor)은 구체적 프로그램 계획이나 일정표를, 그리고 관리실무자(management practitioner)는 일상적인 사소한 절차 등을 수행한다.

시간 차원에 따른 유형은 장기기획(5년 이상), 중기기획(2~4년), 단기기획(1년 이내) 등으로 구분되며, 조직의 하위층에서 상위층으로 올라감에 따라 단기기획으로부터 장기기획으로 점차 책임이 높아진다. 여기서 단기기획은 보다 구체적이고 상세하고 행동 지향적인 것으로, 장기기획에 근거한다.

대상에 따른 유형은 조직의 구체적 목표의 설정 및 변경, 구체적 목표 달성을 위한 자원 및 그 자원의 획득, 사용, 분배를 위한 정책을 결정하는 과정을 의미하는 전략적 기획(strategic planning)과 획득한 자원이 조직 목표의 효율적 달성을 위해 사용되도록 하는 과정을 의미하는 관리운영기획(operational planning)으로 구분된다.

일반적으로 전략적 기획의 과업들에는 기관의 사명(使命) 재평가 및 미래 비전 개발, 외부 환경과 경쟁조직들에 대한 평가, 기관 내부의 역량과 클라이언트 서비스에 대한 평가, 전략, 과업, 성과, 추진 일정, 실행 단계 등이 포함된다. 이들 중에는 조직이 전략적으로 추구하기 위한 프로그램에 관한 기획 과정이 섞여 있을 수 있다.

한편 사회복지행정의 기획에는 자원 기획, 프로젝트 기획, 개인 기획 등이 있다(장인협 · 이정호, 2006: 102-105). 먼저 자원 기획(resource planning)은 사회복지사업에서 필요로 하는 자원에 관한 것으로, 여기에는 재원, 시설 및 장비, 소비물자, 인적 자원 등이 포함된다. 재원확보기획과 관련해서는 특정한 기간 동안 기관이나 프로그램의 재정 상태를 예측하는 능력이 필요하다. 그리고 회계의 전산화로 단시간 내에 재정수지를 파악할 수 있게 해야 한다. 만일 재원이 부족한 경우에는 서비스의 양이나 범위 축소 등을 통해 필요한 자금을 줄이거나 지역사회 모금운동을 통해 필요한 자금을 마련한다. 시설 및 장비에 관한 기획은 필요한 시설의 많은 부분이 종종 임대되므로 중요하지 않은 것으로 간주될 수 있다. 그러나 시설이나 장비의 임대 여부 및 구매에 관한 결정은 주의 깊게 계획되어야 한다. 소비물자 관련 기획은 끊임없이 소모되고 대치되는 서류용지, 필기용구, 기록보관철 등의 소비물자(supplies)를 필요할 때에 언제든지 이용할 수 있도록 구매계획이 세워져야 한다는 것이다. 그리고 인적 자원에 관한 기획은 기관의 목표 달성을 위해 필요한 최소한의 직원 수, 매 계획 연도에 충원할 직원 수 및 배치계획 등을 의미한다.

프로젝트 기획(project planning)은 적절하게 계획된 프로젝트가 주어진 시간 내에 최소의 비용으로 성공적으로 달성되기 위해 필요하며, 지속성, 반복성 등의 특성을 지닌 일상적 기획과 달리 한시성, 유일성, 점진적 구체화 등의 특성이 있다. 프로젝트 기획의 과정은 보통 여덟 가지 단계로 구성된다. 즉, ① 프로젝트 요구 사항의 인식과 명확화, ② 이전의 경험, 조사, 견해 등의 자료수집, ③ 기본적인 접근 방법에 관한 잠정적인 결정, ④ 기본적인 활동계획 설계, ⑤ 프로젝트 기획의 검토, ⑥ 집단 프로젝트의 경우 과업 할당과 프로젝트 시작 일자의 결정, ⑦ 미리 선정된 기준에 따른 프로젝트의 점검 시 재조정, ⑧ 종료 일자와 보고서 전달 방법의 결정 등이다

그리고 개인 기획(personal or individual planning)은 관리자가 자신의 목표를 설정하고 취해야 할 과정활동을 기술하는 것을 뜻하며, 이러한 개인 기획 수립 시 고려해야 할 요소들로는 ① 개인 기획에서 구체화해야 할 시간적 요소, 가용자원, 장애물 등 고정 요소와 한계 요소에 대한 이해, ② 유사한 과업이나 프로젝트를 가진 다른 사람들의 이전 경험을 활용한 기획 설계, ③ 개인 기획의 실현가능성 점검, ④ 장래의 통제를 위해 개인 기획 속에 점검지점(check point) 확인 등을 들 수 있다(장인협 · 이정호, 2006: 105).

2 의사결정의 개념과 유형

1) 의사결정의 개념과 필요성

의사결정은 조직의 문제 해결과 관련된 여러 가지 대안 중에서 가장 적절한 방안을 선택하는 것으로, 기본적으로는 최고관리층에서 이루어지는 전략적(strategic) 성격의 결정을 의미하지만 넓은 의미에서 조직의 모든 계층에서 이루어지는 전술적(tactic) 성격의 것들도 포함된다. 이렇게 볼 때 의사결정은 조직의 최고관리자로부터 일선감독자에 이르기까지 모든 관리 과정에서 이루어진다.

의사결정에 관한 본격적인 논의는 신고전기의 버나드(Chester I. Barnard)에서 비롯되었다고 할 수 있는데, 그는 『관리자의 기능(*The Functions of the Executive*)』(1938)에서 의사결정을 "조직이 목표 달성을 위해 여러 대안 중에서 최적의 것을 선택하는 논리적 과정"이라고 하였다. 그리고 사이먼(Simon, 1971)은 "의사결정은 어떤 목표를 달성하기 위해 가장 적절한 대안을 선택하는 과정"이라고 하였고, 그리피스(Griffith, 1979)는 "의사결정은 심사숙고 후에 도달된 결론", 캠벨(Campbell, 1983)은 "의사결정은 본질적으로 조직구성원이 목표로 지각한 것을 성취하기 위하여 어떤 방법을 선택하는 것"이라고 정의하였다. 이러한 정의들은

모두 오늘날 흔히 의사결정의 개념으로 정의되는 '여러 대안 중 하나를 선택하는 것'과 유사하다.

의사결정은 때로는 정책결정(policy making)과 혼용되고 있다. 그러나 정책결정이 정부나 정치조직 등 공적 기관의 상위 계층의 결정을 의미한다는 점에서 공·사 조직의 모든 계층의 결정을 포함하는 의사결정과 구별된다. 따라서 정책결정은 의사결정에 비해 정치성, 권력성, 공공성 및 공익성 등을 강하게 지니며, 경제적 효율성과 정치적 합리성을 동시에 고려해야 한다.

한편 의사결정은 기획과도 유사성을 지니는데 기획이 일련의 의사결정이 체계적으로 이루어진 과정이라는 점에서 의사결정과 구분된다. 또한 목적에 있어 기획은 목표 달성에, 의사결정은 문제 해결에 두고 있는 점에서 차이가 있으며, 기획 과정에는 의사결정 이외에 자원 동원, 활동통제, 동기부여 등과 같은 폭넓은 행정적 기술과 과정이 포함된다는 점에서 기획과 의사결정이 구별된다(최성재·남기민, 2003: 180).

모든 조직은 스스로 달성해야 할 목표를 설정하고 목표 달성을 위한 수단과 방법을 선택하고 이를 실천한다. 이러한 제반 행위들에 있어서는 두 개 이상의 대안을 설정하고 각 대안들의 장·단점을 비교하고 평가한 후에 그 중 하나를 선택하는 것이 바람직하다. 이러한 의사결정 과정은 끊임없는 선택과 결정의 연속으로 최고관리층을 비롯하여 중간관리층, 하위관리층 모두에게 해당된다.

사회복지에 있어서 의사결정은 클라이언트는 물론 개인, 집단, 지역사회 등에 영향을 미친다는 점에서 중요하다. 즉, 의사결정은 사회복지의 제반 분야 또는 모든 기관에서 무엇이 행해져야 하는가에 영향을 미친다. 트레커(Trecker 저, 장인협 역, 1982: 138)는 사회복지 분야에서 의사결정의 중요성과 관련하여 다음과 같이 언급하고 있다. 즉, "사회복지 행정가들은 다른 모든 행정가들과 마찬가지로 기관의 의사결정 과정에 대한 중요한 책임을 지고 있다. 그들은 의사결정의 과정과 참여자를 알고 있어야 하며 힘든 결정을 과감하게 하고 기관의 목적 향상과 클라이언트의 욕구 해결을 증진시킬 수 있는 의사결정을 하도록 노력해야 한다."

2) 의사결정의 유형

의사결정은 개인적 의사결정과 집단적 의사결정, 정형적 의사결정과 비정형적 의사결정 등 두 가지 유형으로 구분해 볼 수 있다. 첫째 유형에서 개인적 의사결정(individual decision)은 최고책임자가 수집된 자료와 정보 및 자신의 경험과 판단에 의해 혼자 결정하는 경우이며, 집단적 의사결정(group decision)은 부하 혹은 전문가들의 의견을 종합하여 최고책임자가 결정하는 경우를 말한다. 둘째 유형에서 정형적 의사결정(programmed decision)은 일상적 업무로서 확립된 선례, 계획, 절차 등에 따라 결정하는 것이며, 비정형적 결정(non-programmed decision)은 새로운 사태 발생을 비롯하여 예측하지 못한 일과 중대한 여건의 변동 등에 대처하기 위해 결정을 하는 것이다. 비정형적 결정의 경우 여러 가지 전문지식과 고도의 기술을 필요로 하기 때문에 위원회나 프로젝트 팀과 같은 집단적 의사결정에 의존하는 것이 보통이다.

그 밖에도 의사결정 유형으로 목표 달성과 조직 발전에 관한 문제를 결정하는 전략적 결정(strategic decision)과 일상적 성격을 띤 수단적·기술적 결정인 전술적 결정(tactical decision)이 있다.

제 2 절 기획의 과정과 전략

1 기획의 과정

경영 또는 행정 분야에서 기획 과정은 일반적으로 목표 설정, 관련 자료수집, 대안의 작성 및 평가, 최종안의 선택 등으로 구분할 수 있다. 다비도프와 레이너(Davidoff & Reiner, 1962)는 기획의 과정을 가치형성, 수단규명, 실현화 등 세 단계로 구분하고 있는데, 여기서 가치형성(value formation)은 미래를 예측하여 선택 가능한 범위를 규명하고 바람직한 상태를 제시하는 단계이고, 수단규명(mean identification)은 설정된 목표를 달성하기 위한 수단을 모색하고 각 대안의 효과와 실현 가능성을 비교하여 최종 결정을 하는 단계이며, 실현화(effectuation)는 계획의 집행 과정에서 검토와 수정 및 시정 조치가 이루어지는 단계를 뜻한다. 그 밖에 기업의 기획 과정으로 갤러웨이(Galloway, 1941)는 추구해야 할 목표의 결정, 문제들을 이해하기 위한 조사연구, 대안의 발견, 정책 작성, 선택된 제안에 대한 세부적 집행 등을, 밀레(Millet, 1947)는 목표의 설정, 현황의 측정, 사업계획의 작성 등을, 드러커(Drucker, 1954)는 목표 설정, 목표의 우선순위 결정, 자원의 식별, 행동적 프로그램 실행, 통솔 유지 등을, 그리고 쿤츠와 오도넬(Koontz & O'Donnell, 1959)은 목표의 설정, 기획 전제의 설정, 대안적 행동노선의 모색과 시험, 대안적 행동노선의 평가, 행동노선의 선택, 필요한 파생계획의 수립 등을 제시하였다.

사회복지행정의 기획 과정도 이러한 기업의 기획 과정과 유사하며 약간의 강조점에서 차이가 있다. 스키드모어(Skidmore, 1990: 44–51)는 사회복지행정의 기본적인 기획 단계로서 목표 설정, 자원의 고려, 대안의 모색, 대안의 평가 또는 결과 예측, 최종안의 선택 또는 계획 결정, 구체적 실행계획 수립, 개방성 및 융통성 유지 등 일곱 단계를 제시하고 있는데, 이들은 사회복지행정의 필수적인 요소로서 서비스 전달의 효과성과 능률성을 가져올 수 있게 한다.

1) 목표 설정

목표(goals)는 어떤 활동 주체가 달성하고자 하는 바람직한 미래의 상태로서, 사회복지행정에서는 사회복지시설 또는 기관이 달성하고자 하는 활동지표라고 할 수 있다. 목표는 기관이 나아갈 방향과 활동방향을 제시해 주고, 기관의 존재 및 활동을 정당화시켜 주며, 기관 활동의 효과성과 능률성을 평가하는 기준이 된다는 점에서 그 의의가 있다.

목표는 대체로 장기적이고 일반적인 목표와 단기적이고 구체적인 목표로 구분될 수 있다. 전자는 기관의 설립 이유 또는 존재 목적과 관련되는 데 비해, 후자는 현재 또는 가까운 장래의 사업과 관련된다. 예를 들면, 아동복지사업, 노인복지사업, 소득증대사업 등은 일반적 목표이고, "노인복지를 위한 노인요양사업의 확대 실시"나 "2년 이내에 50세 이상의 저소득층 30%에 대한 취업알선"은 구체적 목표라고 할 수 있다.

목표가 계획의 실효성 있는 지침 또는 준거로서의 기능을 다하기 위해서는 다음과 같은 몇 가지 요건을 구비해야 한다(김신복, 1999: 131－132).

첫째, 공식적 목표 또는 표방된 목표(stated goal)와 실제 목표(real goal) 간에 괴리가 있어서는 안 된다. 실제 목표와 전혀 다른 표방된 목표를 토대로 계획을 수립·집행하는 경우 아무리 효율적인 수단이 강구되더라도 무의미하며 오히려 오도될 여지가 있다.

둘째, 목표는 해결해야 할 구조적인 문제나 지향하는 미래 상태에 비추어 타당성이 있어야 한다. 목표가 잘못 설정되면 엉뚱한 문제(wrong problem)나 별로 중요하지 않은 문제에 자원과 정력을 소모하게 된다.

셋째, 목표들 간에 내적 일관성(internal consistency)을 견지하여야 한다. 종적 위계에 따라 하위 목표는 상위 목표의 수단이 되는 연쇄관계가 이루어지고 횡적으로도 목표들 간에 상충되지 않도록 해야 한다.

넷째, 목표는 구체적이고 실제적(detailed & practical)이어야 한다. 목표가 추상적인 미사여구에 그쳐서는 안 되며 측정 가능한 단위로 제시되는 것이 바람직하다.

다섯째, 목표는 인적·물적 자원 등 여러 가지 제약 조건에 비추어 현실 가능한(feasible) 것이어야 한다. 애초부터 지나치게 이상적이고 허구적인 목표를 설정하면 기획 과정 자체가 부질없는 낭비를 초래하게 된다.

이러한 계획 목표의 기능 유지를 위한 요건은 사회복지기관이나 사회복지시설에서도 활용될 수 있다. 그 밖에 사회복지기관 및 시설에서 목표를 설정할 때 특히 중요하거나 고려해야 할 점을 들면 다음과 같다.

첫째, 목표 설정은 기관 내뿐 아니라 관계 기관 및 지역사회 주민과의 활발한 의사소통을 통한 민주적 과정 속에서 이루어져야 한다.

둘째, 목표 설정은 기관 내·외의 전문가들과 광범위한 의견 교환을 통해 그들의 전문적인 지식과 경험을 적극적으로 활용해야 한다.

셋째, 사회복지기관에서 목표로 하는 사회복지의 수준은 현재의 경우보다 높은 수준이어야 한다.

넷째, 기관 관리자의 가치관, 기관의 전통, 기관 내・외의 갈등 등 환경적 요인을 고려해야 한다.

2) 자원의 고려

자원(resources)은 기획의 대상과 구체적 목표에 대한 다양한 정보와 프로그램 실시에 필요한 인적・물적 자원을 뜻하며, 이 단계에서는 이러한 자원을 수집하고 검토한다. 정보(information) 속에는 통계집, 간행물, 기타 연구문헌 등에 게시된 과거의 추이, 현황, 미래 전망에 관한 제반 지식과 통계, 연구 결과 등을 모두 포함한다. 이러한 자료들은 주로 제2차적인 것들이지만 현장조사를 통해 원자료(raw material)를 수집할 수도 있다. 현장조사에는 면접, 관찰, 설문지 등을 이용하게 된다.

미래 상황의 분석을 위해서는 우선 예상되는 장래에 대한 추정(projection) 작업이 필요하다. 여기에는 법칙이나 논리적 사유(logical thinking)에 의한 연역적 예측, 델파이(Delphi) 기법 등을 이용한 주관적・질적 예측, 추세분석(trend analysis)이나 회귀분석(regression analysis) 등 통계적 기법을 이용한 계량적 예측 등 다양한 미래예측 방법들이 있다. 위에서 예를 든 저소득층 노인 취업 관련 프로그램의 목표 달성을 위해서는 노인 취업에 관한 연구문헌 검토, 저소득 노인가구의 수 및 지역별 분포에 대한 통계자료 입수, 직업소개소 방문 등으로 정보를 수집할 필요가 있다.

가용자원(可用資源, available resources) 중 인적 자원은 프로그램 담당 직원이나 조직 외부의 지지자 및 경쟁자(기관) 등을 뜻하며, 특히 직원의 인원 규모, 자질, 능력 및 가용성 등이 중요하다. 그리고 물적 자원은 기관의 설비, 가용예산, 서비스에 대한 지역사회의 후원 등을 뜻하며 이들을 목표와 연결시키는 것이 매우 중요하다.

3) 대안의 모색

대안(alternatives)은 목표를 달성하기 위한 여러 가지 방법 또는 정책들로서,

목표가 설정되고 목표 달성을 위한 관련 정보 및 가용자원에 대한 검토가 끝난 후 이루어진다. 이 단계에서는 창의력이 특히 중요하며, 자유로운 집단토의와 개별적 대화, 그리고 수집된 정보들로부터 대안을 발견할 수 있다.

대안의 도출에 있어 주요 원천은 자신의 과거 경험이나 다른 사람 또는 조직이 취한 선례(先例)로서, 이러한 선택적 모방(selective imitation)은 비교적 용이하고 널리 이용되는 방법이라고 할 수 있다. 그러나 과거의 경험이나 선례들을 모방하거나 참고하여 도출되는 대안은 그 타당성에 한계가 있다. 상황이 정확하게 반복되지 않을 뿐 아니라 동일한 조건이라 할지라도 과거에 성공한 대안이 꼭 성공하리라는 보장이 없기 때문이다. 따라서 보다 창조적이고 개척적인 탐색을 통하여 독창성 있는 대안을 추출할 필요가 있다. 새로운 대안의 창출은 기획가 개인의 착상(idea)에 의해서 이루어질 수 있고, 집단적 사고(集團的 思考, groupthink)[2]나 전문가의 지도·조언 등을 통해서 도움을 받을 수도 있다(김신복, 1999: 137-138).

앞서 언급한 저소득층 노인에 대한 취업 알선의 목표 달성을 위한 대안으로는 취업훈련, 취업알선센터 운영, 일반 직업소개소와 계약에 의한 취업의뢰, 노인공동작업장 운영 등이 있을 수 있다.

4) 대안의 평가 또는 결과 예측

목표 달성을 위한 대안들이 작성되면 각 대안들이 어떤 기대효과가 있는지를 검토하고 장·단점을 찾아내어 평가한다. 이때 공통적이고 객관적인 검토 및 평가 영역을 만들어 평가하는 것이 바람직하다. 기획은 미래를 대상으로 하는 의사결정인 만큼 각 대안들이 갖는 현시점에서의 장·단점보다는 그 대안을 채택했을 경우에 나타날 영향(impact)을 예측하여 비교·평가하는 데 초점을 두어야 한다. 여기서 영향은 직접적인 산물을 뜻하는 단순한 산출이 아니고 그러한 산출이

2) 집단적 사고는 집단구성원 간에 존재하는 지나친 일체화(concerrence) 경향으로 특징지워지는 집단의사결정의 한 모습으로, 제니스(Janis, 1981)에 의하면 집단 내의 압력으로 인해 정신적 효율성과 현실적합성 및 도덕적 판단이 결여된 상태에서 의사결정을 하는 것을 집단적 사고라고 일컫는다.

대상 집단에 대하여 행태 변화를 가져오는 등 실질적으로 나타난 성과를 의미한다. 즉, 영향이라는 개념은 외형적인 산출보다는 궁극적인 효과에 초점을 두고 있다. 여기서 영향은 각 대안이 채택되는 경우에 예상되는 긍정적 효과와 부정적 효과를 모두 포함하는데, 긍정적 효과(positive effect)는 경제적인 차원에서의 편익과 목표달성도를 뜻하고, 부정적 효과(negative effect)는 정책대안을 실현하는 데 따르는 비용을 뜻한다.

이러한 영향분석을 통한 정책대안들의 비교・평가에 있어 가장 널리 쓰이는 방법으로는 비용－편익분석(cost－benefit analysis), 비용－효과분석(cost－effectiveness analysis) 등이 있다. 이러한 방법들의 핵심은 편익 또는 효과의 현재가치의 총화(總和)가 크면, 즉 편익 또는 효과비용의 비(ratio)가 1보다 크면 그 대안은 타당성이 있다고 보며 이러한 비율이 가장 큰 것을 택하게 된다(김신복, 1999: 138－139).

앞서 언급한 대안 중 취업알선센터 운영의 실시조건과 기대효과를 평가해 보면 취업알선센터는 고령자고용법에 의해 지원받을 수 있고 노인 인력만을 전문으로 하는 다양한 취업 관련 정보를 취급할 수 있는 비교적 쉬운 조건이 있다. 반면에 취업정보를 신속히 처리하기 위해 컴퓨터와 별도의 공간을 갖추고 상당한 수준의 컴퓨터 프로그래밍(programming) 기술이 있는 직원을 두며 필요한 경우 다른 취업정보센터와의 정보연결망도 갖추어야 한다. 그리고 취업알선센터 운영의 공신력을 갖게 하고 취업한 이후에도 지속적인 점검과 노인 및 기업주 측의 어려운 문제를 상담해 준다면 기대되는 효과는 매우 클 것이다(최성재・남기민, 2003: 174).

5) 최종안의 선택 또는 계획 결정

대안의 평가 단계에서 각 대안들의 실시조건 및 기대효과를 비교하여 우선순위를 정하면 가장 점수가 높은 것을 최종안으로 선정하게 된다. 우선순위는 객관적인 평가기준에 의해 가중치를 정하여 점수를 부여한 후 결정하게 되는데, 위의 예에서는 여러 대안들을 비교하여 취업알선센터 운영이 최종 대안으로 선택될 수 있다.

그러나 기획의 대상인 미래상황은 현재로서는 예측하기 어려운 불확실한 요소들을 많이 내포하고 있어서 최종안의 선택이 매우 어렵다. 따라서 선택 과정에서는 통계적 확률의 이용 등을 통해 불확실성을 가급적 축소하는 노력이 필요하다. 그리고 최종안을 선택한 후에도 기획의 전제가 타당성이 있는지, 또는 선택된 대안이 실현 가능성이 있는지 등을 재검토할 필요가 있다. 그리고 선택된 대안을 직접 이해관계가 있는 사람이나 집단 또는 관련 분야 전문가들에게 제시하거나 시험적 시행(pilot runs)을 통해 선택의 타당성을 검증해 보는 것도 바람직하다.

6) 구체적 실행계획 수립

최종안의 선택으로 계획이 결정되면 구체적 실행계획을 수립해야 하는데, 이 단계에서는 청사진(blueprint) 또는 도표가 작성되며 단계적 행동의 개요가 나타나고 기록된다. 목표 달성을 위한 시간표는 필수적이며, 주기적인 진척상황의 검토와 보고 및 구체적인 시간계획이 수반되어야 한다. 시간표를 계획하는 것은 청사진을 활동성 있게 하고 계획을 능률적으로 수행하는 데 유용하다.

7) 개방성 및 융통성 유지

기획의 제반 단계들은 상황이 변하지 않거나 목표를 향한 보다 향상된 절차가 개발되지 않을 경우에는 그대로 진행되지만 항상 질서정연하게 순서대로 이루어지지는 않는다. 때로는 뛰어넘고 서로 겹치기도 한다. 따라서 기획에 있어 개방성(openness) 또는 융통성(flexibility)은 매우 중요하다고 할 수 있다. 이는 구체적인 프로그램이 실제로 수행될 때 종종 변화가 생기는데, 유능한 행정가는 그 변화가 보다 나은 발전을 가져오거나 편리한 자원을 수반하는 경우 언제든지 계획을 변경할 수 있어야 한다.

2 프로그램 기획 기법

프로그램 기획의 주요 기법으로는 시간별 활동계획도표(Gantt Chart), 프로그램 평가 검토 기법(PERT), 월별 활동계획 카드(Shed－U－Graph) 등이 있다.

1) 갠트 도표

시간별 활동계획도표인 갠트 도표(Gantt Chart)는 1910년대에 미국의 사업가인 갠트(Henry Gantt)가 고안한 것으로,[3] 프로그램의 목표를 성취하기 위해 일정 기간 동안 수행되어야 할 과업과 활동을 나열하여 시간적 순서에 따라 막대도표(bar chart)를 사용하여 나타내는 방법이다. 갠트 도표는 <표 6－1>과 같이 세부적인 활동을 포함하지 않으며 과업이나 활동 간의 연결 과정도 표시되지 않는다. 따라서 상대적으로 복잡하지 않은 사업을 계획할 때 간단명료하고 유용하게 사용되는 기법으로, 우리나라에서도 오래전부터 군 조직, 행정기관, 기업체 및 기타 사회단체 등에서 많이 이용되고 있다. 그러나 이 기법은 작업 간의 유기적 관계나 연결성에 대해서는 파악할 수 없고 복잡하고 세밀한 일정계획에는 적용하기 어렵다는 단점이 있다.

표 6－1 취업알선센터에 관한 갠트 도표

과 업	월별 진행계획					
	7월	8월	9월	10월	11월	12월
운영팀 구성	———					
대상자 선정	———	———	———	———		
보호 대상자 확보		———	———	———		
그룹홈 설치				———		
운영 프로그램 개발			———	———		
그룹홈 운영				———	———	———

3) 갠트는 자신이 고안한 차트를 1919년 엔지니어링 매거진(*The Engineering Magazine*)에 "Work, Wages and Profit"이라는 제목으로 발표하였다.

2) PERT

프로그램 평가 검토 기법인 PERT(Program Evaluation and Review Technique)는 1950년대에 미국 해군의 핵잠수함 건조 과정에서 고안된 것으로, 목표 달성 기한을 정해놓고 목표 달성을 위해 설정된 주요 세부 목표 또는 활동의 상호관계와 시간계획을 연결시켜 도표로 나타낸 것이다. 이 기법은 명확한 목표를 가진 프로그램을 조직화하고 진행시간표를 작성하고 예산을 세우고 프로그램 진행사항을 추적해 가는 데 유용한 관리 기법이다(성규탁, 1997: 243-254).

[그림 6-1]은 취업알선센터 개소를 위한 PERT 기법을 도시한 것으로, 이 도표에는 사건이나 행사를 나타내는 원(圓) 표시와 활동(사건 또는 행사) 사이의 관계를 나타내는 화살 표시가 있다. 여기서 활동은 좌에서 우로 진행하고 활동

그림 6-1 취업알선센터 개소를 위한 PERT

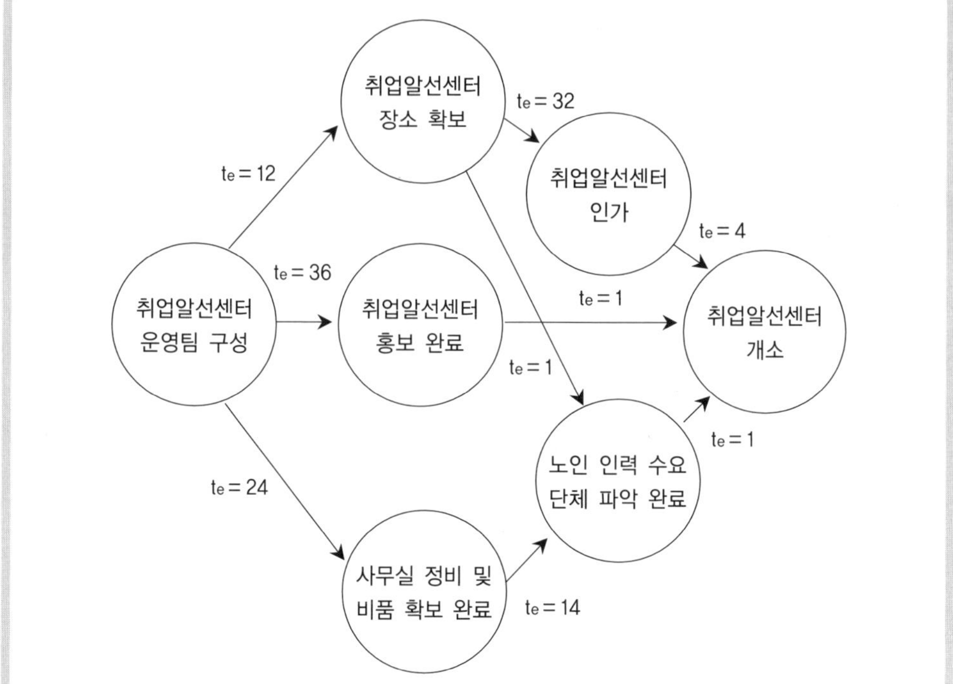

자료: 최성재 · 남기민(2003: 177).

사이는 직선으로 연결한 후 화살표 옆에 활동시간(기대시간: te)을 표시한다. 그리고 화살표의 길이는 의미가 없고 행사는 어떤 과업의 수행과정이 아니고 출발이나 완료를 뜻한다.

활동시간을 의미하는 기대시간(te)은 이상적 상황에서 가장 짧게 걸리는 시간인 낙관적 시간(optimistic time: O), 최악의 사태 발생 시 가장 많이 걸리는 시간인 비관적 시간(pessimistic time: P), 비슷한 활동이 여러 번 반복될 경우 가장 흔하게 걸리는 시간인 통상적 시간(most likely time: M) 등을 이용하여 '기대시간(te)=(O+4M+P)/6'과 같이 계산된다. 그리고 행사의 연쇄망 속에서 가장 긴 시간이 걸리는 통로를 임계 통로(critical path)라고 하며, 이 통로는 기획자가 최종 행사에 도달하는 데 소요될 것으로 생각되는 반드시 필요한 시간이다. [그림 6-1]에서 취업알선센터 구성→취업알선센터 인가→취업알선센터 개소의 통로가 가장 시간이 많이 걸리는(48주) 임계 통로이다.

앞서 언급한 갠트 도표는 활동만을 나타내고 행사는 제외될 뿐 아니라 활동과 행사 간의 상관관계를 나타내지 않아 전반적인 계획을 잘 이해하기 힘든 점이 있는데, PERT는 이러한 단점을 해결해 주고 활동에 기대되는 시간까지 나타내주기 때문에 훨씬 유용한 기법이라고 할 수 있다(최성재 · 남기민, 2003: 177-178).

3) Shed-U-Graph

월별 활동계획 카드인 Shed-U-Graph는 미국 레밍턴 랜드(Remington-Rand) 회사에서 고안한 것으로, [그림 6-2]와 같이 일정한 크기의 바탕 종이에 카드를 꽂을 수 있는 주머니를 매달아 놓고 주머니에 특정 활동이나 업무를 기입한 카드를 넣었다가 필요시 이동시키면서 월별 활동계획을 만드는 기법이다. 이 기법은 업무의 시간에 따라 변경하여 이동시키는 데는 편하지만 갠트 도표에서와 같이 과업과 완성된 행사들 간의 상관관계를 잘 알 수 없는 단점이 있다.

그림 6-2 월별 활동계획 카드

OO기관 예산서 작성계획

7월	8월	9월	10월	11월
예산서를 복사함	예비적 예산안을 완성함	임시예산안을 완성해 경리담당이사에게 제출함	최종 예산안을 경리담당이사가 승인, 이사회에 제출함	이사회에서 예산을 승인함

자료: 최성재 · 남기민(2003: 179).

제 3 절 의사결정의 과정과 방법

1 의사결정의 과정

의사결정에 대한 대부분의 논의는 의사결정 과정을 몇 개의 연속적인 단계로 구분하고 있다. 먼저 사이먼(Herbert A. Simon)은 의사결정 과정을 의사결정 상황을 탐색하는 문제탐색 단계(intelligence phase), 가능한 행동대안을 고안하고 분석하는 대안설계 단계(design phase), 여러 대안들로부터 특정한 행동대안을 선택하는 대안선택 단계(choice phase), 선택된 대안을 실제로 실행하는 실행 단계(implementation phase) 등 네 단계로 구분하고 있다. 그는 이 중에서 선택활동을 제외한 다른 단계들은 종래 상대적으로 소홀히 다루어졌다고 지적하면서 모두 골고루 강조할 것을 주장하였다.

코어(Core, 1956)는 미국 연방정부의 정책결정과 관련하여 의사결정 과정으로 정책변동의 필요에 대한 지각, 목표와 실현대안의 탐색 및 선택, 선택한 행동대안에 대한 지지획득을 위한 권력투쟁, 선택된 대안의 행동화 등의 네 단계를 제시했으며, 엘빙(Elbing, 1970: 13)은 누구나 꼭 지켜야 할 단계로서 불균형 단계, 진단 과정, 문제의 정의, 해결안 선택, 계획의 집행 등 다섯 단계의 의사전달 과정을 제시하고 있다. 그리고 애블스와 머피(Ables & Murphy, 1981)는 문제의 정의 및 욕구 규정, 관련 정보의 확보, 해결대안의 개발 및 평가, 최선 대안의 선택, 대안의 실행 등 다섯 단계를 제시하고 있다.

위에서 언급한 학자들의 이론을 종합해 볼 때 사회복지행정에서의 의사결정 과정은 일반적으로 ① 문제의 정의 및 욕구 확인, ② 관련 정보의 수집 및 분석, ③ 대안의 작성 및 평가, ④ 최종안의 선택 등으로 구분할 수 있다.

1) 문제의 정의 및 욕구 확인

문제(problem)는 불만족스럽기 때문에 개선 또는 해결되어야 할 사항을 뜻하며, 욕구 확인(needs assesement)은 문제와 관련된 상황, 심리적, 사회적 및 문화적 요인과 관련자의 감정을 파악하는 것이다. 이 단계에서는 문제의 심각성은 어떠하고 피해자는 누구이며 문제를 해결하려는 조직구성원의 욕구가 어떠한가를 알 필요가 있다.

실제 의사결정에 있어 문제는 많은 경우 표면화되어 있는 것과 이면에 감추어진 것이 다를 수 있다. 예를 들면, 어떤 직원이 조직의 구조 변경을 건의한 경우 사실은 구조 변경의 객관적 이유가 있어서라기보다 그 직원이 보다 많은 권한을 갖거나 인정을 받기 원하기 때문일 수도 있다.

2) 관련 정보의 수집 및 분석

관련 정보의 수집은 조직의 안과 밖, 그리고 동료나 관련자와의 면접, 전화, 기록된 자료 등 여러 출처를 통해 수집될 수 있다. 정보의 수집 방식으로는 유입된 정보를 기준과 비교하여 적합한 정보는 받아들이지만 그렇지 않은 정보는 배제하는 여과식(濾過式, filtration system) 방식과 조금이라도 의미가 있는 모든 정보를 받아들이는 수용식(受容式, receiving system) 방식으로 구분할 수 있다.

그리고 수집된 정보는 면밀하고 객관적으로 검토・평가되고 대안적 행동방침을 판단할 수 있는 기준도 마련해야 한다. 이 경우 몇 개의 일반적인 방법으로 문제를 구조화하여 최적의 해결책에 도달하려는 '체계적 방식(systematic approach)'과 시행착오적인 방법으로 정보를 평가하고 한 해결책에서 다른 해결책으로 바꾸는 과정을 통해서 최적의 해결책을 얻어 내려는 '직관적 방식(intuitive approach)'에 의할 수 있다.

3) 대안의 작성 및 평가

문제 해결의 합리적인 대안(代案, alternatives)을 선택하기 위해서는 가능한 모든 대안들이 고려되고 긍정적 효과뿐 아니라 부정적 효과도 철저히 분석되어야 한다. 그러나 대부분의 경우 여러 가지 제약으로 인하여 모든 대안들의 완전한 탐색은 이루어지기 어렵다.

일반적으로 문제의 성격과 의사결정 상황의 조건은 탐색활동의 방향과 범위를 크게 좌우한다. 문제가 일상적 · 정형적인 경우에는 기존의 정책과 선례에 따르는 범위 내에서만 대안을 탐색하는 것이 보통이다. 그러나 예외적 · 비정형적인 경우에는 대안 탐색의 범위는 넓어지고 탐색의 방향도 보다 창의적으로 될 것이다.

의사결정의 실제에 있어서 대안의 탐색은 가깝고 쉬운 곳부터 시작하는 것이 바람직하다. 예를 들면, 해당 조직 내에서 선례(先例, precedent)를 찾아보고 그것을 찾을 수 없으면 다른 조직에서 쓰고 있는 해결 방안을 모방한다.

작성된 대안들은 분석 · 평가되어야 하는데, 대안의 합리적 분석 과정은 다단계적 과정으로서 가능성 분석, 효율성 분석, 비용－효과분석, 영향분석 등을 내포한다. 여기서 가능성 분석(feasibility analysis)은 여러 대안 가운데서 실현이 가능한 것을 골라내는 것이며, 효율성 분석(effectiveness analysis)은 실현 가능한 여러 대안 중에서 기대효과를 가장 충실히 달성해 줄 수 있는 방안을 찾아내는 것이다. 그리고 비용－효과분석(cost－benefit analysis)은 실현 가능하고 효율적이고 비용이 적게 드는 방안을 찾아내며, 영향분석(impact analysis)은 대안들이 채택되어 실현될 때 제반 연관 요인에 미치게 될 영향을 분석한다(최항순, 2010: 439－440).

4) 최종안의 선택

최종안의 선택은 각 대안의 장·단점, 성공 가능성 및 기대효과, 윤리적 측면 등을 비교하고 적절한 가중치를 두어 우선순위를 정하여 최선의 대안을 선택하여야 한다. 이 경우 대안선택을 위한 결정은 신중하게 시간적 여유를 가지고 이루어져야 하지만 너무 시간을 끄는 것은 바람직하지 못하다. 일반적으로 여러 대안 중에서 장점이 가장 많고 단점이 가장 적은 대안이 선택될 수 있을 것이다.

2 의사결정의 방법

의사결정은 개인, 집단 등 의사결정의 주체에 따라 개인적 의사결정과 집단적 의사결정으로 구분된다. 또한 일상이나 반복 등 어떤 습관적인 방법 또는 문제마다의 특별한 방법에 의해 이루어지는가에 따라 정형적 의사결정과 비정형적 의사결정으로 구분된다. 한편 의사결정은 의사결정 방법의 성격에 따라 직관적 결정, 판단적 결정, 문제 해결 방식 등 세 가지로 구분되기도 한다.

1) 개인적 의사결정과 집단적 의사결정

먼저 개인적 의사결정(individual decision-making)은 흔히 조직의 최고책임자가 의사결정을 함에 있어 부하직원이나 전문가들의 의견을 종합하여 결정을 내리는 것으로, 그 방법으로는 의사결정나무 분석, 대안선택 흐름 도표 등이 있다. 의사결정나무 분석(decision tree analysis)은 개인이 가능한 여러 대안을 발견하여 나열하고 대안을 택했을 경우와 그렇지 않은 경우의 결과를 [그림 6-3]과 같이 그림으로 그려서 생각하는 방법으로, 그림의 모양이 나무와 같다는 의미에서 이러한 이름이 붙여졌다(Coulshed, 1990: 97-98).

대안선택 흐름 도표(alternative choice flow chart)는 어떤 사항의 연속적 진행과정에서 '예'와 '아니오'로 답변할 수 있는 질문을 연속적으로 하여 예상되는 결과를 결정하도록 하는 도표로, 이는 목표가 분명하고 예상 가능한 사항의 선택에

그림 6-3 의사결정나무 분석의 예

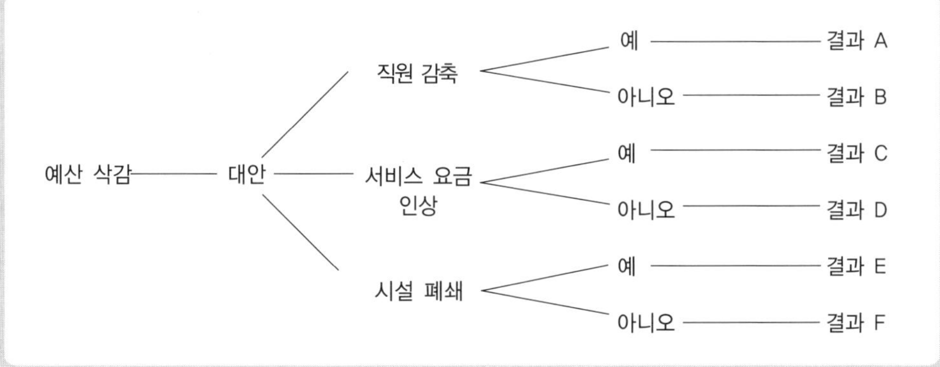

자료: 최성재 · 남기민(2003: 189).

적용될 수 있다.

집단적 의사결정(group decision-making)의 방법으로는 델파이기법, 명목집단기법, 브레인스토밍, 변증법적 토의 등이 있다. 먼저 델파이기법(delphi technique)은 어떤 불확실한 문제에 대해 전문가들의 합의점을 찾으려고 할 때 사용하는 방법으로, 일단의 전문가 또는 관련자들로부터 무기명 우편으로 의견이나 정보를 수집하고 그 결과를 분석한 후 이를 다시 응답자들에게 보내어 의견을 묻는 식으로 만족스러운 결과를 얻을 때까지 계속한다. 이 방법은 고대 그리스의 델파이신전 여사제들이 전국의 현인(賢人)들로부터 의견을 청취하기 위해서 사자들을 보낸 일이 있었던 사실에서 유래된 것으로(Skidmore, 1990: 61), 1950년경 미국 랜드회사(Rand Corporation)의 돌키(Norman C. Dalkey)와 그의 동료들에 의해 개발되었다. 델파이기법은 전문가를 한곳에 모으는 수고를 덜고 전문가가 자유로운 시간에 의견을 말하고 자신의 의견을 다른 사람들의 의견과 비교하여 재검토할 수 있는 기회를 가진다는 점에서 이점이 있으나, 시간이 많이 걸리고 절차를 반복하는 동안에 응답자 수가 줄어드는 문제점이 있다.

명목집단기법(normal group technique)은 미국의 한 지역사회 행동기관에서 개발한 기법으로, 일단의 전문가 또는 관련자들이 한곳에 모여 제시된 문제에 대해 대화나 토론 없이 각자의 의견을 적어내게 하고, 이를 종합하여 정리한 후에 집단이 각각의 의견을 검토하는 절차를 만족스러운 수준의 합의가 이루어질 때까지 계속하는 것을 말한다. 이 방법의 구체적인 절차를 보면 집단토의에 대한 지침전달→개인별 의견기록→집단별 순차적 개인 의견 개진→집단별 제시된 의견 확인→집단별 예비투표→집단별 예비투표 결과 토의→최종 투표→전체 집단에 대한 보고 등이다. 명목집단기법은 기본적으로 6~9명 정도의 소집단에 적용하며 서로 간에 토론이나 의사소통 없이 '이름뿐인 집단'이라 하여 명목집단이라고 한다. 이 기법은 다양한 의견을 청취하고 참여 의식을 높이며 동기부여에 크게 기여할 수 있다는 이점이 있으나, 많은 사람이 참여할 경우 시간이 많이 걸린다는 문제점이 있다.

브레인스토밍(brainstorming)은 1930년대 미국의 광고회사인 BBDO사의 부회장 알렉스 오스본(Alex Faickney Osborn)에 의해 창시된 회의 또는 논의를 통해 창의적인 구상이나 착안을 발견하려는 기법으로, 이 방법의 핵심은 한 사람이 아이디어를 내는 동안 누구도 이에 대해 평가나 비판을 하지 않는 데에 있다. 브레인스토밍은 6~12명의 집단을 구성하고 리더와 기록할 사람을 각각 1명씩 선정해야 하는데, 리더는 참가자들에게 문제를 알려주고 회의가 열리기 전에 통보한다. 이 기법에서는 참가자들이 지켜야 할 몇 가지 규칙이 있다. 즉, ① 아이디어에 대한 비판은 뒤로 미룬다. ② 마음대로 발언하고 행동하도록 한다. ③ 소수의 구체적으로 전개된 아이디어보다는 구체화되지 않은 단편적인 것이 많이 제시되도록 한다. ④ 타인의 아이디어에 도움이 되도록 하는 다른 생각을 많이 제시하게 한다는 것 등이다(Osborn, 1935: 300-301).

그리고 변증법적 토의(dialectical discussion)는 헤겔(Georg Wilhelm Friedrich Hegel)의 변증법적 사고 방식에 기초한 토의 방법으로, 찬성과 반대로 나누어진 두 집단이 각각 자신들의 입장을 정리하여 토론함으로써 쟁점에 대한 장점을 극대화하고 단점을 최소화하는 대안을 모색하게 된다.

2) 정형적 의사결정과 비정형적 의사결정

사이먼(Simon, 1957: 8)은 의사결정의 방법을 일상적 업무로서 확립된 선례, 계획, 절차 등에 따라 결정하는 정형적 결정(programmed decision)과 선례가 없는 새로운 문제를 결정하는 비정형적 결정(non-programmed decision)으로 구분

표 6-2 정형적 결정과 비정형적 결정의 기법

구 분	전통적 기법	현대적 기법
정형적 결정	• 관습 • 사무처리 관례: 표준운영절차(SOP) • 조직구조: 일반적 기대, 하위목표체계, 잘 규정된 정보 통로	• 수학적 기술 • OR(수학적 분석, 모형, 컴퓨터 · 시뮬레이션) • EDPS
비정형적 결정	• 판단, 직관 및 창의성 • 주먹구구식 관리자의 선발과 훈련	• 브레인스토밍 • 시넥틱스 • 발견적 방법

자료: Simon(1971: 196).

하고 있다. 대체로 비정형적 결정에는 결정자의 고도의 창의력과 판단력이 요구되는 반면, 정형적 결정은 기계적 · 반복적으로 선례나 표준운영절차(Standard Operating Procedure: SOP)를 답습하게 된다. 사이먼은 정형적 결정과 비정형적 결정의 방법으로 <표 6-2>와 같은 기법들을 제시하고 있다.

<표 6-2>에서 정형적 결정의 수학적 기술에는 주로 응용수학 분야의 통계 확률이 많이 활용되며, OR(operations research)은 현실 세계에서 발생하는 결정론적이고 확률론적인 체제의 최적 의사결정 문제를 모형화하는 기법으로 정부, 기업을 막론하고 주로 제한된 자원을 최적 배분할 필요성이 있을 때에 활용된다. 그리고 EDPS(electronic data processing system: 전산정보처리조직)는 거대한 양의 문서 처리, 반복적인 의사결정, 외부 환경 변화에 따라 신속한 반응을 필요로 하는 의사결정 등에 적용된다.

한편 비정형적 결정의 기법인 브레인스토밍(brainstorming)은 앞서 언급한 바와 같이 다양한 아이디어나 대안을 개발할 때 많이 사용되는 기법으로, 참가자들이 다른 사람들의 방해 없이 자유로운 분위기 속에서 충분히 의견을 개진할 수 있도록 하는 데에 초점을 두고 있다.

시넥틱스(synectics)는 상이하고 무관계한 요소들을 짜맞춘다는 뜻을 가진 그리스어에서 온 말로서, 의사결정과 관련된 상이한 문제들을 분석 과정을 통해 유사하게 만들고 이를 상이한 관점에서 창의적인 착상에 임하는 방법을 말한다. 예를 들면, 디자이너, 생물학자, 사회학자, 심리학자, 의학자 등 여러 전문 분야의 사람들이 한 그룹을 형성하여 창조적 아이디어 발상을 통해 문제 해결 방안을 강구한다. 이때 창조적인 아이디어 발상은 비유(比喩)나 유추법(類推法)을 통해 결론에 이르게 된다.

그리고 발견적 방법(heuristic method)은 문제 해결의 구조가 뚜렷하지 않고 문제 해결을 위한 정보가 미흡할 경우 직관이나 경험을 사용하여 시행착오를 거쳐 만족수준의 문제 해결에 이르는 것이다. 이때 문제 해결은 명확한 해결수준이 아니고 만족수준이라고 할 수 있다. 예를 들면, 컴퓨터로 어떤 문제를 풀 때 그 풀이를 위한 명확한 절차가 없거나 그것이 방대한 시간과 비용을 필요로 하는 경우 자체 기준을 도입하여 차례로 풀이를 산출해 간다.

3) 직관적 결정 · 판단적 결정 · 문제 해결 방식

칼리슬(Carlisle, 1987: 112－113)은 의사결정 방법에 대해 직관적 결정, 판단적 결정, 문제 해결 방식 등 세 가지를 제시하고 있다.

첫째, 직관적 결정(intuitive decision)은 합리성보다는 감정(feeling)에 근거하여 결정하는 것이다. 즉, 의사결정은 결정자가 옳다거나 최선의 것이라고 느끼는 것, 또는 영감(靈感, hunch)과 관련된다. 사회사업가는 클라이언트와 함께 일할 때 종종 이런 방법을 사용한다. 특히 직관적 결정은 사회복지시설 또는 사회복지기관에서 직원들을 고용 · 해고하는 데 있어 중요한 역할을 한다.

둘째, 판단적 결정(judgemental decision)은 개인이 가지고 있는 지식과 경험에 의하여 결정하는 것이다. 대부분의 결정은 이러한 방법에 의한다고 할 수 있는데, 이에 대해 칼리슬(H. M. Carlisle)은 다음과 같이 언급하고 있다. "슈퍼바이저는 작업 단위의 운용에 익숙하게 되어 어떤 행위를 추구하면 어떤 행위가 일어날 것이라는 것을 정확하게 예측할 수 있게 된다. 따라서 슈퍼바이저는 매일매일의 업무에 있어 정신적 사고를 필요로 하지 않는 많은 결정을 한다. 문제가 새롭거나 그들의 경험이 쟁점을 다 포함하고 있기 때문에 주제에 대한 더 많은 것을 얻어야 하는 경우는 매우 드물다"(장인협 · 이정호, 2006: 51－52).

셋째, 문제 해결 방식(problem－solving)은 관련된 사항에 대한 정보 수집, 연구, 분석 등과 같은 합리적이고 과학적인 절차를 밟아 결정하는 것이다. 이 방식은 즉각적으로 해결해야 할 사항에 대해서는 적합하지 않고, 보다 많은 정보가 필요하고 시간적 여유가 있는 중요한 사항에 대해 적용된다.

스키드모어(Skidmore, 1990: 56-60)는 이러한 문제 해결 방식의 바람직한 지침으로 다음 여덟 가지 사항을 제시하고 있다. 즉, ① 상황이나 문제를 정의하라. ② 관련 사실을 수집하고 조사하라. ③ 문제 해결을 위한 대안을 찾아라. ④ 대안으로 예상되는 결과를 생각해라. ⑤ 관련자의 감정을 고려하라. ⑥ 건전한 대안을 선택하라. ⑦ 결정된 대안의 선택을 지원하라. ⑧ 융통성을 발휘하라 등이다.

제 4 절 의사결정의 이론모형

의사결정모형은 1940~1950년대를 기점으로 하여 정치학, 경제학, 행정학, 경영학, 심리학 등 여러 학문 분야에서 활발한 논의가 전개되어 왔다. 그간의 발전 과정을 볼 때 초창기에는 규범적 차원에서 합리성을 강조하는 규범적이고 이상적인 접근 방법이 강조되었으며, 근래에 이르러서는 현실과 부합되는 의사결정에 중점을 둔 현실적이고 실증적인 접근 방법이 강조되고 있다. 여기서는 사회복지행정의 의사결정에의 적용 관점에서 합리모형, 점증모형, 만족모형, 혼합주사모형, 최적모형, 쓰레기통모형 등을 살펴본다.

1 합리모형

합리모형(rational model)은 경제학, 경영학, 수학 등을 학문적 기반으로 하여 발전된 모형으로, 인간은 누구나 이성과 합리성에 따라 결정하고 행동한다는 이론이다. 즉, 인간은 전능성(全能性) 및 전지성(全知性)의 가정 하에 가능한 모든 대안들을 설정하고 이들의 장점과 가치를 완전하게 파악하여 그 중 합리적인 대안을 선택한다. 이 모형은 의사결정 과정을 합리적으로 대안을 분석하고 비교 선택하는 과정으로 보기 때문에 비용-편익분석(cost-benefit analysis), 운영연구(OR), 게임이론(game theory), 선형계획(linear programming), 마르코프모형(Markov model) 등의 정책분석 기법에 의존하는 경우가 많다. 그 밖에 계획예산제도(PPBS)도 이 모형에 입각하여 설명할 수 있는 예산제도라고 할 수 있다. 이 모형은 의사결정이 어떻게 이루어지는가라는 현실적인 시사(示唆)보다는 어떻게 이루어져야 하는가의 규범적인 시사를 준다는 점에서 그 의의가 있다.

그러나 합리모형은 인간과 조직의 합리성, 완전한 지식과 정보의 가용성, 그리고 정치적 요인의 불개입 등의 가정(假定)이 비현실적이라는 점에서 비판을 받고 있다. 이와 관련하여 사이먼은 인간은 현실적으로 합리성에 따라 생각하고 행동하는 것이 아니므로 대안의 결과에 대한 예측도 불완전하고 모든 대안을 전부 고려할 수도 없다고 한다. 결국 합리모형은 근래에 와서 많은 반성과 수정을 받고 있다.

2 점증모형

점증모형(incremental model)은 정치학, 사회학 등을 학문적 배경으로 하는 모형으로, 정책결정(의사결정)은 이상적・규범적인 합리성보다 인간의 현실적인 능력, 지식과 정보 활용의 한계성, 국민과 정치인의 지지를 얻을 수 있는 정치성 등을 고려하여 이루어진다는 것이다. 따라서 정책결정은 모든 대안을 검토하는 것이 아니라 현실적인 극히 소수의 대안만을 검토하며 결정수준도 현재보다 다소 향상된 수준이라는 보수성을 띠게 된다.

린드블롬(Lindblom, 1959)은 흔히 이상형으로 알려진 합리모형의 비현실성에 대해 신랄한 비판을 제기하면서 정책결정 과정은 과거의 정책결정을 기초로 하여 점증적 차이가 있는 정책대안을 검토하고, 이를 약간 수정하여 반응을 본 후 또다시 정책대안을 수정하여 이전과는 다른 정책결정을 내리는 과정이 반복하여 이루어진다고 한다. 또한 윌다브스키(Wildavsky, 1975)는 정부의 예산수립 과정을 유관기관 및 개인들 간의 정치적인 전략, 압력, 타협 등의 영향 하에 점진적, 단편적, 비계획적으로 이루어지는 과정으로 보면서, 결국 새로운 예산은 종전의 예산과 별 차이가 없는 보수성을 띠게 된다고 한다.

점증모형은 실제 정책결정 과정에서 많이 활용되고 있는데, 이 모형이 이렇게 현실적으로 선호되는 이유는 대체로 다음과 같이 요약될 수 있다. 우선 시간과 비용, 노력이 절약되고, 정책체제와 담당자의 보수성이 강조된다. 또한 선례를 존중하여 표류할 일이 없고, 대안 창출 능력이 부족할 경우 선(先)정책을 답습하면 부담감이 적다. 그리고 위험회피의 방편이 되며, 매몰비용(埋沒費用, sunk cost)과 스스로 생명력을 가지는 특성이 있다는 것 등이다.

그러나 점증모형은 쇄신성과 변화에 대한 대응력 부족으로 보수성을 띠며 상호 조절과 타협에 있어 얼마만큼 조정해야 하는지도 모호하다는 등의 문제점이 있다. 따라서 이 모형은 미국과 같이 상대적으로 안정되고 균형된 사회에서는 적용이 가능하나 과거의 정책수준이 미흡하고 결정자의 판단이 크게 작용하는 발전도상국에서는 적응하기가 어렵다.

3 만족모형

만족모형(satisfying model)은 행태론, 사회심리학 등을 학문적 기반으로 하는 모형으로, 의사결정은 현실적으로 최선의 합리성을 추구하기 보다는 여러 요인들을 고려하여 만족할 만한 수준에서 이루어지게 된다는 것이다. 사이먼과 마치(Simon & March, 1958)는 현실적인 의사결정에는 인간의 합리성이 제한되어 있고 여러 제약 요건이 존재하기 때문에 '제한된 합리성'을 추구할 수밖에 없다고 한다. 제한된 합리성(bounded rationality)은 제약 조건 안에서의 합리성 추구로 만족하는 것을 의미하는데, 여기서 제약 조건은 정보, 시간, 비용, 기술 등 외부적 조건과 정책결정자의 비공식적 요소인 심리적 상태, 습관적 사고, 행동경향, 동기적 의사결정[4] 등 내부적 조건으로 구분할 수 있다.

만족모형도 점증모형의 경우와 같이 현실적으로 실행 가능한 의사결정을 할

---

4) 동기적 의사결정에는 인지부조화와 불확실성의 회피가 있는데 인지부조화(cognitive dissonance)는 개인이 신념이나 태도에 대해 일관성을 유지하려는 노력이 일치하지 않거나 결여되면 심리적 불균형으로 긴장이 되어 이를 해소하기 위한 적응행동으로 흔히 나타나기 쉬운 행동을 말한다. 예를 들면, 조직의 거의 대부분은 틀린 답을, 극히 일부는 옳은 답을 주장한다고 가정할 때 극히 일부인 사람들이 자기들의 주장이 옳은 것을 알면서도 불안감을 해소하기 위해 다수의견을 따라가는 경우 소수는 인지부조화의 상태에 있다고 할 수 있다.

수 있다는 점에서는 유사하다. 그러나 의사결정자의 주관성에 지배받기 쉬우며 선택기준인 '어느 정도 심리적 만족을 주는 수준(level of psychological satisfaction)'을 결정짓는 객관적 척도도 모호하다. 또한 의사결정이 보수적이고 담당자들의 창의력 결여와 소극적 행태에 영향을 준다는 점에서 발전도상국은 물론 선진국에서도 급속한 변동을 겪고 있는 상황에서는 적합하지 못하다는 비판이 있다.

4 혼합주사모형

혼합주사모형(mixed scanning model)은 합리모형의 이상주의적 성격에서 나오는 단점과 점증모형의 보수성이라는 약점을 극복할 수 있는 전략으로 제시된 모형으로, 혼합관조모형(混合觀照模型) 또는 중복탐색모형(重複探索模型)이라고도 불린다. 에치오니(Etzioni, 1968)에 의하면 기본적인 결정은 종합적 합리성(comprehensive rationality)을 기반으로 하여 합리적으로 이루어지지만 세부적인 결정은 기본적 결정을 보완 수정하여 점증적으로 이루어진다고 한다. 이러한 혼합모형의 적용 예로 일기예보를 위한 기상관측의 경우를 들 수 있다. 즉, 기상관측을 할 때 먼저 광각(廣角) 카메라로 지구상의 전 지역을 전체적으로 살펴보고(합리모형에 입각), 그 중 이상지역이 발생되면 정밀(精密) 카메라로 그 지역에 대해 집중적으로 세밀하게 관찰하는(점증모형에 입각) 방법을 제시하고 있다(최항순, 2010: 446).

그러나 혼합주사모형은 두 개의 대립되는 극단의 모형들을 혼합 절충한 것에 지나지 않으며 기본적 결정과 점증적 결정의 구별기준을 명백히 제시하기 어렵다는 비판이 있다.

5 최적모형

최적모형(optimal model)은 정책결정에 합리적 요소와 초합리적 요소를 모두 포괄하는 체계론적 시각에서 정책성과를 최적화하려는 의사결정모형으로, 정책결정에 소요되는 투입비용보다는 산출 효과가 더 커야 한다는 것을 전제로 한다. 드로(Dror, 1964)는 정책결정 문제를 합리모형이나 점증모형 가운데 어느 하나에 의존하는 것은 잘못이고 위험하다고 하면서 이들 대신에 현실의 정책결정에 사용할 수 있는 경제적 합리성과 초합리성을 띤 규범적 모형으로서의 최적모형을 주장하고 있다. 여기서 경제적 합리성(economic rationality)은 합리적 결정의 효과가 합리적 결정에 드는 비용보다 많은 경우이며, 초합리성(super−rationality)은 직관, 판단, 통찰력 등 인간 의식의 밑바탕에 깔려 있는 아래 의식적(sub−conscious) 요소를 뜻한다.

드로(Dror, 1964: 163−196)는 최적모형에 입각한 정책결정 과정을 선(先)정책결정 단계, 정책결정 단계, 후(後)정책결정 단계 등 세 단계로 구분하고 있다. 첫째, 선정책결정 단계(meta−policy making stage)는 정책결정의 기본 방향을 결정하는 단계로서 가치, 현실, 문제, 자원에 대한 조사 및 배분, 정책결정 체제의 설계, 평가, 재설계, 그리고 정책결정 전략 등에 관한 결정이 이루어진다. 둘째, 정책형성 단계(policy making stage)는 일반적으로 일컫는 정책결정 단계로서 구체적 목표 및 가치 설정, 대안의 마련, 평가, 예측 및 결정 등이 이루어진다. 셋째, 후정책결정 단계(post−policy making stage)는 정책결정 후 정책집행을 위한 준비 단계로서 정책집행을 위한 동기부여, 집행, 집행 후의 평가, 의사전달 및 환류에 따른 새로운 정책결정이 포함된다.

최적모형에서는 합리적 분석뿐 아니라 결정자의 직관적 판단도 중요한 요소로 간주하고 계량적 분석뿐 아니라 질적 분석도 중시한다. 이 모형은 그동안 무시되었던 초합리적 요소를 정책결정 모형에 삽입하였다는 점에서 정책결정에 크게 이바지하였다고 하겠으나, 초합리성의 달성 방법이 명확하지 않고 이러한 요소의 강조가 신비주의와 주먹구구식 정책결정에 빠지게 할 수 있다는 비판이 있다(송근원 · 김태성, 1999: 136−137).

6 쓰레기통모형

쓰레기통모형(garbage can model)은 조직구성원들 사이에 응집력이 낮고 이견이 많은 조직의 경우 불합리한 의사결정이 일어나는 이유를 설명한 이론으로, 쓰레기통에 던져진 쓰레기들이 뒤죽박죽 엉켜서 이상한 모습으로 변화하듯이 극도로 혼란한 '조직화된 무정부 상태(organized anarchies)'에서는 최선은 커녕 차선의 정책도 제시되기 어렵다는 것이다.

여기서 '조직화된 무정부 상태'로는 개인과 조직의 목표가 다르고 개인의 선호도 달라 대안의 우선순위가 좀처럼 정해지지 않는 선호의 불확실성(problematic preferences), 목표 달성을 위한 접근은 물론 정보 수집도 불명확한 기술(unclear technologies), 의사결정자의 교체와 이동이 심해 문제 해결이 어려운 일시적 참여자(part-time participants) 등의 상태를 가정할 수 있다.

코헨, 마치와 올슨(Cohen, March, & Olsen, 1972) 등은 정책결정에 필요한 네 가지 흐름으로, ① 정책결정이 이루어질 수 있는 기회를 뜻하는 선택기회(choice opportunity), ② 해결되어야 할 문제(problems), ③ 문제에 대한 해답으로서의 해결 방안(solutions), ④ 정책결정에의 참여자(participants) 등을 들고 있는데, 이들 네 가지 흐름이 뒤엉켜 움직이다가 우연히 만나게 될 때 정책결정이 이루어진다고 본다.

쓰레기통모형은 정책결정이 현실적으로는 합리적이 아닌 비합리적으로 이루어지는 경우가 적지 않음을 밝힌 점에서 공헌이 있다고 하겠으나 조직의 혼란상태라는 특수한 경우를 일반화했다는 점에서 비판을 받고 있다.

한편 킹던(Kingdon, 1984)은 정책결정이 이루어질 수 있는 세 가지 흐름으로, ① 정치의 흐름(political stream), ② 문제의 흐름(problems stream), ③ 정책(대안)의 흐름(policy stream) 등을 들고, 이들이 각각 따로 존재하며 각 흐름의 참여자도 각각 정치인 · 이익집단, 언론 · 클라이언트, 관료 · 연구자 등으로 서로 다르다고 한다.

7 연합모형

연합모형(coalition model)은 사이먼과 마치가 1958년 개인 수준에서 전개시킨 만족모형을 사이어트와 마치(Cyert & March, 1963)가 조직 수준에서 회사조직에 적용한 이론으로, 조직의 의사결정 행태와 관련하여 갈등의 준해결, 불확실성의 회피, 문제성 있는 대안의 탐색, 조직체 학습 등 네 가지 기본 개념을 핵심으로 하고 있다. 이 모형은 일명 '회사모형(firm model)'이라고도 하는데, 조직모형보다 더욱 철저하게 기업조직 내부의 의사결정에 초점을 맞추고 고전학파 경제학에서 기업이 합리모형에 따른 의사결정을 전제로 하는 것에 대한 비판에서 출발한다. 합리모형의 전제는 기업은 이윤극대화 추구를 목표로 하며 이러한 목표 달성에 필요한 수단 탐색과 관련된 모든 것들에 대한 완전한 지식을 가지고 있다는 것이다.

이에 대해 사이어트(Richard M. Cyert)와 마치(James G. March)는 기업은 아주 복잡한 조직으로서 기업의 목표는 이윤추구뿐 아니라 다른 목표들도 있고, 완전한 지식이 아니라 제한된 합리성 때문에 최선의 대안을 선택할 수 없다고 한다. 따라서 회사의 실제적 결정은 고전학파 경제학자들의 가정과는 다르다는 것이다.

제 5 절 의사결정의 합리성 제약 요인

의사결정의 합리성 제고를 위해서는 그동안 많은 이론과 모형들이 제시되었으나 이들은 현실과 동떨어진 결과를 초래하는 경우가 적지 않았다. 여기에는 의사결정의 합리성을 제약하는 요인이 있기 때문으로, 이러한 제약 요인에 대해 칼리슬(Carlisle, 1987)은 ① 사람들은 단지 제한된 합리성과 지식을 가지고 있고, ② 시간적 제약이 심층적 분석을 방해하고, ③ 추구된 목적이 최적의 것은 아니며, ④ 타인으로부터의 압력이 수집된 사실보다 중요한 때가 있다는 등 네 가지를 들고 있다.

의사결정의 합리성을 제약하는 요인은 그 밖에도 여러 가지가 있는데 여기서는 인적 요인, 구조적 요인, 환경적 요인 등으로 구분하여 살펴본다.

1 인적 요인

의사결정의 주체는 어디까지나 인간이며, 따라서 의사결정에 영향을 미치는 가장 큰 요인은 인적 요인이다. 특히 정책결정자의 의지가 가장 많은 영향을 미친다. 예를 들면, 미국의 1960년대 사회복지정책의 발전은 그 누구보다도 당시의 정책결정자인 케네디(John F. Kennedy) 대통령과 존슨(Lyndon Baines Johnson) 대통령이 주도해 온 것으로 분석된다(Song, 1987/1989). 또한 정책결정자를 둘러싼 정책참모들의 정책 성향이나 능력 및 의지도 많은 영향을 미친다. 그리고 이들보다는 못하지만 이익집단이나 클라이언트 및 사회복지 전문가들도 정책결정에 영향력을 행사하며, 이 경우 영향은 간접적이다.

그러나 의사결정 주체인 인간은 남과 다른 가치관과 태도를 지니며, 완전한 정보와 지식을 가지지 못하고 있다. 만일 인간의 태도와 가치관이 비합리적이면 조직과 환경에 대한 인식에 있어서도 비합리적이며 지식과 정보의 제한성은 사물이나 대상에 대한 인식을 어렵게 한다. 그리고 의사결정이 직무관계가 아닌 직무 외적 요소에 기초한 권위에 의해 이루어지는 경우에는 합리성을 상실해 버리게 된다.

2 구조적 요인

정책결정에 미치는 또 하나의 중요한 영향 요소는 정책결정이 이루어지는 조직의 구조이다. 즉, 조직의 구조적 특성이 정책결정을 제약한다는 것이다. 만일 조직구조가 집권적인 경우 의사결정 과정이 상위계층에 집중되어 대안에 대한 충분한 검토가 이루어지기 어려워 결과적으로 의사결정의 질을 저하시킨다. 또한 조직이 표준운영절차(Standard Operation Procedure: SOP)나 과거의 선례를 중시하는 경우 새로운 대안의 탐색과 평가에 대해 소홀할 가능성이 있다. 이러한 현상은 특히 대규모의 관료제적 조직에서 일어나기 쉬우며, 창의성을 바탕으로 한 쇄신적 정책결정을 기대하기 힘들다.

그리고 아무리 유용한 정보가 수집되었더라도 그 정보가 의사결정자에게 전달되지 못한다면 소용없게 된다는 점에서 정보가 안전하게 전달될 수 있는 통로를 마련하고 언제나 개방하여 모든 사람이 자유롭게 이용할 수 있도록 해야 한다.

3 환경적 요인

환경적 요인은 의사결정체의 외부에서 작용하는 모든 상황적 요소를 의미하는 것으로, 다른 개인 또는 조직이나 정치적 상황, 경제적 상황, 사회적 상황 등을 포괄한다. 정치적 상황으로는 정치 이념을 포함한 사회의 지배적 이념, 정치행정문화, 정치체제의 성격과 권력구조 등이, 경제적 상황으로는 국민소득, 가구소득, 실업률, 물가지수 및 정부예산 등이, 그리고 사회적 상황으로는 인구 구성비율, 인구밀도, 산업화 수준, 도시화 수준, 교육 수준 등이 사회복지정책 형성에 많은 영향을 미친다.

특히 사회복지정책의 형성과 밀접한 관계에 있는 정책 분야로는 경제정책과 국방정책을 들 수 있다. 여기서 경제정책과 사회복지정책의 관계에 관해서는 두 가지 이론이 있다. 하나는 경제적으로 호황인 경우에는 복지재원이 충분한 까닭에 사회복지정책이 촉진되고 경제적으로 불황이면 사회복지정책은 뒷전으로 밀리고 경제정책이 촉진된다는 것이고, 다른 하나는 경제적으로 불황일 때 정치체제는 위기를 느끼고 그것을 무마하기 위하여 사회복지정책을 촉진시킨다는 것이다. 또한 국방정책과 사회복지정책의 관계는 사회복지 예산이 증가하면 국방 예산이 감소하고, 국방 예산이 증가하면 사회복지 예산이 감소하는 경향이 있다고 한다(Mok, 1991; Mosley, 1985; 송근원 · 김태성, 1999). 의사결정자는 언제나 이러한 환경의 부단한 영향을 받고 있다. 이것은 의사결정자가 사회적 규범이나 관습, 질서 등을 벗어나서 행동할 수는 없으며, 이는 의사결정자의 혁신적 의사결정에 제약을 준다는 의미이다.

한편 바람직한 의사결정은 환경으로부터의 요구(demand)와 지지(support)가 결정 과정에 투입됨으로써 이루어진다. 발전의 정도가 낮은 나라의 경우 투입 기능이 미약해서 여러 계층의 이익을 반영하는 합리적인 의사결정을 수립할 수 없는 경우가 많다.

그 밖에도 사회복지행정의 의사결정에 있어서는 다양한 함정(陷穽, trap)이 존재하고 있다(장인협 · 이정호, 2006, 65-66). 즉, 문제들이 시간이 지남에 따라 저절로 해결될 것이라는 기대에서 문제를 그대로 방치하는 '시간적 지체', 문제해결 단계를 모두 따라가는 것만으로 모든 것을 처리할 수 있다는 '과대 단순화', 사람의 차이뿐 아니라 복잡성과 감정이 건전한 결정을 방해하는 '비합리적 행위', 그리고 실수를 수용하지 않고 처벌 위주로 행함으로써 행위자의 의기소침을 불러일으키는 것 등이다.

연습문제

01 기획에 대해 잘못 설명한 것은?

① 기획은 미래 지향적이며 동태적 과정이다.
② 기획은 조직구성원의 사기진작을 위해서도 중요하다.
③ PERT는 기대시간 등을 구체적으로 나타낸다.
④ 갠트 도표(Gantt Chart)는 시간 또는 월별에 따른 수준으로 나타낸다.
⑤ 기획의 정의는 학자마다 다르므로 공통된 개념이 없다.

02 전략적 기획 과정에서 수행해야 할 과업을 모두 고른 것은?

보기
가. 조직의 사명과 가치 설정
나. 조직의 목표 설정
다. 자원 할당
라. 프로그램 실행

① 가, 나, 다 ② 가, 다 ③ 나, 라
④ 라 ⑤ 가, 나, 다, 라

03 프로그램 기획에서 세부 목표와 활동 및 프로그램을 기입하며 과업수행시간을 관리하는 데 사용되는 기법은?

① MBO ② PGI ③ Gantt Chart
④ SWOT ⑤ PERT

04 사회복지조직의 기획에 관한 설명으로 맞는 것은?

① 조직의 책임성 확보를 위해 중요하다.
② 현재 지향적으로 설정한다.
③ 조직 내부를 SWOT 기법에 따라 분석한다.
④ 비영리조직의 특성상 조직 자체의 사명을 중시한다.
⑤ 기획 과정의 주체는 대부분 상급관리자로 구성한다.

05 의사결정모형에 관한 설명으로 맞는 것은?

보기

가. 최적모형은 인간의 이성과 고도의 합리성에 따라 행동하고 결정한다.
나. 점증모형은 기존 대안에서 조금 더 나아간 모형으로 보수주의에 빠지기 쉽다.
다. 혼합모형은 점증모형과 최적모형의 혼합적 모형으로 경제적 합리성뿐 아니라 직관, 판단, 창의성과 같은 초합리적인 요인을 동시에 고려해야 한다.
라. 합리모형은 모든 정보와 최대의 자원을 기초로 결정한다.

① 가, 나, 다　② 가, 다　③ 나, 라
④ 가, 라　⑤ 가, 나, 라

06 다음에 제시한 의사결정모형에 대한 설명 중 틀린 것은?

① 합리모형: 종합적인 정보를 얻어 의사결정에 고도의 합리성을 만든다.
② 점증모형: 정치적 합리성을 강조하며 점증적으로 수정해 나간다.
③ 만족모형: 과거의 경험, 관습적 대안들을 토대로 하여 합리성의 한계는 극복될 수 있다.
④ 쓰레기모형: 정책과정, 대안이 의도하지 않은 우연한 시점에서 이루어진다.
⑤ 공공선택모형: 집단적인 주된 문제를 개인적인 선택과 결합한다.

07 의사결정 방법과 기술에 관한 설명 중 옳은 것은?

① 대안선택 흐름 도표는 집단적 의사결정 기법에 해당한다.
② 브레인스토밍은 지도자만 주제를 알고 그 집단에는 문제를 제시하지 않은 상태에서 장시간 자유롭게 토론하는 방식이다.
③ 판단적 결정은 정보 수집, 연구, 분석과 같은 합리적이고 과학적인 절차를 통해 이루어진다.
④ 직관적 결정은 개인의 지식과 경험에 의해 이루어진다.
⑤ 비정형적 의사결정은 의사결정자의 직관과 판단에 의해 이루어진다.

08 다음 내용이 의미하는 의사결정 기법은 무엇인가?

보기
전문가들을 한 장소에 모아놓고 각자의 의견을 적어 내게 한 후 그것을 정리하여 집단이 각각 의견을 검토하는 절차를 합의가 이루어질 때까지 계속하는 방법이다.

① 의사결정나무 분석 ② 정형적 의사결정 ③ 브레인스토밍
④ 명목집단기법 ⑤ 델파이기법

09 문제 해결을 위해 선택 가능한 대안을 놓고 각 대안별로 선택했을 때와 선택하지 않았을 때 나타날 결과를 분석하여 대안들이 갖게 될 장·단점을 알 수 있도록 균형감각을 돕는 결정은?

① 의사결정나무 분석 ② 대안선택 흐름 도표 ③ 델파이기법
④ 명목집단기법 ⑤ 월별 활동계획 카드

10 다음 중 기획기법 및 의사결정 방법에 대한 설명으로 옳지 않은 것은?

① PERT: 계획과 시간을 계산한 방법
② 명목집단기법: 전문가들이 한 자리에 모여서 투표한 후 우선순위를 정하는 방법
③ 갠트 도표: 월별 및 일별 세부계획을 도표식으로 나타내는 방법
④ 델파이기법: 전문가에게 먼저 설문조사를 실시하여 우선순위를 정하는 방법
⑤ 초점집단기법[5]: 전문가들의 심층적 상호작용을 통한 의사결정

11 사회복지사가 한부모가족의 지역사회 욕구를 파악하기 위하여 먼저 목표를 파악하여 욕구조사사업을 시행하여 다양한 자원을 조사하는데 그 다음에 하여야 할 것은?

① 프로그램 평가 ② 실행계획 ③ 대안 우선순위
④ 대안분석 ⑤ 대안 모색

---

5) 초점집단기법은 연구자가 어떤 주제에 대해 정보를 얻거나 문제를 제기하도록 하기 위해 특정 개인들을 선발하여 집단으로 나눈 다음, 선정된 주제에 대해 개인적 경험, 견해, 믿음, 태도, 느낌 등에 대해 발표하고 토론하도록 하는 방법이다.

12 목표 달성을 위한 SMART[6]에 해당하지 <u>않는</u> 것은?

① 구체적이고 명확하게 해야 한다.
② 기간은 되도록 길게 잡아야 한다.
③ 현실적으로 달성할 수 있어야 한다.
④ 측정할 수 있어야 한다.
⑤ 결과 지향적이어야 한다.

13 프로그램 설계 과정과 그 내용으로 <u>잘못된</u> 것은?

① 문제 확인: 프로그램 개발의 필요성과 타당성을 확보하기 위해 문제의 규모와 심각성 등을 제기한다.
② 개입전략 선정: 파악된 문제를 해결하기 위한 실현 가능하고 구체적인 목표를 설정한다.
③ 프로그램 구성: 목표를 달성하기 위한 프로그램을 구체적으로 설계한다.
④ 예산편성: 프로그램 구성 후 프로그램 운영에 필요한 예산을 편성한다.
⑤ 프로그램 평가: 목표 달성의 여부에 대한 평가 계획을 세운다.

14 조직 내 의사결정과 관련하여 집권화와 분권화에 대한 설명으로 옳은 것은?

① 분권화는 의사결정의 권한이 중앙 또는 상위기관에 집중되어 있는 것을 의미한다.
② 집권화는 의사결정 권한이 지방 또는 하급기관에 위임되어 있는 것을 의미한다.
③ 하위계층에 권한이 많이 위양될수록 집권적 조직구조로 간주된다.
④ 권한이 제한되어 상위계층에 많은 권한이 집중되어 있을수록 분권적 구조라 한다.
⑤ 완전한 집권이나 완전한 분권은 있을 수 없고 양자 간에는 적절한 균형이 바람직하다.

---

6) SMART는 효과적인 목표 달성을 위한 기법으로 구체성(specific), 측정 가능성(measurable), 행동 지향성(action－oriented), 현실성(realistic), 적시성(timely) 등을 뜻한다.

15 다음 중 프로그램 기획 단계에서 해야 할 일이 <u>아닌</u> 것은?

> **보기**
>
> 가. 세부목표를 결정한다.
> 나. 관련 정보를 수집한다.
> 다. 대안들의 우선순위를 결정한다.
> 라. 자원의 투입 대비 산출을 평가한다.

① 가, 나, 다　　② 가, 다　　③ 나, 라
④ 라　　⑤ 가, 나, 다, 라

정 답 1. ⑤ 2. ① 3. ③ 4. ① 5. ③ 6. ③ 7. ⑤ 8. ④ 9. ① 10. ⑤ 11. ⑤ 12. ② 13. ② 14. ⑤ 15. ④

제 7 장

의사전달과 갈등 관리

제 1 절 의사전달

1 의사전달의 의의

1) 의사전달의 개념과 기능

의사전달(communication)은 정보를 보내는 사람과 받는 사람 간에 일어나는 쌍방적 과정이라는 점에서 '의사소통'이라고도 불리어진다. 의사전달의 영어 표기인 communication이 '공통성'을 뜻하는 라틴어의 communis를 어원(語源)으로 하고 있는 것에서도 의사전달은 의사의 일방적 전달이 아니라 의사의 상호 소통을 의미한다고 볼 수 있다.

의사전달의 개념은 학자들에 의해 여러 가지로 정의된다. 애플비(Appleby, 1956: 182－183)는 "의사전달은 한 사람의 의사와 관념을 다른 사람에게 알리는 과정"이라고 정의했으며, 앨버스(Albers, 1965)는 "의사전달은 상호 이해 가능한 표시나 신호, 상징을 통한 한 사람으로부터 다른 사람으로의 의미의 전달"이라고 정의하였다. 한편 벨로스(Bellows)는 사회봉사기관에서의 의사전달을 정의하여 "의사전달은 기관의 과업, 목적과 관련된 생각이나 계획, 명령이나 보고, 그리고 제안 등을 모든 직원과 이사회에 전달하기 위한 쌍방적(two way)인 경로이다. 따라서 의사전달은 기관의 행정가와 이사회, 직원과 클라이언트를 통합시켜 주는 주요 링크(link)로서 기관과 정부기관, 지역사회를 연결시켜 주는 역할을 한다"고 하였다. 이러한 제반 견해들을 종합해 볼 때 의사전달은 "2인 이상의 사람들 사이에 의견·정보·감정 등의 교환을 통해서 공통적 이해를 이룩하고 수신자 측의 의식·태도·행동 등에 변화를 일으키게 하는 일련의 행동"이라고 정의할 수 있다.

의사전달은 조직 내뿐 아니라 조직과 외부 환경 간 관계도 포함하고 있는데, 특히 조직 내에서 의사전달이 수행하는 기능과 관련하여 스콧과 미첼(Scott & Mitchell, 1976)은 다음과 같이 설명하고 있다.

첫째, 의사전달은 조직구성원들의 행동을 조정하고 통제하는 역할을 수행한다. 조직 내에는 조직구성원들이 따라야 하는 권한계층과 공식적 지침인 규범이 존재하며, 이들은 의사전달을 통해 조직구성원들에게 전달되고 조직구성원의 행동을 통제하게 된다는 것이다.

둘째, 의사전달은 조직구성원들의 동기유발을 촉진하는 기능을 수행한다. 조직구성원들에게 구체적 목표를 설정해 주고 직무 성과의 개선을 위한 바람직한 행동이 무엇인가를 알려 주는 동기부여 과정에서 촉매제의 역할을 수행한다는 것이다.

셋째, 의사전달은 조직구성원들의 사회적 욕구를 충족시킨다. 조직구성원들은 의사전달을 통해 자신의 감정을 표출하고 다른 사람과의 교류를 넓혀 나간다는 것이다.

넷째, 의사전달은 개인과 집단에 정보를 전달함으로써 의사결정에 촉매제 역할을 한다. 의사전달은 여러 대안에 가치 있는 정보를 제공해 줌으로써 의사결정이 원활하게 이루어지도록 한다는 것이다.

다섯째, 의사전달은 조직구성원이나 조직 내 집단 간의 상호작용과 협동을 원활하게 하는 조직체의 유지 기능을 수행한다. 조직체가 지속적으로 유지되기 위해서는 하부집단의 의사와 정보를 전달하는 기능이 잘 이루어져야 한다는 것이다.

여섯째, 의사전달은 효과적인 리더십을 보완하는 역할을 수행한다. 효과적인 리더십은 적절한 권위 유지와 부하들의 수용에 의해 이루어지며, 부하들의 수용은 의사전달의 활성화에 의해 가능해진다.

2) 의사전달의 중요성

의사전달은 인체에 있어 신경계통이나 혈액과 같이 조직에 필요한 모든 사항을 골고루 전달해 주는 역할을 수행한다. 이런 의미에서 메이요(George Elton Mayo)와 함께 인간관계론을 주창한 뢰슬리스버거(F. J. Roethlisberger)는 "경영의 요체는 의사소통에 있다. 의사소통과 정보공유만 잘 되어도 직원들의 사기, 일할 의욕, 창조적 분위기가 몰라보게 증진된다"고 역설한 바 있다.

버나드(Barnard, 1938: 8)는 의사전달을 조직의 주력(主力)으로 생각하고 이를 공동 목표, 조직구성원의 협력의지 등과 함께 조직의 세 가지 중요한 요소로 지적하였다. 그리고 근래에 들어 피터 드러커(Peter F. Drucker)는 "인간에게 가장 중요한 능력은 자기 표현이며 현대의 경영이나 관리는 커뮤니케이션에 의해 좌우된다"고 하였으며, 존슨앤드존슨(Johnson & Johnson)의 전 회장인 짐 버크(Jim Berke)는 "나는 재직 중 일과의 40%를 회사의 핵심 가치와 믿음에 대해 직원들과 의사소통하는 데 할애했다. 그만큼 커뮤니케이션은 중요하며, 그 중에서 가장 중요한 것은 경청(傾聽)이다"라고 의사전달의 중요성을 강조하였다.

의사전달의 중요성에 대해 칼리슬(H. M. Carlisle)은 다음과 같이 네 가지 이유를 제시하고 있다. ① 의사전달은 모든 인간 활동의 근본인 '사회적 상호작용(social interaction)'의 기초이다. ② 의사전달은 인간이 정보를 얻고 교환하는 주요 수단이다. ③ 의사전달은 관리자의 활동에서 가장 많은 시간이 소비되는 부분이다. ④ 의사전달은 정보와 함께 조직의 권력을 의미한다.

특히 스키드모어(Skidmore, 1983: 173-174)는 사회복지행정에서 의사전달이 중요한 이유로 효과성(effectiveness), 능률성(efficiency), 사기(morale) 등을 들고 있다. 즉, 사회복지기관의 직원들 간, 특히 리더와 팀원 간의 의사전달이 잘되어야 기관 서비스의 효과적인 전달이 가능하고 기관의 능률성이 달성될 수 있으며, 조직의 리더와 구성원들이 서로 생각이나 감정을 잘 이해하고 조직에서 행하고 있는 일을 잘 알고 있을 때 직원의 사기가 높아진다는 것이다.

2 의사전달의 체제

의사전달의 체제는 의사전달이 어떤 과정을 거쳐 이루어지는가에 관한 것으로, 이는 의사전달 과정과 의사전달망으로 구분될 수 있다. 여기서 의사전달 과정은 누가 무엇을 어떤 경로를 통해 누구에게 전달하는가의 의사전달의 연속적 과정이며, 의사전달망은 조직 내에서 전달자로부터 피전달자에게로 메시지가 전달되는 의사전달 경로의 구조를 말한다. '정보원→발신자→경로→수신자' 등의 의사전달 과정은 전자의 예이고, 원형, 연쇄형, Y형, 윤형, 개방형 등의 의사전달 패턴은 후자의 예이다.

1) 의사전달 과정

의사전달 과정(communication process)에 관한 모형은 최초로 아리스토텔레스(Aristoteles)가 의사전달의 요소로 화자(話者, speaker), 연설(演說, speech), 청자(聽者, listener) 등 세 가지 요소를 지적한 것으로부터 시작하여 여러 학자들에 의해 다양한 견해가 제시되었다.

1940년대 말 라스웰(Harold D. Lasswell)은 누가, 어떤 채널을 통해서, 누구에게, 어느 정도의 효과로 말하는가를 의사전달의 중요한 요소로 지적했고, 정보이론의 선구자로서 수학자인 샤논(Claude E. Shannon)과 전자공학자인 위버(Warren Weaver)는 정보원(information source), 송신자(transmitter), 신호(signal), 수신자(receiver), 목적지(destination) 등의 다섯 가지 구성 요소를 제시하였다(Shannon & Weaver, 1949: 7). 그리고 벌로(Berlo, 1960: 24)는 종전 모형들을 통합하여 S－M－C－R 모형으로 단순화하고 있는데, 여기서 의사전달은 전달자(sender)가 메시지(message)를 특정한 경로(channel)를 통해 수신자(receiver)에게 전달하는 것을 의미한다.

2) 의사전달망

의사전달망(communication network)은 조직 내에서 집단구성원들의 의사전달의 행태로, 이에 관한 연구는 1951년 베이블라스(A. Bavelas)와 바렛(D. Barrett) 등 사회학자들에 의해 소집단 연구가 이루어지면서 시작되었다. 그 후 1964년 쇼(M. Shaw)는 소집단 의사전달 관련 독립변수를 네트워크 관련 변수, 정보투입 관련 변수, 집단 요소 관련 변수 등 세 가지로 분류하는 보다 진전된 연구를 행하였다. 이들의 실험적 연구에서 검토된 의사전달망의 형태는 원형, 선형 또는 연쇄형, Y형, 윤형, 개방형 등으로, 그 형태는 [그림 7-1]과 같이 나타낼 수 있다.

그림 7-1 의사전달망의 형태

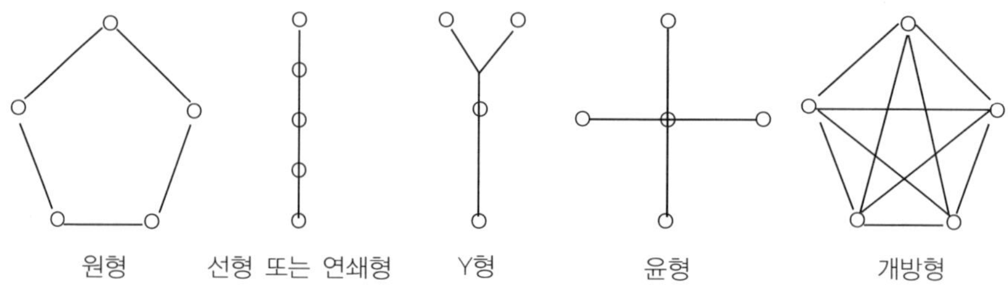

자료: 최항순(2018: 375).

먼저 원형(circle)은 집단 내에서 구성원들이 양 옆의 두 사람과 의사전달을 할 수 있게 되어 있는 형태이며 중심적인 인물이나 리더가 없다. 이 형태는 자유방임형 조직이나 위원회 또는 태스크 포스(task force)와 같이 구성원들 간의 서열이나 지위가 뚜렷하지 않은 조직에서 흔히 볼 수 있는데, 구성원들 간의 만족도는 비교적 높으나 정보의 전달과 수집 및 문제 결정이 느리다는 단점이 있다.

선형 또는 연쇄형(line or chain)은 조직 내의 직위 또는 연결점들이 한 줄로 이어지는 단순한 계서적 의사전달망의 형태로서, 수직적 계층구조와 횡적 의사전달 유형에서 흔히 볼 수 있다. 이 형태는 정보가 단계적으로 최종적인 최고관리층에게 집중됨으로써 효율성이 높은 편이나 정보의 왜곡현상이 나타날 수 있다는 문제점이 있다.

Y형은 연쇄형을 약간 수정하여 의사전달망의 최상층에 두 개의 대등한 직위가 있거나 거꾸로 최하위층에 두 개의 대등한 지위를 가진 사람이 있는 형태로서, 계선과 참모의 혼합조직에서 흔히 볼 수 있다.

윤형(wheel)은 집단 내에 중심적 인물 또는 리더가 존재하여 구성원 간의 의사전달이 그 리더를 통해 이루어지는 형태로서, 작업원들이 한 사람의 감독자에게 보고하게 되어 있는 공식적 작업집단에서 흔히 볼 수 있다. 이 형태는 신속한 정보수집이 가능하고 문제 해결도 손쉽게 이루어질 수 있다는 장점이 있으나 문제가 어렵고 복잡할 때에는 별 효과가 없고 일반적으로 구성원들의 사기가 낮다는 문제점이 있다.

그리고 개방형(open circle or all channels)은 중심적 인물이나 리더가 없이 정보 교환이 자유롭게 이루어지는 의사전달의 형태로서, 포도넝쿨 형태로 이루어지는 비공식적 의사전달이 이러한 유형에 속한다. 이 형태는 상황 파악이 어렵고 복잡한 문제, 특히 구성원들의 창의성을 요하는 문제에서 가장 효과적이며 구성원의 만족감이 가장 높게 나타난다.

3 의사전달의 개선

1) 의사전달의 장애 요인

의사전달을 효과적으로 이루려는 많은 노력에도 불구하고 의사전달 과정에서 여러 가지 장애 요인이 개입하는 경우가 많다. 왜곡, 누락, 과잉 정보, 수신 거부 등이 그 대표적인 예이다. 왜곡(distortion)은 전달자가 의도했던 메시지 내용이 수신자에게 전달되는 과정에서 변경되는 경우로, 주로 상이한 경험에 따른 준거체계의 차이, 부적절한 언어 사용으로 인한 해석상의 오류, 믿는 것만 받아들이는 선택적 경청, 상급자와 하급자 간의 지위 차이, 시간이 쫓겨 발생하는 시간적 압력 등이 왜곡을 발생시킨다. 누락(omission)은 전달자가 의도한 메시지의 일부만이 수신자에게 전달되는 경우로, 대부분 전달자가 고의로 내용의 일부를 여과할 때 혹은 전달자가 메시지의 전체 내용을 파악하지 못해 불충분한 정보를 전달할 때 발생한다. 과잉 정보(overload)는 수신자가 너무 많은 메시지를 동시에 받다 보니 합리적인 의사결정을 하지 못하는 경우로, 하급자는 정보의 중요성 여부를 가려 필요하고 적절한 분량만을 보고해야 한다. 그리고 수신 거부(unsubscribe)는 수신자가 메시지 수용을 거부하는 경우로, 주로 수신자가 정보전달자를 신뢰하지 못하기 때문에, 그리고 메시지 내용에 대한 수신자의 선입견 때문에 발생한다(강종수, 2011: 208-209).

이러한 의사전달의 장애 요인들을 발신자, 메시지, 수신자 등 의사전달 과정으로 구분해 볼 수 있는데, 먼저 발신자(sender) 측면에서는 뚜렷한 목표를 염두에 두고 커뮤니케이션을 계획하지 못했을 때, 자기 중심적인 내용을 메시지에 담았을 때, 피드백을 위한 계획을 마련하지 않았을 때 의사전달에 장애를 일으키게 된다. 메시지(message) 자체 측면에서는 수신자가 이해할 수 없는 부정확한 용어나 전문용어를 많이 사용할 때, 전달하려는 내용이 모순적 내용을 담고 있을 때, 부적합한 매체를 통해 전달했을 때 의사전달에 장애를 일으키게 된다. 그리고 수신자(receiver) 측면에서는 경청하지 않거나 관심이 없을 때, 내용을 잘 이해하지 못할 때, 발신자에 대해 부정적인 감정을 가지고 있을 때 의사전달에 장애를 일으키게 된다.

2) 의사전달의 개선전략

효율적인 의사전달을 위해서는 우선적으로 의사전달 계획을 세워야 한다. 의사전달 계획에는 기본적으로 누가 수신자가 되고 무슨 이야기를 하고 언제, 어떤 매체를 통해 전달할 것인가를 결정하는 것이 중요하다.

수신자는 상급자나 하급자의 경우 바로 위의 상사 또는 바로 아래 부하에게 전달하고 동료의 경우 자신이 직접 전달하는 것이 좋다. 의사전달의 시기 결정에는 수신자의 준비 여부와 메시지의 내용을 고려하는 것이 중요하고 전화, 면접, 편지 등 매체의 결정은 상황의 급박성 정도에 따라 선택할 필요가 있다.

트레커(H. B. Trecker)는 효과적인 의사전달의 기준을 다음과 같이 제시하고 있다(Trecker 저, 장인협 역, 1982: 33–35).

첫째, 의사전달의 목적이 발신자와 수신자에게 잘 이해되어야 한다.

둘째, 의사전달 내용이 명료해서 한 가지 뜻으로만 해석될 수 있어야 한다.

셋째, 의사전달이 앞의 내용과 뒤의 내용 간에 일관성이 있어야 한다.

넷째, 의사전달 내용이 목적을 수행하기에 적당한 양이고 예리한 초점과 선택적 사안을 가지고 있어야 한다.

다섯째, 의사전달이 적시에 정곡을 찌르는 내용이어야 하고 수신자의 준비상태도 고려해야 한다.

여섯째, 의사전달 내용이 활용되어야 할 경로를 제대로 밟아서 적임자에게 전달되어야 한다.

스키드모어(R. A. Skidmore)는 사회복지행정가가 직원들과의 의사전달 과정에서 이용되는 일반적 기술로서 짧은 시간의 회합, 직원회의 편지나 노트, 비공식적 회의, 게시판 활용, 건의함 등을 들고 있다. 그리고 사회복지행정가가 의사전달의 향상을 위해 수행해야 할 구체적인 내용으로 이사회나 직원들이 내놓은 제안의 주기적 평가, 의사전달 경로의 항시 개방 및 효과적인 이용 여부 검토, 사용되는 용어나 단어들의 명확한 정의, 개인들의 다양한 준거틀에서 통일을 기하도록 정한 준거 자료들의 문서화 및 구체화, 의사전달의 시간적 조절과 의사전달 경로상의 장애 제거 등을 제시하고 있다(Trecker 저, 장인협 역, 1982: 113–115).

한편 칼리슬(H. M. Carlisle)이 효과적인 문서적 의사전달의 지침으로 제시한 내용은 다음과 같다(Skidmore, 1983: 174–175).

첫째, 논리적인 내용을 확인하기 위해 우선 메시지의 개요를 정한다.

둘째, 수신자를 염두에 두고 메시지를 설계·입안한다.

셋째, 간결한 제목을 달고 적절한 곳에 부제들을 사용한다.

넷째, 간단하고 명료한 단어와 문장을 사용하고 만연체, 화려체는 삼간다.

다섯째, 처음의 몇 문장에 메시지의 내용과 의의를 요약한다.

여섯째, 실례를 들어 주장을 보강한다.

일곱째, 마지막에 주요점을 요약한다.

제 2 절 사회복지 정보관리

1 정보관리와 행정전산화

정보(information)는 국가정보화기본법에 의하면 “특정 목적을 위하여 광(光) 또는 전자적(電子的) 방식으로 처리되어 부호, 문자, 음성, 음향 및 영상 등으로 표현된 모든 종류의 자료 또는 지식”[1]을 말한다. 즉, 정보는 있는 그대로의 자료를 적절히 가공하여 의미 있는 형태로 변화시킨 산출물이다. 따라서 정보관리(information management)는 조직의 목표 달성에 필요한 각종 정보를 획득, 기록, 분석, 전달, 배포, 사용·저장 등의 활동에 대한 체계와 절차를 의미한다. 정보관리는 전산화가 이루어지기 이전부터 조직들에 의해 다양한 방식으로 행해져 왔던 것으로, 정보관리와 전산화는 엄밀한 의미에서 서로 관련이 없는 다른 개념이라고 할 수 있다. 그러나 오늘날 정보관리의 문제는 전산화를 제쳐놓고는 말할 수 없게 되었다. 휴먼 서비스 조직인 사회복지조직에서도 전산화는 이미 업무 과정에 깊숙이 자리하고 있는 것이 현실이다.

사회복지행정에서 전산화는 수동으로 처리하던 작업들을 자동화하여 업무수행자와 기관 모두 비용절감 효과를 얻도록 하며, 기관 내에서 자료가 입력, 기록, 전달, 보고 등 제반 과정을 일괄적으로 처리할 수 있게 한다.

원래 전산기술은 수량화된 자료의 계산이나 통계처리의 목적으로 발전해 왔듯이 자료분석이나 데이터베이스 분석 처리 등에 SPSS(statistical packages for social science), SAS(statistical analysis system) 등의 통계 패키지 프로그램이 많이 쓰인다.

1) 국가정보화기본법 제3조 제1항(2017.10.24 개정).

2 사회복지 정보관리시스템

정보관리시스템(information management system)은 정형화된 구조를 통해 다양한 자료들을 수집, 저장, 처리하여 유용한 정보로 관리하는 것으로, 사회복지조직에서는 클라이언트 정보의 처리나 재정관리 등의 목적에 주로 사용된다. 최근 들어 사회복지조직의 내부 및 외부에서 의사결정 과정에 보다 고급 정보를 활용할 것을 요구하는 경향이 늘고 있다.

사회복지조직의 정보관리시스템은 크게 클라이언트 정보시스템, 조직 정보시스템, 수행성과 정보시스템 등 세 가지로 구분된다(Gates, 1980). 이들 정보시스템은 서로 연결되어 있으며, 특히 수행성과 정보시스템은 클라이언트와 조직 정보시스템을 결합하여 생성한다.

먼저 클라이언트 정보시스템(Clients Information System: CIS)은 클라이언트 간 또는 클라이언트와 프로그램 간 상호작용에 관한 정보를 생성하고 조직하고 보고하기 위한 것으로, 이 시스템의 기본 기능은 서비스 프로그램을 이용하는 클라이언트들의 상호 과정에 초점이 맞추어져 있다. 여기서 서비스 과정은 서비스 프로그램에 접촉(예: 발굴, 의뢰, 이용 등)하는 이용자 확인 단계, 개인이나 가족에 관한 개인력이나 해결될 필요가 있는 문제에 관한 자료인 인테이크(intake) 단계, 해당자의 프로그램에 대한 자격 여부 결정 단계, 문제 · 욕구 · 계획들 간의 관계, 문제 사정, 치료계획 등을 개인별 혹은 케이스별로 상세하게 기록하는 프로그램/진단계획 단계, 언제 누구에 의해 어떤 서비스가 제공되는지 등에 대한 자료인 서비스 전달 단계, 활동계획과 실제로 제공된 서비스를 비교하는 자료인 케이스 모니터링 단계, 케이스 또는 개인의 서비스 결과에 관한 정보인 케이스 평가 단계, 그리고 케이스 종료의 시점과 이유에 관한 정보를 뜻하는 케이스 종료 단계 등을 뜻한다(Gates, 1980: 255).

클라이언트 정보시스템(CIS)의 주요 하위 시스템들은 이러한 서비스 과정의 활동들을 반영한 것이 된다. 그리고 각 단계에서 얻어진 정보는 다른 단계에서도 사용될 수 있어야 하며, 한 조직 내뿐 아니라 다른 조직들에까지 이러한 클라이언트에 대한 정보가 전달될 수 있는 여건이 마련된다면 조직들 간의 자연스런 정보시스템의 공유까지도 가능하게 된다.

조직 정보시스템(Organizational Information System: OIS)은 기획이나 예산, 보고, 비용통제 등과 같은 기본적인 행정 기능을 보조하는 역할을 수행하는 것으로, 주로 외부 자금제공 기관들이 요구하는 정보를 수집하는 경우가 많다. 조직 정보시스템에서 지원하는 전형적인 기능으로는 욕구 사정, 시설 및 운영에 관한 기획, 예산, 조사연구, 직원 및 임금대장, 회계 및 임금통제, 통계보고 및 예측 등이 있다(Burch, Strater, & Grundnitski, 1983: 28).

조직정보를 생산하는 기본 원천은 운영 단위 또는 개별 업무수행자이다. 시간, 임금, 임차료, 여행, 훈련, 물품, 진단 및 치료 과정, 계약, 서비스 구매 등의 기본 자료들이 재정관리의 지출품목에 의거해 생성된다. 특정 기관의 조직 정보시스템이 어떤 자료를 수집하고 집계해서 어떤 정보로 산출해 활용될지는 기관의 내·외부 정보요구자들의 입장에 달려 있다.

수행성과 정보시스템(Performance Information System: PIS)은 조직의 의사결정에 관한 질 향상이나 서비스의 생산성 및 효과성 등 수행성과에 관한 정보를 다루는 시스템으로, 굳이 새로운 시스템을 독립적으로 구축하지 않고도 클라이언트 정보시스템(CIS)과 조직 정보시스템(OIS)을 합성해 운용할 수 있다. 이러한 합성은 각 정보시스템들이 자료의 호환성을 갖추고 있을 때 가능하므로, CIS와 OIS의 모듈화가 선행되어야 할 필요가 있다.

수행성과 정보시스템(PIS)이 다루는 정보들은 크게 조직이 미래계획을 수립하는 데 필요한 정보인 기획정보(planning information)와 서비스 성과와 비용에 관한 정보인 평가정보(evaluation information)로 구분된다. 기획정보로는 욕구를 가진 인구(표적 인구)와 서비스 인구(클라이언트)를 예측하는 데 필요한 정보와 기관의 서비스 역량에 관한 정보 등이 있으며, 평가정보로는 서비스 제공자와 클라이언트 등 기관 내부 관련 정보뿐 아니라 다른 기관들의 정보도 함께 고려되어야 한다(김영종, 2010: 283−287).

3 사회복지통합관리망

사회복지통합관리망(integrated welfare management network)은 각급 사회복지 급여·서비스 지원 대상자의 자격 및 이력에 관한 정보를 통합 관리하고 복지업무 처리를 지원하는 시스템으로, 2010년 1월 4일부터 개통되었다. 이는 그간 각 부처가 협의·조정 등 유기적인 연계 없이 개별적으로 복지사업을 시행함에 따라 복지재정의 증가에도 불구하고 국민의 복지체감도와 만족도가 높지 않았던 점을 감안하여 국민의 복지 서비스에 대한 체감도와 효율성 제고 및 부정수급 억제를 위해 만들어진 것이다.

사회복지통합관리망은 기존 시·군·구별 새올행정시스템(주민, 지적, 재정, 세정, 복지 등) 중 복지분야를 분리하여 중앙에 통합 구축하는 것을 골자로 하며, 이러한 복지급여 통합관리시스템을 중심으로 상담 및 사례 관리시스템, 사회복지시설 정보시스템 등으로 구성되고, 정책 소관 부처인 보건복지부가 기획 관리 및 시스템 운영을 주관하도록 되어 있다.

사회복지통합관리망을 통해 나타나고 있는 성과를 보면 우선 유사·중복사업에 대한 중복 수급을 방지하고 장기적인 사후관리를 통해 부정적 수급을 방지함으로써 복지재정의 효율성을 제고할 수 있다는 점을 들 수 있다. 또한 여러 가지 복지 서비스를 한꺼번에 신청할 수 있고 제출 서류와 대상자 선정기간 등 처리기간이 단축되어 민원인의 편리성이 높아졌으며, 복지 대상자의 복합적인 욕구를 다양한 복지자원을 연계하여 제고하는 방문, 상담, 사례관리 등 맞춤형 서비스 제공이 증가하는 등의 성과를 내고 있다.

사회복지통합관리망은 '행복e음'으로 불리는데, 이는 "국민들에게 행복을 전하고 이어주는 정보시스템"이라는 의미로 실제 사용자인 지방자치단체 공무원들의 설문조사를 통해 결정된 것이다.

제 3 절 갈등 관리

1 갈등의 개념과 기능

1) 갈등의 개념

갈등(conflict)은 행동 주체들 간의 대립적 내지 적대적인 상호작용을 뜻하는 것으로, 여기서 행동 주체는 개인, 집단, 조직 등일 수 있다. 갈등은 표면화된 대립적 행동만을 지칭하는 것이 아니라 당사자들이 느끼는 긴장, 불안, 적개심 등과 같은 심리적 상태도 포함된다.

갈등에 관한 개념은 학자들에 따라 여러 차원에서 정의된다. 머리(Murray, 1968: 220)는 갈등의 개념을 심리학적 측면에서 "한 사람이 둘 이상의 상호 대립되는 행위에 종사하도록 동기가 부여된 상황을 의미한다"고 정의했으며, 마치와 사이먼(March & Simon, 1958: 112)은 의사결정의 측면에서 "갈등은 의사결정의 표준 메커니즘에 고장이 생겨 행동대안의 선택에 있어 개인이나 집단이 곤란을 겪는 상황"이라고 정의하였다.

흔히 갈등은 경쟁(competition)과 중복하여 사용되며, 조직생활의 실제에 있어서 경쟁과 겹칠 때도 많다. 그러나 모든 경쟁이 갈등인 것은 아니며 갈등과 경쟁은 구별할 필요가 있다. 즉, 경쟁은 목표가 양립할 수 있는 경우에 일어나고 경쟁자 간에 대립적, 적대적 상호작용이 없이도 가능한 데 비해, 갈등은 목표가 양립될 수 없는 경우에 일어나며 경쟁을 내포하지 않을 수도 있다(최항순, 2018: 479).

갈등은 여러 가지 유형으로 분류할 수 있는데, 마치와 사이먼(March & Simon, 1958: 112-113)은 행동 주체에 따라 개인적으로 갈등상황을 겪는 개인적 갈등, 조직 내의 행동 주체 간에 일어나는 조직상 갈등, 그리고 둘 이상의 조직 간에 야기되는 조직 간 갈등 등으로 구분하였으며, 폰디(Pondy, 1967: 296-320)는 갈등의 성격에 따라 협상적 갈등, 관료제적 갈등, 체제적 갈등 등으로 분류함과 아울러 갈등 현상을 잠재적 상태로부터 현재화(顯在化) 단계를 거치는 연속된 것으로 보고,[2] 잠재적 갈등(latent conflict), 인지적 갈등(perceived conflict), 느껴진 갈등(felt conflict), 현재적 갈등(manifest conflict), 갈등 여운(conflictual aftermath) 등 다섯 단계로 구분하였다.

'잠재적 갈등'은 제한된 자원을 둘러싼 경쟁, 자율성을 위한 욕구, 하위부서 목표 간의 상이성 등에 의해 야기되며, '인지적 갈등'은 관련자들이 상대방의 입장을 오해하고 있거나 억압과 주의 환기의 작용에 의해 생긴다. '느껴진 갈등'은 조직이 능률 향상을 위해 개인에게 일관성 없는 요구를 하거나 개인의 성장을 방해하는 때에 일어나며, '현재적 갈등'은 구두 또는 물리적 공격 등과 같이 개인이 타인의 목표 달성을 방해하는 것을 의식하면서 하는 행동을 말한다. 그리고 '갈등 여운'은 갈등 해결 결과에 따라 더욱 협조적 관계가 형성될 수 있고 갈등관계가 더욱 심각해질 수도 있다(최항순, 2018: 485).

2) 갈등의 기능

갈등은 1940년대 중반 이전까지의 고전이론이나 인간관계론에서는 조직 내에서 파괴와 비능률을 가져오는 역기능적 존재로서 조직관리자들이 회피하거나 제거해야 하는 입장이었다. 이는 갈등의 전통적 관점(traditional view)으로서 문명사회에서 오랫동안 숭상되어 온 '반갈등적 가치(anti-contrict value)'를 반영한다. 그 후 1970년대 중반까지 지배했던 행태론적 관점(behavioral view)에서는 갈등은 조직 내에 불가피하게 존재하는 자연스러운 현상으로서 조직관리자들이 이를 적절히 관리할 필요가 있음을 강조하고 있다. 그러다가 1970년대 중반 이후 각광을 받고 있는 교호작용론적 관점(interactional view)에서는 갈등을 새로운 아이디어를 촉발하고 집단 간 응집력을 강화하며 다양한 의견의 제시를 통해 보다 나은 결정에 이르게 하는 장점을 가진 존재로 보고 이를 적극적으로 조장하려는 입장을 취한다. 이러한 갈등에 대한 시각 변화의 흐름으로 볼 때 오늘날 갈등은 역기능과 순기능을 함께 지니고 있다고 할 수 있다.

먼저 갈등의 역기능을 보면 갈등은 행정의 조정을 어렵게 하고 조직의 효과

2) 이를 에피소드(episode)라고 한다.

성을 저해하며 갈등으로 인해 직원이나 기관 간에 적대의식과 반목이 격화되어 갈등 당사자들의 심리적, 신체적 안정이 동요될 수 있다. 그리고 갈등이 심해지거나 지속적으로 진행되면 협력 분위기 상실과 편 가르기 현상이 대두되어 분열의 모습을 보이게 된다.

한편 갈등의 순기능으로는 갈등은 조직의 변화, 혁신 및 창의적 행동의 원동력이 될 수 있으며, 갈등을 경험한 조직은 잠재적으로 숨어 있는 반대세력을 공개시켜 조직의 통합을 위한 민주성 및 다양성을 확보하는 데 기여할 수 있다는 점을 들 수 있다.

2 갈등의 원인과 관리 방안

1) 갈등의 원인

갈등을 일으키는 원인으로는 조직의 성격, 의사전달의 애로, 감독의 유형, 보상체제, 권력구조 등 다양한 요인들을 지적할 수 있으나 여기서는 보다 포괄적인 측면에서 심리적 요인, 사회적 요인, 조직적 요인 등으로 구분한다.

첫째, 심리적 요인은 타인에 대한 공격 본능, 욕구의 좌절, 사회적 학습 등을 그 예로 들 수 있다. 여기서 사회적 학습(social learning)은 아이들이 자라면서 부모가 싸우거나 폭력 비디오를 보면서 공격성을 키우게 되는 것 등이 그 예이다.

둘째, 사회적 요인은 다양한 직업에 종사하거나 도시 · 농촌 등 상이한 지역에 거주하는 등 사회적 다양성 및 상이성 때문에 갈등이 야기된다는 것이다. 또한 사회구성원들 간에는 목표, 이해관계, 가치관 또는 인식의 차이 등으로 갈등이 야기될 수 있다.

셋째, 조직적 요인은 조직 내의 개인 또는 집단 간 갈등으로 의미하는 것으로, 목표와 지각의 차이, 자원의 희소성과 상호의존성, 지위부조화, 의사소통의 애로 등이 있다.

2) 갈등의 관리 방안

갈등의 관리 방안은 크게 갈등의 해소와 갈등의 조장이라는 두 측면에서 살펴볼 수 있다.

먼저 갈등의 해소 방안으로 리터러(Litterer, 1969: 195)는 갈등 당사자 간 완충지대 설치, 갈등 당사자 대상의 감수성 훈련, 조직 재설계 등을 제시하고 있으며, 마치와 사이먼(March & Simon, 1958: 129－130)은 분석적 방법인 문제 해결과 설득, 비분석적 방법인 협상과 정략 등의 네 가지를 제시하고 있다.

후자의 견해에서 문제 해결(problem solving)은 갈등 당사자가 직접 접촉하여 공동으로 문제에 대한 해결책을 강구하려는 것이고, 설득(persuasion)은 갈등 당사자 간의 의견 불일치는 고정된 것이 아니라는 가정 하에 조직 목표에 비추어 하위목표에 대한 의견 대립을 조정하는 것이다. 그리고 협상(bargaining)은 갈등 당사자 간의 의견 불일치는 고정불변이라고 간주하고 설득 없이 합의를 추구하는 것을 뜻하며, 정략(politics)은 당사자 간에 직접적인 갈등 해결이 어려운 경우 제3자가 개입하여 해결하는 방법이다.

조직수준에서의 갈등 해소 방안을 보다 종합적인 관점에서 살펴보면 상위목표(superordinate goals)의 제시, 자원의 확대(expansion of resources), 회피(avoidance), 완화(smoothing), 타협(compromise), 상관의 명령, 태도 변화, 구조적 요인의 개편 등을 들 수 있다. 여기서 상위목표의 제시는 갈등상태에 있는 두 당사자들이 개인적 목표를 초월하여 서로 협조할 수 있는 공동 목표를 설정하는 것이고, 잠정적 해결책인 회피와 완화는 갈등을 초래할 수 있는 결정을 보류·회피하거나 대립적인 의견이나 이해관계를 모호하게 하고, 유사성이나 공통적인 요인을 강조함으로써 갈등을 해소해 보려는 것이다.

한편 갈등의 조장 방안으로는 표준화된 공식적 및 비공식적 의사전달 통로를 의식적으로 변경시키거나 정보전달을 억제 또는 과다한 정보를 전달함으로써 갈등을 조성하는 방법 등이 있다. 그리고 조직 내의 계층 수 또는 기능적 조직 단위의 수를 늘려 서로 견제하게 하고 리더십의 유형과 조직구성원의 태도 변화를 통해 갈등을 조성할 수 있다(최항순, 2018: 494－495).

갈등의 해소와 조장 등 갈등 관리 과정에서 조직의 다양한 부문들이 전체로서 그 기능이 잘 수행되도록 상호 관련시키는 조정(coordinating)이 중요한데, 월마트(Wal-Mart)의 창업자인 샘 월튼(Sam M. Walton)은 조정의 개념에 대해 "기관의 목적 달성의 극대화에 기여할 수 있도록 다양한 사람들, 기능, 전문적 자질 및 공간을 상호 관련시키기 위하여 그것들을 할당하고 지정하는 활동"이라고 정의하였다.

조정은 자주적이고 비공개적이며 이해관계에 연관되어 있지만 법적 구속력은 지니지 않고 있다. 자주적은 당사자들에게 전적으로 위임된다는 것이고, 비공개 원칙은 당사자들 간의 협의를 통해 도출된 문제 해결 방안이 해당 조정사건 이외의 문제에서는 효력을 가지지 못한다는 것이다. 그리고 이해관계에 놓여 있다는 것은 문제 해결을 위한 기준들이 법률은 물론 재정적, 경제적, 개인적 이해와도 밀접하게 연관되어 있다는 것을 의미한다. 조정의 방법은 계층제를 통한 조정 이외에 위원회 및 회의 활용 등이 있다. 사회복지조직 또는 기관의 행정가는 이러한 방법을 통하여 전체 직원들과 효과적인 의사전달 채널을 유지한다.

효과적인 조정을 위해서는 최소한 티드(Tead, 1935)가 제시하고 있는 다음과 같은 단계들을 고려할 필요가 있다. 즉, ① 관련된 사실 및 의견의 수집, ② 모든 구체적인 운영책임을 지닌 사람에 관한 명백한 정의, ③ 과업 책임자들의 업무수행 능력 소지 및 과업수행에 동의, ④ 결과의 검토와 지속적인 평가, ⑤ 참여자 간 집단적 책임의식 개발을 통해 프로그램의 통일성을 창조하는 의식적인 노력 등이다.

3 사회복지조직에서의 갈등 관리

사회복지조직의 규모가 커지고 업무 분담이 세분화되면서 개인 간, 집단 간에 여러 유형의 갈등이 표출되고 있다. 조직 내적으로는 조직원 간, 부서 간 갈등이 확대되고 조직 외적으로는 사회복지사들과 클라이언트 간, 또는 사회복지기관과 관련 조직 간에 갈등이 야기되고 있다.

사회복지조직은 대부분 복잡하고 불명확한 기술을 사용하고 불확실한 환경에서 운영되기 때문에 표준화되고 고정된 규칙을 통해 통제하기 어렵다. 여기서는 공식화와 집권화 구조를 과도하게 강조하면 오히려 구성원들의 직무만족도나 사기가 저하되기 쉽다. 일반적으로 조직 내적 측면에서 공식적 권한을 가진 상사(上司)가 명령함으로써 갈등을 해소하는 경우가 많은데, 사회복지조직에서는 덜 효과적이라고 할 수 있다. 갈등 당사자들의 이견이나 상충되는 이익 대신 공공이익을 강조하여 갈등을 완화시킬 수 있으며, 갈등을 야기할 수 있는 의사결정을 보류 · 회피하는 것도 해결 방안이 될 수 있다.

한편 조직 외적 측면에서 희소자원의 획득으로 인한 경쟁에서 초래되는 갈등 해소를 위해 자원을 증대시키며, 갈등 당사자들의 공동 노력으로 갈등의 원인이 되는 문제를 근본적으로 해결하는 방안도 바람직하다.

연습문제

01 다음 의사전달망에 관한 설명 중 맞지 않는 것은?

① 원형은 구성원들 간의 만족도는 비교적 높으나 중심적인 인물이나 리더가 없어 정보의 수집·전달 및 의사결정이 느리다.

② 선형 또는 연쇄형은 정보가 최고관리층에게 집중되어 효율성이 높으나 정보의 왜곡현상이 나타날 수 있다.

③ Y형은 원형을 약간 수정한 형태로서 문제의 결정이 느리다.

④ 윤형은 신속한 정보수집이 가능하고 문제 해결도 손쉽게 이루어질 수 있으나 문제가 어렵고 복잡할 때에는 별 효과가 없다.

⑤ 개방형은 구성원들 간에 정보 교환이 자유롭게 이루어져 상황파악이 어렵고 복잡한 문제의 경우 효과적이다.

02 다음 중 의사전달의 장애 요인에 해당되지 않는 것은?

① 왜곡 또는 누락

② 과잉정보

③ 부정확한 용어나 전문용어 사용

④ 수신 거부

⑤ 비공식적 회의

03 다음 중 사회복지기관의 정보관리 방법으로 옳은 것은?

보기

가. 사회복지기관에서는 반드시 정보를 저장하여 보관해야 한다.
나. 정보체계를 개발할 때는 관리자와 직원들 간에 충분히 논의해야 한다.
다. 관리정보체계(MIS)를 활용한다.
라. 반드시 전산화를 해야 한다.

① 가, 나, 다 ② 가, 다 ③ 나, 라
④ 가, 라 ⑤ 가, 나, 다, 라

04 다음 중 가장 종합적인 의미의 정보관리 시스템을 표현하는 것은 무엇인가?

① MIS(정보관리 시스템)
② OA(사무자동화)
③ DSS(의사결정 지원 시스템)
④ ESS(전문가 지원 시스템)
⑤ PSS(업무 수행 지원 시스템)

05 사회복지조직에서 정보관리 시스템(MIS)을 도입하는 목적으로 옳지 않은 것은?

보기

가. 기관의 책임성 증대
나. 정보의 중요성 증대
다. 정보의 체계적 관리
라. 클라이언트의 사생활 보장을 위해

① 가, 나, 다 ② 가, 다 ③ 나, 라
④ 라 ⑤ 가, 다, 라

06 다음은 사회복지행정의 과정 중 무엇에 해당하는가?

보기

조직활동에서 구성원들을 상호 연관짓는 중요한 기능으로, 사회복지행정가는 부서 간, 직원들 간의 효과적인 의사소통의 망을 만들어 유지하고 조정해야 한다. 이를 위한 방법으로 위원회 조직 등이 있는데 위원회에서는 프로그램, 인사, 재정 및 긴급한 문제 상황, 임시적인 활동 등을 다루게 된다.

① 기획 ② 조직 ③ 인사
④ 지시 ⑤ 조정

07 갈등의 원인으로 조직적 요인에 해당하지 않는 것은?

① 목표와 지각의 차이
② 자원의 희소성과 상호의존성
③ 욕구의 좌절

④ 의사소통의 애로
⑤ 지위 부조화

08 갈등의 조장 방안에 해당되는 것은?

① 표준화된 의사전달 통로의 의식적 변경
② 상위목표의 제시
③ 회피와 완화
④ 갈등 당사자 대상의 감수성 훈련
⑤ 자원의 확대

09 업무세분화로 인해 발생하는 직원들 문제에 조직이 대처하는 방식으로 적절하지 못한 것은?

① 팀제 접근 ② 사례관리 ③ 사례 옹호
④ 직무순환 ⑤ 직무 축소

정 답 1. ③ 2. ⑤ 3. ① 4. ① 5. ④ 6. ⑤ 7. ③ 8. ① 9. ⑤

제 8 장

리더십과 슈퍼비전

제 1 절 리더십의 의의

1 리더십의 개념과 기능

리더십(leadership)은 지도성 또는 '지휘 통솔'로 표현되기도 하며, 그 개념에 대해서는 학자들에 따라 하나의 과정이나 일련의 행위 또는 사람들이 지니고 있는 능력이나 기술, 그리고 조직상 직위에 따른 영향력을 가리키는 등 다양하다. 스톡딜(Stogdill, 1974: 7−16)은 리더십의 정의를 집단 과정의 초점, 퍼스낼리티와 그 효과, 복종을 유도하는 기술, 영향력 행사, 활동 또는 행동, 설득의 형태, 권력관계, 목표 달성의 수단, 상호작용 효과, 분화된 역할, 구조의 주도와 유지 등 열한 가지 범주로 요약하고 있다.

리더십은 비공식적 리더십이 아니라 공식적 조직에서의 리더십에 초점을 맞출 때 한 사람이 조직구성원에 대하여 사회적 영향력을 행사하는 것으로 특징지어져 있다. 이런 시각에서 리더십을 테리(Terry, 1960: 493)는 "사람들로 하여금

조직의 목표를 기꺼이 달성하도록 영향을 미치는 활동”으로, 에치오니(Etzioni, 1964: 690-691)는 “지도자의 개인적 자질에 바탕을 두고 광범한 문제들에 관해 추종자들로부터 자발적인 동의를 이끌어내는 능력”으로, 그리고 깁슨 등(Gibson et al., 1988: 372)은 “한 개인이 강제적 권력을 사용하지 않고 집단의 행태에 영향을 미치려는 시도”라고 정의하고 있다.

이상의 학자들의 견해에서 리더십의 개념은 “리더가 조직구성원들로 하여금 조직의 목표 달성에 자발적으로 노력하도록 영향을 주는 힘 또는 기술”이라고 정의할 수 있다. 여기서 리더십의 특성은 ① 일정한 상황 하에서 조직 목표의 성취와 관련되고, ② 리더(leader)와 부하(follower) 간의 관계이며, ③ 추종자의 자발성을 속성으로 하고 있음을 알 수 있다. 따라서 리더십은 L=f(l · f · s)와 같은 공식으로 요약할 수 있다. 여기서 l은 리더(leader), f는 부하(follower), s는 상황(situation)의 변수를 뜻하는데, 이는 오늘날의 리더십 이론의 대세인 상황이론을 기반으로 한다.

리더십은 단순히 조직의 위계적 직위로부터 발생하는 직권, 즉 헤드십(headship)과 구별된다. 헤드십은 일방적 · 계속적 · 규칙적 활동이고 법적 구속력이 있고 일방통행식 의사전달이고 물질적 보상과 처벌에 의존하는 데 비해, 리더십은 상호작용적 · 자발적 · 비일상적 활동이고 법적 구속력이 없고 쌍방향적 의사소통이고 신뢰와 인정을 중시한다는 점에서 차이가 있다(최항순, 2018: 393).

리더십은 조직에서 목표 지향과 동시에 추종자의 동기를 유발하여 이끌어가는 과정이라는 점에서 두 가지 근본적인 기능을 가지고 있다. 하나는 리더 자신에게 주어진 조직의 목표 설정 등의 임무를 수행하는 것이고, 또 하나는 조직에서 추종자들에게 안정감이나 배려 등 심리적 지원을 제공하는 것이다. 전자를 직무지향형 또는 과업중심형(task-oriented style), 후자를 인간지향형 또는 직원중심형(people-oriented style)이라고 한다. 또한 리더십의 기능은 시간적 변동과 관련하여 보전적 기능과 변동 추구적 기능으로 분류할 수 있는데, 근래에는 후자의 변동 추구적 기능이 더 많이 강조된다.

그 밖에도 리더십의 기능에 대해서는 학자들의 다양한 견해들이 있으며, 이들을 통해 리더십의 일반적인 기능을 다음과 같이 제시할 수 있다.

첫째, 조직의 목표를 설정하고 조직구성원들의 임무 및 역할을 명확히 부여한다.

둘째, 조직의 목표 달성을 위해 효율적으로 자원을 동원한다.

셋째, 조직 내의 개인이나 집단의 활동을 조직 목표 성취를 위해 유도, 통제 및 조정한다.

넷째, 조직구성원의 일체감과 적응성을 확보한다.

2 리더십의 중요성

우리는 많은 경우 한 조직의 성패(成敗)를 효과적인 리더십의 발휘 여부와 관련지어 생각한다. 왜냐하면 조직의 목표 달성은 조직구성원들의 활동을 통해 성취되며, 리더십은 바로 조직구성원들의 노력을 통합하고 조정하는 기능을 수행하기 때문이다.

베니스와 나누스(Bennis & Nanus, 1985: 20)은 "조직에 자본이 부족하면 빌릴 수 있고 위치가 나쁘면 옮길 수 있으나 리더십이 부족하면 생존의 가능성은 희박하다"며 리더십의 중요성을 강조하고 있다. 특히 사회복지조직의 경우 조직이 실시하는 서비스나 프로그램은 어떤 리더십 형태인가에 따라 그 효과성이 달라질 수 있다는 점에서 리더십의 중요성이 더욱 강조된다. 사회복지조직에서 리더십이 필수불가결한 이유는 다음과 같다(Neugeboren, 1985: 145).

첫째, 사회복지조직에는 많은 전문가가 고용되어 있어 전문가의 자율성 욕구와 조직의 통제 욕구 사이에 부단한 긴장이 존재하는데, 이러한 긴장으로 인해 조직의 규칙과 규정을 준수하게끔 동기부여할 리더십이 필요하다.

둘째, 사회복지 서비스 분야는 환경적 압력이 끊임없이 증가하고 있어 이에 적절히 대응할 리더십이 필요하다.

셋째, 사회복지 서비스 분야에서 새로운 기술이나 구조 도입 등 중요한 내부적 변화는 이러한 변화가 조직에 통합될 수 있도록 하는 리더십이 필요하다.

넷째, 사회복지조직에서 구성원들의 전문적 목표는 조직 목표와 일치하지 않을 수 있는데, 양자의 일치를 도모할 수 있는 리더십이 필요하다.

제2절 리더십 이론

리더십에 대한 연구는 인간합리성에 대한 가정에 의문을 제기한 행정행태론(administrative behavior)[1]이 등장하면서 시작되었고, 1960년대에 발전행정론(development administration)[2]이 대두되면서 결정적인 계기를 맞게 되었다. 왜냐하면 발전행정론의 등장으로 한 국가가 발전하려면 인간적 요소가 중요하며, 국가지도자의 가치관이나 역할이 해당 국가의 발전 속도와 방향, 그리고 내용까지 결정한다는 전제를 가지고 있었기 때문이다.

그동안 리더십의 연구 경향을 보면 리더의 개인적 자질이나 특성 파악에 주력한 특성이론 또는 자질이론으로부터 외부로 드러난 리더의 행동 스타일에 주목한 행태이론, 그리고 리더십의 효과성은 리더십의 환경을 둘러싸고 있는 상황에 의해 결정된다는 상황이론 등으로 발전하였다. 한편 자발적인 참여, 동기유발 능력, 창의성 등이 요구되는 21세기 지식정보사회에서는 변혁적 리더십을 비롯하여 서번트 리더십, 셀프 리더십과 슈퍼 리더십, 팀 리더십 등 한 개인이 아닌 상호연계성을 지닌 현대적 리더십 이론의 중요성이 더욱 커지고 있다.

1 특성이론

특성이론(trait theory)은 주로 1940년대와 1950년대 초기의 이론으로 효과적

1) 행정행태론은 사이먼(Herbert A. Simon)이 버나드(Chester I. Barnard)의 사회심리학적 접근법에서 시작된 행태론을 행정 현상에 적용시킨 것으로, 의사결정 과정을 핵심으로 하는 행정 행태를 중심으로 행정의 본질을 규명하는 이론체계를 의미한다. 사이먼은 특히 의사결정 과정에서 가치판단적인 것과 사실판단적인 것을 구별하고 연구 대상을 가치판단적인 것은 정치에서 다루고 행정은 사실판단적인 것에 국한해야 한다는 새로운 정치·행정이원론의 입장을 취하였다.

2) 발전행정론은 제3세계 신생국들의 국가발전 사업과 그 수단인 행정체제의 발전지향성 및 능력향상 기법을 증진시키기 위해 1960년대에 만들어진 선진국의 제3세계 수출용 학문으로, 발전행정에 대한 가장 보편적 개념인 리그스(Fred W. Riggs)의 견해에 의하면 발전행정은 국가발전 사업의 관리(administration of development)와 이를 주도해 나갈 행정의 발전(development of administration)을 의미한다.

인 리더는 비효과적인 리더와 구별되는 보편적인 개인적 특성이 존재할 것이라는 점에서 리더의 외양(appearance)이나 성격(personality)에서 공통적인 속성을 찾으려는 연구 경향이다. 이 이론에 의하면 어떤 사람이 리더의 자질에 해당되는 개인적인 특성을 가지고 있으면 그는 처해 있는 상황이나 환경에 상관없이 항상 리더가 될 수 있으며, 리더십의 개발은 기본적으로 고유한 리더십의 특성을 가지고 있는 사람들에게만 해당된다고 한다. 이러한 입장에서 리더십의 초기 연구는 역사상 유명한 위인(偉人, greatman)들에 대한 연구에 관심을 두고 그들의 자질과 배경 분석이 연구의 초점이었다.

먼저 버나드(Barnard, 1938)는 리더의 특성을 기술적 측면과 정신적 측면으로 구분하여 전자는 체력, 기술, 지각, 기억력, 예견력을, 그리고 후자는 결단력, 지구력, 인내력, 용기 등을 들었고, 티드(Tead, 1935)는 리더가 갖추어야 할 특성으로 육체적 및 정신적 에너지, 목적과 지시 능력, 정열, 친근감과 우호심, 품성, 기술적 우월성, 과단성, 지능, 교수 능력, 신념 등 열 가지를 들었다.

그리고 스톡딜(Stogdill, 1974: 74-75)은 1948년 이후 리더십 연구들의 검토에서 여섯 가지의 리더십 분류체계를 만들었는데, 여기서 제시된 리더십 특성의 범주는 육체적 특성, 사회적 배경, 지능(intelligence), 인성(personality), 과업과 관련된 특성, 사회적 특성 등이다. 특히 효과적인 인성으로는 주의력, 독창성, 성실성, 자신감 등이 강조되고 있는데, 기셀리(Ghiselli, 1963: 109-113)는 조직에서 개인의 직위가 올라갈수록 독자적 협동 능력이나 자신감 등이 조직 목표 달성을 위해 더욱 중요하다고 한다.

한편 카츠(Katz, 1974: 94-96)는 리더의 자질을 직능 분야의 고유 기능에 관한 능력인 기술적 기능(technical skill), 대인관계 능력인 인간적 기능(human skill), 현상을 보고 그 본질을 파악하고 의미를 부여하는 구조화 능력인 개념적 기능(conceptional skill) 등 세 가지로 구분하고, 관리자의 직급이 상승함에 따라 전자에서 후자로 그 비중이 높아진다고 하였다. 즉, 이들 세 가지 기능은 어느 리더 계층에서나 필수적이지만 그 비중은 하위관리층에서는 기술적 기능이, 중간관리층에서는 인간적 기능이, 그리고 최고관리층에서는 개념적 기능이 가장 중시된다.

특성이론은 처음에는 리더의 단일적 자질을 강조하는 단일적 자질론(unitary trait)에 입각하였으나 점차 리더에게는 그의 리더십의 능력을 구성하는 자질 유형이 있다는 성좌적 자질론(constellation of traits theory)을 강조하게 되었다.

그러나 특성이론은 모든 리더가 보편적으로 소유하고 있는 구체적인 특성들을 찾아내는 데에는 실패하였다. 즉, 때로는 성공적인 리더의 특성으로 제시된 것이 실제로는 형편없는 리더의 특성으로 나타나기도 했으며, 비교적 일관된 결과로 보이는 리더의 지능, 자신감, 감수성 등의 특성도 집단이나 과업 등 다른 요인과 함께 고려해 볼 때 리더십의 유효성에서 차지하는 역할은 아주 작은 부분이라는 것이 밝혀졌다(Hollander & Julian, 1969: 387-397).

2 행태이론

행태이론(behavioral theory)은 밖으로 드러난 리더의 행위를 관찰하여 리더의 지속적인 행동 양식인 리더십 유형과 성과 간의 관계를 구명하려는 연구 경향으로, 효율적인 리더는 특정 리더십 유형을 이용함으로써 개인이나 집단으로 하여금 어떤 목표를 달성하게 하고 높은 생산성과 사기를 유지한다는 가정(假定)에 입각하고 있다. 이와 같이 행태이론은 리더에게는 특정한 행태가 있다는 가정에 입각한다는 점에서 리더는 선천적으로 태어난다는 특성이론과 다르며, 특성이론과 달리 리더의 교육은 가능하다는 관점을 취한다.

행태이론에 입각한 연구로는 오하이오 주립대학교의 연구, 미시간대학교의 연구, 관리 유형도 또는 관리격자이론 등이 있다.

오하이오(Ohio) 주립대학교 연구는 리더의 부하, 상관, 동료 등에게 리더 행태를 물어보려는 리더행태기술설문서(Leader Behavior Description Questionaire: LBDQ)와 리더가 스스로 리더 행태에 대해 기술하도록 만든 리더의견조사서(Leader Opinion Questionaire: LOQ)를 통해 리더 행태를 조사한 것인데, 조사 결과 리더의 행위는 배려와 구조 설정이라는 두 가지 차원으로 압축된다. 여기서 배려(consideration)는 리더와 구성원들 간의 관계에서 우정, 상호 신뢰, 존경, 온정 등을 표시하는 행위이며, 구조 설정(initiating structure)은 리더가 과업을 조직화하고 정의하며 업무를 할당하고 의사소통의 망을 확립하며 업무집단의 성과를 평가하는 행위를 말한다. 오하이오 주립대학교 연구는 이 두 가지 차원을 다른 축으로 하여 4분면 위에 네 가지 리더십 유형을 분류하고 있다. 그리고 이들 유형들 중에서 배려와 구조 설정이 모두 높은 리더가 어느 한쪽이 낮거나 둘 다 낮은 리더보다 구성원들의 만족과 성과를 가져오는 경향이 있음을 발견하였다(Robbins, 1984: 115).

미시간대학교(The University of Michigan) 연구는 리더 행태 중 서로 관련이 있어 보이는 특징들의 군(群)을 찾아내어 유효성을 알아내려는 방식으로 접근한 결과 생산지향성(production orientation)과 직원지향성(employee orientation)의 두 가지 리더십 유형을 발견하였으며, 이 중 직원지향형 리더십이 생산지향형 리더십보다 더 높은 생산성과 직무 만족과 관련되어 있다는 것을 밝혀냈다. 여기서 생산지향형 리더십은 세밀한 감독과 합법적이고 강제적인 권력을 활용하며 업무 계획표에 따라 실천하고 업무 성과를 평가하는 것이며, 직원지향형 리더십은 인간 지향적이고 책임의 위임과 구성원의 복지, 욕구, 승진, 개인적인 성장에 관심을 강조하는 유형이다(Gutknecht & Miller, 1986: 156).

관리 유형도 또는 관리격자이론(Managerial Grid theory)은 오하이오 주립대학교 연구와 미시간대학교 연구의 리더십 행태의 두 가지 차원에 기초를 두고 블레이크와 머튼(Blake & Mouton, 1964: 6−10)이 횡축과 종축을 따라 각각 9개의 위치를 설정하여 결국 81개의 리더십 유형을 제시한 것으로, 리더십 개발에 목적을 두고 있다. 이 이론에서는 대표적인 리더십 유형으로 생산과 인간에 대한 관심이 모두 낮고 리더는 직분 유지에 필요한 최소한의 노력만을 투입하는 빈약형(impoverished: 1 · 1), 인간에 대한 관심은 높으나 생산에 관한 관심은 극히 낮은 친목형(country club: 1 · 9), 생산에 관한 관심은 매우 높지만 인간에 대한 관심은 극히 낮은 과업형(task: 9 · 1), 과업과 인간에 대한 관심을 적절히 균형시키는 절충형(middle of the road: 5 · 5), 그리고 구성원들 간의 신뢰 분위기 속에서 조직 목표를 달성하게 하는 단합형(team: 9 · 9) 등 다섯 가지 유형을 제시하고 있다.

이 이론은 리더가 설문지를 통해 자신의 위치를 확인하고 부족한 점을 인식하게 함으로써 이상적 유형인 단합형(team)을 향해 여러 가지 훈련을 할 수 있도록 하는 리더십의 개발 기법으로 만들어진 것이다.

3 상황이론

상황이론은 리더십은 상황의 산물이기 때문에 상황에 따라 효과적인 리더십 유형이 다르다는 것이다. 따라서 관리자의 직무 중 가장 중요한 것의 하나는 리더십의 효과성에 영향을 미치는 많은 상황적 요소들을 진단하고 평가하는 것이다.

상황이론의 대표적 이론으로는 피들러(Fiedler, 1967)의 리더십 상황적합이론 또는 상황조건론, 허시와 블랜차드(Hersey & Blanchard, 1982)의 상황적 리더십 이론 등이 있다.

피들러(Fred F. Fiedler)의 리더십 상황적합이론 또는 상황조건론(contingency theory)은 리더십에 영향을 미치는 상황변수로 리더와 부하의 관계(leader–member relations), 과업구조(task structure), 리더의 지위 권한(leader's position power) 등을 들고, 이들 세 요소의 결합에 의해 '상황의 호의성(favorableness of the situation)'이 결정된다고 한다. 이들 결합은 상황이 리더에게 가장 호의적인 군(群)부터 가장 비호의적인 군까지 여덟 가지의 조합(組合)이 나온다. 이때 가장 호의적인 상황은 집단의 구성원들이 모두 리더를 좋아하는 '양호한 리더–부하 관계', 명확하게 정의된 직무를 지시할 수 있는 '높은 과업구조', 리더가 강력한 직위를 점하고 있는 '강력한 직위권한' 등이다.

한편 피들러는 리더십 행태가 인간 중심적 또는 과업 중심적인가를 알아보기 위해 리더에게 '가장 싫어하는 동료작업자(Least Preferred Co–workers: LPC)에 대해 물어보는 조사표를 활용하였다. 여기서 자기가 가장 좋아하지 않는 동료를 비교적 호의적으로 평가한 사람은 LPC 평점이 높고 인간 중심적인 리더십 행태를 보이며, 반면 자기가 가장 좋아하지 않는 동료를 불리하게 평가한 사람은 LPC 평점이 낮고 과업 중심적인 리더십 행태를 보인다는 것이다.

피들러의 리더십 상황적합이론은 이상의 두 가지 분석을 통해 상황이 매우 유리하거나 불리한 경우 과업 중심적 리더십 행태가 효율적이며, 상황의 유리성이 중간 정도일 때는 인간관계 중심적인 리더십 유형이 효율적이라는 결과를 추출하였다. 이 이론은 LPC 평점이 과연 리더십 유형과 어떤 관련이 있는지에 대해 비판이 있으며, 리더와 부하의 관계를 고정적인 것으로 보았다는 점이 한계로 지적된다.

허시와 블랜차드(Paul Hersey & Ken H. Blanchard)의 상황적 리더십이론(situational leadership theory)은 리더의 행동 유형을 조직구성원들의 성숙도에 따라 결정해야 한다는 것으로, 여기서 성숙도(readings)는 구성원들이 과업 달성을 위해 지니고 있는 능력과 의욕수준을 의미한다. 이들은 리더의 행동 유형을 과업 중심과 관계 중심으로 구분하고, 이들의 높고 낮음에 따라 지시형(telling), 지도형(selling or coaching), 참여형(participants), 위임형(delegating) 등의 네 개(S1, S2, S3, S4)로 구분하였다. 또한 구성원의 성숙도를 R1에서 R4까지 낮은 곳에서 높은 순으로 구분하여 각각의 성숙도에 적합한 리더의 유형을 선정하는 것이 효과적이라고 주장한다. 즉, 구성원의 성숙도가 낮은 경우(R1) 지시형 리더(S1)가 효과적이며, 구성원의 성숙도가 높은 경우(R4)에는 위임형 리더(S4)가 효과적이라는 것이다. 이 이론은 성숙도의 개념적 타당성에 대해 많은 지적들이 있으며 리더십 유형과 성숙도의 조합도 강한 설득력을 얻지 못하고 있다.

4 현대적 리더십 이론

현대적 리더십 이론은 주로 1990년대 이후 대두된 유망하고 혁신적인 조직을 만들기 위한 리더 역할에 대한 이론들로서, 그 특징을 보면 주로 조직구성원들의 흥분과 열정을 불러일으키는 정서적 공감을 통해 조직이나 집단이 궁극적으로 지향해야 할 비전을 창출하고 조직구성원의 변화와 혁신을 추구한다(최항순, 2018: 423-433).

먼저 변혁적 리더십(transformation leadership)은 조직 성공에 결정적 영향을 미치고 있는 특정 개인의 뛰어난 자질 또는 카리스마에 초점을 두고 있으며, 이 용어를 처음으로 사용한 번스(Burns, 1978: 20)는 변혁적 리더십을 종래의 거래적 리더십과 구별하여 리더와 추종자 간의 높은 수준의 도덕성과 동기부여의 상태로 상호 고양시켜주는 과정으로 정의하였다. 변혁적 리더십의 특징을 보면 거래적 리더십(transactional leadership)의 현상유지 목적, 규정 또는 규칙에 의한 활동, 상호 의존적 리더-부하 간 관계, 일상적 과업 등에 비해 변화 목적, 규정 또는 규칙의 변화, 상호 독립적 리더-부하 간 관계, 비일상적 과업 등이라는 점에서 구별된다.

서번트 리더십(servant leadership)은 부하나 종업원을 섬겨야 할 서비스 대상으로 보는 헌신적인 리더십으로, 이 이론의 창시자인 그린리프(Greenleaf, 1970)에 의하면 서번트 리더십은 리더를 다른 사람에게 봉사하는 하인(servants)으로 생각하고 구성원들을 섬김의 대상으로 보아 명령과 통제로 일관하는 자기 중심적 리더가 아닌 신뢰와 믿음을 바탕으로 개방적인 가치관을 지닌 리더십이라고 정의하였다. 서번트 리더십의 특징을 보면 전통적 리더십의 자기 중심적 가치관, 과제 우선, 상명하복의 리더-부하 간 관계, 자기 방식 강조의 추진 방식, 시간과 경비 중시 등에 비해 타인 중심 또는 개방적 가치관, 사람 우선, 존중과 관심의 리더-부하 간 관계, 아이디어 구하는 추진 방식, 부하들의 자발성 강조 등에서 구별된다. 그리고 스피어즈(Spears, 1995)는 그린리프의 이론에 기초하여 경청(listening), 공감(empathy), 치유(healing), 설득(persuasion), 인지(awareness), 통찰(foresight), 비전 제시(conceptualization), 청지기 의식(stewardship), 구성원의 성장(commitment to growth), 공동체 결성(communityn building) 등을 서번트 리더십의 하위행동 특성으로 제시하였다.

셀프 리더십(self leadership)은 조직구성원들이 자신이 직무를 잘 수행하도록 동기부여하고, 자신의 바람직한 생각과 자세가 자신의 실제 행동에 영향을 미치도록 자기 스스로를 리드하는 리더십으로, 최초로 개념을 제시한 맨츠(Manz, 1986)에 의하면 셀프 리더십을 발휘하기 위한 행동전략으로 자기관찰(self-observation), 자기목표 설정(self-set goals), 단서관리(management of cues), 자기보상(self-reward), 예행연습(rehearsal), 자기처벌 또는 자기비판(self-punishment) 등을 들고 있다.

슈퍼 리더십(super leadership)은 조직구성원들이 스스로 셀프 리더가 되도록 신뢰하고 지원해 주는 관리자의 리더십으로, 최초로 개념을 제시한 맨츠와 심스(Manz & Sims, 1986)에 의하면 슈퍼 리더십을 발휘하기 위한 행동 전략으로 셀프 리더십의 경우와 유사하게 자기관찰을 통한 정보제공, 자기목표 설정으로 목표달성을 위한 자발적인 노력 증대, 과업수행 후 자기보상과 함께 실패에 대한 자기검토, 사전에 체계적으로 재검토하는 예행연습 등을 든다.

한편 현대의 조직구조가 수직적 통제구조에서 점점 수평화된 체제로 바뀜에 따라 리더의 역할도 기존의 위계구조상의 감독과 통제에서 팀(team) 단위에서의 지휘(指揮, command)로 변화되는 팀 리더십이 강조되고 있다.

제 3 절 조직계층에 따른 리더십

1 최고관리층의 리더십

최고관리층(top management)은 조직을 이끌어 갈 전반적인 책임을 지고 있는 사람들로서, 사회복지조직에서는 생활시설의 원장, 이용시설의 관장 또는 센터장 등이 여기에 해당된다. 이들은 정책을 해석하고 조직 목표에 맞게 전환하여 필요한 재정적 · 정치적 지지를 획득하는 책임을 지며, 통상 정책당국 및 자금조달기관과 깊은 관련을 맺고 조직의 업적을 설명하며 자금 청구를 정당화하려고 노력한다. 그리고 외부 환경의 변화를 잘 파악하여 조직을 적절히 적응시키며, 조직의 주요한 배분과 프로그램 결정, 조직구조 설정, 조직활동의 우선순위 등을 결정한다(Patti, 1983: 43).

여기서 최고관리층의 리더십이 수행해야 하는 업무는 두 가지로 요약될 수 있다. 하나는 조직의 내부 운영을 지시하고 조정하는 것이고, 또 하나는 환경과의 관계를 확립하는 것이다. 이러한 과업 수행을 위해서는 다음과 같은 의사결정 기술을 가져야 한다. 즉, ① 조직의 기본적 임무를 설정하고, ② 외부 이해관계집단과 교섭 및 중재를 행하고, ③ 임무 수행을 위한 서비스 기술을 선정하고, ④ 내부구조를 유지 및 발전시키며, ⑤ 변화를 주도하는 것 등이다.

2 중간관리층의 리더십

중간관리층(middle management)은 조직의 계층구조상 최고관리층의 바로 밑에 있는 중추적인 관리계층을 뜻하며, 사회복지조직에서는 조직의 주요한 프로그램 부서를 책임지고 있는 사무국장, 부장이나 과장 등이 여기에 해당된다. 이들은 최고관리층의 지시를 구체적인 프로그램 목표로 전환하고 이러한 목표 달성을 위해 여러 프로그램 전략을 세우고 조정·평가하는 역할을 한다.

또한 중간관리층인 프로그램 관리자들은 하위관리층을 포함한 일선직원과 최고관리층 사이의 연결쇠로서 이 두 수준을 중재하는 역할을 담당하게 된다. 즉, 최고관리층의 방침이나 뜻을 하위 직원들에게 설명하고 전달하는 한편 하위 직원들의 생각이나 관심, 욕구 등을 대변하는 역할을 하는 것이다. 그리고 부서 간의 수직적, 수평적 의사소통을 촉진하고 개인 또는 집단 간의 갈등을 해소하며, 조직의 규범체계를 유지하고 혁신을 한다(Patti, 1983: 43-44).

여기서 중간관리층의 리더십이 수행해야 하는 업무는 두 가지로 요약될 수 있다. 하나는 조직계층 및 부서 간의 수직적·수평적 연결쇠로서의 기능이고, 또 하나는 개개 직원들의 욕구를 조직 목표에 통합시키는 인간관계 기술이다.

이러한 통합 및 연결고리로서의 중간관리층의 역할은 사회복지조직에 있어 매우 중요하다. 사회복지조직에는 많은 전문가들이 있는데 이들은 각기 다른 분야의 업무를 수행하므로 조직 전체의 사정에는 어두운 경우가 적지 않을 것이기 때문이다.

3 하위관리층의 리더십

하위관리층은 조직의 계층구조상 최하위에 위치하면서 중간관리층의 지시와 통제 하에 구체적인 업무를 직접 수행하는 계층을 뜻하며, 사회복지조직의 경우 일선직원들(사회복지사들)과 일상적으로 접촉하고 있는 슈퍼바이저들(supervisors)이 여기에 해당된다. 이들은 프로그램 수행을 감독하고 일선직원들에게 업무를 위임 또는 분담시키며 서비스가 제대로 제공되고 있는가를 검토한다. 이들은 직접적 서비스 분야에 전문성을 가지고 있어야 하기 때문에 일반적으로 전문적 기술을 지닌 사회복지사 중에서 발탁된다.

한편 하위관리층도 중간관리층처럼 연결쇠로서의 역할을 수행하는데 윗사람에게 하위 직원들의 관심거리를 알려주고 윗사람들과 의사소통을 촉진시키며 윗사람들의 지시를 하위 직원들에게 분명히 하거나 강화하는 역할을 수행한다(Patti, 1983: 44-45).

여기서 하위관리층의 리더십이 수행해야 하는 업무는 두 가지로 요약될 수 있다. 하나는 전문적 기술이고 또 하나는 공평성(equity))에 대한 관심이다. 전문적 기술은 슈퍼바이저로 하여금 하위 직원들이 업무를 조직화하고 다른 직원들과 공동 업무 노력을 조정하도록 도움을 제공할 수 있게 해 준다. '공평성'은 보상과 제재에서 중요한데, 조직의 보상구조가 공정할 때 사기는 높아진다.

제 4 절 사회복지조직의 전문적 리더십과 슈퍼비전

1 사회복지행정에서의 리더십 성격

트레커(Trecker, 1971)는 사회복지행정에서 리더가 지녀야 할 자질로 충분한 실증적 지식, 기술습득, 분석 능력 등을 들고 있으며, 홀(Hall, 1977)은 리더의 책임과 역할은 명령이나 지시뿐 아니라 환기적인 상황을 지속하도록 하고 참여하기 쉬운 따뜻한 분위기를 조성하며 사람들이 협동적인 일에 있어 각자가 할 일을 찾도록 도와주는 데 큰 비중을 두고 있다(Trecker 저, 장인협 역, 1982: 79-90).

한편 스키드모어(Skidmore, 1983, 139-140)은 사회복지행정에서의 효과적인 리더십의 속성으로 다음과 같이 기술하고 있다.

첫째, 리더는 사려 깊게 기획하고 결정을 지속적으로 밀고 나가야 한다. 예를 들면, 이사회에서 진정으로 필요한 예산증대 요구가 거부되었을 때 지속적으로 확신시키는 노력을 기울인다.

둘째, 리더는 시간의 가치와 그 역동성을 이해하며, 자신의 시간뿐 아니라 다른 사람의 시간도 존중해야 한다.

셋째, 리더는 개방적인 자세를 가지고 상대방의 의견을 기꺼이 경청해야 한다. 만일 자신의 의견이 틀리다는 사실을 알았을 경우 기꺼이 양보하며, 직원들과 의견이 일치하지 않을 경우에는 타협을 한다.

넷째, 리더는 기관의 정책과 목표의 범위 내에서 직원들에게 가능한 한 많은 자유를 허용하고, 사용하는 언어도 부드러운 언어를 사용할 필요가 있다.

다섯째, 리더는 창의성이 요구되며, 모든 직원들에게 창의성을 발휘할 시간과 기회를 부여해야 한다.

이상의 학자들의 견해에서 사회복지행정에서의 리더십은 전문성을 바탕으로 상급자가 하급자에게 정보를 제공하고 용기를 북돋워주는 전문적 리더십 또는 슈퍼비전이라고 할 수 있다. 슈퍼비전(supervision)은 슈퍼비전을 주는 사람인 슈퍼바이저(supervisor)와 받는 사람인 슈퍼바이지(supervisee)의 관계로 구성되는데 이는 일반 조직에서의 리더(leader)와 추종자(followers)의 관계에 준한다. 리더십과 슈퍼비전은 모두 '특정한 목적 성취를 위해 인간 행동에 영향을 미치는 과정'이라는 공유점이 있으나 전문직 업무자들로 구성된 조직에서의 리더와 추종자의 관계는 단순히 조직적 목적만이 아닌 전문직의 가치와 사명도 함께 다루어져야 한다. 그러므로 일반 조직에서의 리더십 관계가 사회복지조직과 같은 휴먼 서비스 조직에서는 상당 부분 전문적 슈퍼비전 관계로 치환된다(김영종, 2010: 203-204).

슈퍼비전은 사회복지조직에서 직원들이 서비스를 효율적으로 전달하기 위해서는 잘 훈련되고 경험이 많고 전문지식과 기술을 갖춘 사람이 경험과 지식과 기술이 부족한 사람들에게 도움을 주는 것이 필요하다는 전제 위에서 이루어진다.

2 슈퍼비전의 기능과 역할

슈퍼비전은 앞서 언급한 바와 같이 상급자가 하급자에게 정보를 제공하고 용기를 북돋워주는 전문적 리더십으로서, 서비스의 효율성을 담보하기 위한 기능과 역할을 수행해야 한다. 이를 위해 슈퍼바이저는 조직의 리더로서 직위에 수반되는 합법적 권한을 부여받는다. 루이스 등(J. A. Lewis & M. D. Lewis)은 슈퍼비전의 의도는 관리자, 중재자, 멘토 등 세 가지 역할을 통해 성취된다고 본다. 여기서 관리자(manager)는 기획, 예산, 조직, 인력개발, 프로그램 평가 등의 역할을 수행하고 중재자(mediator)는 조직 내 분화된 기능의 각종 부서 혹은 다른 직원들과의 관계를 적절히 할 수 있도록 돕는 활동을 수행한다. 그리고 멘토(mentor)는 슈퍼바이지(supervisee)의 지식과 기술 개발을 돕고 정서적, 심리적 지지를 제공한다.

카두신(Alfred Kadushin)은 슈퍼비전을 행하는 슈퍼바이저의 역할을 행정적 상급자, 교육자, 상담자 등의 세 가지로 구분하고 있다. 여기서 행정적 상급자는 하급자들의 규정 준수와 통제의 기능을, 교육자는 서비스 관련 지식과 기술의 교육적 전수 기능을, 그리고 상담자는 업무자에 대한 사회적 및 정서적 지지 제공의 지지적 기능을 수행한다. 이들 기능을 각각 행정적 기능, 교육적 기능, 지지적 기능이라고 하는데, 다우슨(Dawson, 1926)이 처음으로 이들 용어를 사용한 이래 토웰(Towel, 1954)과 카두신(Kadushin, 1976)을 거쳐 슈퍼비전의 기능으로 정착되었다. 이러한 슈퍼바이저의 기능과 관련하여 스키드모어(Skidmore, 1990: 206－207)는 특히 다음 세 가지를 강조하고 있다.

첫째, 다른 사람을 가르치는 '교수(teaching)'의 기능으로, 이는 상대방으로 하여금 지식과 기술을 향상시키고 전문직업적 태도를 확립하게 하는 것이다. 일반적으로 사람들은 실행함으로써 배우게 되는데 슈퍼비전을 받는 사람이 실제로 행한 일과 관련하여 잘된 것과 잘못된 것을 슈퍼바이저와 토의하면서 배우게 된다.

둘째, 행정업무 수행에 관한 '행정(administration)'의 기능으로, 이는 봉급, 승진, 사례의 할당 등 행정업무의 양과 질에 있어 통일성과 효율성을 기하기 위해 슈퍼바이지(하급자)를 지도하고 돕는 것이다.

셋째, 업무를 보다 잘할 수 있도록 도와주는 '업무촉진(business acceleration)'의 기능으로, 이는 하급자들이 맡겨진 업무를 스스로 잘 감당할 수 있도록 장애요소나 방해 요소를 제거해 주고 용기를 주고 지지해 주는 것이다(최성재 · 남기민, 2003: 301－302).

그리고 슈퍼바이저가 보다 효율적인 슈퍼비전을 할 수 있도록 하는 조건으로는 전문적 지식 구비, 실천기술과 경험 구비, 개방적 접근의 허용, 헌신적인 사명감, 솔직한 태도, 감사와 칭찬의 태도 등을 들 수 있다(Skidmore, 1990: 209-210).

한편 미들맨과 로드즈(Middleman & Rhodes, 1985)는 슈퍼비전의 기능으로 통합 기능(인간화, 긴장관리, 촉매 등), 서비스 전달 기능(교육, 평생직의 사회화, 평가 등), 연결 기능(행정, 옹호, 변화 등) 등 아홉 개 기능을 소개하고 있다. 여기서 '통합 기능'은 지속적인 사회 변화와 요구 속에서 조직의 안정성을 목표로 슈퍼바이저가 조직의 중간적 위치에서 조직 이익과 개인적 이익을 통합하는 데 중추적 역할을 수행해야 한다는 것으로 카두신의 지지적 기능과 유사하며, '서비스 전달 기능'은 사회복지사 등 전문직의 사회복지기관에 대한 책무성에 바탕을 두고 전문직의 능력, 가치와 윤리에 따라 클라이언트의 욕구에 부응하는 서비스를 제공해야 한다는 것으로 카두신의 교육적 기능과 유사하다. 그리고 '연결 기능'은 사회복지기관의 내적 및 외적 관계망 속에서 슈퍼바이저는 정책, 규칙, 절차, 프로그램, 서비스 간 상호관계 등에 대해 잘 인지하고 클라이언트나 기관에 해로운 모순과 갈등을 해결하기 위한 행동대안들을 강구해야 한다는 것으로 카두신의 행정적 기능과 유사하다(김융일 · 양옥경, 2002).

3 슈퍼비전의 모형

슈퍼비전은 사회복지조직의 관여자 형태, 목표 설정 여부, 형식구비 여부, 기술수준, 장소 여건 등의 기준에 따라 여러 가지 모형으로 구분될 수 있다. 먼저 왓슨(Watson, 1973: 83-86)은 슈퍼비전을 슈퍼바이저와 슈퍼바이지의 관계구조에 의거하여 개인교습, 사례상담, 슈퍼비전 집단, 동료집단 슈퍼비전, 직렬(동료 2인) 슈퍼비전, 팀 슈퍼비전 등 여섯 가지 모형으로 구분하였다.

여기서 개인교습(tutorial model)은 슈퍼바이저와 슈퍼바이지가 마치 개인교사처럼 일 대 일(1 : 1)의 관계를 통해 슈퍼비전을 주고받는 것이고, 사례상담(case consultation)은 사례별로 일 대 일 혹은 여러 사람들을 함께 포함하여 상담하는 것이며, 슈퍼비전 집단(supervisory group)은 한 명의 슈퍼바이저와 한 집단의 수퍼바이지들로 구성된 형태이다. 그리고 동료집단 슈퍼비전(peer-group supervision)은 특정한 슈퍼바이저가 지정되지 않고 모든 집단구성원이 슈퍼바이저와 슈퍼바이지로 동등하게 참여하는 것이고, 직렬 슈퍼비전(tandem supervision)은 일종의 동료집단 슈퍼비전으로 두 명의 업무자가 동등한 자격으로 서로에게 슈퍼비전을 제공하는 것이다. 그리고 팀 슈퍼비전(team supervision)은 최대로 다양한 성격을 가진 구성원들로 팀을 이루어 사전에 제안된 어젠다(agenda)에 대해 상호작용을 통해 결정하는 것이다.

코울셰드(Coulshed, 1990: 132-136)는 슈퍼비전을 개인과 집단, 공식성과 비공식성, 직접성과 간접성 등을 기준으로 개인 슈퍼비전, 집단 슈퍼비전, 공식적 슈퍼비전, 비공식적 슈퍼비전, 직접 슈퍼비전, 간접 슈퍼비전 등 여덟 가지 모형으로 구분하였다.

여기서 개인 슈퍼비전(individual supervision)은 일 대 일(1 : 1)의 관계로 이루어지는 전통적인 모형으로 상급자와 하급자 간, 동료 간 등의 두 가지 경우가 있다. 이 중 '상급자와 하급자 간 모형'이 보다 보편적이라고 할 수 있는데, 이 경우 한 명의 슈퍼바이저가 여러 지역을 방문하여 슈퍼비전을 주는 형태도 있다. 집단 슈퍼비전(group supervision)은 한 사람 대 다수의 관계로 이 모형에서도 여러 명의 슈퍼바이지가 한 명의 슈퍼바이저를 만나는 경우와 슈퍼바이저 없이 지식과 기술 수준이 비슷한 사람들끼리 서로 경험을 나누고 도와주는 동료집단형이 있다. 공식적 슈퍼비전(formal supervision)은 하급 직원이 공식적 관계에서 분명한 목적을 가지고 공식적으로 슈퍼바이저에게 슈퍼비전을 받는 것이며, 비공식적 슈퍼비전(informal supervision)은 토의사항 등에 관해 사전 계획 없이 이루어지는 것이다. 그리고 직접 슈퍼비전(direct supervision)은 슈퍼바이저가 슈퍼바이지가 행하는 것을 직접 관찰하면서 필요하면 즉시 슈퍼비전을 주는 방법이며, 간접 슈퍼비전(indirect supervision)은 직접 관찰하지 않고 슈퍼바이지가 행한 것을 설명을 듣거나 역할연기 또는 모의실험을 통해 슈퍼비전을 주는 방법이다.

그 밖에 스키드모어(Skidmore, 1990: 217-221)는 슈퍼비전을 동료 슈퍼비전, 목표관리 슈퍼비전, 집단 슈퍼비전, 이동식 슈퍼비전, 과업 슈퍼비전, 적응 슈퍼비전, 직접관찰 슈퍼비전 등 일곱 가지로 구분하였다(최성재 · 남기민, 2003: 307-311; 김영종, 2010: 209-210).

연습문제

01 리더십 이론에 대한 설명 중 옳은 것은?

① 리더십 특성이론은 리더십 행동이론을 비판한 것이다.
② 행동이론의 종류에는 상황적합이론, 경로－목표이론, 카리스마 리더십이 있다.
③ 관리격자이론에서는 중도형 리더십이 가장 성과가 높게 나타났다.
④ 미시간대학교 연구에서는 구성원 중심적 리더십이 직무 위주 리더십보다 효과적이라는 결론을 도출했다.
⑤ 오하이오 주립대학교 연구에서는 종업원 주도형이 직무 주도형보다 높은 성과를 낸다고 보았다.

02 리더십이론에 대한 설명으로 옳지 않은 것은?

① 관리격자이론: 리더의 생산에 대한 관심과 인간에 대한 관심으로 구분하여 살펴본다.
② 경로－목표이론: 핵심적인 리더의 유형과 상황요소들을 다루고 있다.
③ 특성이론: 성공적 리더의 특성과 자질을 탐구하였다.
④ 행동이론: 오하이오 주립대 연구, 미시간대 연구, 호손연구 등이 있다.
⑤ 상황이론: 리더십은 리더의 행동유형뿐 아니라 리더십을 둘러싼 상황에 의해 결정된다고 본다.

03 관리격자이론(managerial grid)에서 리더십 유형을 분류하는 두 가지 차원으로 적절한 것은?

① 과업과 과정　② 관계와 과업　③ 인간과 관계
④ 생산과 과업　⑤ 생산과 인간

04 일에 대한 의지는 강하나 직무수행 능력에 있어서 개선 여지가 많은 경우 허시와 블랜차드(Hersey & Blanchard)의 상황적 리더십의 유형 중 어떤 것이 바람직한가?

① 위임형 ② 참여형 ③ 제시형
④ 과업형 ⑤ 지시형

05 경로-목표이론(path-goal theory)에서 참여적 리더십은 지시적 리더십과 비교할 때 어느 것이 단점인가?

① 의사결정의 경직성이 우려된다.
② 일의 처리에 대한 정보제공이 부족하다.
③ 내부 갈등에 개입이 어려워 혼란을 야기할 수 있다.
④ 의사결정에 많은 시간과 비용이 부과된다.
⑤ 조직구성원의 사기 저하가 우려된다.

06 카츠(Robert L. Katz)의 이론에서 관리자의 승진에 따라 상대적으로 중요도가 커지는 리더십 기술은?

① 전문과업 ② 의사결정 ③ 대인관계
④ 직접 서비스 ⑤ 사례관리

07 효과적으로 권한을 위임하기 위한 지도자의 역할과 관련하여 쿤츠와 오도넬(Koontz & O'Donnell)이 제시한 것이 아닌 것은?

① 지도자는 부하직원에게 의사결정의 기회를 준다.
② 지도자는 구성원들을 일일이 구체적으로 통제해야 한다.
③ 지도자는 구성원들보다 능력이 뛰어나야 한다.
④ 지도자는 구성원들이 자발적으로 협력하도록 그들에게 영향력을 행사해야 한다.
⑤ 지도자는 표준을 제시하고 표준과 실적을 비교 검토함으로써 구성원을 감독한다.

08 일선 슈퍼바이저의 슈퍼비전에 대한 설명으로 틀린 것은?

① 개별 사례에 대한 목표와 과업 결정에 대한 정보를 제공한다.
② 일선 사회복지사와 함께 서비스를 전달하는 활동이다.
③ 업무계획, 업무 협조 등 의사소통을 촉진한다.
④ 일선 사회복지사의 동기와 사기를 증진시킨다.
⑤ 일선 사회복지사의 지식과 기술 향상에 기여한다.

09 카두신(A. Kadushin)의 슈퍼비전 기능 중 행정적 기능은?

보기

가. 직원의 채용과 심사에 관한 논의
나. 업무계획, 업무지시, 업무위임
다. 직무수행에 관한 모니터링
라. 새로운 이론과 모델의 적용

① 가, 나, 다 ② 가, 다 ③ 나, 라
④ 다, 라 ⑤ 가, 나, 다, 라

정답 1. ④ 2. ④ 3. ⑤ 4. ③ 5. ④ 6. ② 7. ② 8. ② 9. ①

제 9 장

사회복지행정의 마케팅과 홍보

제 1 절 사회복지조직 마케팅의 개념과 특징

1 사회복지조직 마케팅의 개념과 필요성

마케팅(marketing)은 개인이나 집단이 제품과 가치를 창조하고 표적 고객과의 호혜적인 교환활동을 함으로써 자신들의 욕구(needs)와 욕망(wants)을 충족시키려는 사회적 또는 관리적 과정을 의미한다. 기업조직에서 이윤의 극대화를 추구하기 위해 제품이 잘 팔릴 수 있도록 고객 중심의 생산 및 판매 전략을 짜는 것은 그 대표적인 예이다.

마케팅이란 용어는 시장을 의미하는 'market'에서 파생된 말로 대체로 20세기 초 미국에서부터 사용하기 시작하였다. 그러나 마케팅의 개념은 그보다 훨씬 이전 인류가 물물교환을 시작한 때로부터 존재했다고 할 수 있다. 그리고 마케팅 개념의 내용도 시기에 따라 변화되어 왔다고 할 수 있는데, 1950~1960년대에는 제품 부족으로 만들면 팔린다는 전제 하에 생산(production)에 중점을 두었고,

1970년대에는 평생 가는 전구, 강철보다 강한 섬유질로 닳지 않는 듀퐁(DuPont)사의 케블라(Kevlar)[1] 등과 같이 품질(quality)을 강조하였다. 그 후 마케팅은 보험이나 자동차와 같이 영업(sales)을 중점으로 한 방향으로 변화되었다.

오늘날 마케팅의 개념은 개별적 기업의 입장에서 볼 때 단순한 판매나 유통만을 의미하지 않고 기업활동 자체를 마케팅 활동으로 파악하는 '토털 마케팅(total marketing)'의 입장에 입각하고 있다. 왜냐하면 현대 기업은 "만들면 팔린다"는 전제 하에 만든 물건을 그저 수요자에게 판매하는 활동만으로는 극심한 경쟁 속에서 비교우위를 유지하기 어려우며, 장기적인 생존을 위해서는 전략적 차원에서 고객 창조와 고객만족감 창조를 위한 전사적(全射的, entire) 마케팅 활동이 필요하기 때문이다.

마케팅의 개념에 대해서는 그동안 경영학을 중심으로 많은 정의가 이루어져 왔다. 먼저 미국마케팅학회(American Marketing Association, 1985)는 "마케팅은 개인 또는 조직의 목표를 충족시키기 위하여 아이디어와 상품 및 서비스의 개념을 정립하고 가격을 결정・촉진하며 유통을 계획하고 실행하는 과정이다"라고 하였으며, 한국마케팅학회는 "마케팅은 개인이나 조직이 자신의 목적을 달성시키는 교환을 창출하고 유지할 수 있도록 시장을 정의하고 관리하는 과정이다"라고 정의하였다.

또한 스탠턴(Stanton, 1981)은 "마케팅은 욕구충족의 대상이 되는 제품이나 서비스를 현재적(actual) 및 잠재적(potential or latent) 고객에게 제공하기 위해서 계획하고 가격을 산정하며, 촉진하고 분배하도록 설계된 기업활동의 총체적 시스템이다"라고 하였고, 콜터(Kolter, 1991)는 "마케팅은 개인이나 집단이 타인에게 가치가 있는 제품을 창출, 제공, 교환함으로써 그들이 필요로 하고 원하는 것을 얻을 수 있게 해주는 사회적 및 경영관리적 과정이다"라고 하였다.

오늘날 사회복지행정에서 이러한 마케팅 개념이 중요시되는 이유는 마케팅이 사회복지행정에 대한 주민들의 현재 및 미래의 욕구를 파악하여 이에 적절히 대응해 나갈 수 있는 유용한 틀을 제공할 수 있기 때문이다. 따라서 사회복지조직에서 마케팅 활동은 조직의 경쟁력을 강화하고 클라이언트에게 더 가깝게 접근

1) 미국 듀퐁사가 1965년 개발한 고탄성률(高彈性率)의 고강도 섬유로, 일본 테이진(帝人)의 트와론, 한국 코오롱의 헤라크론 등과 같이 소수기업만이 독립기술을 보유한 기술집약적 소재이다.

하여 클라이언트의 기대를 충족시키는 질 좋은 서비스를 제공하는 데 필요한 관리활동이라고 할 수 있다.

한편 사회복지조직은 현실적으로 조직 목표의 달성을 위한 프로그램과 서비스의 활동을 위한 충분한 양의 재정자원을 창출하고 보유해야 하는 소위 '자본화(capitalization)'가 필요하다. 과거에는 사회복지조직이 재정적 어려움과 욕구를 강력하게 부각시키는 것이 자원 확보에 유리하다는 경향이 강했으나 현재에는 조직이 규모와 전문성, 경쟁력 등 장점을 강조해야 더 많은 사회적 지원을 끌어낼 수 있고 다양한 활동을 계획할 수 있다. 따라서 고객과 기부자에게 원하는 가치를 제공하고 그들로부터 지원과 후원금을 교환하는 마케팅 활동이 비영리조직에서도 필요하게 되었다(황진수, 2011: 215).

2 사회복지조직 마케팅의 특징

마케팅 중에서 사회복지와 관련된 비영리조직의 마케팅을 '사회마케팅(societal marketing)'이라고 하며, 이는 조직의 소비자인 클라이언트, 재정 제공자, 자격부여기관 및 전체 사회가 사회복지기관에 대해 더 많은 관심과 요구를 갖게 하는 마케팅 활동을 뜻한다.

기업마케팅에서 고객에게 행해지는 이윤극대화를 위한 마케팅 행위가 사회마케팅에서는 잠재적 기부자(potential donor)를 기부자로 만드는 활동으로 나타난다. 이러한 사회마케팅에서는 사회복지기관의 욕구와 가치와 이상이 잠재적 기부자의 욕구, 가치, 이상 등과 좀 더 일치할 수 있도록, 그리고 잠재적 기부자가 중요하다고 생각하는 사회문제를 해결할 수 있는 능력을 기관이 갖추었다고 판단할 경우 기부자로 변화할 가능성이 높아진다.

사회복지조직과 관련된 사회마케팅 활동은 대중의 평가에 지배되기 쉽다. 이는 비영리조직들이 대체로 대중이 필요로 하는 서비스를 제공하며 이를 위해 보조금을 받거나 세금이 면제되는 사업을 하기 때문이다(강용구 외, 2008: 202). 따라서 사회복지조직은 대중으로부터 요구되는 책임성, 투명성, 신뢰성 등에 부응하는 운영과 마케팅을 이루어야 한다.

사회마케팅은 그 대상인 비영리조직이 물리적인 상품을 생산하는 영리조직과 달리 서비스를 제공한다는 점에서 다음과 같은 특징이 있다.

첫째, 서비스의 무형성(intangibility)으로, 사회복지조직의 서비스는 영리조직의 상품과 달리 형체가 없으며 그것을 이용해 보기 전에는 서비스 제공자의 주장을 확인하기 어렵다. 서비스는 이용자가 실제로 이용해본 후에만 평가가 가능하다는 점에서 마케팅의 어려움이 있다.

둘째, 서비스의 다양성(diversity)과 복잡성(complexity)으로, 사회복지 서비스는 이용자의 개별적인 욕구를 중시하기 때문에 다양한 서비스가 제공되어야 하며 서비스와 관련된 다양한 이해집단으로 욕구 충족 과정도 매우 복잡하다. 이에 비해 영리조직이 생산하는 상품은 대량소비를 유도하기 위한 표준화로 다양성이 부족한 경우가 많다.

셋째, 영리조직의 물리적 상품은 생산이 선행되고 고객에 의해 소비가 발생하는데 비해, 사회복지조직의 서비스에서는 생산자와 소비자가 생산 과정에 동시에 참여하여 생산과 소비가 '분리되지 않는(non-separable)' 경우가 많다. 따라서 사회복지 마케팅에서는 상품의 교환뿐만 아니라 생산자와 소비자의 상호작용을 강조할 필요가 있다.

넷째, 서비스의 소멸성(decay)으로, 사회복지조직의 서비스는 물리적 상품처럼 저장할 수 없고 반환하거나 되돌릴 수 없다. 서비스가 일단 시작되면 그 서비스는 소멸되며, 이용자들은 서비스가 다시 제공되기까지 일정기간 기다려야 한다.

제 2 절 사회복지행정의 마케팅 전략

1 마케팅 과정

마케팅 과정은 마케팅 계획의 작성, 환경 분석, 마케팅 실행, 마케팅 평가 등으로 구분할 수 있는데, 먼저 마케팅 계획의 출발점은 사회복지조직의 마케팅 목표를 설정하는 것이다. 목표 설정의 원칙으로는 Specific(목표는 구체적으로),

Measurable(목표는 측정 가능하게), Attainable(목표는 실현 가능하게), Result-oriented(목표는 결과 지향적으로), Time-frame(목표는 시간구조를 갖도록) 등 SMART 원칙이 있다. 다음으로 사회복지조직 및 기관이 속한 환경에 대한 분석은 외부 환경과 내부 환경으로 구분하여 접근할 필요가 있다. 외부 환경은 모금과 후원에 관련된 각종 법규와 정부정책, 경제상황 등을 분석하며, 내부 환경의 경우 조직의 강점과 약점을 비롯하여 조직 내 자원과 시스템에 대해 분석한다.

이러한 환경 분석에는 무엇보다도 시장분석(market analysis)이 중요하다고 할 수 있는데, 시장분석은 시장세분화, 표적시장, 시장 포지셔닝 등의 세 과정으로 구성된다. 시장세분화(market segmentation)는 전체 시장에서 고객의 욕구, 특징, 행동 등을 기반으로 비슷한 서비스와 마케팅 믹스를 요구하는 고객집단끼리 서로 구분하여 그룹을 나누는 것으로, 시장세분화의 수준에 따라 전체 고객들을 대상으로 하나의 마케팅 프로그램을 적용하는 대량 마케팅과 일부 세분시장에 마케팅 믹스와 자원을 집중하여 경쟁우위를 확보하려는 세분화 마케팅으로 구분할 수 있다.

표적시장(target market)은 사회복지조직이 전체 시장에서 자신에게 가장 유리하다고 판단하여 선택한 고객층으로 마케팅 믹스의 공략 대상으로 선정된 시장을 뜻하며, 표적시장 분석 시 주요 분석 단위는 고객(customer, 잠재적 후원자), 경쟁기관(competitor), 기관 자체(company) 등 3C이다.

그리고 시장 포지셔닝(market positioning)은 경쟁기관의 서비스가 시장 내에서 점유하고 있는 이미지와 가치를 분석하고 자신의 경우 어떤 이미지와 가치를 심어줄 것인가의 전략적 위치를 설정하는 것으로, 경쟁기관에 비해 자기 제품과 서비스의 우수성 및 차별성을 강조하는 전략을 실행한다.

조직환경 분석을 위해서는 조직 마케팅상의 강점과 약점을 확인하고 외부 환경인 기회 요인과 위협 요인을 규명하는 SWOT(strength, weakness, opportunity, threat) 분석이 대표적인 기법이다. 이 기법을 통해 조직은 강점에 적합한 목표, 기회, 전략이 추구되고 자원면에서 취약한 부문을 회피해야 한다.

그리고 마케팅 실행(marketing implementation)은 사회복지조직이 마케팅 목표를 달성하기 위해 기획한 마케팅 활동을 실제로 실행에 옮기는 것으로, 여기에는 기부를 요청하는 것을 비롯하여 사회복지기관에 대한 후원과 지지, 참여활동

요청 등이 포함된다. 마지막으로 마케팅 평가(marketing evaluation)는 기부행위의 발생에 대한 종합적인 평가와 함께 새로운 기관의 외부 환경에 대한 분석으로 연계되는 과정으로, 포괄적이고 체계적이고 정기적이며 외부로부터 간섭을 받지 않는 독립적 평가가 바람직하다(황진수, 2011: 218-227).

2 마케팅 수단과 기법

1) 마케팅 수단

조직이 통제할 수 없는 외부 환경에 대해 사용할 수 있는 마케팅 수단으로 흔히 '마케팅 믹스(4P)'를 든다. 마케팅 믹스(marketing mix)는 제품(product), 가격(price), 유통(place), 판매 촉진(promotion) 등 소위 4P가 복합적으로 사용되어 마케팅 목표 달성에 시너지 효과를 준다는 의미로 사용된다. 마케팅 믹스를 구성하는 네 가지 수단을 좀 더 구체적으로 보면 다음과 같다.

첫째, 제품(product)은 제품 다양성, 품질, 디자인, 서비스 등과 같이 시장에 판매할 제품이나 서비스 자체의 질과 구성을 의미하는 것으로, 비영리조직인 사회복지기관에서 제품은 클라이언트를 위해 제공하는 서비스와 프로그램을 뜻한다.

둘째, 가격(price)은 표시가격, 할인, 공제액, 할부기간 등과 같이 기업에서는 이윤을 얻을 수 있는 원천이고 소비자에게는 지불 능력과 구매 욕구를 자극하며 상품효용에 대해 기꺼이 지불하고자 하는 화폐액을 의미하는 것으로, 사회복지기관에서는 양질의 서비스를 저렴한 수준의 비용으로 제공하는 것 또는 모금이나 기금에 의한 적정한 후원금을 뜻한다.

셋째, 유통(place)은 채널, 위치, 재고, 교통 등과 같이 제품이 최초 생산자로부터 최종 고객에까지 전달되는 과정으로, 사회복지조직에서 유통은 클라이언트와 일반 대중의 서비스 및 후원금 프로그램에 대한 접근 용이성, 서비스 전달 과정 등을 뜻한다.

넷째, 판매 촉진(promotion)은 판촉, 광고, 영업력, 직접 판매 등과 같이 판매자와 구매고객에게 제품의 존재와 가치, 효능 등 정보를 전파하여 잠재 구매층을 실제 구매로 어떻게 유도하는가의 문제로, 사회복지조직에서는 서비스 이용과 후원금 모금을 촉진하기 위한 홍보나 클라이언트 및 잠재적 기부자와의 의사소통을 포함한다.

이상에서 언급한 마케팅 믹스(4P)의 구성 요소를 보다 상세히 정리해 보면 <표 9-1>과 같다.

표 9-1 마케팅 믹스의 구성 요소

제품(product)	가격(price)	유통(place)	촉진(promotion)
• 제품 다양성 (product variety) • 품질(quality) • 디자인(design) • 특성(features) • 브랜드명(brand name) • 포장(packaging) • 크기(sizes) • 서비스(services) • 보증기간(warranties) • 반품(returns)	• 표시가격 (list price) • 할인(discounts) • 공제액 (allowances) • 할부기간 (payment period) • 상환조건 (credit terms)	• 채널(channels) • 커버리지 (coverage) • 종류(assortments) • 위치(locations) • 재고(inventory) • 교통(transport)	• 판촉(sales promotion) • 광고(advertising) • 영업력(sales force) • PR(public relations) • 직접 판매 (direct marketing)

4P는 구매자에게 영향을 미치기 위해 이용되는 마케팅 도구를 판매자의 입장에서 본 것으로, 구매자의 입장에서 볼 때에는 시바(SIVA)라는 네 가지 차원에서 볼 수 있다. 즉, 어떻게 문제를 해결할 수 있는가라는 해결(solution), 어디에서 해결 방법을 배울 수 있는가라는 정보(information), 해결 방법을 얻기 위해 전체적인 희생은 얼마인가라는 가치(value), 그리고 해결 방법은 어디에서 발견할 수 있는가라는 접근(access) 등이다.

그 밖에 파인(Fine, 1992: 4-9)은 사회복지조직에서는 전통적인 마케팅 믹스(4P)만으로 효과적인 마케팅을 수행할 수 없다고 지적하며 생산자(producer), 구매자(purchaser), 조사(probing) 등의 3P를 추가해 '비영리조직의 마케팅 믹스(7P)'를 제시하고 있다. 여기서 생산자는 마케팅을 위해 구매자와 교환하는 아이디어 및 메시지를 창출해내는 주체로 비영리기관의 마케팅에서는 사회복지기관이 생산자가 된다. 그리고 구매자는 잠재적 후원자로 마케팅 초기 단계에서 평가되어야 하며, 조사는 기관의 이미지, 마케팅 대상, 지역, 시간 등을 적절히 활용하여 조사 후 이를 기관의 홈페이지에 활용한다.

2) 마케팅 기법

사회복지 마케팅 기법으로 다이렉트 마케팅(DM), 고객관계관리 마케팅(CRM), 기업연계 마케팅(CRM), 데이터베이스 마케팅(DBM), 인터넷 마케팅(IM), 사회적 마케팅(SM) 등이 있다.

첫째, 다이렉트 마케팅(direct marketing: DM)은 일반 대중매체나 광고매체를 이용하지 않고 조직이 직접 우편물, 전화, 직접 방문 등의 방법을 활용하여 고객(clients)이나 표적집단(target group)과 의사소통하는 기법이다.

둘째, 고객관계관리 마케팅(customer relationship management marketing: CRM)은 고객이나 후원자에게 맞춤 서비스를 지속적으로 제공하여 고객관리 및 기금관리의 극대화를 도모하는 기법이다.

셋째, 기업연계 마케팅(cause related marketing: CRM)은 기업이 기부나 봉사활동으로 사회복지조직과 연계하여 소비자가 특정 물품을 구매하면 그 물품 판매수입의 일부를 사회 환원하여 기업 이미지를 높이고, 기업의 욕구를 파악하여 기업의 생산성과 대국민 이미지 향상에 도움이 되는 기부 프로그램을 개발하는 기법이다.

넷째, 데이터베이스 마케팅(data base marketing: DBM)는 고객, 경쟁사, 산업정보 등 다양한 정보를 직접 수집·분석하고 이를 데이터베이스화하여 조직의 마케팅 전략, 즉 기부나 봉사활동에 활용하는 기법이다.

다섯째, 인터넷 마케팅(internet marketing: IM)은 이메일, 홈페이지 등 인터넷을 활용하여 정보를 전달하고 모금 참여를 유도하는 기법이다.

여섯째, 사회적 마케팅(social marketing: SM)은 공중의 행동 변화와 공익실현을 위한 집단적이고 조직적인 노력을 의미하며, 금연운동, 생태보호운동, 지구온난화운동 등이 그 예이다.

제 3 절 사회복지조직 홍보의 개념과 특징

1 사회복지조직 홍보의 개념과 필요성

홍보는 일반적으로 조직이 사회적 환경인 대중과의 원활한 관계를 유지하고자 하는 제반 노력을 의미하는 PR, 즉 공공관계(public relations)를 의미한다. 사회복지조직에서 홍보는 조직을 둘러싼 이해당사자들(클라이언트, 가족, 지역사회, 후원자, 정부, 기타 기관 등)과 다양한 관계를 형성하는 노력을 의미한다. 즉, 홍보는 상대가 원하는 욕구와 수준에 맞게 메시지를 가공하여 전달하며, 상대방이 메시지를 수신하고 일정한 태도의 변화가 있는지를 피드백하여 기관의 의사결정에 반영하는 총체적인 과정이라고 할 수 있다.

오늘날 사회복지조직은 경쟁적 요소와 고객 만족이 그 어느 때보다도 강조됨에 따라 다양한 매체와 채널을 통해 고객, 후원자, 정부, 지역사회 및 일반 대중 등에 대해 적극적인 홍보활동을 전개할 수밖에 없는 시대가 되었다. 이와 관련하여 성규탁(1997)은 사회복지조직에서 홍보활동의 필요성을 다음과 같이 세 가지 측면에서 정리하였다.

첫째, 책임성의 관점에서 제공한 서비스와 그 결과 생기는 효과를 공개해야 하며, 이를 통해 조직의 유효성과 사회복지의 필요성을 알려주어 사회적 지지를 계속 확보해 나간다.

둘째, 조직이 책임성을 수행하고 있음을 알려주어 지역사회로부터 인적·물적 자원을 좀 더 쉽게 확보할 수 있도록 함으로써 조직의 서비스 산출을 지속시킨다.

셋째, 조직의 목표와 서비스에 관해 실제적 및 잠재적 클라이언트들과 다른 단체 및 일반 대중에게 정보를 제공하여 그 조직의 서비스를 이용하도록 한다.

2 사회복지조직 홍보의 특징

사회복지조직에서 홍보는 기관의 생각이나 계획, 활동, 업적 등을 널리 알리는 것이며, 이를 통해 고객, 지역주민 또는 일반 대중의 인식이나 이해 또는 신뢰감을 높인다. 또한 홍보는 공공성을 추구하며 그 대상과의 상호 의사전달 과정이다.

홍보와 유사 개념으로 광고 또는 선전이 있다. 광고(advertisement)는 미국마케팅학회의 정의에 따르면 소비자나 고객 또는 일반 대중에게 상품이나 서비스에 대한 정보를 제공하여 광고주(advertiser)가 의도하는 방향, 즉 제품의 구매 촉진, 기업 이미지 개선 등에 영향을 미치기 위한 마케팅 차원의 커뮤니케이션 활동이다. 또한 선전(propaganda)은 정보가 일방적으로 수용되기를 의도하고 그 정보가 때로는 과장·왜곡되어 선전 주체에게 유리한 정보만을 제공하는 것으로 홍보와 구별된다.

제 4 절 사회복지행정의 홍보전략

1 홍보 수단

사회복지 서비스 프로그램에 관한 정보를 보급하는 홍보 방법으로는 대중매체(TV, 신문, 잡지 등), 안내책자, 전단지 및 소식지, 대중연설이나 발표회, 기관이나 전문가들의 회합, 지역사회 주민들의 초청행사 또는 기관 견학 등이 있다. 이 중에서 어느 것이 가장 효과적인가는 정확한 답이 없으며 표적 인구 혹은 잠재적 클라이언트 집단의 특성을 파악하고 기관의 여건들을 고려해서 결정하는 것이 바람직하다. 하나의 방법에 올인하기보다는 몇 가지 방법을 혼합해서 사용하는 것이 보다 효과적일 수 있다.

그러나 적지 않은 경우 이러한 일반적인 홍보 방법으로는 미흡한 경우가 많다. 사회복지 서비스 대상자들은 사회적으로 소외되어 있거나 기존의 다른 서비스 프로그램들에도 참여하지 않았던 부정적 태도를 가진 사람들일 가능성이 많기 때문이다. 따라서 다음과 같은 적극적인 방법들이 보다 유용할 수 있다. 즉, 각 가정에 개별적으로 안내지를 배포하고, 전문가 또는 자원봉사자가 직접 가정방문을 하고, 현지에 출장소나 지소 같은 아웃리치센터(outreach center)를 운용하고, 해당 지역주민을 준전문가로 활용하는 것 등이다. 아웃리치(outreach, 출장서비스)는 서비스 기관이나 담당자들이 적극적으로 이용자들을 찾아나서는 시도로서, 이는 이용자들이 서비스에 대해 스스로 알고 찾아오기를 기다리는 것과 대조되는 전략이다.

이렇게 사회적으로 소외되어 있는 클라이언트를 찾아나서는 작업은 사회복지 표적집단의 접근성을 향상시키려는 노력으로, 제한된 사회복지 재원의 효용성을 극대화하기 위한 중요한 일이라고 할 수 있다(김영종, 2010: 425-426).

2 홍보의 과정

사회복지조직이 체계적이고 과학적인 홍보활동을 전개하기 위해서는 조사연구 및 정보수집, 홍보계획의 수립, 홍보의 집행, 홍보의 평가 등 네 단계의 접근이 필요하다.

첫째, 조사연구 및 정보수집 단계는 사회복지조직이 홍보계획을 구체적으로 수립하기 위해 필요한 정보를 수집하고 분석하는 것이다. 이 과정에서 탐색되어야 할 분석 대상과 내용은 홍보의 주체, 홍보의 목적, 홍보 대상 등이다.

둘째, 홍보계획의 수립 단계는 전 단계에서 수집된 정보를 토대로 구체적인 홍보계획을 수립하는 것이다. 그 구체적인 절차는 문제의 규정, 목표의 설정, 전략 및 전술 개발, 시간표 작성, 예산 확보, 평가 절차 등이다.

셋째, 홍보의 집행 단계는 이미 수립된 홍보계획에 따라 집행하는 것이다. 고객과 후원자, 일반 대중 등 홍보계획에서 설정된 대상들에 대해 구체적인 메시지가 전달되어 이들의 태도와 변화 과정이 촉발되는 시작점이라고 할 수 있다.

넷째, 홍보의 평가 단계는 홍보의 최종 단계로서 성과와 홍보 대상자의 반응 등을 분석하는 단계이다. 이 과정을 통해 산출된 정보는 피드백을 거쳐 다시 새로운 홍보계획의 수립이나 기존 홍보활동의 수정 또는 강화 자료로 활용된다(황진수, 2011: 232－235).

연습문제

01 사회복지 마케팅 믹스(marketing mix)의 4P에 해당되지 않는 것은?

① 제품(product) ② 가격(price) ③ 유통(place)
④ 촉진(promotion) ⑤ 성과(performance)

02 사회복지 서비스에서 마케팅 성격 중 옳지 않은 것은?

① 서비스의 무형성
② 서비스의 다양성
③ 서비스의 소멸성
④ 생산자와 소비자의 상호작용
⑤ 영리부문과의 협조 원활

03 사회복지 서비스 마케팅에서 서비스를 알리고 더 많은 기금 확보를 위한 전략은?

① 상품(product) ② 유통(place) ③ 촉진(promotion)
④ 과정(process) ⑤ 가격(price)

04 전략적 사회복지 마케팅에서 조직의 내·외부 환경 및 자원을 분석하기 위해 조직의 강점, 약점, 기회, 위협 요인을 분석하는 기법은?

① PERT ② TQM ③ MBO
④ SWOT ⑤ Gantt Chart

05 다음의 사업을 홍보하는 데 가장 효과적인 방법은?

보기

○○사회복지관은 한국어 구사 능력이 능숙하지 못한 결혼이주민을 대상으로 외국인 가정의 위기개입 프로그램을 실시할 계획이다. 이를 위해 표적효율성이 높도록 프로그램 대상자를 발굴하려고 한다.

① TV 광고 ② 대중집회 ③ 신문광고

④ 아웃리치　　　　⑤ 공개토론

06 사회복지기관 마케팅 전략에 해당하지 <u>않는</u> 것은?

① 생산자 관점 강화
② 소비자 만족 중시
③ 품질관리 강조
④ 비영리조직의 사명 중시
⑤ 마케팅 믹스 고려

07 다음 상황에서 가장 효과적인 방법은?

> **보기**
> K시 노인보호 전문기관의 사회복지사는 농촌 지역에 살고 있는 노인들에게 기관의 프로그램을 알려야 한다. 이 과정에서 외부에 쉽사리 드러나지 않는 노인의 문제와 욕구의 특성을 고려해야 한다.

① DM　　　　② 신문광고　　　　③ 가정방문
④ TV 광고　　　　⑤ 인터넷 광고

08 다음 중 사회복지 마케팅에서 시장을 세분화하는 정도가 가장 높은 방법은?

① 대량 마케팅　　　　② 틈새 마케팅　　　　③ 미시 마케팅
④ 세분화 마케팅　　　　⑤ 표적시장 마케팅

정답　1. ⑤　2. ⑤　3. ③　4. ④　5. ④　6. ①　7. ③　8. ③

제 10 장

사회복지 인력과 인사관리

제 1 절 사회복지 인력의 의의

1 사회복지 인력의 개념

사회복지 인력(social worker)은 사회복지정책을 수립하고 사회복지 서비스를 전달하는 모든 사람들을 뜻한다. 이들 사회복지 인력은 공공부문 또는 민간부문에 종사하며, 사회복지사와 같은 전문인력도 있고 행정 및 사무요원 등 사회복지 관련 일반행정업무를 담당하는 비전문인력도 있다.

오늘날 사회복지 인력은 사회복지의 급격한 영역 확장에 따라 양적 및 질적 제고가 절실히 요청되고 있다. 사회복지 관련 업무들은 종래에 비해 양적으로 훨씬 증가하였으며, 그러한 과정에서 새로운 업무들이 많이 생겨나게 되었다. 특히 사회복지 업무가 복잡성과 다양성을 띠게 됨에 따라 전문적 지식이나 기술을 필요로 하는 영역이 더 큰 비중을 차지하게 되었다. 따라서 여러 종류의 사회복지 인력들을 어떻게 적절히 혼합하여 활용하느냐는 사회복지행정의 효율화를 위해 매우 중요한 문제라고 할 것이다. 왜냐하면 사회복지 관련 업무 중에는 전문성을 필요로 하는 업무도 있고 그렇지 않은 업무도 있는데, 후자의 경우 전문인력을 활용하는 것은 낭비적이기 때문이다. 또한 최근 역할이 강조되고 있는 자원봉사자들은 참여를 통한 사회복지에 대한 인식 제고라는 점에서 그 의의가 크다. 사회복지 인력의 문제는 인력자원 확보와 함께 지속적으로 근무할 수 있도록 하는 것이 또 하나의 중요한 인력관리의 과제라고 할 수 있다(최항순, 2003: 425-426).

2 사회복지 인력의 분류

1) 고용 주체에 따른 분류

사회복지 인력은 고용 주체(employer)에 따라 사회복지 관련 공무원, 민간의 사회복지기관 및 시설 종사자, 그리고 드물게 독립활동가(self employed) 등으로 구분할 수 있다. 먼저 사회복지 관련 공무원은 보건복지부를 비롯한 여러 복지 관련 부처 및 기관들에 근무하고 있는데, 중앙정부 차원에서는 국가공무원 행정직군에 설치되어 있는 5급 사회복지직 이외에는 사회복지 직렬이 별도로 설치되어 있지 않고 대부분은 경력직 공무원이다. 지방자치단체에는 지방공무원으로서 사회복지 업무를 담당하는 사회복지 전담공무원이 있다. 사회복지 전담공무원은 1987년 별정직인 사회복지 전문요원으로 시작했다가 2000년 이후 일반직으로 전환되었다.

민간의 사회복지기관 및 시설 종사자는 지역사회복지관 등 사회복지기관과 사회복지시설에서 주로 사회복지 서비스 업무를 수행하는데, 일반적으로 학력에 있어 공무원보다는 다소 낮으나 사업체 근로자들보다는 높은 편이다. 그리고 사회복지기관 종사자와 사회복지시설 종사자 간에는 근무조건이나 대우 등에서 차이가 있다고 할 수 있는데, 시설 종사자들은 사회복지시설의 특성상 시설 내에서 기거해야 하며 보수 등 대우면에서 기관 종사자들에 비해 열악한 형편이다.

그 밖에 독자적으로 사무실(clinic)을 개설하고 서비스를 제공하는 독립활동가는 우리나라에는 없으며, 그에 대한 제도적 장치도 마련되어 있지 않다. 사회복지 분야에 있어서 독립활동가가 미국 등 외국의 경우 중요한 분야로 부각되어 가는 점을 감안할 때, 우리나라의 경우에도 장차 나타날 가능성을 배제할 수 없다.

2) 전문성 정도에 따른 분류

사회복지 인력은 전문성 정도(degree of professionalism)에 따라 전문가, 준전문가, 자원봉사자 등으로 분류할 수 있다. 먼저 전문가(professional)에는 사회사업가를 비롯하여 교사, 특수교사, 의사, 간호원, 심리학자, 변호사, 물리치료사 등 인간문제에 직·간접으로 관여하는 직종들이 있다. 이들 중 사회복지에 직접적이고 중심적인 역할을 수행하는 사회사업가가 가장 중요하다고 할 수 있는데, 우리나라의 경우 사회복지사가 이에 해당된다. 사회복지사는 1, 2, 3급으로 구분되며 그간 전문성과 관련하여 시비도 있었으나 1998년 개정된 사회복지사업법에 의해 2003년부터 1급의 경우 시험제도를 도입함으로써 종전의 부정적 시각이 다소나마 해소되었다고 본다.

특히 1987년부터 저소득자 밀집지역인 읍·면·동사무소를 중심으로 배치하고 있는 사회복지 전담공무원은 우리나라 공적 부문의 주요한 사회복지 전문인력이다. 이들은 사회복지사 3급 이상 자격증을 가진 사람들 중에서 공개시험을 거쳐 시·군·구청장이 지방공무원으로 임용하며, 최일선에서 기초생활보장 대상자 조사·선정 등의 공공부조와 노인, 장애인, 소년·소녀가장, 한부모가정 등에 대한 각종 사회복지 서비스 업무를 담당한다.

준전문가(associate or para－professional)는 사회복지사를 비롯한 전문가들의 업무를 보조하는 인력으로, 우리나라의 경우 2008년 7월부터 시행되고 있는 노인장기요양보험제도상의 요양보호사가 이에 해당된다. 일본에서는 고령화사회의 도래에 따라 이미 1970년대 중반부터 준전문가인 개호복지사(care worker) 제도가 시행되어 왔으며, 미국도 사회복지 서비스 기사(social service technician) 및 사회 서비스 보조원(social service aide) 제도가 시행되고 있다.

그리고 자원봉사자(professional aside or volunteers)도 바람직한 사회복지 실천을 위하여 꼭 필요한 인력이라고 할 수 있다. 미국의 경우 전국적으로 주민들이 지역사회 단위로 600여 개의 자원봉사센터(volunteer centers)를 자율적으로 결성하여 자원봉사자의 등록 · 훈련 · 배치 등을 담당하고 있으며, 이러한 자원봉사센터의 결성지도, 기술지원, 훈련 등을 위해서 민간재단법인으로 촛불재단(Point of Light Foundation: POLF)[1]을 설립하여 운영하고 있다. 한편 정부 차원에서 민간자원봉사활동에 대한 재정적 지원을 하는 기관으로 전국 및 지역사회봉사공단(Corporation for National and Community Service: CNCS)이 백악관 직속기관으로 설립되어 있다.

우리나라의 자원봉사활동은 선진국에 비해 참여율이 저조하나 최근 우리 경제의 성장과 사회의 다변화에 따라 자원봉사활동에 참여할 의사와 능력을 가진 인력과 민간의 자원봉사활동을 필요로 하는 분야가 늘어나고 있다. 그러나 아직도 자원봉사에 대한 사회적인 보상체계나 자원봉사 안내체계, 그리고 수요와 공급 간의 체계적인 연계가 미흡한 실정이다.

이상에서 사회복지 인력을 고용 주체 및 전문성의 정도에 따라 분류하여 보았는데, 이 중 특히 중요성이 크다고 할 수 있는 사회복지 관련 공무원, 사회복지사, 요양보호사, 그리고 자원봉사자 등에 대해 보다 구체적으로 언급하고자 한다.

제 2 절 사회복지 관련 공무원

사회복지 관련 공무원은 국가 또는 지방자치단체에서 사회복지 업무를 담당하는 공무원으로서 순환보직에 의해 사회복지 업무를 일시적으로 담당하는 경력직 공무원과 채용 시부터 사회복지 업무를 담당하는 사회복지 전담공무원, 그리

1) 조지 부시(George Bush) 대통령의 선거공약으로 1991년 설립된 중앙차원의 자원봉사조직으로, "보다 많은 사람들이 보다 효과적으로 심각한 사회문제 해결을 돕는 자원봉사 서비스에 참여하도록 하는 것"에 목표를 두고 당시 350여 개의 지역자원봉사센터들과 전국적으로 네트워크를 형성하였으며, 현재 수많은 기업파트너들, 민간단체들, 정부그룹들과 함께 전 세계에 걸친 활동을 전개하고 있다. 촛불재단은 행동원리로 ① 인식하라(acknowledge), ② 실행하라(commit), ③ 목표를 세워라(target) 등을 정하고, 사회봉사활동이 CEO로부터 일반 사람에 이르기까지 각자의 사회적 의무라는 사실을 인식시키고 이를 실천하도록 권고하고 있다.

고 사회복지 업무를 전담하지 않고 보조적 역할을 하는 기타 복지 관련 공무원 등으로 구분할 수 있다.

1 경력직 공무원

경력직 공무원은 1981년 개정된 국가공무원법에 의한 공직 분류의 한 형태로 특수경력직 공무원과 대칭되는 개념이다. 경력직 공무원은 실적(merit)에 의해 임용되고 신분이 보장되며 특별한 사유가 없는 한 정년에 이르기까지 근무할 수 있는 공무원으로, 실적주의가 적용되지 않고 신분보장도 안 되며 정년까지 근무를 전제로 하지 않는 특수경력직 공무원과 구별된다. 경력직 공무원에는 일반행정, 행정·공안·기술직, 연구·지도직 등을 포함하는 일반직 공무원과 법관, 검사, 외무공무원, 경찰공무원, 교육공무원, 군인, 국가정보원 직원 등 특수 분야의 업무를 담당하고 특별법에 의한 적용을 받는 특정직 공무원, 그리고 정보통신현업, 토목, 건축, 전신, 기계, 보건위생, 사무, 방호업무 등 기능적인 업무에 종사하는 기능직 공무원을 포함한다.[2]

한편 공무원의 분류는 임용 및 행정 주체를 기준으로 하여 중앙정부가 임용하고 국가사무를 담당하는 국가공무원과 지방자치단체에 의해 임용되고 지역사무를 담당하는 지방공무원으로 구분하기도 한다.

이상에서 언급한 경력직·특수경력직 공무원 및 국가·지방공무원의 구분으로 볼 때, 현재 우리나라의 사회복지행정 업무는 대체로 국가공무원 또는 지방공무원으로서 경력직 공무원, 특히 일반직 공무원에 의해 수행된다고 할 수 있다. 즉, 보건복지부－시·도－시·군·구－읍·면·동 등으로 연결되는 공적 사회복지 전달체계에서 사회복지 업무를 수행하는 공무원들은 주로 경력직인 일반직

2) 특수경력직 공무원에는 중앙정부의 차관급 이상 및 특별시의 행정·정무부시장 등 담당업무의 성격이 정치적 판단이나 정책결정을 필요로 하는 정무직 공무원, 국회 수석전문위원, 감사원 사무차장, 국가정보원 기획조정실장, 비서(관) 등 정무직 공무원에 비해 다소 직급이 낮은 위치에 업무를 담당하는 별정직 공무원, 특수한 분야의 연구 또는 기술업무를 위하여 일정기간 동안 계약에 의해 채용되는 계약직 공무원, 그리고 통신보조원, 경비원, 건널목 안내원 등 단순한 노무에 종사하는 고용직 공무원을 포함한다.

공무원들이다. 1987년 사회복지 전문인력의 제고를 위해 신설된 사회복지 전담 공무원도 앞서 언급한 바와 같이 이 범주에 속한다.

공무원임용령의 '일반직 공무원 직급표'에 의하면 일반직 공무원은 직군(職群), 직렬(職列), 직류(職類) 등으로 구분되는데, 이 중에서 행정직군의 행정 직렬과 사회복지 직렬만이 협의의 사회복지행정 공무원에 해당된다.

여기서 행정 직렬의 공무원은 사회복지에 관한 전문적 지식이나 능력과는 관계없이 단지 순환보직에 의해 배치되어 사회복지 업무를 담당하는 경우가 대부분이다. 보건복지부 등 중앙복지행정 관련 조직이나 지방자치단체의 복지 관련 부서에 속한 공무원은 대체로 이 경우에 속한다. 사회복지 직렬의 공무원은 5급 공채시험(사회복지 직렬)으로 채용된 공무원과 사회복지 전담공무원을 가리키는데 이들은 순환보직과 관계없이 계속하여 복지행정 업무를 담당하게 된다.

그 밖에 보건, 의료기술, 식품위생, 의무, 약무, 간호 직렬 등을 포함하는 기술직군은 국가공무원인 경우 주로 보건의료와 직접 관련된 보건복지부 소속기관인 식품의약품안전청과 그 소속 독성연구소, 국립의료원, 국립보건원, 국립정신병원, 국립소록도병원, 국립재활원, 국립결핵병원, 국립검역소 등에서 근무하며, 지방공무원인 경우에는 보건의료와 관련된 복지전담조직인 공립병원과 보건소 등에 소속된다.

선진국의 경우에는 사회복지 직렬을 두어 사회복지 관련 공무원의 전문성을 높이는 경우가 많다. 미국은 사회복지 분야에 사회행정 직렬(social administration series)과 사회사업 직렬(social work series)을 두어 사회복지 업무를 수행하며, 특히 사회사업 직렬은 사회복지 서비스의 업무를 주로 담당한다. 일본의 경우에도 사회복지 업무 담당공무원의 전문화를 위한 제도적 장치가 마련되어 사회보장 및 노동직군에 민생관리직과 노동관리직을 두고 있다.

이에 비해 우리나라는 국가직 9급, 7급 행정직 공채에서 사회복지 분야를 배정하고 있고, 5급 공개채용시험에서 소수(5명 내외)의 사회복지 직렬을 운영하고 있을 뿐이다. 지방공무원의 경우 1992년 지방공무원임용령 개정으로 행정직군 내에 사회복지 직렬을 설치하고 5급에서 9급까지 5급(지방사회복지 사무관), 6급(지방사회복지 주사), 7급(지방사회복지 주사보), 8급(지방사회복지 서기), 9급(지방사회복지 서기보) 등 사회복지 직류를 두었다. 그리고 4급(지방행정서기관)

이상은 일반행정 직류에 속하도록 하였다.[3] 그러나 사회복지 직렬은 사회복지 직류만을 두었을 뿐이며, 사회보험 직류나 보육 직류 등은 여전히 설치하지 않고 있다.

앞으로 사회복지 직렬은 사회복지 일반, 사회보험, 보육 등 최소한 세 가지의 직류(職類)를 두는 방향으로 인사관리체계를 개선할 필요가 있다. 단, 사회복지 직렬의 직급은 5급 이하로 하고 4급 이상은 일반행정 직류에 속하도록 함으로써 사회복지 직렬도 일반관리직으로 진출할 수 있게 하며, 보육 직류는 최일선 실무자임을 고려하여 6급 이하로 하고 5급 승진은 사회복지직으로 하도록 한다.

2 사회복지 전담공무원

사회복지 전담공무원은 사회복지사업법 제11조 규정에 의한 사회복지사 자격을 가진 자 중에서 광역자치단체가 공개경쟁시험을 거쳐 선발하여 시·도, 시·군·구, 읍·면·동 또는 사회보장사무전담기구에 배치하여 공공부조 및 사회복지 서비스 업무를 전담하게 하는 공무원으로, 보통 지방공무원의 일반직 9급 공무원으로 채용된다. 이러한 공무원제도는 1980년대 후반 우리나라가 선진국의 복지사무소처럼 사회복지 전문행정기관이 결여된 상황에서 일선행정의 사회복지 기능의 활성화를 위한 획기적인 제도로서 도입되었는데, 처음에는 '사회복지 전문요원제도'라는 명칭으로 불리었다. 이때 사회복지 전문요원은 근무 경력에 따라 호봉은 오르지만 직급은 올라가지 않는 공직 분류체계상 특수경력직에 속하는 별정직(8급)이었으며, 그 후 2000년에 이르러 일반직 공무원으로서 승진뿐 아니라 연봉체계와 복지 혜택을 받는 현재의 신분으로 전환되었다.

사회복지 전담공무원의 기능과 역할을 보면 처음에는 생활보호법에 의한 생활보호 업무만 수행하도록 되어 있었다가 1995년 생활보호와 관련된 업무뿐 아니라 아동복지, 노인복지, 장애인복지, 모자복지, 기타 보건복지부장관이 필요하다고 인정하는 업무까지 확대되었고, 1997년에는 생활보호 업무 속에 후원금품

3) 지방공무원임용령 개정(2016.6.28), 일반직 공무원 직급표(제3조 제1항 관련) 참조.

모집 및 후원자 선정업무도 추가하게 되었다.

현재 사회복지 전담공무원의 기능과 역할은 「사회보장급여의 이용 · 제공 및 수급권자 발굴에 관한 법률」[4] 제43조에 규정되어 있다. 즉, "사회복지 전담공무원은 사회복지급여에 관한 업무 중 취약계층에 대한 상담과 지도, 생활실태의 조사 등 보건복지부령으로 정하는 사회복지에 관한 전문적 업무를 담당한다."

여기서 보건복지부령이 정하는 사회복지 전담공무원이 담당하는 사회복지에 관한 전문적 업무를 구체적으로 보면 다음과 같다. 즉, ① 취약계층 발굴 및 상담과 지도, 사회복지에 관한 욕구조사, 서비스 제공 계획의 수립, 서비스 제공 및 점검, 사후관리 등 통합 사례관리에 관한 업무, ② 사회복지사업 수행을 위한 취약계층의 소득재산 등 생활실태의 조사 및 가정환경 등 파악 업무, ③ 사회복지에 대한 종합적인 정보제공, 안내, 상담 업무 등이다.[5]

최성재 외(1999: 169－170)는 사회복지 전담공무원의 역할을 자원 연결자, 대변자, 교육자, 조력가, 사례 관리자, 상담자, 중재자, 자문가, 프로그램 개발자, 연구 및 평가자 등으로 범주화하고 있다. 그리고 이러한 역할 중에서 자원 연결자 역할을 주로 하며, 대변자 · 교육자의 역할은 거의 수행하지 못하고 조력가, 사례 관리자, 연구자 · 평가자, 프로그램 개발자의 역할도 매우 미흡한 것으로 평가하고 있다.

사회복지 전담공무원은 제도가 도입된 1987년 7월 서울 등 5대 도시를 중심으로 저소득 밀집지역 동사무소에 사회복지 전문요원 3,000명이 배치된 이래 보건복지사무소 시범사업이 실시된 1995년 이래 증원이 중단되었다가 그 후 다시 증원 배치되어 2006년 10,110명, 2010년 11,634명, 그리고 2016년 현재 20,307명으로 증가되었다.[6]

4) 2014.12.30 제정, 2017.3.21 일부개정.

5) 사회보장급여의 이용 · 제공 및 수급권자 발굴에 관한 법률 시행규칙 제8조(보건복지부령 제525호, 2017.9.21 일부개정).

6) 2017년 보건복지통계자료 참조.

3 사회복지행정 관련 위촉직

사회복지행정 업무와 관련하여 행정기관에 위촉되는 인사제도로는 사회복지사업법(제8조)에 의한 복지위원을 비롯하여 아동복지법(제13조 및 제14조)에 의한 아동복지 전담공무원과 아동위원, 노인복지법(제7조)에 의한 노인복지 상담원, 장애인복지법(제33조)에 의한 장애인복지 상담원 등이 있다.

먼저 '복지위원'은 시장 · 군수 · 구청장이 읍 · 면 · 동의 사회복지사업을 원활하게 하기 위하여 사회복지와 관련 있는 인사들 가운데 위촉되며 명예직으로 하되 예산의 범위 내에서 수당을 지급할 수 있도록 하고 있다. '아동복지 전담공무원'은 특별시 · 직할시 · 도 및 시 · 군 · 구에 배치되어 아동에 대한 상담 및 보호조치, 가정환경에 대한 조사, 아동복지시설에 대한 지도 · 감독, 아동범죄예방을 위한 현장 확인 및 지도 · 감독 등 지역 단위에서 아동의 복지 증진을 위한 업무를 수행하며, '아동위원'은 시 · 군 · 구 단위로 아동문제에 관련 있는 인사 가운데 위촉되고 관할구역의 아동에 대하여 항상 생활상태 및 가정환경을 상세히 파악하고 아동복지에 필요한 원조와 지도를 행한다. 아동복지법상 아동복지 지도원은 별정직 공무원으로, 아동위원은 명예직으로 규정되어 있다.

그리고 '노인복지 상담원'은 특별자치도와 시 · 군 · 구에 배치되어 노인복지 관련 업무를 담당하며, '장애인복지 상담원'은 시 · 군 · 구에 배치되어 장애인의 복지 향상을 위한 상담 및 지원 업무를 수행한다.

제 3 절 민간 사회복지 인력

1 사회복지사

1) 사회복지사제도의 의의와 발전 과정

현대에 들어 사회복지사업이 하나의 전문 분야로 간주됨에 따라 사회복지사업을 실천하는 데 있어 전문성을 지닌 전문가를 필요로 하게 되었다. 우리나라 사회복지사업법에서 규정하고 있는 사회복지사제도는 이러한 필요성에 따라 이에 대처하기 위한 노력의 과정에서 제도화된 것이다.

사회복지사업법 제11조에 의하면 사회복지사는 사회복지에 관한 전문적인 지식과 기술을 가진 자로 정의되며 1, 2, 3급으로 구분된다. 보다 구체적으로 통계청 한국표준직업분류[7]에서는 사회복지사를 "사회복지 서비스 전문가로서 사회문제와 복지 욕구를 가진 복지 대상자들을 사회복지학 및 인접 사회과학의 전문지식을 바탕으로 문제에 대한 진단과 평가를 통해 궁극적인 문제 해결을 할 수 있도록 지원하는 직업군"으로 정의하고 있다.

따라서 사회복지사제도는 사회복지 분야에서 종사할 수 있는 전문 능력을 인정해 주는 제도라고 할 수 있으며, 사회복지가 일찍 발달한 선진제국에서는 이미 정착되어 있다. 미국의 경우 전미사회사업가협회(National Association of Social Workers: NASW) 내에 사회사업교육심의회를 두고 대학, 대학원의 사회복지 관련 교육 프로그램과 교육수준의 계속적인 평가 및 재구성 등의 역할을 수행하며, 전국적으로 사회사업교육의 기준을 설정하여 이 교육과정을 이수한 자에게 사회사업가 자격을 부여하고 있다. 또한 NASW는 1970년부터 대학에서 사회사업학을

7) 한국직업표준분류는 국제노동기구(ILO)의 국제표준직업분류(ISCO)를 기반으로 분류체계의 원칙을 준수하는 내에서 국제노동시장의 직업구조를 반영하여 제·개정한 것으로, 1963년 제정한 이래 1966년부터 2017년까지 일곱 차례의 개정이 있었다. 제7차 개정의 특징은 제4차 산업혁명 관련 ICTs 기반 기술 융·복합 분야, 문화콘텐츠 분야, 저출산·고령화에 따라 수요가 크게 증가한 사회 서비스 분야 등에서 직업구조의 동태적 변화를 반영한 것이다(통계청, 『한국표준직업분류』, 2017).

전공한 사회사업학사에게 정회원 자격을 부여하고 대학 출신의 사회사업 실천가에게는 준회원 자격을 주고 있다.

영국에서는 중앙사회사업 교육훈련협의회(Central Council of W. W. Education and Training)에서 설정된 교과 내용이나 훈련 과정을 거치면 사회복지사(social worker) 자격증을 수여하며, 이들은 국가 또는 지방의 각 사회복지기관, 사회복지수용시설, 그리고 각 사회단체의 자원봉사기관에서 전문인력으로서 사회복지 서비스 전달의 중요한 역할을 담당하고 있다. 현재 영국의 각 지방에서 활동하고 있는 케이스 워커(case worker) 또는 필드 워커(field worker) 중에서 대학 등에서 사회복지사 정규 교육과정을 이수하고 자격증을 소지한 자가 약 75%에 이르며, 노인·아동 등 사회복지시설에 근무하는 2만 3천여 명의 사회복지 종사자 중 약 15%가, 그리고 노인·장애인 등에 대한 재가 서비스를 행하는 8천여 명의 사회복지요원 중 약 30%가 전문 사회복지사로 충원되어 있다. 이들 사회복지사들은 영국 사회에서 사회에 봉사하는 고도의 윤리성을 지닌 직업인으로 인정되고 있다.

일본에서 사회복지 전문직의 역사는 1947년 아동복지법 제정으로 생긴 아동복지사, 1950년 생활보호법상의 사회복지주사 등에까지 거슬러 올라갈 수 있다. 그 후 1987년 '사회복지사 및 개호복지사법'의 제정으로 1988년부터 국가가 주관하는 사회복지사 및 개호복지사 국가시험이 실시됨으로써 사회복지 전문인력의 확보에 큰 전환점을 마련하였다. 여기서 사회복지사는 사회복지의 전문적 지식과 기술을 가지고 노인·장애인 등 요구호자에 대해 상담 및 조언을 하며, 개호(介護)복지사는 요구호자들에 대해 입욕·배설·식사, 그리고 그 밖의 개호를 지도하는 역할을 한다.

우리나라의 사회복지사업 종사자에 대한 자격제도는 1970년 제정·공포된 사회복지사업법 제5조에 "보건사회부장관은 사회복지에 관한 전문지식과 기술을 가진 자에게 사회복지사업 종사자 자격증을 교부할 수 있다"는 규정에서 비롯되었다. 당시 동법 시행령에 규정된 사회복지사업 종사자 자격기준을 보면 학력보다 실무 경험을 중시하였으며, 초등학교 이하의 학력 소유자일지라도 사회복지사업에 7년 이상 근무경험이 있거나 8개월의 사회사업에 관한 훈련을 이수하면 자격증을 받을 수 있었다. 따라서 사회복지사업 종사자의 자격증에 대한 사회적인 인정도가 낮고 전문직으로서의 역할 수행에는 문제가 있다는 비판이 있었다.

사회복지사업 종사자의 전문성을 보다 강화하고 사회적 인정도를 높이기 위해 1983년 사회복지사업법 개정 시 사회복지사업 종사자의 명칭을 사회복지사로 개칭하고 사회복지사를 1 · 2 · 3등급으로 구분하였다. 또한 동법 시행령에서는 사회복지사의 자격기준을 강화하였는데, 그 내용을 보면 1970년에 비해 학력을 중시하고 경력은 하위 등급에서 상위 등급을 취득하는 요건 또는 자격취득 단기 교육훈련을 받기 위한 요건으로 인정하고 있다. 그리고 1997년 사회복지사업법의 개정으로 사회복지사 1급의 경우 시험제도를 도입하여 2003년부터 실시하도록 함으로써 전문성을 보다 높이도록 하였다.

2) 사회복지사의 활동 영역

사회복지사의 1차적인 활동 영역은 사회복지사업이며, 그 구체적인 사항은 사회복지사업법과 여타 사회복지 관련법에 명시되어 있다. 그리고 아직 명시적인 법적 뒷받침이 없는 영역들은 보건복지부의 업무지침으로 대신하고 있다.

사회복지사업법에 규정된 사회복지사업은 제2조 제1호에 규정된 개별 법령[8)] 에 의한 보호 · 선도 또는 복지에 관한 사업과 사회복지 상담, 직업지원, 무료숙박, 지역사회복지, 의료복지, 재가복지, 사회복지관 운영, 정신질환자 및 한센병력자 사회 복귀에 관한 사업 등 각종 복지사업과 이와 관련된 자원봉사활동 및 각종 복지시설의 운영 및 지원을 목표로 하는 사업 등이다.

또한 사회복지사업은 공적 부문과 민간부문으로 구분할 수 있다. 먼저 공적 부문에서 반드시 사회복지사로 충원되어야 하는 1차적인 활동 영역 또는 집단은 지방자치단체의 사회복지 전담공무원을 비롯하여 아동복지 지도원, 노인복지 상

8) 사회복지사업법 제2조 제1항에 규정된 개별 법령은 국민기초생활보장법, 아동복지법, 노인복지법, 장애인복지법, 한부모가정지원법, 영유아보육법, 성매매방지및피해자보호등에관한법률, 정신보건법, 성폭력방지및피해자보호등에관한법률, 입양특례법, 일제하일본군위안부피해자에대한생활안정지원및기념사업등에관한법률, 사회복지공동모금법, 장애인 · 노인 · 임산부등의편의증진보장에관한법률, 가정폭력방지및피해자보호등에관한법률, 농어촌주민의보건복지증진을위한특별법, 식품등기부활성화에관한법률, 의료급여법, 기초연금법, 긴급복지지원법, 다문화가족지원법, 장애인연금법, 장애인활동지원에관한법률, 노숙인등의복지및자립지원에관한법률, 보호관찰등에관한법률, 장애아동복지지원법, 발달장애인권리보장및지원에관한법률, 청소년복지지원법 등이다.

담원, 장애인복지 상담원, 한부모가족복지 상담원, 보육지도원, 여성복지 상담원 등이 있다.

이 중 사회복지 전담공무원은 공적부조사업을 전담하는 공무원으로서 일선 현장에서 클라이언트를 직접 접촉하는 봉사형 전문직과 그 상위 단계인 중간관리층에 의해 사업을 진행하는 준봉사형 전문직의 몫을 한꺼번에 수행한다고 할 수 있다.

다음으로 민간부문에서 사회복지사가 활동할 수 있는 1차적인 영역은 대체로 지역복지사업, 아동복지, 노인복지, 장애인복지, 한부모가족복지 등이다. 이들 영역은 전적으로 사회복지사들로만 그 업무가 수행되는 것은 아니지만 그 밖의 다른 영역에 비해 사회복지사들이 다수를 차지하며 주된 책임을 지고 있다. 따라서 민간부문에서 사회복지사들은 대체로 사회복지법인이 운영하는 기관 또는 시설에 종사하면서 사회복지 업무를 수행하고 있다.

현재 사회복지사업법시행령 제6조에 의하면 대통령령이 정하는 사회복지시설에서 사회복지 프로그램의 개발 및 운영 업무, 시설 거주자의 생활지도 업무, 사회복지를 필요로 하는 사람에 대한 상담 업무 등에는 반드시 사회복지사를 채용하도록 하고 있다. 여기서 대통령령이 정하는 사회복지시설은 「노인복지법」에 따른 노인여가복지시설(노인복지관 제외), 「장애인복지법」에 따른 장애인 지역사회재활시설 중 수화통역센터, 점자도서관, 점자도서 및 녹음서 출판시설, 「영유아보육법」에 따른 어린이집, 「성매매 방지 및 피해자 보호 등에 관한 법률」 제9조에 따른 성매매 피해자 등을 위한 지원시설 및 동법 제17조에 따른 성매매피해상담소, 「정신건강증진 및 정신질환자 복지서비스 지원에 관한 법률」 제3조 제6호 및 제7호에 따른 정신요양시설 및 정신재활시설, 「성폭력 방지 및 피해자 보호 등에 관한 법률」에 따른 성폭력피해상담소 등이다.

그 밖에 사회복지사들의 2차 영역인 관련 영역으로 학교사회사업, 보건의료사업, 교정사업, 정신보건사업, 자원봉사활동관리, 군(軍)사회복지사업, 기업복지사업 등을 들 수 있는데, 이들 분야에서 업무를 담당하는 사회복지사는 각각 학교사회복지사, 의료사회복지사, 교정사회복지사, 정신보건사회복지사, 자원봉사활동관리조정자, 군사회복지사, 산업사회복지사 등으로 불린다.

학교사회복지사(school social worker)는 학교사회사업에서 주로 가정, 학교,

지역사회를 연계하고, 학생 부적응의 사회 · 심리적 요인 등에 의해 사회사업적 개입을 활용함으로써 학생문제를 효과적으로 예방 · 치료하는 업무를 담당한다. 학교사회사업은 미국과 서구의 교육 선진국에서 이미 오래전부터 발전되어 온 제도로서 비행학생, 결손가정학생, 소년 · 소녀가장, 장애학생 등을 학교 차원에서 상담 · 지원하고 취업 알선하는 업무를 수행하는데, 우리나라에서는 1997년부터 2년 간 중 · 고교 6개교를 대상으로 시범운영사업을 거친 후 1999년부터 전국적으로 확대 실시하고 있다.

의료사회복지사(medical social worker)는 보건의료사업에서 치료, 재활 등과 관련한 사회복지활동을 담당하는데, 이는 현행 의료법 시행규칙(제38조)이 "종합병원에는 사회복지사 자격을 가진 자 중에서 환자의 갱생, 재활과 사회복귀를 위한 상담 및 지도업무를 담당하는 요원 1인 이상을 둔다"고 규정하고 있는 것과 관련된다.

교정사회복지사(correctional social worker)는 법무부 산하의 교정시설에서 범죄인의 재활이나 범죄예방 등과 관련된 업무를 수행하며, 정신사회복지사(psychiatric social worker)는 정신보건 분야의 전문적인 지식과 기술을 가지고 정신질환자의 개인력과 사회조사, 정신보건에 대한 사회사업지도 및 방문지도, 사회복지 촉진을 위한 생활 및 직업훈련, 정신질환자 예방 및 정신보건에 관한 연구 등을 행한다.

그 밖에 자원봉사활동관리조정자(voluntary activities coordinator)는 자원봉사기관에 속하여 자원봉사활동과 관련된 업무를, 군사회복지사(military social worker)는 군대 내의 의무실에 속하여 환자의 상담과 복귀를 위한 업무를, 그리고 산업복지사(industrial social worker)는 기업체 내에서 노동자들의 비복지적 문제의 개선을 위해 사회복지학적 전문지식을 활용한다.

3) 사회복지사의 처우와 제도상 문제점

사회복지사는 이상에서 살펴본 바와 같이 많은 업무를 수행하고 있음에도 불구하고 보수수준이 낮으며 법인 또는 지역에 따라 차이가 커서 사기 저하와 높은 이직률이 초래되고 있다. 또한 같은 사회복지사라고 할지라도 민간시설 종사자는 국·공립시설 종사자에 비해 보수수준이 저급한 실정이다. 이런 이유 때문에 사회복지 종사자 중 여성 인력이 훨씬 큰 비중을 차지하고 있다. 그 밖에 여성 종사자 비율이 높은 이유로는 사회복지시설이 수용보호에 중점을 두고 있다는 점도 들 수 있다.

보건복지부는 매년 사회복지사업 종사자 인건비 가이드라인을 마련하여 사회복지기관이나 시설에서 이를 준수하도록 하고 있는데, 2018년도 가이드라인을 보면 사회복지사의 보수는 월급 기준으로 원장(관장) 1호봉부터 30호봉까지 2,459,000~4,778,000원, 사무국장(부장) 1호봉부터 31호봉까지 2,191,500~4,417,900원, 과장 및 생활복지사(과장) 1호봉부터 31호봉까지 1,984,200~4,041,100원, 선임생활지도원(선임사회복지사) 1호봉부터 31호봉까지 1,857,000~3,699,700원, 생활지도원(사회복지사) 1호봉부터 31호봉까지 1,700,000~3,414,500원 등으로 되어 있다. 위에서 원장, 사무국장, 과장 및 생활복지사, 선임생활지도원, 생활지도원 등은 생활시설의 경우이고, 관장, 부장, 과장, 선임사회복지사, 사회복지사 등은 이용시설의 경우이다. 한편 사회복지사업 종사자의 수당기준을 보면 명절휴가비로 봉급액의 120%(60%씩 연 2회) 지급되며, 시간외 근무수당으로 보수월액×1/209×1.5이고, 가족수당으로 부양가족 1인당 20,000원(배우자 40,000원, 둘째 자녀 60,000원, 셋째 자녀 이후 100,000원)이다.

현행 사회복지사제도는 1970년 사회복지사업법 제정 이전의 사회복지사업 종사자 자격기준에 비해 그 전문성이 강화되었지만 아직도 미흡한 점이 적지 않다. 우선 사회복지사업법에서 사회복지사 등급을 1급·2급·3급으로 구분하고 있으나 이 등급 구분이 전문성의 정도를 기준으로 한 것인지 명확하지 않다. 만약 전문성의 정도를 기준으로 한 것이라면 등급별 수행 업무가 규정되어야 할 것이다. 또한 사회복지사업법 및 사회복지사업법시행령에 사회복지사의 채용 의무를 사회복지법인에만 부여하고 공공행정 전달체계와 국가·지방자치단체의 직영 사회복지시설에는 적용되지 않고 있는 것도 문제점이라는 지적이 있다.

2 요양보호사

1) 노인장기요양보험 및 요양보호사제도

노인장기요양보험제도는 고령화의 진전에 따라 지금까지 가족에게 맡겨 왔던 노인의 치매, 중풍 등 장기적인 요양문제를 사회연대 원리에 의해 국가와 지방자치단체 또는 사회가 분담하여 노인뿐 아니라 가족구성원 모두에게 혜택을 주려는 제도이다. 이 제도의 요지를 보면 노인의 삶의 질 향상을 위해 비전문적인 가족요양에서 계획적이고 전문적인 요양과 간호를 제공하고, 가족의 부양 부담의 경감을 위해 평소 장기요양보험료 거출을 통해 유료요양시설 또는 재가 서비스 이용 시 본인 부담률을 낮추며, 요양보호사 등 간병 인력의 확보를 통해 고용창출 효과를 기한다는 것이다.

노인장기요양보험제도의 운영을 위해서는 보험료 거출을 통한 재정 운용이 필요한데, 보험료 납부자는 건강보험료 납부자(직장 가입자, 지역 가입자)와 동일하다. 보험료 산정은 건강보험료에 매년 결정되는 장기요양 보험료율을 곱한 금액이며[9] 보험료 고지는 건강보험료와 통합 고지하고 관리는 건강보험료와 장기요양보험료를 각각 독립회계로 처리한다.

이러한 노인장기요양보험제도가 2008년 7월 1일부터 시행됨에 따라 보다 질 높은 요양 서비스를 제공하는 전문인력으로 요양보호사가 양성 배출되게 되었다. 요양보호사는 노인의료복지시설이나 노인복지시설에서 노인성 질환으로 독립적인 일상생활을 수행하기 어려운 노인들을 위해 의사 또는 간호사의 지시에 따라 장기요양 수급자에게 신체적, 정신적, 심리적 및 정서・사회적 보살핌을 제공하는 인력이다.

2) 요양보호사의 업무와 자격기준

요양보호사는 노인장기요양보험법과 노인장기요양보험법시행령 및 노인복지

9) 장기요양보험료율을 연도별로 보면 2008년 4.05%, 2009년 4.78%, 2010년부터 2017년까지 6.55%, 그리고 2018년 7.38%이다.

법을 법적 근거로 한다. 노인장기요양보험법은 제2조에서 장기요양기관에 소속되어 노인 등의 신체활동 또는 가사활동 지원 등의 업무를 수행하는 자를 '장기요양요원'으로 명시하고, 제47조의2에서 지방자치단체는 장기요양요원의 권리를 보호하기 위하여 장기요양요원지원센터를 설치하도록 하였다. 그리고 동법시행령 제11조에서 장기요양요원의 범위로 방문간호[10]를 제외한 모든 장기요양급여에 '노인복지법 제39조의2에 따른 요양보호사 자격을 가진 자'로 인력기준을 정하고 있다.

또한 요양보호사는 노인복지법 제39조의2에 따라 노인 등의 신체활동 또는 가사활동 등의 업무를 전문적으로 수행하는 인력으로, 종전 노인복지법상 인력인 가정봉사원과 생활지도원을 2008년 노인장기요양보험제도 시행에 대비하여 지식과 기능수준을 강화하기 위해 국가자격제도로 대치한 것이다. 현재 요양보호사가 의무적으로 배치되는 시설은 노인복지법상 노인주거복지시설, 노인전문병원을 제외한 노인의료복지시설, 재가노인복지시설과 노인장기요양보험법상 장기요양기관(요양/재가), 재가장기요양기관(방문간호 제외) 등이다.

종래 요양보호사는 업무의 범위에 따라 1급과 2급으로 구분하여, 1급 요양보호사는 장기요양급여 수급자 등 요양 서비스가 필요한 노인에게 신체활동 지원 서비스(배변, 세면, 목욕도움 등) 및 일상생활 지원 서비스(취사, 집안청소 등)를 제공하고, 2급 요양보호사는 장기요양 수급자를 제외한 요양 서비스가 필요한 노인에게 신체활동 지원 서비스 및 일상생활 지원 서비스를 제공하도록 하였는데, 2010년 노인복지법 개정으로 현재는 1급 업무를 수행하는 단일 등급으로 되어 있다.

요양보호사의 업무는 65세 이상 노인 또는 65세 미만 노인성 질병을 가진 자를 포함하는 장기요양급여 수급자에게 계획적인 전문적 요양보호 서비스를 제공하여 이들의 신체 기능을 증진시키고 노인의 삶의 질 향상에 기여하는 것인데, 업무의 성격에 따라 시설요양업무를 하는 시설요양복지사와 방문요양활동을 하는 재가요양복지사로 구분할 수 있다.

요양보호사 자격을 얻기 위해서는 보건복지부가 지정하는 요양보호사교육기

10) 방문간호는 간호사, 간호조무사, 치과위생사 등이 업무를 수행한다.

관에서 소정의 교육과정을 마치고 시·도지사가 실시하는 요양보호사 자격시험에 합격해야 한다. 노인복지법 제39조의2에 따른 교육시간을 보면 신규자는 이론, 실기, 실습 등을 포함하여 총 240시간이고, 경력자는 총 120~160시간, 국가자격(면허) 소지자는 40~50시간이다.

3) 요양보호사의 처우와 제도상 문제점

요양보호사는 고령사회의 도래로 한때 전망이 밝은 직업군으로 평가되기도 했으나 낮은 보수수준과 열악한 근무여건으로 이직과 퇴직이 이어지고 있다. 따라서 2015년 6월 기준으로 실제 현업 근무 요양보호사는 자격증 소지자의 23.2%로 장기요양기관의 구인난이 가중되고 있다. 시간제 근무가 일반화된 재가요양기관 요양보호사들의 경우 86.2%가 시급 비정규직이며, 전일제와 월급제가 일반화된 입소시설의 경우에도 정규직 74.8%, 비정규직 25.0%를 나타내고 있다. 또한 요양보호사들은 대부분 여성들로서 방문요양을 하면서 각종 성폭력에 노출되기도 한다.[11)]

요양보호사의 인건비는 시설요양보호사 기준으로 <표 10-1>과 같이 나타나고 있는데, 재가요양보호사는 적지 않은 경우 시급(時給) 비정규직으로 시설요양보호사에 비해 처우가 열악한 실정이다. 요양보호사 인건비가 최근 많이 상승하고 있으나 아직 미흡한 수준으로 평가된다.

표 10-1 요양보호사의 월 인건비 수준

(단위: 천 원, %)

구 분	2014	2015	2016	2017	2018
월 보수	1,789	1,789	1,847	1,980	2,255
상승률	4.30	0	0.97	4.49	11.34

자료: 보건복지부 보도설명 자료(2018: 3).

11) 2015년 12월 기준으로 여성의 비율은 재가기관 94.6%, 입소시설 93.8%이며, 각각 50대와 60대가 78.0%, 83.5%로 대부분을 차지하고 있다(보건복지부·인천발전연구원, 2015: 43-46).

3 자원봉사자

1) 자원봉사자 및 자원봉사활동의 의의

자원봉사자(volunteer)는 라틴어인 volo(will)에서 유래하여 voluntas(자유의지)로부터 파생된 것으로, 제2차 세계대전 당시 군대의 정규병 외에 자신의 의지로 군에 복무하기로 지원한 군인을 호칭한 것에서 비롯되었다. 우리 사회에서 자원봉사는 '남을 돕는 일', 즉 자선적 의미로 이해되고 있으나 선진 복지국가에서는 자원봉사를 '신(神)에 대한 인간의 의무' 또는 '우리가 누리고 있는 자유의 대가'라고 하여 민주사회에서 시민의 책임을 강조하는 맥락에서 사용되고 있다. 따라서 자원봉사자는 일방적인 봉사의 차원을 넘어 상호 대등한, 또한 사랑의 관계에서 자신의 성숙과 공동의 복지를 위해 자발적인 참여 노력을 기울이는 사람들이라고 할 수 있다.

자원봉사활동은 자유 의사에 의하여 자발적으로 하는 실천행위 그 자체로서 복지사회를 건설하는 데 적극적으로 참여하는 의도적이고 계획적인 일상활동으로, 1970년대 오일 쇼크 이후 복지국가들이 복지예산을 축소하면서 보다 활발해졌으며, 그 후 사회복지 분야뿐만 아니라 환경, 범죄, 의료, 교육, 문화, 소비자, 국제사회 등으로 영역을 확장해 가는 추세에 있다.

자원봉사활동은 정부의 취약한 복지재정을 보완해 주는 인적 자원 외에도 주민들의 공동체 의식을 통해 지역사회의 문제를 스스로 해결해 나감으로써 지역사회의 발전에 크게 기여할 수 있는 장점을 가지고 있다. 또한 개인적 차원에서도 자신의 능력을 향상시키고 인격의 향상을 도모하며, 학교 교육을 통해서는 얻기 힘든 소중한 삶의 체험을 하게 된다(최일섭, 1989). 이렇게 볼 때 자원봉사활동은 우리의 복지수준을 높이기 위한 중요한 요인이 되며, 지방자치시대를 열어가는 현시점에서 매우 의의가 깊다고 할 것이다.

2) 자원봉사자 현황 및 관리

우리나라에서 자원봉사활동은 1921년 미국 선교사 마이어스(M. D. Myers)에 의해 최초의 인보관 형태인 태화기독사회관이 설립되면서 사회복지시설을 중심으로 시작되었다. 해방 이후에는 학생들에 의한 농촌계몽활동과 YMCA, 적십자봉사회 등의 활동이 두드러졌고, 전쟁 이후에는 전후 복구와 구호활동이 외국 원조단체들에 의해 이루어졌다. 그 후 1970년대에는 국가적 경제개발정책과 함께 근면 · 자조 · 협동을 이념으로 하는 새마을운동이 지역주민의 참여를 기반으로 전통적 상부상조의 풍속을 회복하는 전환기를 만들었는데, 특히 1978년에는 한국사회복지협의회가 전국 5대 도시에 사회봉사안내소를 설치하고 자원봉사 교육훈련과 상담을 실시해 자원봉사활동에서 시민참여의 단초를 마련했다(최항순, 2007: 214).

특히 1990년대에 들어 지방자치단체별로 1개소씩 자원봉사센터 설립을 추진함으로써(1996년 시범 실시, 1998년 본격적 추진) 정부가 자원봉사활동의 주도적인 역할을 담당하게 되었으며, 그 후 자원봉사활동 캠페인과 더불어 중 · 고등학교 내신 성적에의 봉사활동 반영, 대학에서의 자원봉사학점 인정, 대학 졸업 후 취업과 기업 내 인사고과에도 가산점을 주는 등 자원봉사활동이 적극화되었다. 그리고 2005년 6월에는 지난 10년 간 표류해 오던 자원봉사활동기본법이 국회를 통과함으로써 자원봉사활동에 획기적인 발전적 계기를 마련하게 되었다

2017년 행정안전부 자료에 따르면[12] 우리나라 20세 이상 성인인구의 자원봉사 참여율은 2008년 2.7%, 2010년 3.0%, 2012년 3.5%, 2014년 4.4%, 2016년 6.6% 등으로 점차 증가추세를 보이고 있다. 그러나 미국 54%, 영국 51%, 프랑스 19%, 일본 20% 등에 비해 아직 훨씬 미흡한 것임을 알 수 있다. 여기에 우리나라의 경우 자원봉사자들의 봉사 의식과 책임감 부족으로 중도 탈락자들이 많이 발생하며, 자원봉사 관련 기관들의 상호연계성 결여 및 비체계적인 활동으로 봉사활동이 편중 또는 중복 실시되는 등 문제점이 제기되고 있다.

현재 전국 광역 및 기초자치단체별로 설립 운영되고 있는 자원봉사센터의 기능을 보면 시 · 도 센터의 경우 연구개발, 교육연수, 자원봉사 관련 기관 지원협력, 출판홍보, 후원개발, 국제협력, 정보관리업무 등을 행하며, 시 · 군 · 구 센터의 경우 지역사회조사 · 연구, 자원봉사자 기초 교육훈련, 자원봉사 전수 및 상담,

12) e－나라지표 참조.

프로그램 개발 보급, 사고 보장 및 포상·격려 프로그램 계획, 종합정보센터 운영업무 등을 행한다.

미국의 경우에도 지역자원봉사센터의 가장 중요한 역할은 자원봉사자를 수요처와 연결시켜 주는 일이며, 필요한 정보·도구·기술·전략 등을 제공하고 나아가 지역 특성에 맞는 자원봉사 프로그램을 개발하고 자원봉사자를 상담하고 교육·훈련하며 자원봉사에 대한 인정과 보상행사를 개최한다.

제 4 절 사회복지 인사관리

인사관리는 흔히 사기업의 인사활동을 가리키는 것으로 정부의 인사활동을 의미하는 인사행정과 구별하고 있다. 그러나 이러한 구별은 어디까지나 편의상 붙여진 것으로서, 여기서는 사회복지기관의 공·사 부문을 포함한 인사활동을 인사관리라고 부르기로 한다. 인사관리는 조직의 목표 달성을 위하여 인력자원을 최대로 활용하기 위한 관리적 활동을 뜻한다. 즉, 조직의 목표 달성에 가장 도움이 되는 방향으로 직원을 채용하고 능력을 개발하며 근무 의욕을 가지고 조직에 헌신할 수 있도록 동기부여하고 유지하는 관리활동이다.

스키드모어(Skidmore, 1983: 200-210)는 사회복지 인사관리의 주요 과정을 충원, 선발, 임용, 오리엔테이션, 승진, 평가 및 해임 등의 일곱 가지로 구분하고 있는데, 여기에서는 인사관리를 채용, 능력개발, 동기부여, 직원 유지 등 네 가지로 구분하여 기술한다.

1 채 용

채용은 사회복지조직의 직원을 신규(新規)로 충원하는 것으로 충원 과정을 중심으로 모집, 선발, 임명 등으로 구분된다. 먼저 모집(recruitment)은 자격 있는 지원자들을 공석 중인 직위에 유치하는 과정으로, 전문성 있는 유능한 직원을 선발하려는 데 그 목적이 있다. 그러나 사회복지조직에서는 직원의 전문성뿐 아니라 다른 사람들과 잘 어울려 지낼 수 있는 원만한 대인관계가 중요하다(Skidmore, 1990: 192).

직원을 모집하는 데 활용되는 절차로는 먼저 모집해야 할 직위에 대한 직무분석과 직무명세서를 작성하는 것이다. 여기서 직무분석(job analysis)은 각 직무에 관하여 그것이 존재하는 역할의 성질 및 내용, 그 역할이 요구하는 자격 요건 등을 명확히 하는 것이며, 직무명세서(job description)는 직무분석의 결과를 정리한 것으로 지위와 직무 내용, 의무 및 책임, 자격 요건, 작업환경, 작업이 인체에 미치는 영향, 기존 직원과의 관계 등이 포함된다. 다음으로 신문, 잡지, 게시판 등 여러 통로를 통한 모집 공고를 하게 되는데, 가장 적합한 자질을 갖춘 지원자를 선발하기 위하여 기본적인 신상 파악, 지원자의 지식, 경험 및 개인적 특성, 전직 시 고용주의 추천서, 그리고 학교 성적 및 건강진단서를 요구하기도 한다.

직원의 선발 방법으로 일반적으로 시험이 실시되는데 시험 과정은 객관성, 타당성, 신뢰성 등이 있어야 한다. 여기서 객관성(objectivity)은 시험 결과가 채점자의 주관적 편견이나 시험 외적 요인에 의해 차이가 나타내지 않는 정도이며, 타당성(validity)은 시험이 측정하고자 하는 내용을 정확하게 측정하는 정도이다. 그리고 신뢰성(reliability)은 동일한 사람이 동일한 시험을 시간을 달리하여 치렀을 때 성적 차이를 보이지 않는 측정도구의 일관성을 뜻한다(최항순, 2010: 168-169).

시험 방법으로는 필기시험(written test), 실기시험(performance test), 면접시험(oral test) 등이 활용되는데 사회복지조직의 경우 면접시험이 중요하다. 면접시험은 필기시험에서 알아보기 힘든 사람의 태도, 성격, 창의성, 협조성 등을 파악하기 위해 절대적으로 필요하나 면접관의 선입견이 개입될 우려가 있다는 문제점이 있다. 면접시험은 질문뿐 아니라 생각과 감정을 함께 나눌 기회를 제공하면서 마음 편한 것이 되어야만 한다. 일반적으로 면접에서 파악할 사항은 신청인의 직무에 대한 흥미, 전문직상의 목표, 현재 직위에 대한 자신의 평가, 직업에 대한 배우자의 견해 등이 포함된다.

사회복지조직에서 직원 선발은 무엇보다도 조직에서의 충성심을 포함하는 조직의 요구에 기초하여 이루어지고 전문성뿐 아니라 직원들과 원만한 인간관계를 맺을 수 있는 능력, 그리고 클라이언트 및 직원들을 보호할 수 있는 능력이 충분히 고려되어야 한다(최성재 · 남기민, 2003: 222).

시험에 따른 채점이 끝나면 성적별, 직종별로 등급이 매겨진 임용후보자명부(eligible list)가 작성된다. 이 명부에는 시험 성적은 물론 전공 분야, 근무희망지, 기타 필요한 사항 등이 기재되며, 유효기간이 일정기간 동안 유지된다. 즉, 바로 임용되지 않은 임용후보자들은 빈자리가 발생했을 때 다시 시험을 치르지 않고 임명될 수 있는 자격이 부여된다.

인사부서에 의한 임용 추천은 임용후보자명부의 순위에 따라 3~7배수로 제한되며 그 중 임명권자가 한 사람을 선택하여 결정하게 된다. 이를 배수추천제(rule of three−rule of seven)라고 하는데, 이때 임명되지 않은 나머지 후보자들은 그대로 임용후보자명부에 남게 되며 임명된 사람들이 빠져나감으로써 서열이 조정된다(Weiner, 1990: 336).

2 능력개발

직원의 능력개발은 사회복지조직에서 워커(workers)로 하여금 인간 행동과 사회관계에 대한 이해와 지식을 증진시키며 클라이언트에게 보다 효과적인 서비스를 제공할 수 있게 하므로 매우 중요하다. 또한 직원 능력개발은 사회복지에 관한 전문적 지식 및 태도를 향상시킨다.

대개의 사회복지기관에서 직원 능력개발은 조직구성원들의 직무수행에 필요한 지식과 기술을 향상시키며 가치관과 태도를 바람직한 방향으로 변화시키려는 교육훈련 활동을 뜻한다. 이러한 교육훈련 활동은 조직의 모든 직원들을 대상으로 해야 하는데 조직 내 계층 또는 대상에 따라 신입자를 위한 조직에 대한 안내를 실시하는 신규채용자훈련(orientation training), 일반 직원들에게 필요한 자세와 새로운 기법을 습득하도록 하는 일반직원훈련(refresher and extension training), 소수의 부하를 통솔하고 감독할 책임을 진 슈퍼바이저들에 대한 훈련인 감독자훈련(supervisory training), 그리고 슈퍼바이저보다 높은 계층에 속하는 중 · 고급관리자에 대한 훈련을 의미하는 관리자훈련(executive training) 등으로 구분할 수 있다.

교육훈련의 방법으로는 강의, 회의 또는 토의, 사례 발표, 역할 연기, 감수성 훈련 등 여러 가지가 있는데 각각 장점과 단점이 있다. 먼저 강의(lecture)는 일정한 장소에 직원들을 모아놓고 지식과 정보를 전달하는 방법으로, 짧은 시간에 많은 사람을 대상으로 교육 내용을 체계적으로 전달할 수 있고 경비를 절약할 수 있다는 장점이 있는 반면, 강사가 유능하지 못하거나 직원들이 무성의할 때 소기의 성과를 거둘 수 없다는 단점이 있다.

회의 또는 토의(conference)는 어떤 주제에 대한 논의가 이루어지는 공식적 모임으로, 구성원들 상호 간에 일반적인 지식전달이 아니라 의견 교환이 충분히 될 수 있다는 장점이 있는 반면, 회의 참여자들이 사전에 주제에 관한 어느 정도의 지식을 가지고 있어야 하고 소규모의 집단에만 적용할 수 있으며 그 과정이 느리다는 결함이 있다(성규탁, 1997: 288).

사례 발표(case presentation)는 직원들 간에 돌아가면서 사례를 발표하는 것으로 발표시간은 보통 30~45분이 허용되며 발표 후 평가 및 토의시간이 주어진다. 이 방법은 분석적 사고와 문제 해결의 능력개발에 도움을 주는 장점이 있는 반면, 사례 선정을 잘못하여 흥미와 관심을 끌지 못할 경우 비효과적이라는 단점이 있다.

역할 연기(role playing)는 명칭 그대로 어떤 사례를 여러 직원들 앞에서 2인 이상의 직원들이 실제로 연기한 후 평가와 토론을 거치고 사회자가 결론적인 설명을 하는 것으로, 인간관계 훈련에 효과적이고 좋은 경험을 몸소 얻을 수 있는 장점이 있는 반면, 연기에 소질이 없는 사람은 직접 역할 연기를 하기가 힘들며 사전 준비가 많이 요구된다는 단점이 있다.

그리고 감수성훈련(sensitivity training)은 사전에 과제를 주지 않고 10명 내외의 직원이 자유로운 토론을 통해 해결 방안이나 상대방에 대한 이해를 얻도록 하는 것으로, 조직 내 인간관계 개선과 태도 변화에 기여하는 장점이 있는 반면, 다수의 참여가 곤란하다는 단점이 있다.

이러한 교육훈련 방법을 앞서 언급한 교육훈련 유형과 관련해 보면 신규채용자훈련은 책자, 슬라이드, 집합훈련 등이, 일반직원훈련은 정기 또는 수시로 실시하는 보수교육이, 감독자훈련은 강의, 회의, 토의 등이, 그리고 관리자훈련은 토의, 사례연구, 신디케이트(syndicate) 등이 적용된다.

그 밖에 직원 능력개발의 방법으로는 정책입안에의 참여, 적절한 최신의 작업설비, 기관 및 지역사회에 있는 자원의 원활한 활용 등을 들 수 있다.[13] 여기서 정책입안에의 직원참여 방법으로는 정기적인 직원회나 모임을 계획하여 기관의 정책 및 절차를 토론하도록 하고, 또한 직원들로 위원회를 구성하여 기관의 새로운 정책 및 절차를 연구하고 기획하는 책임을 위임해 주는 것 등이 있다. 최신의 작업 설비는 비디오테이프, 영사기, 컴퓨터 등 최근의 정보화시대의 조류에 맞춘 최신 전자설비가 주된 내용이며, 이들을 활용하여 클라이언트와의 면접, 직원회 및 모임 등을 녹음하여 연구자료로 활용한다. 그리고 기관 및 지역사회에 있는 자원의 원활한 활용 방법으로는 월례 또는 격월례 회의를 통한 진행 중인 사업 및 연구자료 평가, 개인적 독서 및 관찰을 통한 직원 전문성 제고, 전문단체 가입 및 참여를 통한 새로운 시야 확장 등을 들 수 있다(장인협 · 이정호, 2006: 278-280).

3 동기부여

동기부여(motivation)는 사람들이 어떠한 경우에 근무 의욕이 생기고 사기가 높아져 열성적으로 일을 하는가에 관한 것으로, 이와 관련된 이론으로 머슬로(Abraham H. Maslow)의 욕구단계이론, 브래드쇼(Jonathan Bradshaw)의 욕구이론, 허즈버그(Frederick Herzberg)의 욕구충족요인이원론, 맥그리거(Douglas M. McGregor)의 X이론과 Y이론 등을 비롯한 여러 가지 이론들이 있다.

먼저 머슬로의 '욕구단계이론(need hierachy theory)'은 인간의 욕구를 생리적 욕구, 안전 욕구, 사회적 욕구, 긍지와 존경에 대한 욕구, 자아실현의 욕구 등으로 분류하고, 이들은 가장 낮은 수준의 생리적 욕구로부터 가장 높은 수준의 자아실현의 욕구에 이르기까지 계층을 이루고 있는 것으로 보고 있다.

여기서 생리적 욕구(physiological needs)는 의식주, 수면, 성적 욕구 등과 같

13) 테일러(Alice Taylor)는 직원 능력개발과 관련 있는 요소로 오리엔테이션, 지도감독, 기관외 교육을 위한 계획 및 정책, 정책입안에의 직원의 참여, 적절한 최신의 작업설비, 기관 및 지역사회에 있는 자원의 원활한 활용 등을 들고 있다.

은 인간의 삶에 가장 기본적인 동물적 욕구로서 주로 경제적 보상에 대한 관심으로 나타나며, 안전에 대한 욕구(safety needs)는 육체적 안전과 심리적 안정에 대한 욕구로서 전쟁의 공포나 혼란으로부터 해방, 범죄나 산업재해로부터 보호, 그리고 질서유지나 직업의 안정성에 대한 관심 등으로 나타난다.

애정적 욕구(belonging and love needs)는 대인관계를 통해 서로 정(情)을 교환하고 소속되기를 바라는 사회적 욕구로서 친분, 우정, 애정, 집단에의 귀속감 등으로 나타나며, 긍지와 존경에 대한 욕구(esteem needs)는 자존심을 유지하고 다른 사람들로부터 인정과 존경을 받고 싶어하는 욕구로서 명예, 위신, 신망, 지위, 인정 등에 대한 관심으로 나타난다. 그리고 자아실현의 욕구(self-actualization needs)는 자기의 잠재적 역량을 최대한으로 실현하고 성공감을 느끼려는 욕구로서 보람, 성취, 능력발전 등에 대한 관심으로 나타난다.

머슬로는 인간의 다섯 가지 욕구는 서로 상관되어 있으며 하급 욕구로부터 상급 욕구로 우선순위가 높은 순에 따라 순차적으로 유발되며, 이 경우 어느 한 단계의 욕구가 완전히 달성되어야 비로소 다음 단계의 욕구가 노출되는 것은 아니며 한 단계의 욕구가 어느 정도 충족되면 다음 단계의 욕구가 점차적으로 부각되어 간다고 한다. 이 이론은 그 후 많은 연구들에 의해 그 기본적 생각에 관한 타당성은 인정받고 있으나 인간의 행동은 아주 개별적이기 때문에 그의 다섯 가지 욕구의 계층 순서에는 많은 예외가 있다는 비판을 받고 있다.

머슬로의 욕구단계이론과 유사한 이론으로 브래드쇼(Bradshaw, 1972: 640-643)의 규범적 욕구, 인지적 욕구, 표출적 욕구, 상대적 욕구 등의 '욕구유형론'이 있다. 먼저 규범적 욕구(normative needs)는 전문가가 기존 자료나 지역사회 조사를 통한 판단에 의해 규정한 욕구로, 서비스 수준과 비교 가능한 비율로 표시하여 계량화가 쉽고 구체적 변화의 표적을 만들어낼 수 있는 장점이 있는 반면, 여러 욕구 단계가 지식의 발전과 사회의 가치기준에 따라 달라질 수 있다는 단점이 있다. 인지적 욕구 또는 느껴진 욕구(felt needs)는 클라이언트에게 직접 또는 전화, 우편설문 조사 등을 통해 구체적으로 인지된 욕구로 욕구가 과소평가되거나 표본의 대표성 문제가 제기될 수 있으며, 표출적 욕구 또는 표현된 욕구(expressed needs)는 클라이언트의 수용에 의해 느껴진 욕구가 행동으로 표출된 것으로 개인이 서비스를 얻기 위해 실제로 노력했는가의 여부가 핵심적인 변수로 작용한다. 그리고 상대적 욕구 또는 비교적 욕구(comparative needs)는 한 지역의 욕구와 유사한 다른 지역에 존재하는 서비스와의 차이에서 측정되는 것으로, 지역 특성을 고려한 상태에서 두 집단의 욕구를 비교하는 것이 바람직하다.

허즈버그의 '욕구충족요인이원론(two-factors theory)'은 인간의 욕구충족 요인은 만족과 불만의 두 가지 요인이 있으며 이들은 별개의 차원이라는 것이다. 즉, 만족과 불만은 각기 다른 요인에 의해 추구된다. 만족 요인은 직무 자체와 관련된 것들로서 동기 요인(motivation factors)이라고도 하며, 직무상의 성취, 직무성취에 대한 인정, 보람 있는 직무, 책임의 증가, 성장과 발전 등이 여기에 해당된다. 불만 요인은 직무 외적 또는 환경적 요인들로서 위생 요인(hygiene factors)이라고도 하며, 조직의 정책과 행정, 감독, 보수·지위·안전, 대인관계, 작업조건 등이 여기에 해당된다.

허즈버그의 이론에서 얻을 수 있는 것은 직원들의 불만 요인을 제거함으로써 근무 의욕을 가질 수 있는 예방적(위생적) 조건을 구비한 후 동기부여를 하는 것이 바람직하다는 것이다.

맥그리거의 X이론과 Y이론은 고전이론과 인간관계론을 상호 비교함에 있어 용어의 다양성과 혼란을 피하기 위해 사용한 것으로, 각각 인간관과 그에 따른 관리전략을 제시하고 있다. 즉, X이론에 의하면 보통 인간은 본질적으로 일하기를 싫어하고 가능하면 일을 피하려고 하므로 가급적 민주적 참여를 최소화하고 집권적·권위적인 지시와 통제가 필요하며, Y이론에 의하면 보통 인간은 본질적으로 부지런하고 능동적이기 때문에 외부통제의 필요성과 처벌에의 위협을 최소화해야 한다는 것이다.

맥그리거는 X이론에 바탕을 둔 전통적 관리체제가 사람들의 지적 잠재력을 충분히 활용하지 못하며, 따라서 Y이론을 통하여 관리체제의 혁신과 변화의 장을 열 수 있을 것이라고 한다. 그리고 Y이론에 입각한 관리방식으로 분권화와 위임, 직무확장, 직무충실화 등 직무개선, 참여관리, 목표설정에 의한 업적평가제도 등을 제시하고 있다.

한편 룬트스테트(Sven Lundtstedt), 롤리스(David Lawless), 오우치(William G. Ouchi) 등의 의해 Z이론이 제시되었는데, 룬트스테트의 이론은 X이론이 권위형이고 Y이론이 민주형이라면 Z이론은 자유방임형이라는 것이고, 롤리스의 이론은

X이론이나 Y이론은 고정적이고 획일적인 관리전략으로 변동하는 환경에 적합하지 못할 것이라는 전제 하에 조직환경에 적응적인 관리전략으로, 샤인(E. H. Schein)의 소위 '복잡한 인간모형'의 논리에 입각한 Z이론을 제시하고 있다. 그리고 오우치의 이론은 단기적 고용과 업적을 중시하는 미국과 달리 평생고용과 협동을 강조하는 소위 '일본식 조직관리'를 뜻한다(최항순, 2018: 318-319).

앞에서 살펴본 동기부여이론들을 볼 때 사회복지조직과 관련된 몇 가지 실용적 원리와 요소들을 발견할 수 있다(Skidmore, 1990: 159-191).

첫째, 조직 및 과업에 대한 개인적 관심은 직원들의 동기부여와 양질의 서비스 제공 측면에서 매우 중요하다. 만약 직원들이 자기가 하고 싶은 일을 하게 된다면 산출의 양적 증가뿐 아니라 업무의 질도 높아지며, 반면 직원들이 업무 수행을 억지로 한다면 그 반대의 결과가 나타날 것이다. 따라서 유능한 행정가들은 직원들의 개인적 관심을 높이기 위해 모든 지원을 아끼지 않는다. 직원들의 관심은 조직에서 사례와 경험을 함께 나누거나 조직의 운영에 중요한 기획 및 의사결정 과정에 직원들을 참여시킴으로써 개발될 수 있다. 이러한 개인적 관심을 제고하기 위해서는 조직 내의 민주적이고 참여적인 분위기가 도움이 된다.

둘째, 행정가들을 포함한 개개 직원들의 시간 가치를 존중하는 조직에서는 사기와 생산성이 높다. 이는 사회복지조직에서 행정가들이 최소의 시간을 들여 최대의 결과가 발생하도록 위원회 운영과 의사결정 과정을 조직화할 필요가 있음을 뜻한다. 행정가들은 조직의 목표, 조직의 문제, 조직의 결정을 고려하기 위해 시간을 적절히 배분하며 모임에 상정할 의제를 준비하기도 한다. 또한 개개 직원들이 조직의 이익을 위해 심사숙고하고 평가하며 계획하고 창조할 어느 정도의 시간을 갖는 것도 중요하다.

셋째, 사회복지조직에서 행정가들은 조직의 공동 목표 달성을 위해 직원들과 함께 일하면서 조직의 생산성을 높이고 직원들의 사기를 진작시키는 것이 중요하다. 일반적으로 조직에서 직원들은 인정받고 성취감을 맛보고 싶어하는데, 행정가들이 그런 감정을 충족시켜 주는 '행정적 지지'를 행할 수 있다.

넷째, 사회복지조직에서 직원들이 자신들의 특수한 책임을 이해하고 그 책임을 수행하기 위한 권한을 가지고 있다고 느낄 때 직원들은 긍정적 감정을 가지며 조직의 이익과 서비스를 높이기 위해 기여하도록 동기부여된다. 이 경우 책임이 구체적이고 분명할수록 업무 수행은 용이해진다. 어떤 행정가들은 책임 할당은 열심히 하나 그 책임에 수반되는 권한을 부여하는 데는 소홀한데, 이러한 상황은 직원들을 어렵게 만들고 치료 과정을 방해한다.

다섯째, 유능한 행정가는 종종 직원들에게 환류(feedback)를 제공하면서 그들의 행위가 제대로 이루어졌는가를 알려준다. 직원들은 그들이 한 일이 조직의 목표와 서비스에 비추어 볼 때 만족할 만한 것인지 아닌지를 알 필요가 있기 때문이다. 또한 개별 면담 및 직원 모임에서 직원들이 잘 수행했을 경우에 칭찬을 아끼지 않는다.

여섯째, 사회복지조직에서 직원들에게 성취 기회를 제공하는 것은 그들의 사기 진작을 위해 매우 중요하다. 직원들에게 개인, 가족 및 지역사회 문제를 스스로 처리할 수 있는 기회를 제공할 때 동기가 부여되고 만족도가 높아진다. 반면에 아무런 활동도 하지 않거나 어리석은 활동을 하는 것은 불안함과 싫증, 그리고 비효율과 비효과성을 가져온다(최성재 · 남기민, 2003: 239−242).

4 직원 유지

앞서 언급한 동기부여는 직무만족과 관련된 내부적 요소를 강조하는 반면, 직원 유지는 직무수행평가, 승진 및 보수 등과 같은 외부적 보상체계를 강조한다.

먼저 직무수행평가(performance maintenance)는 일반적으로 조직의 장(長)을 포함한 상관들에 의해 수행되는데 조직에서는 승진, 직원 개발, 서비스 전달 등과 같은 이유 때문에 직무수행을 평가하게 된다. 그러나 최근 들어 상관뿐 아니라 동료나 부하를 포함하는 다양한 주체들에 의해 평가하는 다면평가제도(multi-lateral feedback or 360−degree appraisal)가 유용하게 활용되고 있다. 다면평가를 실시하는 경우 기대할 수 있는 효과로는 공정성 및 객관성 향상, 관료적 병폐의 시정, 분권화 촉진, 자기 개발 촉진 등을 들 수 있으며, 반면 평정을 둘러싼 갈등과 스트레스 확대, 업무목표 성취보다 대인관계에 급급하는 행태 조장, 그리고 불필요한 시간 소모 등의 부작용이 있다(최항순, 2010: 235).

직무수행평가는 일반적으로 직무수행 기준 확립, 직원에게 직무수행의 기대치 전달, 실제로 직무수행 측정, 직무수행 실적을 직무수행 기준과 비교, 평가 결과를 직원과 더불어 토의, 필요시 직무수행 기준과 직무수행 기대치 수정 등 여섯 단계로 구분해 볼 수 있는데(Robbins, 1978: 219), 지금까지 여러 사회복지조직에서 공통적으로 사용되고 있는 주요 측정 도구로는 도표식 평정척도법, 강제배분법, 개조서열법, 이분비교법, 중요사건기록법, 행태기준평정척도법 등이 있다(Meenaghan, Washington, & Ryan, 1982: 205-207).

첫째, 도표식 평정척도법(graphic rating scale)은 가장 많이 사용되는 것으로 한쪽에 평정 요소를 나열하고 다른 쪽에는 각 평정 요소마다 우열을 나타내는 척도인 등급(일반적으로 탁월, 우수, 보통, 미흡, 불량 등 5등급)을 표시하는 방법이다. 이 방법은 평정표의 작성과 평정이 손쉬운 반면, 평정 요소가 매우 일반적이어서 직무기대와 관련된 직무수행을 평가하는 데 있어 한계가 있다는 단점이 있다.

둘째, 강제배분법(forced distribution)은 평가가 한곳에 과도하게 집중되거나 관대화되는 것을 막기 위해 평가분포 비율을 미리 정해 놓는 방법으로, 일반적으로 10%, 20%, 40%, 20%, 10%의 비율로 종형(鐘形)인 정상분포곡선(normal curve)이 되도록 배분한다. 이 방법은 평정 대상이 되는 직원들이 많을 경우 관대화 경향에 따르는 평정오차를 방지할 수 있으나 평정 대상 전원이 우수하거나 열등한 경우에도 일정 비율은 열등 또는 우수의 평정을 받게 된다는 점에서 비현실적이라고 할 수 있다.

셋째, 개조서열법(alternation ranking)은 평정 요소들이 있다는 점에서 도표식 평정척도법과 비슷하나 평가자가 각 평정 요소들을 모든 직원들에 대해 최상으로부터 최하까지 등급을 매긴다는 점이 다르다. 이 방법의 특징은 경쟁적인 상황 속으로 직원들을 몰아넣고 도표식 평정척도법의 단점을 그대로 가진다는 점이다.

넷째, 이분비교법(paired comparison)은 평정 요소들이 있다는 점에서 도표식 평정척도법과 비슷하나 모든 직원들을 대상으로 서열등급을 매기는 개조서열법과는 달리 각각의 요소에 대해 직원 개개인을 자신을 제외한 모든 사람들과 비교한다. 이 방법의 특징은 직원들에게 기대되는 직무에 대해 좀 더 구체적이라는 것이다.

다섯째, 중요사건기록법(critical incident)은 평가자로 하여금 직원들의 직무수행에 관하여 특별히 좋은 사건과 특별히 바람직하지 못한 사건을 기록 유지하게 하여 좋은 사건은 강화하고 바람직하지 못한 사건은 교정해 주려는 것이다. 이 방법은 직원들과 함께 이러한 사건들을 3개월 또는 반 년에 한 번씩 검토해 보도록 함으로써 직원들에게 계속적인 평가와 환류를 제공한다.

여섯째, 행태기준평정척도법(behaviorally anchored rating scales: BARS)은 도표식 평정척도법이 갖는 평정 요소 및 등급의 모호성과 해석상의 판단 개입, 그리고 중요사건기록법이 갖는 상호 비교의 곤란성을 보완하기 위해 두 방법의 장점을 통합시킨 것으로, 이 방법은 주관식 판단을 배제하기 위해 직무분석에 기초하여 직무와 관련된 중요한 과업 분야를 선정하고 각 과업 분야에 대해서는 가장 이상적인 과업 행태로부터 가장 바람직하지 못한 행태까지 몇 개 등급으로 구분하고 각 등급마다 중요 행태를 명확하게 기술하고 점수를 할당한다. 이 방법은 시간이 많이 소요되는 값비싼 측정도구이기는 하나 사회복지의 직무수행을 평가하기 위한 도구로서 그 타당성이 가장 높다.

다음으로 보다 높은 직위로의 상향 이동을 의미하는 승진(promotion)은 직원들이 승진이 공정하게 이뤄진다는 것을 알고 있을 때 조직의 사기가 높아진다는 점에서 매우 중요하다. 승진의 기준은 일반적으로 경력(seniority)과 실적(merit)으로 구분되는데, 경력에는 학력, 근무 경력 등이, 실적에는 시험 성적, 근무 성적, 교육훈련 성적 등이 포함된다. 승진을 결정하는 데는 경력과 실적 중 어느 한 쪽에 의존하는 것이 아니라 양자를 혼합하여 결정하는 것이 일반적이며, 근래에 들어 실적의 비중이 높아지는 경향을 보이고 있다.

그리고 직원들의 사기와 근무 의욕에 직접적으로 영향을 주는 보수(pay)[14]는 특히 박봉에 시달리고 있는 사회복지 분야의 경우 매우 중요하다. 이와 관련하여 미국 전국사회복지사협회(NASW)는 최소한의 보수수준 유지를 건의하면서 보수수준 결정에 있어 고려해야 할 요소로서 ① 생활비의 변화, ② 생활수준의 변화, ③ 국민생산성의 증가, ④ 교육과 경험을 필요로 하는 직위에 지불되는 봉급의 변화, ⑤ 형평에 맞고 달성 가능한 최저수준의 보장, ⑥ 지역적 보수 형태에 기초한 변화 등을 들고 있다(Slavin, 1985: 213).

---

14) 우리나라의 공무원 보수규정 제4조에 의하면 보수는 "봉급과 그 밖의 각종 수당을 합산한 금액을 말한다. 다만 연봉제 적용 대상 공무원은 연봉과 그 밖의 각종 수당을 합산한 금액을 말한다"라고 정의되어 있다.

현재 사회복지시설 종사자들의 보수수준은 최저생활의 문화수준을 영위해 나가기에 미흡한 상태이며, 전반적으로 민간사회복지조직 직원들의 보수수준이 사회복지 전담공무원을 포함한 공공사회복지 담당공무원들의 보수수준에 미달하고 있는 실정이다. 이와 같은 보수수준의 차이는 공공사회복지와 민간사회복지를 조화롭게 발전시켜 나가는 데 커다란 장애 요인이 되고 있다(최성재 · 남기민, 2003: 246－247).

5 인사관리의 발전 과제

인사관리는 1970년대 말부터 단순히 조직에 필요한 인력의 관리라는 보좌적 기능만을 수행하던 '전통적 인력관리'의 시각에서 벗어나 인력을 조직의 목표 달성에 핵심적인 자산(assets)으로 인식하고 조직의 전략적 관리와 연계시키려는 '인적자원 관리(human resources management: HRM)'를 강조하는 추세를 보여 왔으며, 최근 들어 정부의 인사행정에서 적용되고 있다. 이러한 인적자원 관리의 관점에서 사회복지조직 인사관리의 몇 가지 발전 과제를 제시해 본다.

첫째, 사회복지조직 구성원들이 전문직이라는 속성을 감안한다면 직업경력(career) 개발과 같은 방법이 인센티브로서 매력적일 수 있다. 이를 위해서는 직원들이 가지는 가치와 이상, 개인적 열망 등이 조직활동을 통해 실현될 수 있도록 하는 조직환경을 조성하고 직원들이 관심을 갖는 각종 교육이나 사업 참관의 기회를 확대하는 것이 필요하다. 또한 한 개인이 직업경력의 발전을 이룩하기 위해서는 이러한 전문적 능력에 대한 계발뿐 아니라 이를 뒷받침할 수 있는 개인적 생활의 만족도 크게 작용한다.

둘째, 직원 개인이나 조직 전체 차원에서 경험하게 되는 문제들(권태와 소외, 높은 결근율, 낮은 질의 생산물과 서비스 등)을 극복하기 위한 업무환경의 질(quality of work life: QWL) 개선운동을 보다 적극적으로 전개할 필요가 있다. 그 방안으로는 QC(quality circle)나 팀제(team), 모니터링(monitoring) 시스템 등과 같이 조직구성원들이 조직의 주요 결정에 참여하는 참여적 자기관리(self－management), 업무를 사람에 맞게 하는 업무의 재구조화(restructuring), 유연급여

(flexible benefits) 시스템이나 직원지원 프로그램(employee assistance program: EAP)과 같은 혁신적 보상급여체계 등이 있다. 여기서 유연급여 시스템은 조직이 휴가 일수, 현금, 탁아 서비스 등 급여 항목을 늘어놓고 직원들이 자신의 욕구에 따라 개인별 한도의 총액 내에서 가장 필요한 항목들을 스스로 선택할 수 있게 하는 것이며, EAP는 직원들의 개인 또는 가족의 삶의 질 향상에 도움이 되도록 하는 프로그램이다.

연습문제

01 인사관리에 관한 설명으로 옳지 않은 것은?

① 직무분석 이전에 직무명세서와 직무기술서를 작성한다.
② 직무기술서는 직무 자체에 대한 기술이다.
③ 직무명세서는 직무수행자의 요건에 대한 기술이다.
④ 인사관리는 개발관리, 성과관리, 보상관리 등을 포함한다.
⑤ OJT(on-the-job training)는 일상업무를 수행하면서 훈련을 실시한다.

02 직무분석 및 내용에 해당하지 않는 것은?

① 업무 및 감독 책임
② 동기부여
③ 구체적인 작업 내용
④ 작업시간
⑤ 임금책정

03 직원의 직위와 역할, 이에 따른 구체적 임무와 책임 등을 정해 놓은 것을 무엇이라 하는가?

① 범주화 ② 직무설계 ③ 구조화
④ 슈퍼비전 ⑤ 임파워먼트

04 브래드쇼(J. Bradshaw)의 네 가지 욕구와 그에 대한 설명으로 옳지 않은 것은?

① 규범적 욕구: 전문가의 판단에 의해 규정된 욕구
② 귀속적 욕구: 서비스의 수요에 기초한 욕구
③ 표현적 욕구: 대기자의 명단(리스트)을 통한 욕구
④ 인지적 욕구: 개개인이 느끼는 욕구
⑤ 비교적 욕구: 다른 사람과 비교하여 정해지는 욕구

05 다음 중 사회복지사 윤리강령의 내용에 해당하지 않는 것은?

① 자원봉사자에 관련된 윤리기준
② 사회에 대한 윤리기준
③ 동료에 대한 윤리기준
④ 동료의 클라이언트와의 관계기준
⑤ 전문성 개발을 위한 노력

06 사회복지사가 소진되었을 때 나타나는 현상으로 틀린 것은?

① 클라이언트에 대한 부정적 태도 유발
② 업무관리 상실
③ 서류 업무 증가
④ 장기적 조직의 행정비용 상승
⑤ 서비스 질 저하

07 사회복지전문직 관리자가 수행할 슈퍼바이저의 역할에 해당하는 것을 모두 고르시오.

보기
가. 교육자 나. 감독자 다. 상담자 라. 소비자

① 가, 나　② 가, 다　③ 나, 다, 라
④ 가, 나, 다　⑤ 가, 다, 라

08 업무생활의 질을 향상시키고자 하는 QWL 운동에 포함되지 않는 것은?

① 팀제 운용　② 업무시간의 고정화　③ 유연급여 제시
④ 사무용품 개선　⑤ 정신건강 상담 서비스 제공

09 인력개발에 관한 사항 중 옳은 것은?

① 교육의 기간은 되도록 장기적으로 설정하는 것이 필요하다.
② 직무 현장을 떠나 별도의 장소에서 이루어지는 것이 좋다.
③ 현장에서 직무를 그대로 수행하도록 하면서 지도함으로써 직무수행 능

력을 개발시킨다.

④ 인력개발은 1회성으로 집중적으로 실시하도록 한다.

⑤ 끊임없는 순환보직으로 역량을 개발한다.

10 다음 중 직무기술서에 포함되지 않는 것은?

① 교육수준 ② 작업활동 ③ 직무환경
④ 직무개요 ⑤ 장비

정답 1. ① 2. ⑤ 3. ② 4. ② 5. ① 6. ③ 7. ④ 8. ② 9. ③ 10. ①

제 11 장

사회복지 재원관리

제 1 절 사회복지 재원의 의의

1 사회복지 재원의 개념

현대 국가는 복지국가 또는 복지 지향적 국가로서 사회복지정책이 국가정책의 주요한 몫을 차지하고 있으며, 이러한 사회복지정책을 수행하는 데 필요한 비용을 사회복지 재원(social welfare fund)이라고 한다. 사회복지 재원은 국가가 강제로 부과하는 일반조세나 사회보험료 등 공공재원과 기업에서 고용주가 피고용자들에게 제공하는 기업복지, 민간의 자발적 후원금인 후원금, 이용자 부담금 등 민간재원으로 구분할 수 있는데, 이 중 19세기까지는 민간재원이 위주였으나 사회복지의 발전에 따라 공공재원이 크게 증가하는 경향을 보이고 있다.

오늘날 대부분의 선진국들에서는 사회복지에 소요되는 재원이 국가 책임의 이념 하에서 주로 정부예산으로 충당되고 집행되는 것이 일반적인 경향이다. 이런 측면에서 사회복지 재정이 국가의 예산편성에 있어 주요한 관심사가 되고 있으며, 사회복지 재정의 확보를 위한 조세 부담이나 보험료 부담은 정치경제적으로 주요한 이슈로서 국민생활에 많은 영향을 미치고 있다.

우리나라의 경우 그동안 경제발전과 국가안보라는 양대 목표를 강조하는 특별한 상황에서 사회복지 재원이 제한되어 왔음은 주지의 사실이다. 최근 들어 국가 재정에서 사회복지 재정이 차지하는 비중이 상당히 높아가는 경향을 보이고는 있으나, 사회복지 수요의 확대에 따른 복지 재정 부담은 커다란 국가적 해결과제가 아닐 수 없다. 사회복지 재원의 부족은 결과적으로 사회복지사업의 전문적 운영을 어렵게 할 뿐만 아니라 사회복지정책의 발전에도 저해 요인이 된다는 점에서 사회복지 재원을 어떻게 확보하느냐의 재원 확보문제와 어떻게 합리적으로 쓸 것인가의 재원 배분문제가 중요한 관심사이다.

2 사회복지 재원의 유형

길버트와 스펙트(Gilbert & Specht, 1974)는 사회복지정책을 분석하는 기준으로 급여 대상, 급여형태, 전달체계, 재원 등 네 가지를 제시하고, 그 중 재원의 확보 방법을 공공부문 재원과 민간부문 재원으로 구분하고 있다. 선진국으로 갈수록 사회복지 재원은 민간부문보다 공공부문 재원에서 압도적으로 많이 조달되는데, 독일, 프랑스, 핀란드, 영국 등의 경우 각각 국민총생산(GNP)의 28.1%, 34.9%, 30.6%, 27.8%에 해당하는 사회복지 총지출이 거의 공공부문 재원으로 충당되고(독일 24.8%, 프랑스 31.5%, 핀란드 29.5%, 영국 21.9%), 민간부문의 재원은 매우 미약하다. 이에 비해 선진국 중 복지 후진국으로 알려진 미국의 경우에는 사회복지 총지출 30.3% 중 공공부문이 18.8%, 민간부문이 11.5%로 다른 국가들에 비해, 민간부문의 재원이 상대적으로 중요한 위치를 차지하고 있다. 그리고 우리나라의 경우 사회복지 총지출은 11.5%, 공공부문 지출은 9.3%이다.[1)]

1) 2013년 기준의 통계자료로, OECD Expenditure DB(2017.7) 참조.

1) 공공부문 재원

사회복지 재원 중 공공부문 재원은 소득세 등 일반조세에 주된 기반을 둔 정부일반예산, 사회보험제도(국민연금, 국민건강보험, 고용보험, 산재보험 등) 운용을 위해 필요한 사회보험료를 의미하는 사회보장성 조세(social security tax), 조세 감면을 통해 세금을 걷어 지출하는 것과 같은 효과를 내는 조세비용(조세지출) 등으로 구성된다.

(1) 일반예산

정부 일반예산(general budget)은 조세(소득세, 소비세, 법인세, 상속세 등)를 비롯하여 기타 세외수입, 전년도 이월비 등 국가의 모든 수입이 집계된 자금(fund)에서 지출이 이루어지는 이른바 '예산통일성의 원리(principle of budget unity)'가 적용되는 예산으로, 특별히 용도를 정하지 않고 매년 예산편성에 의해 지출내역이 달라질 수 있다. 여기서 일반예산의 주된 기반을 이루는 일반조세는 주로 누진세(progressive tax)로서 소득이 클수록 세율이 증가되어 소득재분배 효과가 크고, 급여의 양과 질에서 차별이 적어지며, 국가가 망하지 않는 한 안정적이고 지속적으로 공급될 수 있다는 점에서 사회복지 재원으로 많이 활용된다.

정부 일반예산의 사회복지 재원으로서의 유용성에 대해 보다 구체적으로 설명하면 다음과 같다.

첫째, 정부 일반예산은 다른 사회복지 재원에 비해 사회복지정책이 추구하는 가장 중요한 목표인 소득재분배를 통한 평등화나 사회적 적절성을 이루기 쉽다. 이것은 일반예산을 구성하는 조세들이 사회보장성 조세나 자발적 기부금과 같은 다른 재원들에 비해 소득재분배적(누진적) 효과가 크며, 일반예산의 재원으로 사회복지 급여를 충당하는 것이 다른 재원들에 비해 소득재분배적 급여를 하는 데 제한이 적기 때문이다.[2)]

둘째, 정부 일반예산은 다른 재원들에 비해 사회복지정책의 대상을 넓히고 급여 내용의 보편성을 이룰 수 있다. 사회보장성 조세나 민간부문의 자발적 기부를 통한 사회복지정책은 대개 그 대상이 제한적이어서 특수한 지역이나 집단에

2) 예를 들면, 사회보장성 조세는 일종의 보험료의 성격이 있기 때문에 급여를 할 때 많이 납부한 사람들에게 절대액에서 많은 급여를 해야 하는 제약이 따른다(송근원 · 김태성, 1999: 323).

속한 사람들에게만 급여가 이루어지는 경향이 있다.

셋째, 정부 일반예산은 재원의 안정성과 지속성의 측면에서도 다른 재원에 비해 유리하다. 정부 일반예산은 경기 침체 등의 이유로 조세수입의 양은 다소 변동이 있다고 하더라도, 국가의 공권력에 의해 조세 부과가 이루어지기 때문에 국가가 망하지 않는 한 재원이 안정적이고 지속적으로 공급될 수 있다는 것이다.

우리나라의 정부 일반예산 중 사회복지 재정은 일반적으로 보건복지부 예산을 기준으로 한다. 그러나 사회개발비 또는 그 안에 포함된 사회보장비를 기준으로 한다면 사회복지 재정 비율은 다르게 나타난다. 사회개발비는 교육 및 문화비, 인구개발 및 인구대책비, 보건 및 생활환경 개선비, 사회보장비, 주택 및 지역사회개발비 등으로 구분되며, 사회보장비는 다시 의료보험, 보훈, 근로자복지, 기타 사회복지, 국민연금 등으로 구분된다.

한편 정부 일반예산으로 충당되는 사회복지 재정은 국가 부담과 지방자치단체 부담으로 구분할 수 있는데, 어느 쪽의 부담으로 하는가의 결정기준은 그 업무가 국가와 지방 중 어느 곳에 속하는가에 따라 좌우된다. 그러나 지방에 속하는 업무일지라도 다음과 같은 몇 가지 경우에는 국가가 경비의 전부 또는 일부를 부담하도록 되어 있다. 즉, ① 법령에 의하여 꼭 실시하도록 되어 있는 국가와 지방자치단체 상호 간의 이해관계가 있는 사업으로 그 원만한 운영을 위해 국가가 경비를 부담할 필요가 있을 경우, ② 재해와 관계되는 업무로서 일반 재원에 의해 지출되어야 할 경우, ③ 전적으로 국가의 이해에 관계가 있는 사업을 수행해야 할 경우 등이다.

국가의 지방자치단체에 대한 지원은 보조금(grants) 형태로 이루어지는데, 보조금은 항목별 보조금, 기능별 보조금, 특별보조금 등 세 가지 형태로 분류된다. '항목별 보조금(categorical grants)'은 재정이 사용될 세부적인 항목을 지정하여 지원하고, '기능별 보조금(block grants)'은 항목별이 아니라 프로그램의 기능별로 크게 묶어 재정을 지원하며, '특별보조금(special grants)'은 정부예산의 일부 가운데 조건 없이 지원한다.

(2) 사회보장성 조세

사회보장성 조세(social security tax)는 국민연금, 국민건강보험, 고용보험, 산재보험 등과 같은 사회보험료를 뜻하는 것으로, 국가에 의해 조세처럼 강제로 부과되고 관리운용도 공공기관에서 담당한다는 점에서 사회복지를 위한 공공부문 재원으로 분류된다. 또한 이는 조세부담율에 포함시켜 조세수입으로 간주되기도 한다.

사회보장성 조세는 기여금(寄與金, contribution)이라고도 하며 일반조세와 달리 미래에 받을 수 있는 사회보장급여에 대한 권리로 인식하여 조세 저항이 상대적으로 적으며, 사용되는 용도가 명확하기 때문에 조세에 대한 거부감도 적다는 장점이 있다. 또한 제도의 강제성으로 보험료 거출이 쉬울 뿐 아니라 적립기금 조성으로 일정한 수준의 급여를 보장할 수 있다. 그러나 모든 근로소득에 동률(同率)로 부과되고 보험료 부담의 기준이 되는 소득의 상한선이 있어 고소득층에 유리하다는 역진적(regressive) 성향이 있다.

이러한 사회보장성 조세는 부담 주체가 나라에 따라 다르지만 사용자와 가입 근로자가 공동으로 부담하는 방법, 사용자가 전액 부담하는 방법, 가입 근로자가 전액 부담하는 방법, 그리고 국가, 사용자, 가입 근로자 등이 공동으로 부담하는 방법 등 네 가지 형태로 분류할 수 있다.

우리나라에서는 일반적으로 사용자와 근로자가 공동 부담하는 원칙 하에 국민연금, 국민건강보험, 고용보험의 실업급여 등에 대한 사회보험료(social insurance premium)에 있어 각각 2분의 1씩 부담한다. 공무원의 경우에는 국가가 사용주로서 보험료의 50%를 부담하고, 사립학교 교직원의 경우에는 본인 50%, 학교법인 30%, 국가 20% 등으로 부담한다. 사용자가 전액 부담하는 사회보험료로는 산재보험료, 고용보험의 고용안정 및 능력 개발사업과 관련된 보험료 등이 있다. 그리고 사회보험제도의 관리 및 운영과 관련된 비용의 일부를 정부가 보조한다. 이 제도의 기본적인 원칙은 근로자가 취업기간 중에 소득의 일부를 보험료로 계속 내고 적립된 보험료와 보험료로 얻어진 수익을 퇴직하는 시기에 일시금 또는 연금의 형태로 보험금을 받는 것이다.

한편 사회보험료와 다른 성격의 사회보장성 조세로 사회보장이라는 특정 목적을 가지고 같은 용도로만 사용되는 특별세(special tax)가 있다. 이러한 사회보장세는 오늘날 선진국에서 일반예산과 더불어 중요한 사회복지 재원으로 채용되어 운영되고 있는데, 그 채택 이유는 다음과 같다.

첫째, 사회보험의 가장 중요한 목표는 자본주의 사회의 시장에서 결정된 사회계층상의 위치를 변화시키지 않으면서 사람들이 어떤 위험(노령, 실업, 장애 등)에 당면하여 소득이 상실될 때 각자 시장소득의 종전수준을 유지하려는 데 있다(Esping-Andersen, 1990). 이러한 목표를 위해서는 조세를 적게 낸 저소득층에 비해 고소득층이 받는 사회보험급여의 절대액(absolute sum)이 높아야 하는데, 일반예산을 통해서는 어렵고 목적세를 통해서 가능하다.

둘째, 많은 사람들은 사회보장세를 납부함으로써 일반조세와 달리 미래에 받을 수 있는 급여액에 대한 '권리(rights)'를 갖는다고 여기는 경향이 있다. 정부의 일반예산을 통한 사회보장 급여는 일종의 적선(積善, dole)이라는 거부감을 갖는데 비해, 사회보장세를 통한 급여는 자조(自助, self-help)의 이념으로 생각된다.

셋째, 사회보장을 위한 특별세는 일반예산처럼 다양한 정부지출에 사용되지 않고 특정한 목적을 위해 사용되므로 납세자들의 비판적 관심과 회의감이 적다. 따라서 정부가 재정적자에 시달리는 상황에서도 사회복지 프로그램의 유지가 가능하다는 장점이 있다.

반면에 사회보장을 위한 특별세는 동일한 비율로 부과되고, 조세부과 대상소득의 일정한 상한액 내에서만 부과된다는 점에서 오히려 저소득층이 더 부담을 갖게 되는 역진적 성향이 있다는 문제점이 있다.

우리나라에서는 아직 정부예산에서 부담하는 사회복지 재정의 규모가 크지 않기 때문에 일반예산에 의존하고 있으나 앞으로 복지 수요의 증가에 따라 '사회보장세(social security tax)'라는 목적세의 설치를 고려해 볼 필요가 있다. 다만 그동안 우리나라에서 실시해 온 시한부 목적세에 대한 국민들의 불신이 적지 않아 이를 해소하는 것이 선결과제가 될 것이다.

(3) 조세비용

조세비용(tax costs)은 소득공제, 세액공제 등 조세 감면을 통해 세금을 걷어 지출하는 대신 부담해야 할 세금을 걷지 않거나 이미 낸 세금을 되돌려 주는 것으로, 실질적인 조세수입의 감소를 통해 특정 목표를 달성하는 것이기 때문에 공공부문 재원으로 분류된다.

조세비용은 정부 입장에서는 조세지출만큼 조세수입이 줄어 정부가 지출한 것과 같으므로 정부지출의 하나로 파악될 수 있는 편리성이 있다. 그러나 조세비용은 소득이 높을수록 공제 대상액이 높다는 점에서 고소득층에게 유리하며, 반면 많은 수의 저소득층은 공제 대상에서 제외되어 복지성 감면 혜택을 누리지 못하는 소득재분배의 역진성을 야기시킬 수 있다는 문제점이 있다.

2) 민간부문 재원

사회복지 재원 중 민간부문 재원은 개인, 재단, 기업 등이 사회복지를 위해 제공하는 자발적 기부금, 사회복지 혜택을 이용 시 일부 부담하는 사용자 부담금, 기업에서 고용주가 피고용자에게 임의로 제공하는 급여인 기업복지, 그리고 가족 내 또는 가족 간 복지비용 이전을 뜻하는 비공식부문 등으로 구성된다.

(1) 자발적 기부금

자발적 기부금(voluntary contribution)은 개인, 재단, 기업 등이 사회복지를 위하여 자발적으로 제공하는 민간재원으로, 공공부문의 사회복지가 발전하기 이전에는 소위 민간에 의한 자선비용으로 중요한 역할을 해 왔으나, 서구 복지 선진국을 중심으로 정부의 사회보장 지출이 증가하면서 그 역할이 과거에 비해 상대적으로 줄어들고 있다. 그러나 자발적 기부금은 오늘날의 다원화 사회 속에서 특정 지역이나 집단의 특수 욕구를 해결하는 등 정부의 활동과는 다른 성격을 가진 중요한 민간사회복지 기능을 수행하거나 급증하는 정부의 사회복지비 부담을 완화해 주는 보완적 역할을 담당한다고 할 수 있다.

우리나라에서 민간자선활동은 해방과 6·25 전쟁을 겪으면서 주로 외국기관에 의해 수행되어 왔으며, 그 후 국내 경제가 성장하면서 외국의 자선단체들이 활동을 중지하거나 활동 범위를 축소하고 그 공백을 국내 자선단체들이 대치하게 되었다. 민간의 자발적 기부금은 1975년 연말 불우이웃돕기성금 모금운동이 범국민적으로 전개된 이래, 1980년 사회복지사업기금법이 마련됨으로써 체계화되었다. 이에 따라 매년 12월 1일부터 다음해 1월 31일까지 신문, 방송 등 언론기관과 은행에 설치된 모금 창구를 통하여 모금하고, 그 중에서 중앙 단위 모금분은 보건복지부가, 시·도 및 시·군·구 단위 모금분은 지방자치단체가 관리하면서 민간부문 복지사업에 사용해 왔다.

특히 사회복지공동모금법이 1997년 제정됨에 따라 시・도 단위에 지역공동모금회, 중앙 단위에 전국공동모금회가 구성되어 민간복지 재원의 항시적인 모금활동이 이루어지게 되었으며, 이 법이 1999년 사회복지공동모금회법으로 명칭변경과 더불어 전면개정되면서 종전에 개별 독립법인이던 지역공동모금회가 전국공동모금회와 연계되는 공동모금 지회로 전환되었다. 현재 우리나라의 공동모금회는 중앙의 사회복지공동모금회와 16개 시・도에 지회가 운영되고 있다. 이들 모금회의 기능을 보면 지역공동모금회는 시・도 내의 민간복지 재원의 소요를 매년 파악하여 모금 및 배분활동을 하며 전국공동모금회는 사회복지공동모금사업, 공동모금재원의 배분, 공동모금재원의 운용 및 관리, 사회복지공동모금에 대한 조사・연구・홍보 및 교육・훈련, 사회복지공동모금지회의 운영, 사회복지공동모금과 관련된 국제교류 및 협력증진사업, 다른 기부금품 모집자와의 협력사업, 그 밖에 모금회의 목적 달성에 필요한 사업 등을 수행한다.[3)]

사회복지공동모금회는 그동안 정부 주도로 연말연시에만 '사랑의 열매'를 상징적으로 한시적으로 벌려온 '불우이웃돕기성금 모금활동'을 연중사업으로 전환하여 민간의 자율성과 창의성을 바탕으로 각종 모금 및 배분사업을 활발하게 전개하고 있다.

한편 개인 또는 기업이 정부나 민간의 복지기관에 기부금을 내는 것에 대해 순수하고 자발적인 결정으로 보지 않는 시각도 있다. 정부가 면세, 감세 등의 수단을 통해 민간의 사회복지활동을 지원하고 민간기업 또는 부자들은 세금을 적게 내는 수단으로 기부금을 내는 경우도 적지 않다는 것으로, 이러한 사례는 물론 외국의 경우에도 많이 볼 수 있다. 그 밖에 우리나라에서 가장 광범위하게 복지활동을 펴는 단체 중의 하나인 대한적십자사의 적십자회비는 준조세적인 재원이며, 연말마다 행정기관이나 민간기업에서 내는 불우이웃돕기성금이나 기관별로 배당되는 수재민구호성금도 자발적인 것이라고 할 수 없다.

민간 차원의 사회복지활동은 정부가 복지 기능을 독점하는 것을 막고 복지제도의 다원화를 가져온다는 점에서 그 의의가 크다. 사회복지시설에 수용되어 있

---

3) 사회복지공동모금회법 제5조(2016.2.3 일부개정).

는 아동, 노인, 장애인, 소년소녀가장 등에 대해 한국사회복지협의회 등 사회복지기관을 통해 개인이 개별적으로 결연을 맺어 후원자가 되어 정기적으로 후원금을 지원하는 개별적 결연·후원사업은 대표적인 민간 사회복지활동이라고 할 수 있다.

또한 민간 차원의 사회복지활동은 정부의 직접적인 간섭을 받지 않고 개인이나 집단들의 종교적·문화적 지향에 따라 그들이 원하는 복지활동을 펼 수 있는 기회를 제공함으로써 보다 많은 인력과 재원을 복지활동에 동원하는 효과를 가져올 수도 있다.

(2) 사용자 부담금

사용자 부담금(user contribution)은 사회복지 수혜자가 실제로 서비스를 받을 때 일정한 액수를 본인이 부담하는 사용료를 말한다. 사용료(user fee)는 일반적으로 서비스 비용의 전체가 아니고 일부만을 부담하며, 사용자의 경제적 능력에 따라 차등 부과된다. 즉, 경제적으로 부담 능력이 많은 사람은 높은 사용료를 내고 부담 능력이 부족한 사람은 그만큼 적게 부담한다.

오늘날 사회복지가 발달한 국가들에서도 사용료 제도는 존재한다. 예를 들면, 영국의 경우 모든 사람에게 의료 서비스를 무료로 제공해 주는 것으로 알려진 국가보건서비스(National Health Service: NHS)[4]에 있어서도 전체 비용의 3.4%는 사용료로 부담한다. 사용료 부담은 영국의 경우 주택 서비스 총 지출의 약 55%를 차지하는 것처럼 대부분의 국가에서는 주택 분야에서 가장 크며, 다음으로 개별 사회적 서비스 분야가 크다. 우리나라 국민건강보험의 경우 보험 가입자는 매달 소득의 일부를 건강보험료로 납부하는 외에 병원에 갈 때마다 적지 않은 사용료를 내고 있다.

사회복지 재원에 있어 사용료 부담이 이렇게 사회복지가 발달된 복지 선진국

4) 현재 세계 여러 나라에서 운영되고 있는 의료보장제도는 대체로 국가의료서비스 방식(NHS)과 사회보험 방식(NHI)으로 구분할 수 있다. 전자의 NHS 방식은 의료문제 해결에 있어 국민들이 별도의 보험료를 내지 않고 하나의 권리로서 거의 무료로 치료받는 제도로서 영국, 스웨덴 등 실질적인 복지국가에서 채용하고 있다. 후자의 NHI 방식은 질병, 부상 등 사회적 사고에 대해 사회가 공동으로 대처하는 사회보험 방식에 의해 일정한 보험료를 내지 않으면 의료 혜택을 받을 수 없는 제도로서, 독일, 프랑스, 일본, 한국 등에서 실시하고 있다.

에서도 비교적 큰 이유는 다음과 같다. 즉, ① 의료 서비스에서 많이 볼 수 있듯이 사용료 부담을 통하여 불필요한 혹은 지나치게 많은 서비스 이용을 억제할 수 있다. ② 사용료 부담은 단순히 과대한 정부 부담의 한계를 극복하는 방법으로도 필요하다. 주택 서비스의 경우 많은 사람들에게 공공주택을 완전 무료로 제공하기 위해서는 엄청난 비용이 드는데, 이 문제를 해결하기 위해 사용료 부담이 필요하다. ③ 사용료를 부담하면 수급자는 제공되는 서비스에 관심이 높아지고, 이는 다시 서비스 제공자의 대응을 유발시켜 보다 높은 질의 서비스를 제공하게 된다. ④ 서비스를 이용할 때 본인이 일부라도 비용을 부담하게 되면 자기 존중감을 높일 수 있다.

그러나 사용자 부담금은 저소득층의 부담을 고소득층에 비해 상대적으로 크게 하여 소득분배 효과를 악화시킬 수 있고, 사용료 부담이 비록 크지는 않더라도 저소득층에게는 부담이 되어 필요한 서비스 제공이 억제될 수 있다(송근원·김태성, 1999: 340−342).

(3) 기업복지

기업복지(corporate welfare)는 기업이 주체가 되어 근로자와 그 가족을 대상으로 하는 임금 이외의 급여를 말한다. 여기서 급여(給與)는 금전적인 것만을 의미하는 것이 아니고 시설, 활동, 제도, 프로그램 등을 총칭하여 사용하고 있다. 기업복지는 법률에 의해 실시가 의무화되어 있는 법정 기업복지와 법정외 기업복지로 구분된다. 법정 기업복지는 사회보험이 기업에 적용되는 것으로서 기업은 관계법에 의해 분담금의 전부 또는 일부를 부담한다. 법정외 기업복지는 기업이 자발적으로 또는 단체협약에 의해 실시하는 것이다.

흔히 기업복지라고 하면 법정외 기업복지를 뜻하는 경우가 많은데 고용노동부는 이를 '기업 내 근로후생복지'라고 하여 "임금과 기본 근로조건 이외에 부가적으로 기업 부담 하에서 제공되는 편익"이라고 규정하고 있으며, UN의 경제사회분과보고서에서는 산업복지(industrial social welfare)라고 하여 "법에 의해 요구되지 않으면서 사용자가 자발적으로 제공하는 모든 서비스"라고 정의하고 있다.

그 밖에도 학자들은 기업복지에 대해 복지후생(employee benefit and service programs)(강석인, 1998), 부가급여(fringe benefits)(배무기, 1999), 간접적 보수

(indirect remuneration)(Zoeteweij, 1996), 근로자의 복지시설(worker's welfare facilities)(Clere, 1995), 근로복지(박세일, 1998), 직업복지(occupational welfare)(Titmuss, 1969) 등 다양한 표현을 사용하고 있다.

기업복지의 구체적 내용으로는 차량운영비, 자녀학비, 유급휴가, 주택지원 등을 들 수 있으며, 보통 임금을 지급하는 대신에 지원되고 세제상 유리한 경우가 많다. 기업복지는 기업에 대한 소속감을 높일 수 있지만 소득재분배 측면에서 역진성(逆進性)이 나타난다.

(4) 비공식부문

비공식부문(informal sector)은 부모 간 소득이전, 비경제적 서비스 제공 등과 같이 가족이나 친지, 이웃 등에 의해 이루어지는 복지를 뜻한다. 이러한 복지는 복지국가의 진전에 따라 공공부문의 사회복지가 확대되면서 점차 역할이 줄어들고 있다고 할 수 있으나, 여전히 많은 사람들의 욕구가 가족 등 비공식적 관계 속에서 해결되고 있는 것이 현실이다.

제 2 절 사회복지 재정의 특성과 구성

사회복지를 위한 정부의 재정지출은 필연적으로 국민경제의 동향 및 국민생활의 추이 등과 관련되므로 사회복지 재정에서도 경제효율이 기본적으로 중시된다. 그러나 사회복지를 위한 재정지출은 국민의 권리에 기초한다는 점을 유의할 필요가 있다.

사회복지 재정은 헌법 제34조 제2항의 “국가는 사회보장 · 사회복지의 증진에 노력할 의무를 진다”는 규정과 사회복지사업법 제4조 제1항의 “국가와 지방자치단체는 사회복지 서비스를 증진하고, 서비스를 이용하는 사람에 대하여 인권침해를 예방하고 차별을 금지하여 인권을 옹호할 책임을 진다”는 규정에 근거하고 있다.[5] 우리나라의 사회복지행정체계에서 사회보장 또는 사회복지 업무는 국가

5) 헌법(1987.10.29 전부개정) 및 사회복지사업법(2017.10.24 일부개정).

가 직접적으로 실시하는 것이 적고, 대부분 지방자치단체 또는 그 기관이 사업 주체 내지 실시 주체로 되고 있기 때문에 국가는 많은 경우 사회복지 관계 법령에 따라 지방자치단체 또는 그 기관이 행하는 사업경비의 일부를 부담 혹은 보조하고 있다. 즉, 사회복지 재정은 국가의 일반회계에 계상되거나 지방재정으로 부담하는 것을 원칙으로 한다.

1 정부의 사회복지 재정

정부의 사회복지 재정은 중앙정부의 일반회계 중 사회복지비를 말한다. 사회복지비는 다시 기초생활보장, 취약계층 지원, 공적 연금, 보육 · 가족 및 여성, 노인 · 청소년, 노동, 보훈, 주택, 사회복지 일반 등으로 분류된다. 일반회계는 예산통일성의 원칙(principle of budget unity)에 따라 모든 수입이 하나로 집계된 자금(fund)에서 모든 지출이 이루어진다. 일반회계는 국세, 세외수입, 전년도 이월비 등으로 구성되지만 국세의 비중이 매년 90% 정도를 차지하고 있다. 세외수입에는 재산수입, 경상이전수입, 재화 및 용역 판매수입, 수입대체 경비수입, 관유물 매각대, 융자 및 전대차관원금, 차입금 및 여유자금회수금 등이 포함된다.

정부의 사회복지 재정에는 일반회계와 함께 복지와 관련된 복수의 특별회계가 존재한다. 특별회계(special accounts)는 일반회계와 달리 예산통일성의 원칙의 예외사항으로서 국가재정법 제4조에 의해 특정 사업의 운영이나 특정 자금 보유 · 운영의 필요성 등이 있을 때 특정의 수입을 확보하여 특정의 용도에 지출하도록 되어 있다. 2017년 현재 우편사업, 우체국예금, 양곡관리, 조달, 책임운영기관 등 5개 기업특별회계와 교도작업, 지역발전, 농어촌구조개선, 등기, 행정중심복합도시건설, 아시아문화중심도시조성, 에너지 및 자원사업, 우체국보험, 주한미군기지 이전, 환경개선, 국방 · 군사시설이전, 혁신도시건설, 교통시설, 유아교육지원 등 14개 기타 특별회계 등 총 64.7조 원 규모의 특별회계가 있다. 특히 농어촌구조개선특별회계의 경우 세입과 세출을 통해 농림 · 어업인 등의 후생복지 증진 및 소득 보전을 위한 사업에 대한 투자, 보조, 출연, 융자 등을 하도록 규정하고 있어 농어촌에 대한 복지재원을 구성하고 있다.

그 밖에 국가재정법 제5조에 의하면 특정의 목적을 위해 특정의 자금을 신축적으로 운용할 필요가 있을 경우 법률로서 정부의 출연금 또는 법률에 따른 민간부담금을 재원으로 하는 기금(基金, fund)을 설치하여 운용할 수 있도록 하고 있는데, 2017년 말 현재 최초로 설치된 공무원연금기금을 비롯하여 67개 기금에 615.3조 원의 자산 규모가 확보되어 있다.[6] 현행 기금은 일반적으로 그 성질에 따라 특정한 재정사업을 수행하는 데 필요한 자금을 관리·운영하는 사업성기금(48개), 특정 사업을 직접 수행하는 것이 아니라 보증, 보험 등을 제공함으로써 순수재정활동이라기보다 금융활동에 가까운 금융성기금(8개), 연금지출과 보험지출에 대비하여 기여금과 보험료 등의 기금을 운용하는 사회보험성기금(6개), 특정 자금을 모아 실제 사업을 수행하는 주체에게 전달하는 역할을 하는 계정성기금(5개) 등 네 가지로 분류할 수 있다(국회예산정책처, 2017: 20－22).

2 지방자치단체의 사회복지 재정

지방자치단체의 사회복지 재정은 지방자치단체가 수입과 지출을 관장하는 지방재정 중 사회복지비를 뜻한다. 이러한 지방재정은 지방자치단체가 사회복지서비스의 직접적인 전달자라는 점에서 주민의 욕구에 시의성 있게 부응할 수 있는 대응성(responsiveness)을 가지고 있다. 그 결과 우리나라의 경우 정부예산 가운데 지방재정이 차지하는 비중이 증가추세에 있다. <표 11－1>은 정부예산 대비 지방자치단체예산의 비율이 어떻게 변화해 왔는가를 보여주고 있다.

지방재정의 일반적인 수입을 살펴보면 일반회계를 구분하는 방법에 준용해 볼 때 지방세, 협의의 세외수입, 지방교부세, 지방재정조정교부금, 국고보조금, 지정재원 등으로 구분되며, 공기업 특별회계와 기타 특별회계로 구분되는 특별회계의 경우 사업수입, 사업외 수입, 보조금, 지방채수입 등으로 구분할 수 있다.

지방세는 지방자치단체가 그 행정을 수행하는 데 소요되는 일반경비에 충당하기 위해 지방자치단체 내의 주민 등으로부터 개별적 보상 없이 강제적으로 징

6) 기금 규모는 2003년 263.3조 원, 2008년 369.6조 원, 2012년 379.5조 원, 2015년 504.7조 원, 2017년 615.3조 원 등으로 증가되어 왔다(국회예산정책처, 2017).

표 11-1 정부예산 대비 지방자치단체예산 비율

(단위: 조 원, %)

구 분		2000	2004	2008	2010	2012	2014	2016
예산액	계	180.7	246.7	320.1	365.8	399.7	438.2	480.3
	정부	125.2	159.4	195.1	225.9	248.6	274.7	295.7
	지방자치단체	55.5	87.3	125.0	139.9	151.1	163.6	184.6
구성비	정부	69.3	64.6	60.9	61.8	62.2	62.7	61.6
	지방자치단체	30.7	35.4	39.1	38.2	37.8	37.3	38.4

자료: e-나라지표(http://www.index.go.kr), 행정안전부, 『2017년도 지방자치단체 통합재정개요』.

수하는 금전으로서 지방자치단체 재정수입의 대종을 이룬다. 협의의 세외수입은 지방자치단체가 재정수요를 충당하기 위해 여러 가지 행정 서비스나 경제활동에 수반해서 생기는 부담금, 분담금, 사용료 및 수수료, 재산수입, 기부금, 잡수입, 전입금, 이월금 등을 뜻하며, 일반적으로 지방재정 수입 중 지방세 이외의 자체 수입을 지칭한다.

지방교부세는 국세수입의 일부를 지방자치단체에 교부해 줌으로써 지역 간 세원 편재(遍在)와 재정불균형을 해소하고 모든 지방자치단체가 일정한 재정수준을 확보할 수 있도록 하는 제도로, 1961년 종래 빈약했던 지방재정 조정재원을 확보하고 불합리했던 조정 방식을 개선하기 위해 지방교부세법이 제정되면서 실시되었다. 지방교부세는 보통교부세, 특별교부세, 부동산교부세 및 소방안전교부세 등으로 구분된다.[7)]

보통교부세는 해마다 기준재정수입액이 기준재정수요액에 못미치는 지방자치단체에 그 미달액을 기초로 해당 특별시 또는 광역시에 교부한다. 이때 기준재정수요액은 각 측정 항목별로 측정 단위의 수치를 해당 단위비용에 곱하여 얻은 금액을 합산한 금액으로 하며, 기준재정수입액은 기준세율로 산정한 해당 지방자치단체의 보통세 수입으로 한다.

특별교부세는 ① 파악할 수 없는 지역 현안에 대한 특별한 재정수요가 있는 경우, ② 보통교부세 산정기일 후에 발생한 특별한 재정수요(재해복구나 재정수입 감소 등), ③ 국가적 장려사업, 국가와 지방자치단체 간의 시급한 협력이 필요

7) 지방교부세법 제6~7조, 제9조, 제9조의3~4 참조.

한 사업 등에 특별교부세 재원의 각각 40/100, 50/100, 10/100에 해당하는 금액을 지급한다.

부동산교부세는 종래 지방세로만 운영되던 재산세와 종합토지세가 2005년 지방세인 재산세와 국세인 종합부동산세로 이원화됨에 따라 종합부동산세 전액을 부동산교부금으로 편성하여 지방자치단체의 일반 재원을 전액 교부하는 것이다. 그러나 종합부동산세는 일부 헌법 불일치 결정 및 경제난으로 인한 부동산 경기 부진으로 세수가 급감하는 등 사회복지 재정으로서의 역할에 한계를 드러내고 있다.

소방안전교부세는 지방자치단체의 소방 및 안전시설 확충, 안전관리 강화 등을 위해 지방자치단체에 전액 교부해야 하며, 교부기준은 지방자치단체의 소방 및 안전시설 현황, 소방 및 안전시설 투자, 재난예방 및 안전 강화 노력, 재정여건 등을 고려하도록 하고 있다.[8)]

그리고 지방재정조정교부금은 지방재정교부금법에 의해 재정적 결함이 발생하는 지방자치단체에 매년 국가예산에서 일정한 금액을 교부하는 것이며, 국고보조금은 국가사무를 지방자치단체로 하여금 담당하게 할 때나 국가적 입장에서 장려할 필요가 있을 때 그에 필요한 비용의 일부 또는 전부를 교부하는 용도가 지정된 재원으로, 지방세(목적세 제외)나 지방교부세(특별교부세 제외)와 같이 그 용도에 제한이 없는 일반 재원과 구별된다. 국고보조금은 지방자치단체에 부과한 재원에 대한 반대급부가 수반되지 않는 일반적인 급부금으로 지출 목적이나 경비의 성질에 따라 부담금, 교부금, 협의의 보조금 등으로, 교부조건에 따라 항목별 보조금, 포괄적 보조금으로, 그리고 보조 형태에 따라 정액보조금, 정률보조금으로 구분할 수 있다(장문학 외, 2010, 375−379).

한편 지방재정의 지출과 관련하여 사회복지 예산 비율이 증가하고 있는 현상

8) 그 밖에 분권교부세가 있는데, 분권교부세는 정부가 2005년 지방분권의 강화를 위해 67개 사회복지사업을 포함한 149개의 국가보조사업을 지방자치단체의 업무로 이양하면서 지방이양사업의 효율적인 추진을 위해 2005~2009년 간 한시적으로 신설된 재원이며, 지방재정의 어려운 현실을 감안하여 2010년부터 2014년까지 향후 5년 간 연장하여 시행하였다. 정부가 이렇게 분권교부세를 별도로 신설한 이유는 기존 보통교부세에 포함해 배분할 경우 보통교부세를 받지 못하는 불교부단체는 재원을 받지 못해 지방이양사업 추진이 소홀히 될 우려가 있기 때문이다(최항순, 2009: 20).

을 볼 수 있는데, 지방재정 총예산 중 사회복지 예산의 비율은 <표 11-2>와 같이 2002년 9.5%에서 2010년 19.0%, 2015년 27.0%, 2017년 27.2%로 점차 높아지고 있다.

표 11-2 지방재정 총예산 대비 사회복지예산 비율

(단위: 조 원, %)

구 분	2002	2006	2010	2013	2015	2016	2017
지방자치단체 총예산	91.1	115.4	139.8	156.9	173.3	184.6	193.2
사회복지 예산	8.6	15.3	26.5	37.4	46.8	49.5	52.6
비중(사회복지 예산/총예산)	9.5	13.3	19.0	24.2	27.0	26.9	27.2

자료: e-나라지표(http://www.index.go.kr), 행정안전부, 『2017년도 지방자치단체 통합재정개요』.

제 3 절 사회복지 예산의 수립 및 집행

1 예산과 예산제도

1) 예산의 개념과 원칙

예산(budget)[9]은 조직의 일정한 기간에 있어서의 수입과 지출의 예정적 계산(preliminary calculation)이다. 그러나 예산은 단순한 예정액이 아니고 수입과 지출의 종류 및 금액을 계통적·조직적으로 편성한 예정적 계산이며 사업계획의 내용과 방향을 계수적으로 표시한 재무활동의 지침이다.

그로스(Gross, 1978: 233)는 예산의 개념과 관련하여 다음 연도의 조직 목표를 금전적으로 표시한 것이며, 1년 동안 재정활동의 감시장치를 제공하는 것이라

9) 예산에 해당되는 영어의 budget은 주머니 또는 돈주머니를 뜻하는 영어 고어 bouget에서 그 어원을 찾을 수 있다. 또한 영국에서 budget는 재무장관이 의회에서 재정에 관한 연설을 할 때 서류를 넣어 가지고 가는 '가방(프랑스어로 bougette)'을 뜻했는데, 결국 '가방'에서 '가방 속에 들어 있는 서류'(오늘날의 예산)로 변화되었다.

고 하였다. 그리고 칼리슬(H. M. Carlisle)은 예산을 “조직의 운영을 계획하고 통제하기 위하여 가장 보편적으로 사용되는 포괄적이고 공식적인 관리체제”라고 정의하였다. 따라서 예산수립은 단순히 연간 수입과 지출의 재정계획을 수립하는 것만이 아니라 정치적 과정, 프로그램 기획 과정, 인간적인 과정, 그리고 미래를 변화시키는 과정 등의 성격도 아울러 가진다는 점에서 중요시된다(Weiner, 1990: 289−292).

사회복지 예산은 정부 및 민간 사회복지기관의 경우로 구분해 볼 수 있는데, 정부예산은 헌법과 예산회계법에 의거하여 편성되어 국회의 심의·의결을 거친 한 회계연도의 재정계획인데 비해, 사회복지기관예산은 조직이나 프로그램 운영을 위한 계획의 청사진으로 활용된다. 사회복지기관들은 예산을 통해 사회복지 정책 실현을 위한 가이드를 제시하고 조직의 재무건전성을 판단할 수 있게 하며, 지출을 통제하는 방식을 제공하는 등의 기능을 수행한다.

예산의 이러한 기능을 효율적으로 수행하기 위해 통일성의 원칙, 한정성의 원칙, 예산총괄의 원칙, 사전의결의 원칙, 명료성의 원칙, 공개성의 원칙 등이 있다.

첫째, 통일성(unity)의 원칙은 예산은 모든 수입을 하나의 공통된 일반세원에 포함해 지출해야 한다는 것이다. 즉, 특정한 세입과 특정한 세출을 직접 연결시켜서는 안 된다.

둘째, 한정성(limitation)의 원칙은 세출예산의 각 항목은 상호 명확한 한계가 있고 일정한 기간에 한정시켜야 한다는 것이다. 즉, 예산은 정해진 목적과 금액, 회계연도와 기간 등을 경과해서는 안 된다.

셋째, 예산총괄(comprehensiveness)의 원칙은 예산에는 세입과 세출이 모두 계상되어야 한다는 것이다. 국가재정법은 총계예산주의(gross budgeting)를 명문으로 규정하고 있다.

넷째, 사전의결(prior authorization)의 원칙은 예산을 집행하기 전에 미리 의회의 심의와 의결을 거쳐야 한다는 것이다.

다섯째, 명료성(clarity)의 원칙은 국민 또는 고객이 쉽게 이해할 수 있도록 합리적인 관점에서 분류되며 수지의 추계가 명확하고 수입의 유래와 용도가 분명하게 표시되어야 한다는 것이다.

여섯째, 공개성(publicity)의 원칙은 예산의 편성, 심의 과정 및 결산은 공개되어야 한다는 것이다.

2) 예산제도의 유형

예산제도는 예산과 관련된 법률체계, 조직, 예산 과정 등을 뜻하며, 그 주요 내용으로 품목별 예산제도, 성과주의 예산제도, 계획예산제도, 영기준예산제도 등이 있다.

품목별 예산제도(line-item budgeting system: LIBS)은 구입하고자 하는 물품, 서비스별로 편성하는 투입 중심 예산으로 사용하기에 간편하다는 점에서 일반적으로 가장 널리 사용된다. 이 예산제도에서는 전년도 예산이 주요 근거가 되며, 품목 분류는 전형적으로 인건비, 컨설팅 비용, 장비사용료, 사무용품, 여비, 자본지출 등이다. 품목별 예산제도는 지출 근거를 명확히 하므로 예산통제에 효과적이며 회계가 용이하여 회계자에게 유리하다고 할 수 있다. 그러나 프로그램 내용을 알기 어렵고 투입 중심 예산으로 결과나 목표 달성에 대한 고려가 부족하며, 또한 예산의 능률성과 효과성을 파악하는 데에 한계가 있다. 사회복지조직에서는 그동안 보고나 작성의 편이성 때문에 이러한 품목별 예산제도가 많이 쓰여 왔는데, 최근 들어 그 취약점이 부각되면서 변화된 예산제도에 대한 요구가 증가하고 있다.

성과주의 예산제도(performance budgeting system: PBS)는 조직의 활동을 기능별 또는 프로그램별로 구분하고, 이를 다시 세부 프로그램으로 나누어 각각 단위 원가를 산출하고 이에 업무량을 곱해 예산액을 산정하는 과정 중심 예산으로 기능주의 예산(functional budget) 또는 프로그램 예산(program budget) 제도라고도 한다(United Way of America, 1975: 6). 이 예산제도는 1912년 미국 행정부의 한 위원회에서 처음으로 도입한 이래 1970년대 이후 사회복지부문에서 그 적용이 본격화되었다고 할 수 있는데, 청소년상담 프로그램의 경우 인테이크(intake), 의뢰, 상담, 행정 기능 등으로 구분되어 단위 원가와 업무량을 곱하여 예산액이 산정된다. 성과주의 예산제도는 장기적 계획을 고려하지 않고 효율성만을 중시하는 관리자에게 유리한 예산이며, 목표와 프로그램을 이해하고 자금 분배의 합리화를 기할 수 있다는 장점이 있다. 그러나 이 예산제도는 예산통제나 단위원가 설정 등 비용 산출이 어렵다는 문제점이 있다.

계획예산제도(planning-programming budgeting system: PPBS)는 목표 달성을 위해 장기적으로 기본 계획을 세우고 이를 연차적으로 수행하기 위해 프로그램별로 편성하는 산출 중심의 예산으로, 장기적 계획과 단기적 예산편성을 구체적인 프로그램 실행계획을 통해 유기적으로 연결시킨다. 이 예산제도는 예산 목표와 프로그램을 분명히 이해하고 자금 분배의 합리화를 기할 수 있다는 장점이 있으나, 목표 설정이나 편익과 비용을 화폐 단위로 산출해 내는 것이 어렵고 결과에만 치중하므로 과정을 상대적으로 무시할 수 있다는 비판이 있다.

그리고 영기준예산제도(zero-based budgeting: ZBB)는 전년도 예산을 기준으로 점증적으로 책정되는 점증식 예산 책정의 관행을 타파하기 위한 목적으로 도입된 것으로, 모든 신청 예산들의 할당 근거를 원칙적으로 영(零, zero)에 놓고 보는 것이다. 이 예산제도는 불요불급한 지출 억제와 예산운용의 다양성 등으로 예산 할당의 합리적인 기획과 우선순위 확보 등에 기여할 수 있으나 예산편성에 시간과 노력이 많이 든다는 비판이 있다.

2 사회복지 예산의 수립

사회복지조직에서 예산의 수립은 일반적으로 최고행정책임자 또는 예산위원회에서 예산작성지침을 마련하여 하부 단위에 하달하고 각 하부 단위에서는 이 지침에 의거하여 예산을 작성하며, 그 후 상부 단위에서 하부 단위들의 예산안을 취합하여 최고행정책임자에게 제출하는 절차를 밟는다. 예산작성지침서에는 조직의 목표, 정책변경 사항, 가용자원, 예산통제 사항 등이 포함되어야 한다.

여기서 가용자원(可用資源)은 재정 원천을 뜻하는 것으로, 사회복지조직이 아무리 좋은 프로그램과 예산계획을 세웠다고 하더라도 수입이 불확실하면 프로그램이나 계획의 집행이 어렵다는 것이다. 따라서 조직 또는 기관은 재정 원천과 접촉하여 가용자원을 확인할 필요가 있다. 특히 우리나라에서는 사회복지법인의 이사회 및 이사의 역할이 형식적이고 유명무실하게 인식되고 있는데, 이들의 주요 역할 중의 하나가 재정을 확보하는 일이라는 데 유의할 필요가 있다.

사회복지조직의 수입 원천은 공조직의 경우 주로 정부재정이 되겠지만 사조직의 경우에는 일반기부금, 기금조성 기부금, 결연후원금, 유증(遺贈), 특별행사 수익금, 개인 또는 타 조직으로부터 받는 회비, 서비스 요금(유료인 경우), 자체 수익사업(건물임대, 이자 증식, 특별사업 등) 등 다양하다.

행정 단위의 각 부서와 사회복지조직 전체에 공히 적용될 수 있는 예산수립 절차는 없다. 따라서 여기서는 스키드모어(Skidmore, 1995: 77－78)의 견해에 따라 조직 전체의 입장에서 예산을 수립하는 바람직한 절차를 제시해 본다.

1) 조직의 목표 설정

조직의 목표는 예산이 조직의 목표 달성을 위한 가장 핵심적인 수단이라는 점에서 매우 중요하다. 조직의 목표는 '장기적이고 일반적인 목표(goals)'와 '단기적이고 구체적인 목표(objectives)'로 구분할 수 있는데, 예산수립에서는 주로 조직의 단기적이고 구체적인 목표에 초점을 맞추어야 한다. 이때 조직 목표는 그 달성정도를 정기적으로 평가할 수 있도록 관찰과 측정이 가능하도록 제시되고 장기적인 일반 목표와 부합되는지도 검토해야 한다.

2) 조직운영에 관한 자료 수집

조직의 과거 및 현재의 운영 전반에 관한 자료와 정보를 수집한다. 여기에는 조직이 성취한 것과 성취하지 못한 것 모두를 포함한다. 그리고 이러한 자료 수집에는 조직 전체, 부서별 및 개인별 업무와 프로그램 실적, 프로그램 평가, 조직 내외의 가용자원, 재정사항 등에 관한 정보 등이 포함되어야 한다.

3) 운영대안의 검토

수집된 정보를 기초로 하여 목표 달성을 위해 가능한 대안들을 살펴보고 이들의 효율성을 검토한다. 이때 운영대안들에 대해 비교 가능한 기준을 만들고 그러한 기준에 의해 각 대안을 검토해야 한다.

4) 우선순위의 결정

다양한 운영대안들 중에서 우선순위에 따라 배열한다. 이것은 자원 부족으로 인해 충족될 수 있는 것보다 더 많은 요구가 있을 수 있기 때문이다. 그리고 우선순위의 결정에 있어 조직의 장기적 및 단기적 목표와의 관련성, 조직으로서의 필요성, 시급성, 효율성, 재정가용성 등을 비교기준으로 삼아야 한다.

5) 예산에 관한 최종적 결정

예산편성의 관리자는 앞서 언급된 모든 요소들을 고려하여 최종 결정을 내린다. 여기서는 전체 기관의 이익이라는 전제 하에 여러 부서들의 요구를 조정하는 것이 필요하다. 관리자는 중재자 내지 협상자로서의 기술을 발휘하여 부서 간의 갈등을 해결해야 한다.

6) 적절한 해석과 홍보

예산안이 작성되면 민간기관의 경우 이사회, 정부기관의 경우에는 예산 담당 부서에 제시한다. 이때 관리자는 예산 청구의 이유와 재원의 필요성을 충분히 이해하도록 해석해 주어야 한다. 그래야만 최종적인 예산승인권자로부터 긍정적인 결과가 나타날 가능성이 커진다.

3 사회복지 예산의 집행

예산의 집행은 수입과 지출에 관한 단순한 관리나 통제로서의 의미만이 아니고 회계, 프로그램 관리, 인사관리, 산출(제공된 서비스), 관리행위 등의 통제라는 의미도 아울러 가진다(Weiner, 1990: 299-301). 사회복지조직에서 예산통제의 원칙과 예산통제 기제(機制)를 간략히 살펴보면 다음과 같다.

사회복지조직에서 예산통제의 원칙으로 기본 원칙과 구체적인 원칙을 구분하여 제시할 수 있는데, 먼저 기본 원칙으로는 ① 활동을 허가하고 금지시키는 규칙, ② 한계 · 표준 · 구체적 요구조건 등을 정함으로써 규칙을 해석하는 기준, ③ 규칙이나 기준에 따른 이해 혹은 상호 간의 동의, ④ 규칙이나 기준에 의하여 타결된 합의 등을 들 수 있다. 이러한 네 개 요소를 기초로 하여 구체적인 원칙으로 개별화의 원칙, 강제의 원칙, 예외의 원칙, 보고의 원칙, 개정의 원칙, 효율성의 원칙, 의미의 원칙, 환류의 원칙, 생산성의 원칙 등이 제기될 수 있다(Lohmann 저, 신섭중 · 부성래 역, 1989: 266-270).

첫째, 개별화(individualization)의 원칙은 재정통제 체계는 개별 기관 그 자체의 제약조건, 요구사항 및 기대사항에 맞게 고안되어야 한다는 것이다.

둘째, 강제성(coercion)의 원칙은 재정통제 체계는 강제성을 띠는 어떤 명시적인 규정이 있어야 한다는 것이다. 강제성은 때로는 개별성을 무시할 수 있으나 규칙의 동일한 적용을 통한 공평성과 활동을 공식화한다.

셋째, 예외(exception)의 원칙은 재정통제 규칙에는 반드시 예외 상황을 고려하고, 그러한 상황에 적용되는 다른 규칙도 명시되어야 한다는 것이다.

넷째, 보고(report)의 원칙은 재정통제 체제는 보고의 규정을 두어야 한다는 것이다. 재정활동에 대한 보고의 원칙이 없으면 재정 관련 행위를 공식적으로 감시하고 통제할 수가 없다.

다섯째, 효율성(efficiency)의 원칙은 통제에는 시간과 비용이 많이 들므로 통제는 비용과 노력이 최소화하는 정도에서 이루어져야 한다는 것이다. 예를 들면, 보고서의 수를 많게 하거나 통제 업무를 위해 인원을 새로 증가시키는 것은 비효율적인 경우가 많다.

여섯째, 의미(meaning)의 원칙은 효과적인 통제가 되기 위해서는 규칙, 기준, 의사소통 및 계약 등이 관계되는 모든 사람들에게 의미 있게 잘 이해될 수 있도록 전달되어야 한다는 것이다. 따라서 규칙은 명확하게 쓰이고 통제자료는 쉽게 얻을 수 있고 절차의 분류나 해석도 명확히 쓰여야 한다.

일곱째, 환류(reflux)의 원칙은 재정통제 체제에 관한 규칙, 기준, 의사소통, 계약 등을 적용할 때 발생할 수 있는 여러 가지의 부작용 및 장 · 단점 등을 관련자들로부터 들어 개정 및 개선의 기초가 되어야 한다는 것이다(최성재 · 남기민, 2003: 264−267).

한편 사회복지조직에서 예산집행에 대한 통제기제로는 다음과 같은 것들을 들 수 있다.

첫째, '분기별 할당'으로, 수입예산이 계획된 대로 들어오지 않거나 한 기간에 집중되는 경우 분기별로 조정하여 수입과 지출의 균형을 유지한다.

둘째, '지출의 사전 승인'으로, 조직에서 일정액 이상을 지출하는 경우 최고행정책임자의 사전 승인을 받도록 하거나 지출액수에 따라 중간 관리책임자의 사전 승인을 받도록 한다. 이는 수입과 지출의 균형 유지와 더불어 지출을 억제하는 효과가 있다.

셋째, '자금 지출의 취소'로, 예상된 수입액이 입금되지 않는 경우 자금 지출을 잠정적 또는 최종적으로 취소한다.

넷째, '정기적 재정현황보고서 제도'로, 행정책임자가 수입지출 현황, 변제 비용, 인원당 비용, 기능별 비용, 서비스 단위당 비용 등이 포함된 월별, 분기별 재정 현황을 보고받는다.

다섯째, '대체(代替)'로, 회계연도 말경에 재정 현황이 사업별 또는 계정별로 과다 지출되었거나 과소 지출된 경우 과소 지출분에서 과다 지출분을 메우기 위해 대체할 필요가 있다.

여섯째, '지불 연기'로, 조직 내 · 외부로부터의 지불 요청에 대해 의도적으로 적당한 방법을 통해 연기함으로써 수입예산의 입금 여유를 갖는다.

일곱째, '차용(借用)'으로, 수입예산이 계획대로 확보되지 않는 경우 은행 또는 특별기관(협회, 연합회, 정부기관 등)으로부터 자금을 빌린다.

제4절 회계 및 회계감사

1 회계의 개념과 활동

회계(accounting)는 재정적 거래를 분류, 기록, 요약하고 그 결과를 해석하는 표준화된 기술적 방법으로, 목적에 따라 재무회계와 관리회계로 구분된다. 여기서 재무회계(financial accounting)는 내부 및 외부 정보 이용자의 경제적 의사결정에 유용하도록 일정기간 동안의 수입과 지출 사항을 측정 보고하는 것으로, 거래자료 기록, 시산표(試算表) 작성, 분개장(分介帳) 작성, 결산 등을 주요 내용으로 한다. 관리회계(managerial accounting)는 경영 또는 행정 책임자가 의사결정을 하는 데 필요하도록 재정관계 자료를 정리하는 것으로, 예산 단위의 비용을 계산하여 예산의 실행결과를 분석하는 것을 주요 내용으로 한다.

회계활동은 일반적으로 기록 업무, 정리 업무, 재정보고서 작성 및 보고 업무 등을 위주로 하고 있다.

먼저 기록 업무는 수입과 지출에 관한 다양한 기록장부를 마련하고 회계원칙에 따라 장부에 기록하는 것으로, 1988년 6월부터 시행되고 있는 '사회복지법인 및 사회복지시설 재무 · 회계규칙'에 의하면 회계는 단식부기에 의하고, 법인 회계와 수익사업 회계에서 복식부기가 필요한 경우에는 복식부기에 의하도록 하고 있다.

정리 업무는 장부에 기록된 회계 사항을 주기적으로 종결하여 정리하는 업무로서, 이는 주기적으로 사회복지조직의 재정 상태를 파악하기 위한 재정보고서 작성을 위해서도 필요하다. 그리고 재정보고서는 회계연도 말에 1년분의 수입지출 현황을 알 수 있는 적절한 양식의 보고서(대차대조표를 포함)로서 정부기관 및 이사회에 반드시 보고해야 하며, 이때 사업실적보고서도 함께 보고하는 것이 바람직하다.

2 회계감사

회계감사(accounting audit)는 조직의 수입지출의 결과에 관한 사실을 확인·검증하고 이에 관한 보고를 하기 위하여 장부 및 기타 기록을 체계적으로 감사하는 행위로서, 법인의 회계감사는 매년 1회 이상 정기감사를 실시한다. 회계감사는 실시 주체에 따라 조직의 최고책임자 또는 중간 행정책임자가 행하는 내부감사와 외부의 독립된 회계기관, 회계사 및 정부 업무감독기관에서 행하는 외부감사로 구분할 수 있다. 또한 대상 조직에 따라 정부기관에 대한 감사, 법인(사회복지법인, 공익법인 등)에 대한 감사, 법인이 운영하는 사회복지조직에 대한 감사 등으로 분류될 수 있다. 여기서 공적 사회복지기관 등 정부기관에 대한 감사는 정부의 감독관청 및 감사원이, 법인에 대한 감사는 법인의 감사와 법인에서 지정한 외부 회계기관 또는 정부의 감독관청이 행하며, 사회복지조직에 대한 감사는 당해 법인, 외부 회계기관 및 감독기관이 행할 수 있다.

회계연도는 정부와 같이 1월 1일에서 12월 31일까지로 하며, 회계 구분은 법인 자체의 법인회계, 법인이 설치·운영하는 시설의 시설회계, 법인이 수행하는 수익사업에 관한 회계 등으로 구분한다. 예산은 법인회계와 시설회계를 구분하여 편성한 후 이사회의 의결을 거쳐 확정하며, 법인의 대표이사가 회계연도 개시 5일 전까지 관할 시장·군수·구청장에게 제출해야 한다. 결산서는 다음 연도 3월 31일까지 제출해야 하는데 이때 반드시 감사 의견서가 첨부되어야 한다.

연습문제

01 사회복지 재원의 특징으로 옳지 않은 것은?

① 재원 조달에 대한 직접적인 통제력이 약하다.
② 정부보조금, 재단지원금, 기부금, 상품판매 등의 다양한 재원을 가지고 있다.
③ 재원 확보를 위해서 사업제안서, 모금행사, 정부와 계약맺기 등의 활동을 한다.
④ 재원 확보를 위해서 의도적 연계를 한다.
⑤ 법적으로 위탁받은 서비스를 제공할 때는 그 재정을 전적으로 임의 할당할 수 있다.

02 다음 예산의 원칙에 대한 설명으로 틀린 것은?

① 통일성의 원칙: 예산은 모든 수입을 하나의 공통된 세원에 포함해 지출해야 한다.
② 한정성의 원칙: 세입예산과 세출예산은 상호 명확한 한계가 있어야 한다.
③ 예산총괄의 원칙: 예산에는 세입과 세출이 모두 계상되어야 한다.
④ 명료성의 원칙: 예산은 국민 또는 고객이 쉽게 이해할 수 있도록 합리적인 관점에서 분류되어야 한다.
⑤ 공개성의 원칙: 예산의 편성, 심의 과정 및 결산은 공개되어야 한다.

03 예산모형에 대한 설명으로 옳지 않은 것은?

① 품목별 예산은 회계책임을 명확히 하고 기관운영이나 활동 내용을 명확하게 보여준다.
② 성과주의 예산은 목표와 프로그램을 이해하고 자금 분배의 합리화를 기할 수 있다.
③ 영기준예산은 불요불급한 지출 억제와 예산운용의 다양성 등으로 예산 할당의 합리적인 기획과 우선순위 확보 등에 기여할 수 있다.
④ 프로그램기획 예산은 목표와 프로그램을 명확히 이해하고 자금 분배의

합리화를 기할 수 있다.

⑤ 품목별 예산은 다른 예산모형과 결합하여 사회복지조직에서 널리 활용되고 있다.

04 성과주의 예산모형에 관한 설명으로 옳지 않은 것은?

① 사업별 예산 통제가 가능하다.
② 예산 배정에 있어서 직관적 성격이 강하다.
③ 목표 수행에 중점을 두는 관리 지향적 예산제도이다.
④ 예산 집행에 있어 신축성을 부여한다.
⑤ 실적의 평가를 용이하게 한다.

05 품목별 예산제도에 대한 설명으로 맞는 것은?

① 정교하지만 사용하기 복잡하다.
② 사용 목적을 쉽게 파악할 수 있다.
③ 성과와 밀접하게 관련되어 있다.
④ 항목별로 급여 등이 계산되어 예산 통제가 용이하다.
⑤ 실제 활용하는 경우는 드물다.

06 예산의 기획과 효과에 대한 설명으로 바른 것은?

보기

가. 품목별 예산－통제 효과
나. 성과주의 예산－관리 기능
다. 프로그램기획 예산－기획 기능
라. 영기준 예산－예산 확충

① 가, 나, 다 ② 가, 다 ③ 나, 라
④ 다, 라 ⑤ 가, 나, 다, 라

07 국고보조금과 분권교부세에 대한 설명으로 옳은 것은?

보기

가. 분권교부세는 2009년까지 운용된 한시적 제도이다.
나. 분권교부세는 지방자치단체 간의 재정 격차를 감소시키기 위한 제도이다.
다. 국고보조금은 일반 재원의 일부이다.
라. 국고보조금은 지방이양 시 재원이 축소될 우려가 있는 사업에 지원된다.

① 가, 나, 다　　② 가, 다　　③ 나, 라
④ 다, 라　　⑤ 가, 나, 다, 라

08 다음 중 중앙정부의 항목별 보조금에 관한 설명으로 옳은 것은?

① 전국적 통일성을 기하는 데 유리하다.
② 지방정부의 자율성이 크다.
③ 지방정부의 재정적 부담이 크다.
④ 중앙정부의 지방정부에 대한 영향력이 작다.
⑤ 예산집행의 융통성이 크다.

09 사회복지법인의 예산과 재정관리에 관한 설명 중 옳은 것은?

① 법인의 대표이사는 회계별 예산을 매 회계연도 개시 5일 전까지 관할 시장·군수·구청장에게 신고해야 한다.
② 사회복지법인의 회계는 재정의 투명성을 기하기 위해 복식부기가 원칙이다.
③ 사회복지법인은 중·장기적 사업 수행을 위해 3년 단위의 재정활동에 대한 예산을 수립한다.
④ 동일 관내 항간의 전용은 시장·군수·구청장의 승인을 얻어야 한다.
⑤ 법인의 대표이사와 시설의 장은 후원금을 후원자가 지정한 사용 용도 외의 용도로 사용하지 못한다.

10 다음 중 우리나라 비영리조직 모금활동의 최근 경향으로 보기 어려운 것은?

① 지속적 기부자를 체계적으로 개발한다.
② 비영리조직에 마케팅 이론 및 원칙을 적용한다.
③ 기부자의 욕구에 반응하는 기부 요청 프로그램을 설계한다.
④ 기업의 사회적 책임이 강조됨에 따라 기업의 기부가 증가하고 있다.
⑤ 비영리조직의 모금을 중앙정부가 대행하는 추세이다.

11 사회복지기관의 재정수입 중 클라이언트의 선택권이 큰 것은?

① 정부 보조금　　② 후원금　　③ 바우처
④ 서비스 구매계약　　⑤ 법인 전입금

12 사회복지법인 재무 · 회계 규칙과 관련해서 옳은 것은?

① 회계연도 개시 10일 전에 확정한다.
② 회계연도 20일 전에 보건복지부에 보고한다.
③ 법인회계연도는 3월 1일부터 다음 해 2월 28일까지이다.
④ 법인회계연도는 정부의 회계연도에 의한다.
⑤ 법인의 재무 · 회계는 반드시 수기로 장부에 기입해야 한다.

13 다음에 해당하는 비용은 무엇인가?

보기
A사회복지관에서는 고장이 난 복사기를 수리하기 위해 복사기 수리 비용을 복사기를 사용하는 세 개의 프로그램의 예산에서 나누어 부담하려고 한다.

① 직접비용　② 행정비용　③ 가변비용
④ 회의비용　⑤ 기술비용

정답 1. ⑤ 2. ② 3. ① 4. ② 5. ④ 6. ① 7. ③ 8. ① 9. ⑤ 10. ⑤ 11. ③ 12. ④ 13. ②

제 12 장

사회복지조직의 평가

제 1 절 평가의 의의

1 평가의 개념과 필요성

평가(evaluation)는 조직 또는 프로그램이 의도한 목적을 적절히 실현하는지를 알기 위한 것으로, 평가 결과는 입장에 따라 달리 활용될 수 있다. 자원 할당을 결정하는 기획기관의 입장에서는 프로그램의 계속 지원이나 감축에 관한 의사결정에 사용되고, 서비스 기관이나 시설의 입장에서는 평가 결과를 피드백 정보로 활용하여 서비스 체계나 업무에 관한 개선을 시도한다. 그리고 클라이언트의 입장에서는 평가 결과를 통해 프로그램이 자신들의 욕구에 적절히 부합하는지를 파악할 수 있다.

근래에 들어 사회복지 행정가와 프로그램 실무자들은 사회복지기관과 그들이 제공하는 서비스에 대해 검증(verification)과 평가(evaluation)라는 공적 요구에 직면하고 있는데, 이는 기존 프로그램들이 만족스럽지 못하다는 비판에 따라 프로그램의 수정 및 개발의 필요성을 반영한 것이다.

이러한 평가에 대한 요구는 프로그램 재원을 제공하는 공·사 기관, 전문가 집단, 클라이언트 및 일반 대중 등으로부터 제기되는데, 그 주요 동기는 조직의 프로그램이 설정된 계획과 기준에 따라 수행되는지를 파악하는 '경영 통제', 일선 업무자들이 자신의 실천 활동을 되돌아 볼 수 있게 평가정보를 제공하는 '업무자들에 대한 피드백', 평가정보를 통해 서비스의 변화와 개선을 자극하려는 '서비스 혁신', 프로그램이 관련 법이나 규제, 절차 등에 충족되는지의 '책임성·순응성', 그리고 프로그램의 성과를 외부에 알리는 '대외관계' 등이다.

한편 에러스 등(Ehlers et al., 1976: 241)은 평가의 주요 이유를 다음과 같이 요약하고 있다.

첫째, 평가는 기관의 목적이 성취되는 정도를 확인하기 위해 필수적인 과정이다.

둘째, 비판적인 평가는 서비스를 향상시키는 객관적이고 체계적인 수단이다.

셋째, 평가는 변화하는 환경과 인간 욕구에 대해 서비스를 지속적으로 재정향(reorientation)시키는 필수적인 융통성을 보장한다.

넷째, 평가는 모든 재정적 원천과 조세 부담자 혹은 기부자 등에 의해 요구되는 사회적 책임의 한 형태이다(장인협·이정호, 2006: 126).

2 평가의 유형

평가는 여러 가지 기준에 따라 다양하게 분류할 수 있으나 여기서는 평가의 목적, 평가 대상, 평가기준 등에 따라 형성평가와 총괄평가, 기관평가와 개인평가, 효과성평가와 능률성평가 등으로 구분하여 설명한다.

1) 형성평가와 총괄평가

형성평가(formative evaluation)는 프로그램 개발을 목적으로 프로그램 운영 도중에 행해지는 조사로서 프로그램을 계속적으로 수정·보완하기 위하여 이루어진다. 흔히 과정평가(process evaluation)로 불리는 형성평가는 프로그램 개발이나 진행 과정에서 모니터링과 피드백에 필요한 정보를 구하는 것이 목적이므로 형성평가의 정보들은 비교적 유연한 틀을 사용해서 도출된다. 대개 '담당자의 의견'과 같은 조직 내부 정보가 중요하지만 '주변의 의견'과 같은 외부 정보를 개입시키기도 한다.

총괄평가(summative evaluation)는 프로그램 운영이 끝난 후 이루어지는 평가로서 평가 결과를 성질이 비슷한 다른 프로그램, 상황 또는 대상에 대해 일반화시키려는 것이다. 총괄평가는 목표 지향적으로 프로그램의 성과와 그에 수반되는 비용에 주로 관심이 있다.

총괄평가에는 효과성평가와 효율성평가가 대표적으로 포함되며 이들 평가에서 목표－결과 평가의 자료들을 도출하는 데는 엄격한 틀이 필요하다. 대개 외부로부터의 시각과 전문적인 평가 방법(디자인과 측정)이 개입되는 경향이 있으며 프로그램의 사회적 책임성 요구와 관련된 평가들은 총괄평가의 성격을 많이 띤다.

2) 기관평가와 개인평가

기관평가(institutional evaluation)는 기관의 프로그램을 평가하고 서비스 전달의 진행사항을 확인하기 위해 조사를 행하는 것이다. 사회복지사업은 인간의 감정과 관련된 것이 많으므로 기관평가에 대한 부정적 입장을 취하는 견해도 있으나 현실적으로 대부분의 사회복지사업이 공공재원의 지원을 받고 있다는 점에서 프로그램 평가가 요구된다.

개인평가(personal assesment)에는 자기평가(self assesment), 동료평가(peer evaluation), 행정가에 의한 구두평가(oral assesment by administrators) 등이 있다. 이를 위해 많은 사회복지기관에서는 최소한 1년에 한 번 워커들에게 자신의 구체적인 목표를 작성하게 하기도 한다.

3) 효과성평가와 효율성평가

효과성평가(effectiveness evaluation)는 프로그램이 목적을 달성하느냐의 여부를 평가하는 것으로, 사회복지기관의 효과성을 측정하는 평가는 지역조사와 기관 자체조사의 두 가지가 있다. 지역조사(community survey)는 기관의 서비스가 지역사회에 어떻게 전달되는가에 초점을 두고 현재의 서비스 전달 방법을 평가하는 것이고, 기관 자체조사(agency self-study)는 이미 설정된 기준을 사용하여 기관 자체를 평가하는 것이다.

효율성평가(efficiency evaluation)는 금전, 시간, 인력 등 비용 측면에서 다양하게 평가하는 것으로, 사회복지기관의 효율성을 측정하는 평가에는 과업분석과 시간-비용분석의 두 가지가 있다. '과업분석(task analysis)'은 워커가 수행하는 과업을 평가하여 가장 중요한 과업에 대부분의 시간을 투자할 수 있도록 과업 재할당 여부를 평가하는 것이고, '시간-비용분석(time-benefit analysis)은 여러 가지 서비스와 과업에 투자된 시간과 재정적인 비용을 비교하는 것이다.

4) 메타평가

메타평가(meta-evaluation)는 오라타(Orata, 1940)가 평가가 소기의 목적을 달성하지 못한다면 평가활동의 합리성과 적정성을 평가할 필요가 있다고 주장하면서 처음으로 '평가에 대한 평가(evaluation of evaluation)'라는 개념을 고안하였다. 그 후 스크리븐(Scriven, 1969)이 메타평가(meta-evaluation)라는 용어를 만들었고, 평가의 환류 기능을 강조한 드로(Dror, 1971)가 메타평가를 '평가체계에 대한 평가'로 이해하여 개념을 확장하였으며, 스터플빈(Stufflebean, 1974)은 메타평가의 개념을 체계화하였다.

또한 메타평가는 최협의적, 협의적, 광의적 등 세 가지 개념으로 범주화할 수 있는데, 협의적 개념에서 시작해서 광의적 개념, 최협의적 개념 순으로 발전하였다. 먼저 쿡과 그룬더(Cook & Grunder, 1978)는 메타평가를 사업 참여자로부터 자료를 수집해서 이루어진 경험적 총괄평가에 대한 평가로 파악하고 이를 '협의의 메타평가'라고 하였으며, 라슨과 버리너(Larson & Berliner, 1983)는 메타평가를 전반적인 평가체계 및 절차에 대한 평가, 즉 평가의 투입(input), 과정(process), 결과(outcome) 등에 대한 평가로 넓게 정의하였다. 이러한 광의적 개념은 '평가에 대한 평가(evaluation of evaluation)'를 의미하는데, 현재 우리나라를 비롯하여 가장 널리 사용되는 개념이다. 그리고 케림스키(Chelimsky, 1985)는 메타평가를 하나의 정책이나 사업에 관하여 기존의 평가로부터 얻어진 결과를 재분석하는 '평가 결과의 종합(evaluation synthesis)'으로 정의하였는데, 이러한 최협의의 정의에서는 메타평가의 대상은 기존 평가로부터 얻은 '평가 결과'이며 평가 결과에 대한 재분석이 메타평가의 주된 내용이 된다.

이상의 논의를 통해 메타평가의 개념화 과정을 정리하면 <표 12-1>과 같다.

표 12-1 메타평가의 개념

연구자	개 념	특 징
Orata(1940)	평가에 대한 평가 (evaluation of evaluation)	개념 도입
Scriven(1969)	메타평가(meta-evaluation)	용어 창안
Dror(1971)	평가체계에 대한 평가	개념 확장
Stufflebean(1974)	평가 자체의 가치와 장점	개념 체계화
Cook & Grunder(1978)	경험적 총괄평가에 대한 평가	협의의 개념
Larson & Berliner(1983)	평가에 대한 평가	광의의 개념
Chelimsky(1985)	기존 평가 결과의 재분석-평가 결과의 종합	최협의의 개념

제 2 절 평가의 과정과 기준

1 평가의 과정

평가의 과정은 평가의 목적이나 유형, 방법 등에 따라 달라질 수 있으나, 웨이스(Weiss, 1972: 24-128)와 트리포디(Tripodi, 1987: 367-368)는 다음과 같이 열 개 단계로 구분하고 있다. 즉, ① 평가 목적 및 대상의 결정, ② 프로그램 책임자 및 담당자의 이해와 요청, ③ 프로그램의 목표 확인, ④ 조사 대상의 변수 선정, ⑤ 이용 가능한 자료 및 측정도구의 결정, ⑥ 새로운 측정도구의 개발, ⑦ 적절한 조사설계 형태의 결정, ⑧ 조사의 수행, ⑨ 결과의 분석 및 해석, ⑩ 결과의 보고 및 실제적 이용 등이다.

또한 워드(Ward)는 평가의 개발과 시행에서 정상적으로 취해지는 단계들을 다음과 같이 열두 개 단계로 제시하였다. 즉, ① 프로그램 목표의 개발, ② 평가 수행을 위한 재원 할당, ③ 평가기술 요원의 고용, ④ 평가자문과의 계약, ⑤ 목표를 측정할 수 있는 지표로 전환, ⑥ 평가개념에 대한 관리자와 직원의 훈련, ⑦ 평가체계의 설계, 개발 및 수행, ⑧ 서비스를 받는 소비자집단과 서비스를 받지 않는 동등한 집단에 관한 지표상 자료수집(실험집단과 통제집단), ⑨ 두 집단에 대한 자료를 목표기준과 비교, 평가의 개발과 수행에 있어 다학문 참여자 간의 활동조정, ⑩ 평가결과의 보고 등이다(Skidmore, 1995: 89－90).

프로그램 목표는 프로그램의 실제적인 달성 정도를 측정하는 것이므로 명확하고 구체적이고 측정 가능하도록 설정되어야 한다. 이를 위해 트리포디(Tripodi, 1983: 27－30)는 "누가(who), 무엇을(what), 누구에게(whom), 어느 정도의 기대되는 변화(what expected change or changes)를 가져올 것이다"라는 내용으로 서술되어야 한다고 주장하고 있다.

한편 요크(York, 1982: 140－141)는 평가의 과정은 평가의 목적이나 유형, 방법 등에 따라 일관된 과정을 보이지는 않지만 다음과 같은 단계들을 공통적으로 포함하고 있다고 한다.

첫째, '프로그램 확인 단계'로, 평가된 프로그램을 확인하여 프로그램의 목적과 목표, 프로그램이 다루는 사회문제, 이와 관련된 프로그램 활동 등을 찾아낸다.

둘째, '기준 선택 단계'로, 효율성이나 효과성, 영향, 서비스 전달의 질 등 평가를 수행하는 기준을 결정한다.

셋째, '디자인 선택 단계'로, 평가의 표적(target)에 관한 자료들을 어떻게 배열해야 평가 목적에 부합될지를 판단한다. 디자인 선택에는 현실적 가능성과 유용성이 중요하며, 이는 기획 단계로부터 이루어져야 한다.

넷째, '자료수집 단계'로, 자료의 원천, 유형, 측정도구, 통제 집단 등 평가를 위해 필요한 자료들을 수집한다.

다섯째, '자료 분석 및 결과 제시 단계'로, 수집된 자료들을 평가의 목적에 맞추어 분석한다.

2 평가의 기준

평가의 기준은 평가의 주체와 목적에 따라 선호하는 기준이 달라질 수 있지만, 일반적으로 노력, 효과성, 효율성 등이 많이 다루어진다. 트로포디(Tripodi, 1983: 33)는 프로그램 평가에 대한 기준으로 노력, 효과성, 효율성, 예상치 못한 결과 등 네 가지를 제시하고 있다.

첫째, 노력(effort)은 계획된 목표의 달성을 위해 필요한 프로그램 활동의 양과 종류를 말한다. 노력에 대한 평가는 프로그램에 대한 참여도, 수행된 활동의 양이나 질, 투입된 자원의 정도 등으로 이루어지는데, 이를 위해 클라이언트(수, 연령, 성별, 소득수준, 가족 구성 등), 서비스 담당자들의 활동(서비스 유형, 서비스 개입 방법, 서비스 비용 등)에 관한 충분한 자료들이 수집될 필요가 있다.

둘째, 효과성(effectiveness)은 프로그램의 목표가 실제로 달성된 정도를 뜻하는 것으로, 제공된 서비스와 성취된 결과 간의 관계를 다룬다. 효과성 평가를 위해서는 클라이언트에 대해 의도된 결과를 직접 측정하는 직접 자료(취업률 향상, 가족 기능 증진 등)와 클라이언트에게 나타난 성과를 직접 측정하지 않고 간접 지표를 통해 측정하는 간접 자료(클라이언트의 서비스 참여도, 서비스 만족도 등)의 수집이 필요하다.

셋째, 효율성(efficiency)은 투입과 산출의 비율로서 투입을 프로그램의 비용으로 보고 산출을 효과로 보면 효율성=산출/투입=효과/비용이 된다. 이러한 의미에서 효율성은 비용－효과성(cost－effectiveness)이라고 할 수 있고, 경제학적인 비용－편익분석 또는 비용－효과분석 방법으로 측정된다.

넷째, 예상치 못한 결과(unexpected results)는 처음에는 예상하지 못했지만 실제의 프로그램 활동의 결과로 나타난 긍정적 또는 부정적 변화를 의미한다.

제 3 절 평가의 기술과 방법

트리포디 등(Tripodi et al., 1971: 61－121)은 평가의 기법을 모니터링 기법, 사회조사 기법, 비용분석 기법 등 세 가지 범주로 구분한다(장인협 · 이정호, 2006: 132－136).

1 모니터링 기법

모니터링 기법(monitoring techniques)은 프로그램 운영을 직접 검토하기 위해 사용되는 절차로서 회계감사, 행정감사, 시간－행동조사 등이 있다.

회계감사(accounting audit)는 프로그램의 책임성을 수립하기 위하여 프로그램의 지출과 자원 할당 및 수혜 과정에 관한 일관성, 신빙성, 정확성 등을 검토하는 평가 기법으로 일반회계와 사회회계로 구분된다. 일반회계(general accounting)는 봉급 장부, 구매부 등 프로그램의 비용을 추적하는 체계로서 주로 경험 있는 공인회계사에 의해 수행되며, 사회회계(social accounting)는 프로그램의 수혜자를 추적하기 위해 사용되는 기법으로 통계전문가나 사회조사자에 의해 수행된다.

행정감사(administrative audit)는 프로그램 정책과 실천의 적합성을 평가하고 프로그램 관련 업무 수행과 관련하여 직원의 업적을 평가하는 것으로, 행정 계통상 전문가와 경영 자문에 의해 수행된다.

그리고 시간－행동조사(time and motion studies)는 프로그램 활동과 관련하여 사용된 기간을 기술하는 방법으로, 기대하지 않는 시간의 사용을 규명하여 프로그램 목표 달성과 직접적으로 관련되는 활동에 시간을 재할당하도록 하는 데 그 의의가 있다. 여기에는 직원에 의한 서면 보고, 직원에 대한 관찰 또는 면접 등이 포함된다.

2 사회조사 기법

사회조사 기법(social research techniques)은 프로그램에 관한 지식을 개발하고 수정·확장하기 위해 사용되는 절차로서 그 비용은 고려하지 않는다. 여기에서는 실험조사, 서베이, 사례연구 등이 포함된다.

실험조사(experiments)는 프로그램의 목적과 목표 달성 간의 인과관계를 증명하려는 것으로, 실험조사의 설계와 자료 수집을 위하여 실험집단과 통제집단, 사전측정과 사후측정 등 논리적인 절차가 사용된다. 여기서 사용되는 자료는 설문지, 행동의 관찰, 자기보고, 면접 등에 의해 얻을 수 있다.

서베이(surveys)는 실험조사보다 신속하게 단순한 기술적인 사실들을 제공하려는 것으로, 조사자가 일정한 설문을 구성하고 조사 대상자들에게 설문을 배포하여 자료를 수집한다. 서베이 내용은 표적 인구층의 지정, 표본의 선정, 자료의 수집, 자료의 처리와 분석 절차 등을 포함한다.

그리고 사례연구(case study)는 사회적 프로그램의 발전 과정을 밝힘으로써 그 세부 내용을 기술하려는 것으로, 질적·양적 자료들을 사용하여 프로그램의 발전을 설명하기 위한 가설과 새로운 아이디어를 제시한다. 이에 사용되는 방법은 참여관찰, 비공식적 면접, 소시오메트리와 같은 집단분석 등이 있다. 앞서 언급한 실험조사나 서베이 등이 양적 분석에 흔히 사용된다면, 사례연구는 양적 분석이 어려운 질적 분석(qualitative study)의 경우에 많이 사용된다.

3 비용분석 기법

비용분석 기법(benefit analysis techniques)은 프로그램 비용의 상대적 가치를 평가하기 위해 사용되는 비용과 관련된 절차로서 비용회계, 비용-편익분석, 비용-결과분석 등이 있다.

비용회계(cost accounting)는 프로그램 비용을 프로그램의 산출과 관련시키는 것으로, 여기서 산출(output)은 입양 아동의 수, 면접 횟수 등과 같이 측정 가능한 프로그램 활동이다. 비용회계에서는 회계분석과 예산수립 및 자원 할당을 위한 기초로서 단위비용을 사용하며, 특정 프로그램과 관련하여 얼마나 많은 시간과 자금이 사용되었는가를 기술할 수 있다.

비용-편익분석(cost-benefit analysis)은 비용의 맥락에서 여러 가지 대안적 프로그램과 전략 등의 상대적 효과성을 평가하는 기법으로, 주어진 자원 할당 내에서 가능한 여러 프로그램들 중 어느 프로그램이 최적(optimal)의 편익을 가져오는가에 응답하려는 것이다.

그리고 비용-결과분석(cost-outcome analysis)은 비용-편익분석의 한 변형된 형태로 비용-편익분석은 프로그램의 비용과 프로그램 활동의 결과를 금전적인 단위로 관련시키는 방법인 반면, 비용-결과분석은 경제적인 지표를 사용하지 않고 프로그램의 비용과 결과를 관련시키는 것이다.

제 4 절 사회복지조직의 평가 시스템

사회복지조직은 평가에 필요한 정보를 얻기 위해 일상적인 업무 수행과 별도로 '1회성 평가조사'를 실시할 수도 있다. 그러나 조직이 프로그램에 관한 평가정보의 상시적 필요성과 그 활용도를 높게 인지한다면 정보 수집의 과정을 일상적인 조직구조와 업무 수행의 과정 속에 내재화시킬 필요가 있다. 경영정보 시스템(MIS)이 대표적인 경우로, 평가에 필요한 자료들이 조직 내 정보 시스템을 통해 지속적으로 축적되도록 한다.

1 MIS

경영정보 시스템(management information system: MIS)은 조직관리에 필요한 제반 정보들이 지속적으로 생성될 수 있도록 기관과 프로그램 관련 자료들을 일상적 업무 수행의 과정에서 축적하는 자료 수집 구조를 뜻하는 것으로, 주로 프로그램 노력 기준의 자료 산출에 사용되지만 효과성이나 효율성 관련 자료들에도 적용될 수 있다. 최근에는 성공 사례에 대한 측정이나 클라이언트의 만족도 측정 등과 같이 효과성 측정에 사용하는 경향이 늘고 있다.

사회복지행정에서 관리자는 MIS를 통해 프로그램 평가 업무에서 자료들에 손쉽게 또는 저비용으로 접근할 수 있고, 수행 성과를 보다 객관적으로 모니터링하고 평가할 수 있는 근거를 마련할 수 있는 유용성이 있다. 또한 실무자의 입장에서도 MIS를 통해 지속적인 업무 개선을 가능하게 하여 업무 수행의 효과성을 높이고 업무 수행에서 나타나는 모호함을 줄여주는 효과도 있다.

이러한 장점에도 불구하고 사회복지조직에서 MIS의 사용에는 몇 가지 유의점이 있다. 즉, MIS는 관리자의 파워 확대와 정보 독점을 초래하기 쉽고 클라이언트 관련 정보가 오·남용(誤·濫用)될 수 있으며, MIS 구축에 드는 비용이 적지 않다는 것 등이다(김영종, 2010: 446-448).

2 평가 결과의 활용

프로그램 평가 결과 도출된 정보들은 기관이나 프로그램 목적에 적절히 쓰여야 한다. 그런데 외부평가 자료와 관련하여 시각 차이로 내부에서 의문이나 불신을 제기하는 경우가 적지 않다. 특히 사회복지 프로그램 평가의 경우 목표나 과정, 기술 등에 있어 합의점을 도출하기가 쉽지 않다는 점에서 더욱 그렇다. 또한 사회복지 프로그램의 효과성의 경우 업무자와 클라이언트 간의 신뢰감 등 비계량적 요소들로 둘러싸여 있는데 양적 평가지표에만 매달리는 경우가 많아 평가에 문제점이 많다.

그러나 외부의 공식적 평가는 나름대로의 필요성과 강제성을 갖추고 있다는 점에서 사회복지 프로그램의 관리자는 조직 내에서 평가 정보가 적절히 활용될 수 있는 조직적 환경을 구축하는 데 많은 노력을 기울여야 한다.

그리고 공식적 평가는 과정과 결과를 공개하는 것이 바람직하다. 비록 평가 결과의 공개가 지나친 외부의 관심을 불러올 수도 있지만 많은 이점들도 이로부터 얻을 수 있다.

연습문제

01 사회복지 평가의 의의로 옳지 않은 것은?

① 환류 기능을 가지고 있다.
② 행정관리 수단의 역할을 한다.
③ 책무성을 강조한다.
④ 기관의 외부 자원 확보에 영향을 미친다.
⑤ 평가 결과는 기관의 변화를 반드시 수반한다.

02 사회복지 프로그램의 평가와 관련하여 틀린 것은?

① 클라이언트보다 기관 입장에서 평가한다.
② 효과성은 목표의 달성 정도를 평가한다.
③ 유사실험 설계의 기법을 활용할 수 있다.
④ 효과성 및 효율성 측정 척도는 부족하다.
⑤ 형성평가는 프로그램 진행 중에, 총괄평가는 프로그램이 끝난 후에 이루어진다.

03 기존에 평가한 사실을 다시 평가하여 정보의 질을 높이고 의사결정자에게 도움을 주는 평가는?

① 형성평가 ② 총괄평가 ③ 메타평가
④ 효율성평가 ⑤ 효과성평가

04 다음 평가 기법에 관한 설명 중 옳지 않은 것은?

① 모니터링 기법은 프로그램의 전 과정에 걸쳐 이루어지며 프로그램 개선에 목적이 있다.
② 사회조사 기법은 프로그램에 관한 지식을 개발하고 확장시키기 위해 사용되며 실험조사, 서베이, 사례연구 등이 있다.
③ 비용-편익(효과)분석은 주어진 자원 할당 내에서 어느 프로그램이 최적의 편익(효과)을 가져오는가를 평가하는 것이다.

④ 모니터링 기법은 프로그램을 진행한 사람이 하는 것이 가장 좋다.
⑤ 사례연구 방법으로는 참여 관찰, 비공식적 면접, 소시오메트리와 같은 집단분석 방법 등이 있다.

05 프로그램 평가기준과 요소가 옳게 연결된 것은?

① 효과성－예산 절감
② 효율성－클라이언트의 만족도
③ 영향성－동일한 접근 기회 제공
④ 서비스 질－서비스 인력의 자격증 보유
⑤ 노력성－프로그램 참여자의 행동 변화

06 사회복지시설의 평가에 대한 설명으로 맞는 것은?

보기

가. 시설의 평가는 3년마다 1회 이상 실시한다.
나. 시설의 평가는 보건복지부장관 및 시·도지사가 한다.
다. 시설의 평가에 따른 결과는 향후 시설지원을 위한 자료로 반영한다.
라. 시설의 평가는 신고시설 외에 미신고시설에 대해서도 행한다.

① 가, 나, 다　② 가, 다　③ 나, 라
④ 가, 라　⑤ 가, 나, 다, 라

07 다음 중 총체적 품질관리(TQM)에 관한 설명으로 옳지 않은 것은?

① 서비스의 품질을 1차적 목적으로 한다.
② 고객중심 관리를 강조한다.
③ 의사결정은 자료 분석에 기반한다.
④ 서비스 이용자를 대상으로 욕구조사를 실시한다.
⑤ 품질의 결정은 최고관리자가 한다.

08 사회복지조직을 평가하는 방법으로 옳은 것은?

① 형성평가는 성과 발생 여부에 초점을 둔다.
② 총괄평가는 프로그램 개발 과정에서 이루어진다.
③ 형성평가는 프로그램 종결 이후에 수행한다.
④ 총괄평가는 목표 지향적 평가이다.

⑤ 총괄평가는 형성평가에 비해 융통성이 요구된다.

09 프로그램 평가의 논리모형(logical model)에서 프로그램 성과로 볼 수 없는 것은?

① 참여자 재취업

② 참여자 생활만족도

③ 참여자 지위 변화

④ 참여자 기술 습득

⑤ 참여자 출석률

10 사회복지조직 효과성 평가모형에 관한 설명이 아닌 것은?

① 체계모형은 목표 자체보다 조직의 하위체계 간의 관계와 과정에 초점을 둔다.

② 목표달성모형은 조직의 활동이나 과업의 지향점을 구체화한다.

③ 목표달성모형은 다수의 모호한 목표를 가진 조직에 용이하다.

④ 체계모형은 조직의 환경 적응력에 관심이 있다.

⑤ 목표달성모형은 조직을 목표 달성을 위한 도구로 간주한다.

정답 1. ⑤ 2. ① 3. ③ 4. ④ 5. ④ 6. ① 7. ⑤ 8. ④ 9. ⑤ 10. ③

제 13 장

사회복지 업무의 역할 분담

제 1 절 역할 분담의 필요성과 원칙

1 역할 분담의 필요성

사회복지 업무는 일반적으로 공공부조, 사회보험, 사회복지 서비스 등으로 구분된다. 이 중에서 전국적 통일이 필요한 사회보험 업무는 중앙정부의 소관으로 지방자치단체와는 별로 관계가 없다. 따라서 사회복지 업무의 역할 분담은 주로 빈곤층을 대상으로 하는 공공부조사업과 아동, 노인, 장애인 등과 같은 사회복지 서비스와 관련된다고 할 수 있다.

그동안 우리나라에서 사회복지 업무의 역할 분담은 주로 중앙정부와 지방자치단체 간의 문제에 중점을 두었으며, 광역자치단체인 시·도와 기초자치단체인 시·군·구 간에 합리적으로 배분되고 있는가의 문제는 거의 도외시되어 왔다. 왜냐하면 중앙정부의 지방자치단체로의 권한 이양이 제대로 되지 않은 현실에서 지방자치단체 간 역할 분담에 관한 연구는 그 중요성이 별로 크지 않다고 할 수 있기 때문이다.

그러나 오늘날 지방자치의 발전에 따라 지방자치단체 사회복지 기능이 확대되고 다양화되면서 시·도와 시·군·구 간의 역할 분담의 필요성이 강조되고 있다. 이는 사회복지 서비스가 주민 중심의 민주성과 경제적인 효율성에 입각하여 이루어져야 한다는 명제와 관련해 볼 때 매우 중요한 과제이며, 어떤 경우라도 업무의 양이나 종류가 많아지게 되면 업무처리가 더욱 복잡해지고 비효율적이 될 것이다. 사실 그동안 우리나라 사회복지 현장에서는 중앙정부와 지방자치단체 또는 광역자치단체인 시·도와 기초자치단체인 시·군·구 간에 업무의 중복이나 비합리성으로 비효율성을 노정하는 경우가 적지 않았고, 복지 주체 간 재정 부담과 관련하여 갈등도 적지 않았다. 재정문제에 대한 고려가 없는 사무배분이나 업무 수행은 그 실효성을 담보하기 어렵다는 점에서, 사회복지 업무의 역할 분담은 사무배분과 사회복지 재정의 두 가지 측면에서 검토하는 것이 바람직하다고 할 것이다.

사회복지 업무는 중앙 단위에서는 보건복지부가 주로 담당하며, 지방 단위에서는 행정안전부 조직체계인 특별시·광역시·도, 시·군·자치구, 읍·면·동 등에서 담당한다. 보다 구체적으로 보면 보건복지부는 산하에 사회복지정책실을 중심으로 인구정책실, 장애인정책국 등을 두고 직접적으로 사회복지 업무를 담당하며, 지방자치단체의 경우 시·도 및 시·군·자치구에 따라 약간의 차이가 있으나 대체로 보건사회국, 가정복지국, 사회복지과, 가정복지과 등을 두고 사회복지 업무를 담당하고 있다. 지방 단위에서는 사회복지 전담공무원과 지방직 일반공무원들이 혼재되어 사회복지 업무를 담당하고 있는데, 사회복지 전담공무원이 1987년 사회복지 전문요원제도로 도입된 이래 주로 일선 읍·면·동 사무소에 배치되어 기초생활보장사업 및 대민 서비스 업무 등을 전담하고 있는 점은 사회복지행정의 전문성이라는 점에서 진일보한 것이라고 할 수 있다.

사회복지 업무를 효율적으로 수행하기 위해서는 중앙정부와 지방자치단체 간 또는 광역자치단체와 기초자치단체 간 사무가 서로 경합되지 않도록 그 사무의 소관과 처리의 권한·책임을 명백히 하는 '비경합(non competition)의 원칙'이 무엇보다도 필요하다. 이를 권한·책임명확화의 원칙이라고도 하는데, 만약 이러한 원칙이 지켜지지 않을 경우 업무상 혼돈과 중첩 현상이 발생하며 서비스 전달의 효율성이 저하된다.

한편 정부의 담당업무 중 민간부문에서 담당해야 하는 업무는 과감하게 민간조직으로 이관할 필요가 있다. 정부는 관료적 조직체로서 획일적인 서비스를 행하게 되어 사람들의 다양한 개별적인 욕구에 대응하기 어려운 특성을 가지고 있는데 비해, 민간부문은 사회 변화에 따른 새로운 욕구나 소수의 특수한 욕구의 충족, 그리고 고급의 서비스에 대한 욕구 등에 대해 보다 효율적으로 대응할 수 있기 때문이다. 또한 이러한 업무 이관은 자율적인 민간조직의 육성과 활성화를 위해서도 필요하다.

이러한 필요성과 관련한 정부와 민간부문 간 역할 분담에 관한 논의를 보면 다음과 같다(최성재 · 남기민, 2003: 412-414).

첫째, 서비스의 공공재적인 성격 및 외부 효과의 정도가 큰 경우 정부가 직접 제공하는 것이 바람직하다. 서비스가 공공재적 성격이 강한 경우 사람들이 집합적으로 소비할 수밖에 없기 때문에 대가를 지불하지 않은 사람을 이용하지 못하도록 배제할 수가 없으며, 서비스의 외부 효과가 큰 경우 개인의 수요에 따라 시장에 공급된다면 사회적으로 필요한 만큼 서비스가 투입되지 못하기 때문이다.

둘째, 서비스에 대한 정보가 사람들에게 많이 없거나 혹은 보유하기에는 비용이 많이 드는 경우 서비스를 정부에서 제공하는 것이 바람직하다. 사람들의 합리적 선택이 어려운 속성이 있는 서비스를 민간에서 제공하게 되면 서비스의 형태, 가격, 질 등에 있어 비효율적인 배분이 일어날 수 있기 때문이다.

셋째, 서비스의 속성상 대규모적 혹은 강제적 제공이 기술적인 측면에서 바람직한 경우 민간부문에서의 자발적 가입 형태는 유지하기 어렵기 때문에 정부에서 제공하는 것이 바람직하다. 예를 들면, 강제적 가입을 속성으로 하는 사회보험의 경우 정부가 서비스를 제공한다.

넷째, 서비스 제공이 추구하는 중요한 가치가 평등이나 공평성인 경우 민간보다 정부에서 제공하는 것이 바람직하다. 민간부문에 가까울수록 평등이나 공평성의 가치는 무시되는 경향이 있기 때문이다.

다섯째, 서비스 제공이 지속적이고 안정적으로 이루어질 필요가 있을 경우 재정이 불안정한 민간부문보다 정부가 바람직하다.

여섯째, 사회 변화에 신속하고 융통성 있게 대응할 필요가 있는 경우 민간부문이 서비스를 제공하는 것이 바람직하다.

2 역할 분담의 원칙

1) 기능 또는 사무배분

정부 간 기능 배분에 대해서는 주로 국가와 지방정부 또는 지방자치단체 간 배분 원칙들이 제시되고 있다. 일본의 경우 1964년 임시행정조사회가 2년 이상에 걸쳐 사무배분 실태를 조사한 결과 제출한 '행정사무의 배분에 관한 개혁 의견'에서 현지성의 원칙, 종합성의 원칙, 경제성의 원칙 등이 제시된 바 있다. 프랑스의 경우 1983년 국가와 레종(Région), 데파르트망(Départment), 코뮌(Commune) 등 지방자치단체 간 기능 배분에 관한 법률에서 기능 배분의 원칙으로 지방자치단체 간 감독금지의 원칙, 총체적 이양의 원칙, 단일 자치단체에의 배분 및 지방행정 계층별 전문화의 원칙, 경비의 전액보상 원칙, 점진적 이양의 원칙 등을 제시하고 있다(정세욱, 2000: 205). 그리고 한국행정연구원(1994)은 외국의 사무배분 원칙을 조사하여 민주성, 능률성, 형평성 등의 사무배분 원칙을 정리한 바 있다.

이상에서 살펴본 정부 간 기능 배분에 대한 논의와 행정의 효율성 및 민주성이라는 합리적 기능 배분의 필요성에 기초해 볼 때 국가와 지방자치단체 간 또는 광역자치단체와 기초자치단체 간 기능 배분의 원칙을 다음과 같이 제시할 수 있다(최성재 · 남기민, 2003: 401).[1]

첫째, 현지성(localness) 또는 기초자치단체 우선의 원칙으로, 이는 기초자치단체가 주민들의 욕구를 가장 근접한 거리에서 정확히 파악할 수 있으며, 행정의 능률성을 향상시켜 줄 수 있다는 것이다. 지방자치분권 및 지방행정체제 개편에 관한 특별법[2] 제9조 제2항이 "지역주민 생활과 밀접한 관련이 있는 사무는 원칙적으로 시 · 군 · 자치구 사무로 배분하도록 한다"고 규정하고, 지방자치법 제10

1) 지방자치분권 및 지방행정체제 개편에 관한 특별법(2013.5.28 제정, 2018.3.20 일부개정) 제9조 –사무배분의 원칙 참조.
2) 2013년 이 법의 제정으로 종전의 지방분권촉진에 관한 특별법(2004년 제정)은 폐기됨.

조가 "사무가 서로 경합되는 경우에는 시·군·자치구에서 우선적으로 처리하도록 한다"고 규정하고 있는 것은 이러한 현지성의 원칙을 나타내고 있다.

둘째, 현실성(reality) 또는 경제성(economic efficiency)의 원칙으로, 이는 지방자치단체의 규모, 능력 등에 맞추어 기능 배분이 이루어져야 한다는 것이다. 이 원칙은 행정 기능과 자치단체의 능력 간의 균형을 통해 최소 비용으로 최대 효과를 발휘하도록 하자는 데 그 의의가 있다. 즉, 중앙정부와 지방자치단체의 업무 분담에 있어 실행 가능성(feasibility)이 중요하며, 사무의 능률적 처리를 위하여 사무를 각 지방자치단체의 능력을 고려하여 최소의 비용으로 최대의 효과를 도모할 수 있는 단체에 배분하는 것이 바람직하다는 것이다. 앞서 언급한 지방자치분권 및 지방행정체제 개편에 관한 특별법 제9조 제2항 후반부의 "시·군·자치구가 처리하기 어려운 사무는 특별시·광역시·특별자치시·도 및 특별자치도의 사무로, 시·도가 처리하기 어려운 사무는 국가의 사무로 각각 처리하도록 한다"고 규정하고 있는 것은 이 원칙에 해당된다.

셋째, 비경합(non-competition)의 원칙 또는 행정책임 명확화의 원칙으로, 이는 지방자치단체가 사무를 처리함에 있어 서로 경합하지 아니하도록 사무의 소속과 그 처리 책임을 명확히 해야 한다는 것이다. 지방자치분권 및 지방행정체제 개편에 관한 특별법 제9조 제1항이 "국가와 지방자치단체 간 또는 지방자치단체 상호 간의 사무를 주민의 편익 증진, 집행의 효과 등을 고려하여 서로 중복되지 않도록 배분하도록 한다"고 규정하고 있는 것은 이러한 비경합의 원칙을 나타내고 있다.

넷째, 종합성(synthesis)의 원칙으로, 이는 중앙정부와 지방자치단체 간에는 업무상 분업과 조정의 협력체제가 이루어지고 계획과 집행의 분업체제가 확보되어야 한다는 것이다. 만약 그렇지 않을 경우 업무상 혼돈과 중첩 현상이 발생하며 서비스 전달의 효율성을 기대할 수 없게 된다. 지방자치분권 및 지방행정체제 개편에 관한 특별법 제9조 제3항이 "국가가 지방자치단체에 사무를 배분하거나 지방자치단체가 사무를 다른 지방자치단체에 재배분하는 때에는 사무를 배분 또는 재배분받는 지방자치단체가 그 사무를 자기의 책임 하에 종합적으로 처리할 수 있도록 관련 사무를 포괄적으로 배분하여야 한다"고 규정하고 있는 것은 이러한 종합성의 원칙을 나타내고 있다.

2) 사회복지 재정

일반적으로 사회가 발전할수록 사회복지에 사용되는 재원 가운데 공공부문의 비중이 높아진다. 우리나라의 경우 연도별로 보면 모든 재원들이 점진적으로 증가하는 것으로 나타났는데, 1995년부터 국고 비율은 증가하고 지방비와 민간재원은 감소하는 경향을 보인다. 제7차 경제개발 5개년계획기간(1992~1996) 중 우리나라 중앙정부와 지방자치단체 간의 사회복지 재원의 배분은 총규모 재원 중 69.5%는 국비에서 충당하고 23.2%는 지방비에서 충당하며, 나머지는 재정투융자특별회계(5%)와 민간자원(2.2%)에서 충당하도록 배분되었다.

따라서 중앙정부는 지방자치단체의 사회복지사업을 위해 많은 보조금을 지원하게 되는데, 이러한 국고보조금은 재원이 사용될 세부적인 항목을 지정하여 제공하는 항목별 보조금, 프로그램의 기능별로 묶어 지원하는 기능별 보조금, 중앙정부 예산 가운데 일정 부분을 조건 없이 넘겨주는 특별보조금 등 세 가지로 구분된다. 사회복지비 대부분은 이 중에서 국가가 용도를 정하여 교부하는 항목별 또는 기능별 보조금에 해당된다.

국고보조금의 확대는 사회복지 재정의 확대라는 측면에서 긍정적이기는 하나 지방자치단체의 자율성이라는 측면에서 문제점을 지닌다. 따라서 국고보조금은 항목별 보조금이나 기능별 보조금보다는 재량성이 강한 특별보조금의 형태로 주어지는 것이 바람직하다(최항순, 2003: 461).

지방자치단체의 사회복지사업과 예산 비중 현황을 보면 지역에 따라 약간 차이가 있지만 주로 기초생활보장, 아동복지, 노인복지, 장애인복지 순으로 투자 비율을 보인다. 이를 지역계층별로 보면 광역자치단체인 대도시는 아동복지 서비스 비율이 높은 데 비해, 기초자치단체의 시·군 지역에서는 노인복지 서비스가 더 높게 나타나고 있다. 한편 장애인복지의 예산 비율은 다른 복지예산보다 적으면서 도시와 농촌 간의 뚜렷한 차이를 보이지 않고 있다. 그러나 우리나라의 경우 지방자치단체의 사회복지사업은 지방재정의 취약성으로 인해 적지 않은 경우 중앙정부의 위임사무 범주 내에서 이루어지고 있는 실정이다(한국사회과학연구소 사회복지연구실, 1998: 493-496).

제2절 정부 간 역할 분담의 기준과 방법

1 기능 배분

1) 중앙정부와 지방자치단체 간

우리나라 지방자치법은 중앙정부와 지방자치단체 간의 업무 분담 기준으로 불경합의 원칙과 기초단체우선의 원칙을 규정하고 있다. 지방자치법 제11조에 따르면 중앙정부는 전국적으로 기준의 통일 내지 조정을 요하는 사무, 즉 전국적 이해관계가 있는 사무를 관장한다. 사회복지 분야에서는 주로 전국적 제도 통일의 필요성이 있는 사회보험이 중앙정부의 소관 업무이다. 이에 비해 지방자치법 제9조에서는 지방자치단체 사무로 여섯 가지 분야에 57개 단위사무가 예시되어 있는데, 그 중 하나가 '주민의 복지 증진에 관한 사무'로 주민복지사업, 사회복지시설의 설치·운영 및 관리, 빈곤층을 대상으로 한 공공부조사업, 아동·노인·장애인·청소년 및 여성복지 서비스 등 열 가지 단위사무로 구성되어 있다. 그러나 지방자치단체의 소관 사항이라도 전국적 통일의 필요성이 있는 사업에 대해서는 예외를 인정하고 있다. 예를 들면, 우리나라 기초생활보장사업에서 대상자 선정 및 관리 업무는 지방자치단체의 소관이나 이들 대상자에게 주어지는 급여의 수준은 중앙정부에서 결정한다.

한편 정부 간 기능 배분 방식에는 개별적 지정 방식, 포괄적 위임 방식, 두 가지를 절충한 절충 방식 등이 있다. 먼저 '개별적 지정 방식'은 개별법으로 지방정부가 맡을 사무의 종류를 지정하는 것으로 영국이 대표적인 국가이다. 이 방식은 사무배분이 중복되지 않고 명확하다는 장점이 있으나 중앙정부의 통제가 어렵다는 단점이 있다. '포괄적 위임 방식'은 법률에서 특별히 금지한 사항이나 중앙정부 또는 다른 기관에 배타적으로 부여한 사무 이외의 모든 사무를 지방정부가 수행할 수 있도록 하는 것으로, 독일이 대표적인 국가이다. 이 방식은 사무배분 과정에 신축성을 부여하는 장점이 있는 반면, 중앙정부의 개입 여지가 크고 이에 따라 자치사무와 위임사무의 한계가 모호해질 수 있는 문제점이 있다. 그리고 '절충 방식'은 우리나라와 일본이 채택하고 있는데, 지방정부를 계층적으로 분류하고 각 정부가 수행할 사무를 예시적으로 일괄 규정하는 '예시적 포괄 방식'이 대표적인 예이다. 이 방법은 우리나라에서 보는 바와 같이 수많은 정부 기능을 정확하게 배분하는 데 어려움이 있다. 따라서 일본은 근래에 들어 지방분권일괄법[3]을 통해 기관위임사무를 폐지하고 전체 법률의 1/3에 해당하는 500개가 넘는 법률을 일괄 개정하여 지방업무의 영역을 넓히는 조치를 취한 바 있다(강혜규 외, 2006: 48-49).

지방자치단체가 수행하는 지방사무는 크게 자치사무와 위임사무로 구분되며, 위임사무는 다시 단체위임사무와 기관위임사무로 구분할 수 있다. 여기서 기관위임사무는 지방자치단체장이 중앙정부를 대신해서 처리하는 국가사무이기 때문에 진정한 의미에서 지방자치단체 사무로 보기는 어렵다. 단체위임사무는 법령에 의해 위임받아 지방자치단체가 처리하는 사무로서 고유사무인 자치사무와 마찬가지로 자치사무로 취급된다. 그러나 단체위임사무는 사무의 성질상 전국적 이해가 있을 뿐 아니라 동시에 지방적 이해관계도 있으므로, 이를 처리하는 데 필요한 경비도 지방자치단체가 전적으로 부담하는 자치사무(고유사무)와 달리 국가와 지방자치단체가 분담하는 것이 원칙이다.

그 외에 국가와 지방자치단체가 공동으로 관여할 수 있게 중복적 권한과 의무를 부여한 공동사무가 있다. 이러한 사무는 광역자치단체와 기초자치단체 간에도 적지 않은데, 이 때문에 책임 소재가 불분명한 문제가 생기게 된다(이기우, 2003: 16-17). 특히 공동사무에는 사회복지사무가 많은데, 공무원들이 공동사무를 제대로 인식하지 못하여 재정 분담의 노력 없이 국가감독을 강화하는 수단으로 활용하거나 지방 이양의 회피수단으로 악용될 수도 있다.

2) 광역자치단체와 기초자치단체 간

광역자치단체와 기초자치단체 간의 사무배분은 중앙정부와 지방자치단체 간

3) 지방분권일괄법(1999년 제정, 2000년 시행)은 국가와 지방의 명확한 역할 분담 명확화, 권한과 재원의 이양 추진, 기관위임사무의 폐지, 국가 관여의 축소 등을 내용으로 한다.

의 사무배분과 관련시켜 볼 필요가 있다. 중앙정부의 경우 지방자치법 제11조에서 국가 존립에 필요한 사무(외교, 국방, 사법, 국세 등)를 비롯하여 전국적으로 기준의 통일 내지 조정을 요하는 사무, 즉 전국적으로 이해관계가 있는 사무를 관할하도록 하고 있는 것은 지방자치법 제10조에서 광역자치단체가 행정 처리 결과가 2개 이상의 시·군·자치구에 미치는 광역적 사무나 시·도 단위로 동일한 기준에 따라 처리되어야 할 성질의 사무를 담당하도록 하고 있는 것과 유사하다.

또한 사회복지 분야에서도 기초생활보장사업이나 사회보험과 같이 주로 전국적 통일의 필요성이 있는 사무는 중앙정부의 소관 업무로 되어 있는 것과 같이[4] 지방자치단체의 주된 사회복지 영역인 사회복지 서비스(아동복지, 노인복지, 장애인복지, 그리고 사회복지관 등의 사회복지시설 등)의 기획이나 조정 업무는 광역자치단체가 담당하고 있다.

지방자치법 제10조는 광역자치단체와 기초자치단체 간의 사무배분 기준을 <표 13-1>과 같이 공통사무, 시·도 사무, 시·군·자치구 사무 등으로 구분하여 규정하고 있는데, 여기서 기초자치단체인 시·군·자치구 사무의 사회복지 업무는 시·도 사무로 규정된 행정 처리 결과가 2개 이상의 시·군·자치구에 미치는 광역적 사무, 시·도 단위로 동일한 기준에 따라 처리되어야 할 성질의 사무, 지역적 특성을 살리면서 시·도 단위로 통일성을 유지할 필요가 있는 사무, 국가와 시·군·자치구 간에 연락·조정 등의 사무, 2개 이상의 시·군·자치구가 공동으로 설치하는 것이 적당하다고 인정하는 규모의 시설을 설치하고 관리하는 사무 등을 제외한 모든 업무라고 할 수 있다.

<표 13-1>에서 시·도와 시·군·자치구의 공통사무인 '지방자치단체의 구역, 조직, 행정관리 등에 관한 사무'에는 관할구역 안 행정구역의 명칭·위치 및 구역의 조정, 조례·규칙의 제정·개폐 및 그 운영·관리, 산하 행정기관의 조직관리, 산하 행정기관 및 단체의 지도·감독, 소속 공무원의 인사·후생복지 및 교육, 지방세와 지방세외수입의 부과 및 징수, 예산의 편성·집행 및 회계감

---

4) 예를 들면, 기초생활보장사업에서 대상자 선정, 관리 업무는 지방자치단체의 소관이나 대상자에게 주어지는 급여의 수준은 중앙정부에서 결정하게 되어 있으며, 사회보험은 국가의 책임으로 시행함을 원칙으로 하고 있다.

표 13-1 시·도 및 시·군·자치구 간의 사무배분 기준

공통사무	시·도 사무	시·군·자치구 사무
• 지방자치단체의 구역, 조직, 행정관리 등에 관한 사무	• 행정 처리 결과가 2개 이상의 시·군·자치구에 미치는 광역적 사무 • 시·도 단위로 동일한 기준에 따라 처리되어야 할 성질의 사무 • 지역적 특성을 살리면서 시·도 단위로 통일성을 유지할 필요가 있는 사무 • 국가와 시·군·자치구 사이에 연락·조정 등의 사무 • 2개 이상의 시·군·자치구가 공동으로 설치하는 것이 적당하다고 인정하는 규모의 시설을 설치하고 관리하는 사무	• 지방자치법 제10조 제1호에서 시·도가 처리하는 것으로 되어 있는 사무를 제외한 사무 - 다만 인구 50만 명 이상의 시에 대해서는 도가 처리하는 사무의 일부를 직접 처리하게 할 수 있음. - 자치구 사무 중 자치구에서 처리하지 아니하고 특별시·광역시에서 직접 처리하도록 하고 있는 사무도 있음.

사와 재산관리, 행정장비관리, 행정전산화 및 행정관리 개선, 공유재산관리, 호적 및 주민등록관리, 지방자치단체가 필요로 하는 각종 조사 및 통계의 작성 등이 포함된다.

또한 시·군·자치구의 사무 중 50만 명 이상의 시가 도의 사무 중 직접 처리할 수 있는 사무의 일부를 기초자치단체의 사무로 규정한 것과 관련하여 볼 때 사회복지 관련 업무 중 ① 병원급 이상 의료기관 설치 및 지도·감독, ② 지방공기업 및 지방공단의 설립·운영 등 지방공기업에 관한 사무, ③ 묘지·화장장·납골당의 허가, 시설 변경 및 폐지 등 운영관리에 관한 사무, ④ 사회복지시설 수혜자로부터의 비용 수납 승인 등 사회복지시설에 관한 사무 등은 시·군·자치구 사무라고 할 수 있다(지방자치법시행령 제10조 관련 별표 3).

그리고 자치구 사무 중 자치구에서 처리하지 아니하고 특별시·광역시에서 직접 처리하도록 하고 있는 사무도 있는데, 이와 관련하여 볼 때 사회복지 관련 업무로 ① 공설 묘지·공설 화장장 또는 공설 납골당의 설치·운영 등 매장 및 묘지에 관한 사무, ② 일반폐기물(분뇨, 쓰레기 등) 처리시설 설치·운영 및 폐기물 처리 수수료 요율 결정 등 청소·오물에 관한 사무 등은 시·군·자치구 사무라고 할 수 있다(지방자치법시행령 제9조 관련 별표 2).

우리나라는 앞서 언급한 바와 같이 정부 간 기능 배분 방식으로 혼합형인 예시적 포괄 방식을 채택하고 있다. 이에 따라 지방자치법 제9조 제2항에 지방자치

단체의 사무로 6개 사무 분야에 57개 단위사무가 예시되어 있다. 여기서 6개 사무 분야는 지방자치단체의 구역 · 조직 · 행정관리 등에 관한 사무, 주민의 복지 증진에 관한 사무, 농림 · 상공업 등 산업진흥에 관한 사무, 지역개발과 주민의 생활환경시설의 설치 · 관리에 관한 사무, 교육 · 체육 · 문화 · 예술의 진흥에 관한 사무, 지역민방위 및 소방에 관한 사무 등이며, 이 중 사회복지 분야인 '주민의 복지 증진에 관한 사무'는 10개의 단위사무로 구성되어 있다. 즉, ① 주민복지에 관한 사업, ② 사회복지시설의 설치 · 운영 및 관리, ③ 생활이 곤궁한 자의 보호 및 지원, ④ 노인 · 아동 · 심신장애인 · 청소년 및 부녀의 보호와 복지 증진, ⑤ 보건진료기관의 설치 · 운영, ⑥ 전염병 및 기타 질병의 예방과 방역, ⑦ 묘지 · 화장장 및 납골당의 운영 · 관리, ⑧ 공중접객업소의 위생개선을 위한 지도, ⑨ 청소 · 오물의 수거 및 처리, ⑩ 지방공기업의 설치 및 운영 등이다.

이러한 지방자치단체의 사회복지사무는 지방자치법시행령 제8조와 관련된 <별표 1>에 시 · 도 및 시 · 군 · 자치구로 구분되어 예시되어 있는데, <표 13-2>는 그 중 사회복지사무의 기능 배분만을 기술한 것이다.

표 13-2 지방자치단체 사회복지사무의 기능 배분

구 분	시 · 도 사무	시 · 군 · 자치구 사무
주민복지에 관한 사업	주민복지 증진 및 주민보건 향상을 위한 종합계획 수립 및 지원, 시 · 군 · 자치구에 공통되는 복지업무의 연계 · 조정 · 지도 및 조언	주민복지 증진사업계획의 수립 · 시행, 시 · 군 · 자치구 단위 주민복지시설의 운영 · 지원, 주민복지 상담, 환경위생 증진 등 주민보건 향상을 위한 사업실시
사회복지시설 설치 · 운영 및 관리	사회복지시설의 수요 판단과 지역별 배치 등 기본계획 수립, 사회복지시설의 설치 · 운영, 사회복지법인의 지도 · 감독 및 지원, 사회복지시설 수혜자에게 비용 수납 및 승인	사회복지시설의 설치 · 운영, 사회복지시설 수혜자에게 비용 수납, 사회복지법인에 대한 보조 및 지도, 사회복지법인 등의 시설 설치 허가 및 그 시설의 운영지도
생활이 어려운 자 보호 및 지원	생활보호 실시에 따른 이의신청 심사, 생활보호비용의 일정액 지원, 시 · 군 · 자치구에 대한 생활보호보조금 지급, 생활보호기금의 적립 및 운용관리, 의료보호진료지구의 설정, 의료보호시설의 지정	생활보호 대상자 조사 · 선정, 생활보호 대상자 보호 · 관리, 생활보호의 실시(생업자금 대여, 직업훈련, 취로사업, 수업료 · 장제보호비 지급 등), 생활보호비용의 일정액 지원, 생활보호 대상자의 부양 의무자에게 보호비용 징수, 생활보호 기금 적립 및 운용관리, 생활보호의 변경과 중지, 의료보호 대상자

		관리 및 의료보호 실시(진료증 발급 등), 의료보호기금의 설치·운용
노인·아동·장애인·청소년 및 부녀의 보호와 복지 증진	노인복지사업계획 수립·조정, 경로사업의 실시·지원, 노인복지시설의 설치·운영 및 지원, 아동복지사업 종합계획 수립·조정, 아동상담소의 설치·운영, 아동전용시설의 운영, 아동보호조치, 아동복지시설의 운영·지원, 아동복지단체의 지도·육성, 장애인복지에 관한 종합계획 수립·조정, 장애인의 검진·재활 상담 및 시설에의 입소, 장애인 고용 촉진, 장애인 편의시설 설치 지도·권고, 장애인복지시설 운영·지원, 청소년 건전육성계획 수립·조정, 청소년시설 설치·운영, 지방청소년위원회 운영(시·도 단위), 청소년육성기본계획의 연도별 시행계획 수립·시행, 청소년의 달 행사추진, 청소년단체 육성·지원, 공공청소년 수련시설 설치·운영, 불우청소년 보호지원, 부녀복지종합계획 수립·조정, 모자보건사업계획 수립·조정, 부녀단체 육성·지원, 부녀복지시설 운영·지원, 성매매피해자 등의 선도 및 직업교육·지원	노인복지사업계획 수립·시행, 노인복지사업 시행, 경로행사 등 경로사업 실시·지원, 노인복지시설 설치·운영 및 지원, 아동복지사업계획 수립·시행, 아동상담소 설치·운영, 아동전용시설 운용, 아동보호조치, 아동복지시설 운영·지원, 아동복지단체 지도·육성, 보호시설 고아의 후견인 지정, 장애인복지에 관한 계획수립 및 시행, 장애인 파악·관리, 장애인 검진, 재활 상담 및 시설에의 입소, 장애인 고용촉진, 장애인 편의시설 설치지도, 장애인복지시설 운영·지원, 청소년 선도대책 수립·추진, 보호할 필요가 있는 청소년 선도·계몽, 불우청소년보호, 청소년시설 설치·운영, 지방청소년위원회 운영(시·군·자치구 단위), 청소년지도위원 위촉, 청소년의 달 행사 추진, 부녀복지에 관한 계획수립·시행, 모자보건사업의 세부계획수립·시행, 모자보건기구 설치·운영, 모자보건 대상자 선정(수첩 발급 등), 임산부 및 영·유아 건강관리, 부녀교실 운영 및 여성교육, 부녀단체 육성·지원, 부녀복지시설 운영·지원, 성매매피해자 등의 선도 및 직업교육·지원

지방자치법시행령 제8조와 관련된 <별표 1>에 예시되어 있는 지방자치단체의 사회복지사무들이 시·도와 시·군·자치구 간에 합리적으로 배분되고 있는지를 앞서 역할 분담의 원칙으로 제시한 종합성, 비경합성, 현실성, 현지성 측면에서 평가해 보면 다음과 같다.

첫째, '주민복지에 관한 사업'과 관련된 사무에서 시·도는 대체적으로 시·도 단위의 종합계획 수립이나 시·군·자치구 간 연계 및 조정업무를 담당하고 시·군·자치구는 시·군·자치구 단위의 계획수립이나 시설 운영 및 주민 상담업무 등을 담당하고 있는 것으로 나타나 종합성과 비경합성의 측면에서 긍정적인 것으로 평가된다.

둘째, '사회복지시설의 설치·운영 및 관리'와 관련된 사무에서 대체적으로 시 · 도는 시 · 도 단위의 사회복지시설 설치계획 수립과 사회복지법인의 지도 · 감독 및 지원업무를 담당하고, 시 · 군 · 자치구는 시 · 군 · 자치구의 사회복지시설 설치 · 운영과 사회복지법인에 대한 보조 및 지도업무를 담당하는 것으로 되어 있으나 구체적인 사무 내용에 있어 다소 중복이 있을 가능성이 높은 것으로 나타나 비경합성 측면에서 다소 문제가 있다.

셋째, '생활이 어려운 자의 보호 및 지원'과 관련된 사무에서 대체적으로 시 · 도는 생활이 어려운 자의 보호를 위한 보호시설 보강 및 기금 운용 등의 업무를 담당하고, 시 · 군 · 자치구는 생활보호 대상자를 선정하고 생활보호비용을 지급하는 등 주민과 직접적인 관련이 있는 서비스 제공 업무를 담당하는 것으로 나타나 종합성과 비경합성의 측면에서 긍정적인 것으로 평가된다.

넷째, '노인 · 아동 · 장애인 · 청소년 및 부녀의 보호와 복지 증진'과 관련된 사무에서 시 · 도와 시 · 군 · 자치구 간 많은 부분에 있어 항목이 중복되는 감이 있어 비경합성 측면에서 적지 않은 문제가 있다.

이상에서 볼 때 현재 우리나라 지방자치단체에서 수행하고 있는 사회복지사무는 대체로 종합성, 현지성의 측면에서는 긍정적인 것이지만 사무에 따라 비경합성 측면에서 적지 않은 문제가 있고, 능력이나 규모에 따라 차별성을 부여하는 능력 적합성 측면은 고려되어 있지 않은 것으로 판단된다. 그 밖에 단서 조항에 "다만 다른 법령에 이와 다른 규정이 있는 경우에는 그러하지 아니하다"는 규정을 두고 있어 소관 업무와 관련한 갈등의 소지가 적지 않다고 할 수 있다.

2 사회복지 재정

사회보장기본법은 제5조에서 "국가와 지방자치단체는 국가발전의 수준에 부응하는 사회보장제도를 확립하고 매년 이에 필요한 재원을 조달하여야 한다"고 규정하고, 이어 제27조에서는 "사회보장비용의 부담은 각각의 사회보장제도에 대한 역할 분담에 따라 국가, 지방자치단체 및 민간부문 간에 합리적으로 조정되어야 한다"고 규정하고 있다.

이 중에서 지방자치단체의 재정 부담은 그 사무가 자치사무 또는 위임사무인가에 따라 다르다. 현행 지방재정법에 의하면 지방자치단체의 관할구역 자치사무에 필요한 경비는 그 지방자치단체가 전액을 부담하며, 국가가 스스로 행하여야 할 사무를 지방자치단체나 그 기관에 위임하여 수행하는 경우 그 경비는 국가가 전부를 그 지방자치단체에게 교부하도록 하고 있다.[5)]

표 13-3 보조금 지급 대상사업의 범위와 기준보조율(사회복지 분야)

분 야	사 업	기준보조율(%)	비 고
기초생활 보장	생계급여	서울 50 지방 80	– A에 해당되는 기초자치단체는 10% 인상 – B에 해당되는 기초자치단체는 10% 인하
	주거급여	서울 50 지방 80	– A에 해당되는 기초자치단체는 10% 인상 – B에 해당되는 기초자치단체는 10% 인하
	자활급여	서울 50 지방 30	– A에 해당되는 기초자치단체는 10% 인상 – B에 해당되는 기초자치단체는 10% 인하
	해산급여 · 장제급여	서울 50 지방 80	– A에 해당되는 기초자치단체는 10% 인상 – B에 해당되는 기초자치단체는 10% 인하
	교육급여	서울 50 지방 80	– A에 해당되는 기초자치단체는 10% 인상 – B에 해당되는 기초자치단체는 10% 인하
	의료보호	서울 50 지방 80	
장애인 복지	장애인 의료비, 장애인 자녀 학비 지원	서울 50 지방 80	
	장애수당, 장애아동수당	서울 50 지방 70	
한센환자 보호	한센환자보호시설 운영	서울 50 지방 70	
	한센양로자 지원	50	
영유아 보육 사업	영유아보육료 및 가정양육수당 지원	서울 35 지방 65	– A에 해당되는 기초자치단체는 10% 인상 – B에 해당되는 기초자치단체는 10% 인하
	어린이집 기능 보강	50	'국민기초생활보장법'에 따른 보장시설의 신축, 증축, 개축에 한함(용지매입비 제외).
기타	사회복지보장시설 및 장비 지원	50	재가노인복지시설 개보수 제외, 용지매입비 제외

A: 해당 회계연도의 최종 예산에서 사회보장 · 복지비 지수가 25 이상이면서 재정자립도가 80 미만인 경우.
B: 해당 회계연도의 최종 예산에서 사회보장 · 복지비 지수가 20 미만이면서 재정자립도가 85 이상인 경우.
자료: 「보조금 관리에 관한 법률 시행령」의 제4조 제1항 본문과 관련된 〈별표 1〉에 예시된 90개 항목 중 사회복지 분야만 재편집하여 정리하였음.

5) 지방재정법 제20조 및 제21조(2017.12.26 개정).

또한 지방자치단체가 법령에 의해 처리해야 할 사무로서 국가와 지방자치단체 상호 간에 이해관계가 있는 경우 그 원활한 사무 처리를 위하여 국가가 부담하지 아니하면 안 되는 경비는 국가가 그 전부 또는 일부를 부담한다. 이때 국가와 지방자치단체의 경비 부담 비율은 대통령령[6]으로 정하도록 하고 있으며, 이 경우 지방자치단체의 지방비 부담액을 다른 사업보다 우선하여 그 회계연도의 예산에 계상하도록 하고 있다.[7]

「보조금 관리에 관한 법률 시행령」은 <별표 1>(제4조 제1항 본문 관련)에서 90개 사업에 대한 국고보조율(기준보조율)을 제시하고 있는데 그 중 사회복지 관련 주요 사업의 기준보조율을 보면 <표 13-3>과 같다.

한편, 지방재정법시행령 제33조 제1항은 지방자치단체에서 시 · 도와 시 · 군 · 자치구가 각각 부담해야 할 경비의 종목과 부담 비율을 사업의 성격, 사업의 효과가 미치는 범위 및 당해 사업에 대한 지방자치단체 간 이해관계를 참작하여 <표 13-4>와 같이 행정안전부령[8]으로 정하고 있다. 여기서 예시되지 않은 사업에 대한 기준부담률은 당해 사업에 이해관계가 있는 지방자치단체가 서로 협의하여 정한다. 그러나 시 · 도지사는 행정안전부령이 정한 부담비율, 즉 기준부

표 13-4 국고보조사업의 지방비 부담에 대한 시 · 도와 시 · 군 · 자치구의 부담 비율

(단위: %)

분 야	사업명	특별시 · 광역시		도	
		시	자치구	도	시 · 군
기초생활 보장	생계급여	50 A(70) B(30 이상)	50 A(70) B(70 이하)	50 A(30) B(30 이상)	50 A(30) B(70 이하)
	주거급여	50 A(70) B(30 이상)	50 A(70) B(70 이하)	50 A(30) B(30 이상)	50 A(30) B(70 이하)
	의료보호	100	0	70 80	시 30 군 20

6) 여기서 대통령령은 '보조금 관리에 관한 법률 시행령'을 의미함.

7) 지방재정법 제22조 제2항.

8) 시 · 도와 시 · 군 · 자치구 간 경비 부담 비율을 정한 행정안전부령을 '지방재정법시행령 제33조 제1항의 규정에 의한 지방자치단체 경비 부담의 기준 등에 관한 규칙'이라고 한다.

노인복지	노인시설보호 기능 보강	100	0	100	0
	노인여가시설 운영	50	50	30	70
	경로연금	70	30	50	50
장애인 복지	장애인복지시설 기능 보강	100	0	100	0
	한센장애인 보호	100	0	100	0
한부모 가족복지	모자보건 관리	50	50	50	50
	한부모가족 아동양육 · 학비 지원	100	0	50	50
	한부모가족 복지시설 기능 보강	100	0	50	50
보육	영유아보육사업	50 A(70) B(30 이상)	50 A(70) B(70 이하)	50 A(30) B(30 이상)	50 A(30) B(70 이하)
	보육시설 기능 보강	50	50	50	50
여성 및 가족복지	성매매피해자 지원시설 운영	100	0	50	50
	가정폭력, 성폭력방지 및 보호 지원	100	0	50	50
	부랑인보호시설 기능 보강	100	0	50	50
	부랑인 보호	100	0	100	0
의료	공공의료 기반 확충	100	0	50	50
	응급의료체계 구축	100	0	100	0
	농어촌 의료 서비스 개선	100	0	50	50
	지방공사의료원 지원	100	0	100	0
	정신질환시설 운영비	100	0	100	0
기타	고용 촉진 훈련	100	0	50	50

A: 해당 회계연도의 전전년도의 최종 예산상 시 · 군 · 자치구의 사회보장비 지수가 25 이상이고 재정자주도가 80 미만인 경우

B: 해당 회계연도의 전전년도의 최종 예산상 시 · 군 · 자치구의 사회보장비지수가 20 미만이고 재정자주도가 85 이상인 경우

자료: 지방재정법시행령 제33조 제1항의 규정에 의한 「지방자치단체 경비 부담의 기준 등에 관한 규칙」 제2조 제1항과 관련한 〈별표 1〉에 예시된 111개 항목 중 사회복지 분야만 재편집하여 정리하였음.

담률에도 불구하고 시 · 군 · 자치구의 재정 형편상 필요하다고 인정하는 때에는 기준부담률 외에 다른 추가 부담을 할 수 있다.

또한 지방자치단체의 장은 당해 지방자치단체에 적용되는 기준부담률에 대하여 의의가 있는 때에는 필요한 자료를 갖추어 행정안전부장관에게 의견을 첨부할 수 있다. 이 경우 시 · 군 · 자치구에 있어서는 시 · 도지사의 의견을 첨부하여

야 하며, 행정안전부장관은 당해 지방자치단체 및 다른 지방자치단체의 재정 사항 등을 종합적으로 검토하여 이유가 있으면 기준부담률을 조정해야 한다(지방재정법시행령 제33조).

3 외국의 정부 간 사회복지 역할 분담 사례

1) 영 국

영국은 사회복지 전달체계에 있어 전통적으로 현금(cash)은 중앙, 서비스(service)는 지방이라는 원칙이 확립되어 있다. 물론 근래에 들어 중앙정부가 취업 서비스를 개발하고 지방정부에서도 복지 서비스를 이용자가 직접 구매하기 위해 현금급여 형태인 직접지불제(direct payment)를 확대하고 있지만 이 역시 철저하게 물리적인 지원을 구매하는 목적에만 사용하도록 제한되어 있어 여전히 공공부조를 포함한 중앙정부 중심의 소득정책과 지방정부 중심의 사회복지 서비스는 완전히 분리되어 있다고 할 수 있다.

예를 들면, 장애인복지 서비스의 경우 중앙정부는 장애인 수당 및 취업지원 서비스와 같은 현금급여 업무를, 지방정부는 보장구, 재가복지, 시설보호 등 사회복지 서비스를 제공하는 이원적 전달체계로 되어 있으며, 이러한 두 개의 전달체계는 완전히 분리되어 각자 별도의 신청과 수급 과정을 거쳐 제공된다. 즉, 장애인수당과 취업지원 서비스는 연금노동부(Department for Work and Pension: DWP)가 직접 관할하는 지역별 사무소인 잡센터플러스(JobcentrePlus)를 통해 이루어지며, 사회복지 서비스는 각 지방정부의 사회서비스과를 통해 이루어진다.

그리고 중앙정부의 취업 서비스는 근로 능력이 있는 사람을 대상으로 소득능력의 회복을 목표로 하는 서비스로서 근로 능력이 없는 사람을 대상으로 일상생활을 유지하도록 하기 위한 사회복지 서비스와는 큰 중복이 발생하지 않는다(강혜규 외, 2006: 169-170).

영국에서도 정부 간 사회복지 기능의 배분문제는 주로 사회복지 서비스와 관련된 것으로서 지방정부가 이에 대한 분명한 책임을 법적으로 부여받고 있다.

즉, 잉글랜드 내 도지역 의회(county council), 통합정부(unitary authority), 도시구의회(metropolitan district council), 런던 자치의회(London borough) 등 150여개 지방정부들이 1970년 지방정부사회서비스법(Local Authority Social Service Act) 제정 이후 노인, 아동, 장애인 등의 복지 욕구에 대응하여 재가보호 서비스, 시설보호 서비스, 주간보호 서비스 등 제반 사회복지 서비스를 제공할 법적 책임을 지고 있다(SSI, Joint Review & NCSC, 2003). 이렇게 지방정부에게 부여된 법적 책임은 이를 충족시킬 수 있도록 지역적 욕구가 반영된 예산을 중앙정부에 요청할 수 있는 근거가 되며, 반면 그 의무를 충분히 이행하지 못했을 시 최악의 경우에는 주민이나 중앙정부에 의해 법정을 통해 의무이행이 강제될 수 있는 근거가 되기도 한다(Hill, 2000).

영국에서 사회복지 서비스는 1960년대와 1970년대에 걸친 확장의 시기에는 위에서 본 바와 같이 지방정부가 중심이었으나, 1980년대 이후 보수당 정권 하에서 사회복지에 대한 부담이 증가하면서 지방정부를 통제하기 위한 중앙정부의 역할이 크게 증가하게 되었다. 2000년대에 들어 사회복지 서비스에 대한 민간부문의 참여 비율이 높아지고 있으나 여전히 지방정부는 사회복지 서비스를 계획하고 그 재정으로 공급하는 서비스 질에 대한 책임을 지고 있다고 할 수 있다.

영국에서 중앙정부는 지방정부의 사회복지 서비스의 일상적 운영에 관여하지는 않지만 보건부 등 담당 부처를 통해 전반적으로 지도 감독하고 국가 전체적인 사회복지 서비스에 대한 전략적 역할을 담당하며 독립중앙기관인 사회보호조사위원회(Commission for Social Care Inspection: CSCI)[9]를 통해 모든 사회복지 서비스기관의 서비스 기준을 관리하는 역할을 담당한다.

사회보호조사위원회(CSCI)는 지방정부의 사회복지 서비스에 대해 관계기관들이 참여하여 만든 후 정부의 승인을 받은 수행평가기준(Performance Assessment Framework: PAF)에 의해 매년 정기적으로 평가한다. 평가 등급은 훌륭함(3점), 우수함(2점), 적합함(1점), 부적합함(0점) 단위로 구분되며, 최고 평점인 3점

9) 사회보호조사위원회(CSCI)는 중앙정부 차원의 독립기관으로, 모든 사회복지 서비스에 대한 조사와 규제 업무를 담당한다. 모든 사회복지 서비스 제공기관은 '국가 최소 기준'을 충족하는 조건 하에서 이 위원회에 등록해야 하며, 정기적인 조사를 통해 제재 또는 자율권을 부여받을 수 있다.

을 받은 지방정부는 중앙정부의 교부금을 보다 유연하게 사용할 수 있고, 조사나 모니터 대상 분야가 축소되며, 사회복지 서비스 관련 계획이나 정보제출 의무가 완화되는 등 사회복지 서비스 운영에 있어 자체적인 권한과 자율성이 증대되는 혜택을 부여받는다. 반면 부적합 판정(0점)을 받는 지방정부의 경우 개선을 위한 추가지원이 주어지기도 하지만 자체 서비스 운영에 있어 자료에 대한 요청 범위와 횟수가 늘어나고 모니터 범위도 확장되는 등 자율권이 축소된다(강혜규 외, 2006: 147-149).

한편 영국에서는 자발적인 참여에 기초하여 재정적 보상이 주어지는 중앙정부와 지방정부 간의 협력촉진제도로 지역협정(Local Area Agreement: LAA)과 지역공공서비스협정(Local Public Service Agreement: LPSA)이 있다. 여기서 지역협정(LAA)은 중앙정부의 지역사무소인 정부사무소(Governmental Office: GO)와 지역별 공공민간협의체인 지역전략파트너십(Local Strategic Partnership) 간에 체결하는 지역 서비스 개선 협약으로, 중앙정부와 지방정부 간 관계개선뿐 아니라 지방정부와 지역의 각종 민간기업 및 단체 간의 파트너십 강화를 목적으로 2004년부터 시행되고 있다. 이에 비해 지역공공서비스협정(GO)은 중앙정부와 지방정부가 직접 체결하는 지역 서비스 개선 협약으로 직접적인 재정적 포상이 포함된다. 이 협정에 의한 재정적 지원은 협약에 따른 개선사업을 지원하는 부양기폭교부금(pump priming grant)과 서비스 달성 시 주어지는 수행포상교부금(performance reward grant)으로 구분된다.

영국의 중앙·지방정부 간 사회복지 서비스 재정 분담은 전반적인 중앙-지방 간 예산배분 시스템의 일부로서 이루어지는데, 대체로 지방정부의 자체수입인 지방의회세(council tax), 사업세라고 불리는 비거주건물세(non-domestic rate), 중앙정부에서 배분되는 세입지원교부금(revenue support grant), 사회복지시설 사용료 등이 약 40%이고, 나머지는 중앙정부의 교부금(grant)에 의해 충당된다(강혜규 외, 2006: 153).

중앙정부의 지방정부에 대한 교부금은 자원균등화(resource equalization) 정책에 따라 지방정부의 거주 인구 수를 비롯하여 교통량, 여성고용비, 보호 대상자 수, 관광객 수 등 각종 사회경제적 지표를 정밀하게 반영하여 교육, 사회복지 서비스, 치안, 소방, 도로 유지관리, 환경보호와 문화 서비스, 자산관리 및 재무 등 일곱 개 영역으로 구분하여 산출된다. 여기서 사회복지 서비스 영역은 약 16%로서 교육(32%) 다음으로 큰 영역이다. 각 지방정부별로 산출된 예산에 따라 그 차액이 교부금으로 주어지는데 영역별로 산출된 예산은 하나의 지침 역할은 하지만 이에 따를 법적 강제력은 없다.

중앙정부의 지방정부 재정통제의 근거가 되는 지방정부의 재정적 부담 정도는 지출평가(Spending Review)를 통해 측정되며 이는 지역 의원과 정부의 정책 차관 간의 중앙－지방파트너십(Central－Local Partnership)에 의해 이루어지는 회의나 중앙사무관과 지방공무원 간의 조정업무그룹(Settlement Working Group)에 의해 이루어지는 논의 등에 의해 이루어진다(Lyons, 2005).

1980년대 중반 대처(Margaret Hilda Thatcher) 정부 이후부터 지방정부의 사회복지 서비스 예산에 대한 중앙정부의 통제가 강화되고 있는데, 이러한 경향은 사용처가 지정된 지정교부금의 증가에서 뚜렷이 나타나고 있다. 1997년 지방정부 총예산의 5% 정도이던 지정교부금이 2005년에는 22%에 이르고 있다. 이러한 지정교부금에 의한 지방정부에 대한 예산통제는 각 지방정부의 자체수입 규모에 따라 차등적으로 나타난다. 지방정부의 가장 대표적인 자체수입인 지방의회세가 총예산에서 56%를 차지하고 있는 성 아반스(St. Abans) 지방정부의 경우 지정교부금의 비중이 전체 예산에서 5%에 불과하지만 지방의회세 비중이 전체 수입의 11%에 불과한 뉴햄(Newham) 지방정부의 경우에는 지정교부금이 21%에 달한다(Lyons, 2005: 56).

2) 일 본

일본은 2000년 지방분권일괄법(1999년 제정) 시행에 따라 국가와 지방의 역할 분담 원칙을 명확하게 규정하였다. 즉, 국가의 역할은 국제 사회나 사회 정세의 변화에 능동적으로 대처하기 위해 지방행정은 지방에 맡기고 국가의 존립에 관한 과제에 중점을 둔다는 것이다. 지방자치법에서 한정적으로 규정하고 있는 국가의 사무는 국제 사회에서의 국가존립에 관한 사무, 전국적으로 통일하여 정하는 것이 바람직한 국민의 제 생활이나 지방자치를 위한 기본적인 준칙에 관한 사무, 전국적인 규모나 시점에서 수행해야 할 시책 및 사업의 실시, 기타 국가가 본래 수행해야 할 역할 등이다.

한편 지방자치법은 지방행정사무를 광역자치단체인 도·도·부·현(都道府縣)의 사무와 기초자치단체인 시·정·촌(市井村)의 사무로 구분하고 있는데,[10] 도·도·부·현의 사무로는 광역적 사무, 연락조정사무, 보완적 사무 등이, 시·정·촌의 사무로는 국가나 도·도·부·현에 속하지 않는 모든 사무로서 생활밀착형 행정 서비스, 시정(市町) 구역에 주로 영향이 미치는 사무, 객체가 시정 구역 내에 한정되거나 사무 처리가 구역 내에서 완결되는 사무 등이다(강혜규 외, 2006: 267−268).

특히 지방의 개별 사무나 권한의 분담에 있어서 기초자치단체를 최우선으로 하는 보완성의 원리에 입각하여 역할 분담을 명확하게 하고 동일한 내용의 사무를 중복하여 처리하는 비효율을 제거하기 위한 노력이 모색되고 있다. 그 구체적인 방안을 보면 광역적 시책의 기획 입안 등 행정의 방향성 검토업무, 국가나 타현(縣) 또는 시정(市町)과의 조정업무, 행정처분이나 행정처분으로 연결되는 사무처리 등은 광역자치단체가 직접적으로 실시하고, 그 외의 업무는 가급적 조례 등을 통해 시·정·촌에 점진적으로 권한 이양하도록 하는 것이다. 실례로 오카야마현(岡山縣)은 이러한 국가의 지방분권정책에 부응하여 '시·정·촌 자립력 향상을 위한 현으로부터의 사무권한 이양계획'(2005.4~2009.3)을 수립하였는데, 이 계획의 사무 및 권한 이양의 초점을 보면 주민과 밀접한 사무로서 시·정·촌에서 수속 절차를 완결하는 것이 주민 이용에 편리한 사무, 시·정·촌의 지역만들기에 도움이 되는 사무, 시·정·촌의 종합적인 행정으로 신속한 처리가 가능한 사무 등이다(岡山縣, 2005). 이에 따라 사회복지사무의 경우 2006년에 유료노인홈의 설치 신고 수리, 미숙아 방문지도 및 양육, 의료에 관한 사무 등이, 2007년에 지역밀착형 서비스인 특별양호노인홈 검사, 경비노인홈 설치 신고 등이, 그리고 2008년 이후에는 사회복지법인 설립 인가, 아동복지시설 설치 인가, 모자·과부복지자금대여금 등에 관한 사무 등이 기초자치단체인 시·정·촌으로 권한

10) 2016년 10월 현재 도·도·부·현은 47개(1,000만 명 이상~100만 명 미만)이며, 그 중 도(都)는 도쿄, 도(道)는 홋카이도 각 1개뿐이고, 부(府)는 교토부와 오사카부의 2개가 있고 나머지는 모두 현(縣)이다. 시·정·촌은 1,718개[시(市) 790, 정(町) 745, 촌(村) 183]이며 군지역(정·촌 포함)이 시가 되기 위해서는 인구 요건이 3만 명 이상이어야 한다.

이양되었다.

이렇게 사무나 권한 이양이 이루어질 때에는 소요재정이 수반되어야 하는데, 이와 관련하여 일본지방재정법은 도・도・부・현의 사무를 시・정・촌이 수행하는 경우에는 도・도・부・현은 해당 시・정・촌에 대하여 그 사무를 집행하는 데 필요한 경비재원에 관한 필요한 조치를 강구하여야 한다고 규정하고 있다.

또한 기초자치단체 중 인구나 경제활동 규모가 큰 정령지정도시와 중핵시[11]에는 더욱 많은 권한 이양이 이루어지도록 하고 있다. 즉, 정령지정도시는 현재의 도・도・부・현과 동등한 권한을, 중핵시는 현재의 정령지정도시와 동등한 권한을 갖도록 하는 것을 목표로 권한 이양이 추진되고 있다.

이러한 역할 분담 원칙에 기초하여 사회복지 영역에 있어서도 종전의 광범위하고 비교적 국가의 재량에 맡겨져 있던 기관위임사무가 폐지되고 국가가 전국적인 기준을 가지고 실시해야 하는 법정수탁사무는 각각의 법률에 별도로 규정됨에 따라 임의로 만들지 못하게 되었다(강혜규 외, 2006: 268).

현재 일본의 정부 간 사회복지 역할 분담은 중앙정부와 광역자치단체인 도・도・부・현, 그리고 기초자치단체인 시・정・촌 간에 체계적으로 이루어져 있다고 할 수 있는데, 장애인복지의 경우 시・정・촌은 지역주민의 욕구를 파악하여 장애인복지계획을 수립하여 주민과 밀접하고 빈도가 높은 장애인복지 서비스를 일원적으로 제공하고, 도・도・부・현은 광역적・전문적・기술적인 업무를 수행함과 동시에 시・정・촌을 지원하며, 중앙정부는 전국적인 장애인복지 서비스의 향상, 도・도・부・현 간의 격차 조정이나 인재육성 지원 등 행・재정적 지원을 담당한다(강혜규 외, 2006: 280).

일본에서 사회복지행정을 수행하는 데 있어 비용 부담구조는 최근 20여 년간 복잡하게 변화되어 왔는데, 대체로 국민들이 납부한 세금에 전적으로 의존하

11) 정령지정도시는 지방자치법의 '대도시에 관한 특례'에서 정령(내각에서 정하는 명령)에서 인구 50만 명 이상의 시로 규정되어 있는데, 실제로는 100만 명 정도 되어야 지정되며 2016년 10월 현재 20개 도시가 지정되어 있다. 중핵시는 인구 30만 명(당초 30만 명) 이상의 지방분권을 추진하기 위한 환경만들기의 일환으로 1995년 창설된 도시로 47개가 지정되어 있다. 그리고 종래 인구 20만 명 이상의 도시로서 지방분권일괄법 성립으로 개정된 지방자치법에 의해 2000년 신설된 특례시는 2015년 폐지되었다(시행 시 특례시는 37개)(일반재단법인 자치체국제화협회, 2016: 7-8).

여 각각의 사회복지 법률에 근거하여 사회복지 서비스를 수행하는 조치비제도, 이용자의 선택권이 존중되는 이용제도, 그리고 개호보험제도와 같이 보험료와 세금이 절반씩 부담되는 형태 등으로 구분할 수 있다.

이 중에서 조치비제도는 국가의 공적 책임 의무를 유지하는 데 결정적인 역할을 했다고 할 수 있는데 이에 따른 국고보조율의 변화를 살펴보면 <표 13-5>와 같이 생활보호나 시설보호의 경우는 국고부담률이 축소되고 재가복지에 대한 국고부담률은 확대되었다. 즉, 1984년 이전에는 부담률이 생활보호나 시설보호의 경우 중앙정부 8/10, 도·도·부·현 2/10이고, 재가복지의 경우 중앙정부 1/3, 도·도·부·현 2/3이었는데, 1989년 이후에는 국가부담률이 생활보호 3/4, 시설보호 1/2, 재가복지 1/2 등이고, 도·도·부·현 부담률은 생활보호 1/4, 시설보호 1/2, 재가복지 1/2 등으로 바뀌어 중앙정부의 부담률은 생활보호나 시설보호에서는 하향 조정된 반면 재가복지에서는 상향 조정되었다.

표 13-5 일본의 주요 사회복지사업에 대한 정부 간 재정 분담 비율

구 분	1984년		1985년		1986~1988년		1989년 이후	
	중앙정부	도·도·부·현	중앙정부	도·도·부·현	중앙정부	도·도·부·현	중앙정부	도·도·부·현
생활보호	8/10	2/10	7/10	3/10	7/10	3/10	3/4	1/4
시설보호	8/10	2/10	7/10	3/10	1/2	1/2	1/2	1/2
재가보호(단기보호, 주간보호, 가정봉사원 파견 등)	1/3	2/3	1/3	2/3	1/2	1/2	1/2	1/2

자료: 강혜규 외(2006: 254).

한편 광역자치단체인 도·도·부·현과 기초자치단체인 시·정·촌의 재정 분담 비율은 사회복지 관련 8법[12)]의 개정에 의해 조치 권한이 도·도·부·현에서 시·정·촌으로 이양됨에 따라 시·정·촌도 1/4의 재정을 분담하게 되었다. 결론적으로 1990년 사회복지 관련 8법 개정에 따라 노인복지사업의 경우 중앙정

12) 일본의 사회복지 관련 8법은 노인복지법, 아동복지법, 신체장애자복지법, 정신박약자복지법, 모자 및 과부복지법, 노인복지법, 사회복지사업법, 사회복지사업단법 등으로 1990년에 전면적으로 개정된 바 있다.

부, 광역자치단체, 기초자치단체의 재원 분담 비율이 각각 1/2, 1/4, 1/4 등으로 변경되었다(강혜규 외, 2006: 255).

3) 외국 사례의 시사점

이상에서 살펴본 복지 선진국인 영국과 일본의 사례는 짧은 기간에 선진국 대열로 치닫고 있는 우리나라의 사회복지와 관련하여 몇 가지 시사점을 주고 있다.

먼저 정부 간 기능 배분 방식에서 영국은 개별법으로 지방정부가 맡을 사무의 종류를 지정하는 개별적 지정 방식을 택하여 사회복지 기능이 정부 간에 법률 규정에 의해 중복 없이 명확히 분담되도록 하고 있으며, 일본도 우리나라와 같이 절충식인 예시적 포괄 방식을 택하면서도 2016년까지 여섯 차례에 걸친 지방분권일괄법 개정을 통해 지방업무의 영역을 확대하고 있다.[13] 또한 정부 간 기능 배분 체계와 관련하여 일본은 주민과 밀착된 위치에 있는 기초자치단체를 우선으로 하고 규모나 경제력 등 능력에 따른 고려를 하며, 아울러 중앙－광역－기초 간의 종합적이고 체계적인 분담체계를 이루고 있다. 이러한 일본의 정부 간 기능 배분 현황은 앞서 언급한 합리적 기능 배분을 위한 분석변수인 종합성, 비경합성, 현실성, 현지성 등을 거의 모두 충족하고 있는 것으로 평가된다.

한편 영국의 사회복지 재정 분담 시스템에서 중앙정부의 평가 결과에 따라 지방정부의 자율성의 범위를 설정할 수 있게 하는 제도는 우리나라의 중앙정부와 지방자치단체 또는 광역자치단체와 기초자치단체 간 사회복지 재정 분담에 있어 의미 있는 참고자료가 될 수 있다.

---

13) 제1·2차 개정법(2011년 4월 및 8월)의 주요 내용은 조례제정권의 확대, 기초지방정부로의 권한이양, 보조금의 일괄교부세화 확대, 직할사업 부담금의 폐지, 원자력발전피난자특례법과 대도시지역특별구설치법 등의 제정을 통한 지방정부의 기본구조 변경, 국가와 지방의 협의의 장 설치 등이며, 제3·4차 개정법(2013년 6월 및 2014년 5월)의 주요 내용은 중앙정부로부터 지방정부로, 광역지방정부로부터 기초지방정부로 이양사무를 제안공모 방식으로 이양하는 것이다. 그리고 제5차 개정법(2015년 6월)에서는 중앙정부로부터 도·도·부·현, 도·도·부·현으로부터 시·정·촌으로 추가적인 권한이양이 이루어졌고, 제6차 개정법(2016년 5월)에서는 "지역의 자주성과 자립성을 제고하는 개혁추진에 관한 정비법"이라는 이름으로 사무와 권한의 이양을 위한 11개 법률, 규제 완화를 위한 4개 법률이 개정되었다(김순은, 2017: 9－13).

제 3 절 정부와 민간 간의 사회복지 역할 분담

1 역할 분담의 유형

오늘날 복지국가에서는 사회복지 제공자가 순수한 정부부문 또는 민간부문인 경우는 없으며 대부분 정부와 민간부문 양자가 역할을 분담하는 형태를 취하고 있다. 사회복지 역할 분담에 있어서 양자가 차지하는 비중은 국가에 따라 차이가 있는데 스칸디나비아 3국을 비롯한 유럽 국가들은 정부부문의 비중이 상대적으로 높고 미국은 민간부문의 비중이 다른 나라에 비해 상대적으로 높은 편이다.

크래머(Kramer, 1981)는 정부와 민간부문의 역할 분담 관계를 다음과 같이 국유화모형, 정부주도모형, 실용적 동반자모형, 민간강화모형, 민영화모형 등 다섯 가지로 분류하고 있다.

첫째, 국유화모형(nationalization model)은 정부가 최대의 서비스 제공자로서 사회복지 서비스 전달체계의 대부분을 차지하는 형태이다. 이 경우 비영리 민간부문이나 영리 민간부문은 극소수이며 그 역할은 최소한 주변적인 것으로 축소된다.

둘째, 정부주도모형(government operational model)은 정부만이 보편적이고 형평적이며 책임성 있는 사회복지 체제를 운영할 수 있다는 가정 하에 가능한 한 대부분의 서비스가 정부를 통해 직접적으로 제공되는 형태이다. 이 경우 민간 비영리부문은 정부의 역할을 보완하기 위해 필요하며 주변적인 것은 아닐지라도 정부 역할에 부수적이고 종속적이다.

셋째, 실용적 동반자모형(pragmatic partnership model)은 정부가 기본적인 서비스 제공을 지속적으로 추구하지만 서비스 전달 과정에서 관료화 방지와 다양성 제고를 위하여 비영리 민간부문에게 자금을 제공하고 운영권을 위임하는 형태이다. 이 경우 정부는 독립되고 포괄적인 공공 서비스를 강화하는 대신에 비영리 민간부문과의 계약을 실용적으로 선택하고 있다.

넷째, 민간강화모형(empowerment voluntary organization model)은 복지국가

론 이후 영국과 미국을 중심으로 비영리 및 비공식 민간부문에 대한 믿음에서 출발하여 자원단체, 종교조직, 근린지역 등의 활용을 강조하는 형태이다. 이 경우 정부의 역할은 서비스 기준의 설정 정도에 그치며 서비스 전달의 대부분은 비공식 민간부문, 비영리 및 영리 민간부문 활동에 의존한다. 그러나 이 모형은 재원에 있어서도 민간의 역할이 강조되기 때문에 서비스 축소를 가져올 것이라는 비판이 제기되고 있다.

다섯째, 민영화모형(privatization model)도 복지국가론 이후 영국과 미국에서 주목된 모형으로 시장경제에서의 경쟁 원리에 입각하여 가능하면 영리부문을 활용하여 합리적 가격으로 양질의 서비스를 전달하려는 형태이다. 이 경우 정부가 기준을 설정하여 어느 정도의 규제와 서비스 업무를 행하지만 서비스 제공에 대한 책임은 정부가 직접적으로 지지 않고 개인이나 영리 민간부문이 지게 된다.

이상의 제 모형들 중에서 오늘날 자본주의를 기초로 한 복지국가들에서 정부와 민간 간 사회복지 역할 분담 모형은 주로 정부주도모형, 실용적 동반자모형, 민간강화모형 등을 중심으로 그 틀이 정해지고 있다고 할 수 있다.

2 역할 분담의 방향

앞서 언급한 사회복지 역할 분담의 필요성과 기준, 사회복지 역할모형 등에 관한 논의를 바탕으로 사회복지의 주요 영역인 소득보장, 의료보장, 주거보장, 사회복지 서비스 등 영역에서 정부와 민간부문 간 역할 분담의 방향을 제시해 보면 다음과 같다.

첫째, 한 나라의 국민들이 인간답게 살 수 있게 하는 최소한의 소득보장은 정부부문에서 이루어져야 한다. 이는 공공재적 성격이 강하고 외부 효과가 커서 민간부문이 담당하기에는 한계가 있기 때문이다. 그러나 최소한의 소득보장이 넘게 되면 공공재적 성격이 약해지며 이 경우 반드시 정부에서 제공할 필요가 없고 민간부문과의 다양한 혼합모형이 바람직하다.

둘째, 의료보장도 소득보장처럼 공공재적인 성격이 강하고 산업사회에서 건강한 노동력의 지속적인 공급이라는 외부 효과가 매우 크기 때문에 정부부문에서 제공하는 것이 바람직하다. 그러나 의료보장 서비스를 예방, 치료, 요양 등으로 구분할 경우 예방과 치료는 정부부문에서 제공하는 것이 바람직하지만 요양은 민간부문에서 제공하는 것이 효율적이다. 또한 예방과 치료도 순수 정부부문으로 하기보다는 정부는 서비스의 조정자와 지출자의 역할만 하고 서비스의 제공자는 민간부문에서 이루어지는 것이 서비스 제공자들 사이의 경쟁을 높이고 소비자들의 선택의 폭을 넓힐 수 있다.

셋째, 주거보장은 소득보장이나 의료보장보다 공공재의 성격이 약하고 외부효과도 상대적으로 적어 정부부문에서 이런 서비스를 제공할 필요성은 상대적으로 적다(김태성 · 성경륭, 1995: 285). 이 영역에서 정부부문과 민간부문의 혼합유형으로 정부에 의한 공공주택의 제공, 민간부문 서비스 제공자에 대한 보조, 소비자에 대한 직접 보조(주택수당 등), 소비자에 대한 세제 혜택 등의 방법이 있는데 이 중에서 소비자에 대한 직접 보조와 세제 혜택의 방법이 민간부문 서비스 제공자들의 경쟁 유발과 소비자 선택의 폭을 넓히는 데 기여할 수 있다.

넷째, 사회복지 서비스는 앞의 소득보장, 의료보장, 주거보장 등의 서비스에 비해 공공재적인 성격이 약하기 때문에 정부부문에서 서비스를 제공할 필요성이 가장 적다고 할 수 있다. 이러한 서비스는 정부가 재정 지원을 하는 경우라도 서비스 운영은 민간부문에서 하는 경향이 크다.

연습문제

01 중앙정부와 지방자치단체 간 업무 분담의 원칙으로 적절하지 않은 것은?

① 현지성의 원칙 ② 현실성의 원칙 ③ 종합성의 원칙
④ 비경합의 원칙 ⑤ 통일성의 원칙

02 우리나라에서 채택하고 있는 정부 간 업무배분 방식은?

① 예시적 포괄 방식 ② 개별적 위임 방식 ③ 개별적 지정 방식
④ 포괄적 위임 방식 ⑤ 포괄적 지정 방식

03 다음 중 사회복지가 지방분권화될 때 발생할 수 있는 것은?

① 지역마다 다른 사회복지 서비스의 질이 문제가 될 수 있다.
② 사회복지 서비스의 중복문제가 발생할 수 있다.
③ 사회복지 예산에 있어 지방정부의 재정자립도가 확보될 수 있다.
④ 중앙정부의 책임이 증가한다.
⑤ 주민들의 사회복지 참여도가 낮아진다.

04 민간 사회복지기관의 필요성으로 맞는 것은?

보기

가. 국가의 사회복지 재정 축소
나. 서비스의 다양화
다. 서비스의 선도적 개발 및 보급
라. 지속적이고 안정적인 서비스 제공

① 가, 라 ② 가, 다 ③ 나, 라
④ 가, 나, 다 ⑤ 가, 나, 다, 라

05 사회복지 서비스 전달에서 공공과 민간의 상대적 장점을 고려할 때 바람직한 역할 분담으로 옳지 않은 것은?

① 공공재적 성격, 외부 효과가 강한 서비스는 정부가 제공

② 개별화가 강한 서비스는 민간이 제공
③ 표준화가 용이한 서비스는 민간이 제공
④ 재원안정성이 중요한 서비스는 정부가 제공
⑤ 기초적인 대규모 서비스는 정부가 제공

정답 1. ⑤ 2. ① 3. ① 4. ④ 5. ③

참고문헌

국내 문헌

강용구 외(2008). 『사회복지행정론』. 공동체.

강종수(2011). 『사회복지행정의 이해』. 학지사.

강혜규 외(2006). 『지방화시대의 중앙 · 지방 간 사회복지 역할분담방안』. 한국보건사회연구원.

김병섭 외(2008). 『휴먼조직론』. 대영문화사.

김상균(1987). 『현대사회와 사회정책』. 서울대학교 출판부.

김상균 외(2007). 『사회복지개론』. 나남출판.

김수신 · 정홍익(1996). 『사회복지행정론』. 한국방송통신대학출판부.

김순은(2017). "우리나라 지방분권의 과제." 『지방분권개혁의 과제』(제3차 KIPA－KAPA 정부혁신포럼). 한국행정연구원.

김신복(1999). 『발전기획론』. 박영사.

김영순(2007). "사회투자국가가 우리의 대안인가?: 최근 한국의 사회투자국가 논의와 그 문제점." 『경제와 사회』, 여름호(통권 제47호). 한국사회정책연구소.

김영종(2010). 『사회복지행정』(제3판). 학지사.

김융일 · 양옥경(2002). 『사회복지수퍼비전론』. 양서원.

나병균(1985). "향약과 사회보장의 관계." 『사회복지학회지』, 제7권. 한국사회복지학회.

서상목 · 최일섭 · 김상균(1989). 『사회복지전달체계의 개선과 전문인력 활용방안』. 한국개발연구원.

성규탁(1997). 『사회복지행정론』(제2판). 법문사.
손준규(1983). 『사회보장 · 사회개발론』. 집문당.
송근원 · 김태성(1999). 『사회복지정책론』. 나남출판.
신섭중 외(1990). 『비교사회복지론』. 유풍출판사.
신원득(2000). 『행정수요 변화에 능동적 대응을 위한 사무의 합리적 배분』. 경기개발연구원.
이계탁(1995). 『복지행정론 강의』. 나남출판.
이기우(2003). 『지방분권과 시민참여』. 역사넷.
이창순(1997). 『조직이론-사회조직의 제관점』. 박영사.
______(2001). 『조직-구조와 과정』. 박영사.
이창원 · 최창현 · 최천근(2012). 『새조직론』(전정3판). 대영문화사.
인경석(1998). 『한국 복지국가의 이상과 현실』. 나남출판.
장문학 외(2010). 『지방행정론』. 대영문화사.
장인협(1986). 『사회복지학개론』. 서울대학교 출판부
장인협 · 이정호(2006). 『사회복지행정론』. 서울대학교 출판부.
정세욱(2000). 『지방자치학』. 법문사.
조홍식(1986). "고려시대의 구빈제도." 『사회복지학회지』, 제8권. 한국사회복지학회.
차하순(1976). 『서양사총론』. 탐구당.
최성재 · 남기민(2003). 『사회복지행정론』(개정판). 나남출판.
최성재 · 이영분 · 윤현숙(1999). "사회복지전문요원의 임상적 역할." 『사회복지실천과 임상사회사업』. 학문사.
최원규(1988). "조선후기 아동규휼에 관한 연구." 『한국사회복지학』, 통권 제12호. 한국사회복지학회.
최일섭(1989). 『지역사회복지론』. 서울대학교 출판부.
최항순(2003). 『복지행정론』(개정증보판). 신원문화사.
______(2007). 『지역사회복지론』. 대영문화사.
______(2009). "지자체 재정난 가중 심각." 『공공정책 21』. 한국공공자치연구원.
______(2010, 2018). 『신행정조직론』(개정판). 대명출판사.
______(2010). 『현대인사행정』. 도서출판 두남.
최항순 · 김정애 · 박성철(2013). 『지역사회복지론』(개정판). 대영문화사.
하상락(1983). "한국사회보장의 역사(4)-이조시대." 『의료보험』, 제6권 제10호. 의료보험조합연합회.
홍준현(2007). 중앙의 지방에 대한 관여와 광역의 기초에 대한 관여의 비교. 『지방정부연구』, 제11권 제3호, 한국지방정부학회.
황진수(2011). 『현대복지행정론』(개정4판). 대영문화사.

국회예산정책처(2017). 『대한민국 재정 2017』.

보건복지부(2005). 『보건복지백서』.

______(2017). 『2017년도 지역사회보장협의체 운영안내』.

______(2018). 『2017 보건복지백서』.

______(2018). 『2017 보건복지통계연보』.

보건복지부·인천발전연구원(2015). 『요양보호사 처우 개선 및 수급 안정을 위한 정책과제 개발』.

일반재단법인 자치체국제화협회(2016). 『2016 일본의 지방자치』.

통계청(2017). 『인구총조사』.

______(2017). 『한국표준직업분류』.

한국보건사회연구원(2014). 『각국 공공부조제도 비교연구: 영국 편』.

한국사회과학연구소 사회복지연구실(1998). 『한국 사회복지의 현황과 쟁점』. 인간과 복지.

행정안전부(2017). 『2016 행정자치통계연보』.

______(2017). 『2017년도 지방자치단체 통합재정개요』.

Giddens, Anthony 저, 한상진·박찬욱 역(1998). 『제3의 길(*The Third Way*)』. 생각의나무.

Lohman, R. A. 저, 신섭중·부성래 역(1989). 『사회복지기관의 재무관리(*Breaking Even: Financial Management in Human Service Organization*)』. 대학출판사.

Rimlinger, Gaston V. 저, 한국사회복지학연구회 역(1991). 『사회복지의 사상과 역사』. 한울.

Trecker, H. B. 저, 장인협 편역(1982). 『사회복지행정(*New Understanding of Administration*)』. 한국사회개발연구원.

국외 문헌

Abbott, Edith(1942). *Social Welfare and Professional Education*. rev. ed. Chicago: University of Chicago Press.

Ables, P. & M. J. Murphy(1981). *Administration in the Human Service: A Normative Systems Approach*. Englewood Cliffs, NJ: Prentice-Hall.

Albers, H. H.(1965). *Principles of Organization and Management*. 2nd ed. New York: John Wiley and Sons, Inc.

Appleby, Paul B.(1956). *Policy and Administration*. AL: University of Alabama Press.

Argyris, Chris(1964). *Persnality and Organization*. New York: Harper & Row.

Austin, Michael J.(1981). *Supervisory Management for the Human Services*. Englewood

Cliffs, NJ: Prentice-Hall.

Barnard, Chester I.(1938). *The Functions of the Executive*. Cambridge, MA: Harvard University Press.

Bennis, Warren G. & Burt Nanus(1985). *Leaders: The Strategies for Taking Charge*. New York: Harper & Row.

Benson, J. Kenneth(1975). "The Inter-organizational Network as A Political Economy." *Administrative Science Quarterly*, 20.

Berelson, Bernard & Gary A. Steiner(1964). *Human Behavior: An Industry of Scientific Findings*. New York: Harcout Brace & World.

Blake, Robert R. & Jane S. Mouton(1964). *The Managerial Grid*. Houston, TX: Gulf Publishing Co.

Blau, Peter M.(1972). "Independence and Hierarchy in Organizations." *Social Science Research*, 1, April.

Bradshaw, Jonathan(1972). "The Concept of Social Need." in *Planning for Social Welfare*, NJ: Prentice-Hall.

Burch, John G., Strater, Felix R., & Grundnitski, G.(1983). *Information Systems: Theory and Practice*. New York: Wiley & Sons.

Burns, Tom & G. M. Stalker(1961). *The Management of Innovation*. London: Tavistock Publications.

Carlisle, H. M.(1987). *Management Essentials: Concepts for Productivity and Innovation*. 2nd ed. Chicago: Science Resarch Inc.

Chadwick, George(1971). *A System's View of Planning*. Oxford: Pergamon Press.

Child, John(1972). "Organizational Structure Environment and Performance: The Role of Strategic Choice." *Sociology*, 6(1).

Churchman, C. W.(1968). *The Systems Approach*. New York: Dell.

Cohen, Michael D., James G. March & Johan P. Olsen(1972). "A Garbage Can Model of Organizational Choice." *Administrative Science Quarterly*, 17(1), March.

Coulshed, Veronica(1990). *Management in Social Work*. London: Macmillan Publishing Co.

Covey, Stephen R., A. Roger Merrill & Rebecca R. Merrill(1994). *First Things First: To live, to Love, to Learn, to Leave a Legacy*. New York: Simon & Schuster.

Cyert, Richard M. & Jame G. March(1963). *A Behavior Theory of the Firm*. Englewood Cliffs, NJ: Prentice-Hall.

Daft, Richard L.(1998). *Organization Theory and Design*. Minneapolis St. Paul, MN: West Publishing Co.

Davodoff, Paul & Thomas A. Reiner(1962). "A Choice of Planning." *Journal of the American*

Institute of Planners, 28, May.

Donnison, D. V.(1964). *Social Policy & Administration.* London: Allen & Unwin.

Dror, Yehezkel(1964). "Muddling Trough－Science or Inertia?" *Public Administration Review*, 24(3).

______(1968). *Public Policymaking Reexamined.* San Francisco, CA: Chandler Publishing Co.

Dunham, Arthur(1962). *Community Welfare Organization: Principles & Practice.* New York: Thomas Y. Crowell Co.

Ehlers, Walter H., Michael J. Austin & Jon C. Prothero(1976). *Administration for the Human Services.* New York: Harper & Row.

Elbing, Albar(1970). *Behavior Decision in Organization.* Glenview, IL: Foresman & Co.

Esping－Andersen, G.(1990). *Politics Against Market.* Princeton: Princeton University Press.

Etzioni, Amitai(1964). *Modern Organizations.* Englewood cliffs, NJ: Prentice－Hall.

______(1968). "Mixed Scanning: A Third Approach to Decision Making." *Public Administration Review*, 27(6), December.

Fayol, Henri(1949). *General and Industrial Management.* London: Sir Isaac Pitman & Sons.

Fiedler, Fred E.(1967). *A Theory of Leadership Effectiveness.* New York: McGraw－Hill.

Fine, Seymour H.(1992). *Marketing the Public Sector: Promoting the Causes of Public and Non－Profit Agencies.* New Brunswick, NJ: Transaction.

Fraser, Derek(1978). *The Evolution of the British Welfare State: A History of Social Policy since the Industrial Revolution.* London: The Macmillan Press Ltd.

Friedlander, W. A. & R. Z. Apte(1974, 1980). *Introduction to Social Welfare.* 4th & 5th ed. Englewood Cliffs, NJ: Prentice－Hall.

Galloway, George B. & Associates(1941). *Planning for America.* New York: Henry Holt & Kegan Paul.

Gates, Bruce(1980). *Social Program Administration: The Implementation of Social Policy.* Englewood Cliffs, NJ: Prentice－Hall.

Gaus, John M.(1947). *Reflections on Public Administration.* AL: University of Alabama Press.

Ghiselli, Edwin E.(1963). "The Validity of Management Traits in Relation to Occupational Level." *Personal Psychology*, 16(2).

Gilbert, Neil & Harry Specht(1974, 1986). *Dimensions of Social Welfare Policy.* Englewood Cliffs, NJ: Prentice－Hall.

Gilbert, Neil & Paul Terrel(1998). *Dimensions of Social Welfare Policy.* Englewood Cliffs, NJ: Prentice－Hall.

Gouldner, Alvin W.(1954). *Patterns of Industrial Democracy.* New York: The Free Press.

Gulick, Luther & Lyndall F. Urwick(eds.)(1937). *Papers on the Science of Administration.*

New York: Institute of Public Administration.

Gutknecht, D. B. & J. R. Miller(1986). *The Organizational and Human Resources Sourcebook*, Lanham, MD: University Press of America.

Hall, Richard H.(1977). *Organizations: Structure and Process*. 2nd ed. Englewood Cliffs, NJ: Prentice-Hall.

Hasenfeld, Yeheskel(1983). *Human Service Organizations*. Englewood Cliffs, NJ: Prentice-Hall.

Hill, Michael J.(ed.)(2000). *Local Authority Social Service: An Introduction. Oxford: Blackwell.*

Hollander, E. F. & J. W. Julian(1969). "Contemporary Trends in the Analysis of Leadership Processes." *Psychological Bulletin*, 71(5).

Katz, Robert L.(1974). "Skills of Effective Administrator." *Harvard Business Review*, September-October.

Katz, Robert L. & Daniel Kahn(1978). *Social Psychology of Organizations*. rev. ed. New York: Wiley.

Kimber, Richard & J. J. Richarondson(1974). *Pressure Group in Britain*. London: Rowman & Littlefield.

Kingdon, John W.(1984). *Agendas, Alternatives, and Public Policies*. Boston: Little & Brown Co.

Klein, Philip(1968). *From Philanthrophy to Social Welfare*. SanFrancisco, CA: Jossey-Bass.

Koontz, Harold & Cyril O'Donnell(1959). *Principles of Management: An Analysis of Managerial Functions*. New York: McGraw-Hill Book Co.

Kotter, P. & A. Andreasen(1991). *Strategic Marketing for Nonprofit Organizations*. 4th ed. Englewood Cliffs, NJ: Prentice-Hall.

Langan, M.(1998). "The Personal Social Services." in N. Ellison & C. Pierson(eds.). *Development in British Social Policy*, London: Macmillan.

Lawless, David(1972). *Effective Management: Social Psychological Approach*. Englewood Cliffs, NJ: Prentice-Hall.

Lewis, J. A. & M. D. Lewis(1983). *Management of Human Service Program*. Belment, CA: Brooks & Cole.

Lindblom, Charles E.(1959). "The Science of Muddling Through." *Public Administration Review*, 19(1), Spring.

Litterer, Joseph A.(1973). *The Analysis of Organizations*. 2nd ed. New York: John Wiley & Sons.

Litwak, E.(1961). "Models of Bureaucracy That Permit Conflict." *American Journal of Sociology*, 67, September.

Lundstedt, Sven(1972). "Consequences of Reductionism in Organization Theory." *Public Administration Review*, 2(4), July/August.

Lyons, M.(2005). *Lyons Inquiry into Local Government: Consultation Paper and Intrim Report*, Lyons Inquiry into Local Government.

March, James G. & Herbert A. Simon(1958). *Organizations*. New York: John Wiley & Sons.

Marshall, T. H.(1975). *Social Policy*. 4th ed. London: Hutchinson.

Meenaghan, T. M., R. O. Washington, & R. M. Ryan(1982). *Macro Practice in the Human Services*. New York: The Free Press.

Merton, Robert K.(1957). *Social Theory and Social Structure*. rev. ed. New York: The Free Press.

Middleman, R. & Rhodes, G.(1985). *Competent Supervision: Making Imaginative Judgements*, NJ: Prentice–Hall.

Miles, R. E.(1980). *Macro Organizational Behavior*. Santa Monica, CA: Goodyear Publishing Co.

Millet, John D.(1959). *Government and Public Administration*. New York: McGraw–Hill.

Morris, Robert(1979). *Social Policy of the American Welfare State*. New York: Harper & Row.

Neugeboren, B.(1965). *Organization, Policy and Practice in the Human Services*. New York: Longman.

Newman, William H.(1963). *Administrative Action: The Technique of Organization and Management*. Englewood Cliffs, NJ: Prentice–Hall.

Osborne, Alex. F.(1935). *Applied Imagination: Principles and Procedures of Creative Thinking*. 3rd ed. New York: Charles Scribner's Sons.

Osborne, David & Ted Gaebler(1992). *Reinventing Government: How the Entrepreneurial Spirit is Transforming the Public Sector*. Reading, MA: Addison–Wesley.

Ouchi, William G.(1981). *Theory Z: How American Business can meet the Japanese Challenge*. Reading, MA: Addison–Wesley.

Patti, R. J.(1983). *Social Welfare Administration: Managing Social Programs in a Developmental Context*, Englewood Cliffs, NJ: Prentice–Hall.

Perlman, Robert(1975). *Consumers and Social Services*. New York: John Wiley & Sons.

Pondy, Louis R.(1967). "Organizational Conflict: Concepts and Models." *Administrative Science Quarterly*, 12(2), September.

Ranson, Stewart, Bob Hinings, & Royster Greenwood(1980). "The Structuring of Organizational Structures." *Administrative Science Quarterly*, 25(1), March.

Redford, Emmette S.(1975). *Ideal and Practice in Public Administration*. AL: The University of Alabama Press.

Rescher, Nicholas(1970). Welfare: *The Social Issues in Philosophical Perspective*. Pittsburgh: University of Pittsburgh Press.

Richardos, J. J. & A. G Jordan(1979). *Governing under Pressure*. Oxford: Martin Robertson.

Riggs, Fred W.(1961). *The Ecology of Public Administration*. London: Asia Publishing House.

Robbins, Stephen P.(1984). *Essentials of Organizational Behavior*. Englewood Cliffs, NJ: Prentice－Hall.

Robson, William A.(1976). *Welfare State & Welfare Society: Illusion and Reality*, London: George Allen & Unwin.

Romanyshyn, John M.(1971). *Social Welfare*. New York: Random House.

Rubin, Allen(1987). "Case Management." in *Encyclopedia of Social Work*. 19th ed. edited by National Association of Social Workers. Silver Spring, MD: National Association of Social Workers.

Sarri, R. C.(1971). "Administration in Social Welfare." *Encyclopedia of Social Work*. 16th ed., 1, New York: National Association of Social Workers.

Scott, William G. & Terrence R. Mitchell(1976). *Organization Theory: A Structural and Behavioral Analysis*. Homewood, IL: Richard D. Irwin.

Scott, W. Richard(1987). *Organizations: Rational, Natural, and Open Systems*. Englewood Cliffs, NJ: Prentice－Hall.

Selznick, Philip(1949). *TVA and Grass Roots*. Berkeley and Los Angeles, CA: University of California Press.

Shannon, Claude & Warren Weaver(1949). *The Mathematical Theory of Communication*. Chicago: University of Illinois Press.

Simon, Herbert A.(1957). *The New Science of Management Decision*. New York: Harper & Row.

Simon, Herbert A. & James March(1958). *Organizations*. New York: John Wiley & Sons.

Skidmore, R. A.(1983, 1990, 1995). *Social Work Administration: Dynamic Management and Human Relationships*. Englewood Cliffs, NJ: Prentice－Hall.

Slavin, S.(1985). *Managing Finances, Personnel, and Information in Human Services*. 2nd ed. New York: The Haworth Press.

Stogdill. R. M.(1974). *Handbook of Leadership: A Survey of Theory and Research*. New York: The Free Press.

Tead, O.(1935). *The Art of Leadership*. New York: McGraw－Hill.

Terry, George R.(1960). *Principles of Management*. 3rd ed. Homewood, IL: Richard D. Irwin.

Titmuss, Richard M.(1974). *Social Policy–An Introduction*. London: Allen & Unwin.

______(1979). *Commitment to Welfare*. London: Allen & Unwin.

Tripodi, T.(1983). *Evaluation Research for Social Workers*. Englewood Cliffs, NJ: Prentice–Hall.

Tripodi, T., P. Fellin & L. Epstein(1971). *Social Program Evaluation: Guidelines for health, Education and Welfare Administration*. Intascas, IL: F. E. Peacock Publishers.

United Way of America(1975). *Budgeting: A Guide for United Ways and Non–for–Profit Human Service Organizations*. Alexandria, VA: United Way of America.

Warham, Joyce(1972). "Social and Public Administration." *The British Journal of Social Work*, 2(2), July.

Warner, A. G. Stuart A. Queen, & Ernest B. Harper(1937). *Americal Charities and Social Work*. Thomas Y. Crowell & Co.

Watson, K. W.(1973). "Differential Supervision." *Social Work*, 18(6), November.

Weber, Max(1947). *The Theory of Social and Economic Organization*. edited and translated by A. M. Henderson & T. Parsons, New York: The Free Press.

Weiner, M. E.(1990). *Human Services Management: Analysis and Applications*. 2nd ed. Belmont, CA: WadWorth Publishing Co.

Weiss, C. H.(1972). *Evaluation Research*. Englewood Cliffs, NJ: Prentice–Hall.

______(1974). "Alternative Models of Program Evaluation." *Social Work*, 19(6).

Wickenden, Elizabeth(1965). *Social Welfare in A Changing World*. U.S. Department of Health, Education, and Welfare, Washington D.C.: Government Printing Office.

Wildavsky, Aaron(1984). *The Politics of the Budgetary Process*. 4th ed. Boston MA: Little, Brown & Co.

Wilensky, Harold L. & Charles N. Lebeaux(1965). *Industrial Society and Social Welfare*. New York: The Free Press.

York, Reginald O.(1982). *Human Service Planning: Concepts, Tools, Methods*. Chapel–Hill, NC: The University of North Carolina Press.

Zimmern, Alfred(1918). *The Economic Weapon against Germany*. London: Allen & Unwin.

岡山縣(2005).『市町村の自立力向上ための縣からの 事務・權限移讓計劃』.

木田徹郎(1975).『社會福祉事業』. 東京: 山島書店.

三浦文夫 外 共編(1985).『社會福祉政策』. 東京: 有斐閣.

찾아보기

인 명

ㄱ

갠트(Henry Gantt) 178
갤러웨이(George Galloway) 172
갤브레이스(John K. Galbraith) 69
굴드너(Alvin W. Gouldner) 93
귤릭(Luther H. Gulick) 87, 165
그로스(M. J. Gross) 310
그리피스(D. E. Griffith) 169
그린리프(R. Greenleaf) 234
기든스(Anthony Giddens) 61
기셀리(Edwin E. Ghiselli) 229
길버트와 스펙트(Gilbert & Specht) 26, 296

ㄴ

뉴먼(William H. Newman) 165
닉슨(Richard Milhous Nixon) 33, 70

ㄷ

다윈(Charles R. Darwin) 65
대처(Margaret Hilda Thatcher) 61, 357
던햄(Arthur Dunham) 157
도니슨(D. V. Donnison) 36
돌바크(Baron d'holbach) 44
돌키(Norman C. Dalkey) 185
드러커(Peter F. Drucker) 172, 206
드로(Yehezkel Dror) 193, 327

ㄹ

라스웰(Harold D. Lasswell) 207
라슨과 버리너(Larson & Berliner) 327
라운트리(Benjamin Seebohm Rowntree) 55
랜슨, 히닝스와 그린우드(Ranson, Hinings, & Greenwood) 114
레드퍼드(Emmette S. Redford) 41
레셔(Nicholas Rescher) 17

로렌스(Paul R. Lawrence) 103
로마니쉰(John M. Romanyshyn) 16, 22
로쉬(Jay W. Lorsch) 103
로크(Charles Lock) 57
뢰슬리스버거(F. J. Roethlisberger) 206
루스벨트(Franklin Delano Roosevelt) 27, 68
루이스(J. A. Lewis) 239
룬트스테트(Sven Lundtstedt) 285
르보(Charles L. Lebeaux) 18
리그스(Fred W. Riggs) 228
리터러(Joseph A. Litterer) 219
린드블롬(Charles E. Lindblom) 190

ㅁ

마이어스(M. D. Myers) 277
마치(James G. March) 195
마치와 사이먼(March & Simon) 216, 219
맥그리거(Douglas M. McGregor) 98, 283
맥이웬(William J. McEwen) 129
맨츠와 심즈(Manz & Sims) 234
머리(Henry A. Murray) 216
머슬로(Abraham H. Maslow) 98, 283
머튼(Robert K. Merton) 93
메이요(George Elton Mayo) 87, 94, 206
메이저(John Major) 61
모리스(Moris Morris) 26
미들맨과 로드즈(Middleman & Rhodes) 240
미첼(Terrence R. Mitchell) 103
밀러(David Miller) 44
밀레(John D. Millet) 172

ㅂ

버나드(Chester I. Barnard) 169, 206, 229
버크(Jim Berke) 206
번스(Tom Burns) 233
벌로(David Berlo) 207
베니스와 나누스(Bennis & Nanus) 227
베버(Max Weber) 93, 115
벤담(Jeremy Bentham) 123
벤슨(J. Kenneth Benson) 131
벨로스(David Bellows) 205
부스(Charles Booth) 55
부시(George Walker Bush) 72
브래드쇼(Jonathan Bradshaw) 283, 284
브루스(Maurice Bruce) 19
블라우(Peter M. Blau) 114
블레이크와 머튼(Blake & Mouton) 231
비버리지(William Henry Beveridge) 28, 58
비스마르크(Otto Eduard Leopold von Bismarck) 29

ㅅ

사리(R. C. Sarri) 39
사이먼(Herbert A. Simon) 108, 181, 186
사이먼과 마치(Simon & March) 86
사이어트(Richard M. Cyert) 195
샤논(Claude E. Shannon) 207
셀즈닉(Philip Selznick) 93
쇼트랜드(Charles I. Schottland) 32
스콧(W. Richard Scott) 86
스콧(William G. Scott) 103
스콧과 미첼(Scott & Mitchell) 205
스크리븐(Michael Scriven) 327
스키드모어(R. A. Skidmore) 172, 189, 211, 237, 239, 241, 279, 314
스탠턴(W. J. Stanton) 246
스톡딜(R. M. Stogdill) 225, 229
스펜서(Herbert Spencer) 65
스피어즈(L. C. Spears) 234

시봄(Frederic Seebohm) 60

ㅇ

아지리스(Chris Argyris) 98
애덤스(J. Stacy Adams) 98
애블스와 머피(Ables & Murphy) 182
애스틀리(W. G. Astley) 133
애플비(Paul B. Appleby) 204
앨버스(H. H. Albers) 204
어윅(Lyndall F. Urwick) 87
에치오니(Amiatai Etzioni) 226
엘빙(Albar Elbing) 181
오라타(P. T. Orata) 327
오스본(David Osborne) 109
오우치(William G. Ouchi) 286
왈도(Dwight Waldo) 86, 104
왓슨(K. W. Watson) 240
요크(Reginald O. York) 166
월튼(Sam M. Walton) 220
웨이스(C. Weiss) 328
웹(Mrs. Beartrice Sidney Webb) 56, 57, 123
위버(Warren Weaver) 207
위켄덴(Elizabeth Wickenden) 17
윌렌스키(Harold L. Wilensky) 18, 124
윌렌스키와 르보(Wilensky & Lebeaux) 17, 18, 25
윌리엄슨(Oliver E. Williamson) 108, 117

ㅈ

존슨(Lyndon Baines Johnson) 63, 123, 196
짐먼(Alfred Zimmern) 19

ㅊ

차일드(John Child) 128
채드윅(George Chadwick) 166

ㅋ

카두신(Alfred Kadushin) 239
카츠(Robert L. Katz) 229
칼리슬(H. M. Carlisle) 188, 195, 206, 211, 311
캠벨(J. C. Campbell) 169
케네디(John F. Kennedy) 196
케림스키(Eleanor Chelimsky) 328
코울셰드(V. Coulshed) 241
코헨, 마치와 올슨(Cohen, March, & Olsen) 194
콜터(Philip Kolter) 246
쿡과 그룬더(Cook & Grunder) 327
쿤츠와 오도넬(Koontz & O'Donnell) 166, 172
크래머(R. Kramer) 362
클레인(Philip Klein) 17
킹던(John Kingdon) 194

ㅌ

테리(G. R. Terry) 225
테일러(Frederick W. Taylor) 87
템플(William Temple) 18, 19
톰슨(Victor A. Thompson) 129
트레커(H. B. Trecker) 211, 237
트리포디(T. Tripodi) 328
티드(O. Tead) 220, 229
티트머스(Richard M. Titmuss) 27, 37, 40, 123

ㅍ

파블로프(I. P. Pavlov) 125
파인(Seymour H. Fine) 251
펄먼(Robert Perlman) 140
페욜(Henri Fayol) 15, 39, 87, 91
폰디(Louis R. Pondy) 216
폼번(C. J. Fomburn) 133
피들러(Fred F. Fiedler) 232

ㅎ

허시와 블랜차드(Hersey & Blanchard) 232, 233
허즈버그(Frederick Herzberg) 98, 283
홀(Richard H. Hall) 121, 237
히긴스(Joan Higgins) 124

사 항

ㄱ

가외성(redundancy) 41
가족수당법(Family Allowance Act) 59
갈등 여운 217
감수성훈련(sensitivity training) 282
강제배분법(forced distribution) 288
개방형(open circle or all channels) 209
개인교습(tutorial model) 240
개인 기획(personal or individual planning) 169
개인평가(personal assesment) 326
개조서열법(alternation ranking) 288
갠트 도표(Gantt Chart) 178
거래비용이론(transaction cost theory) 108
거래적 리더십(transactional leadership) 233
거택보호(outdoor relief) 50
경계 하위체제(boundary subsystem) 101
경력직 공무원 263
경영정보 시스템(management information system: MIS) 333
경제기회법(Economic Opportunity Act) 69
경제개발협력기구(OECD) 23
계선조직(line) 119
계획예산제도(planning−programming budgeting system: PPBS) 313
고용보험(employment insurance) 31
공공관계(public relations) 253
공공부조제도 32
공공선택론(public choice theory) 107
공동사무 345
공동체생태학론(committee ecology theory) 133
공리주의(utilitarianism) 123
과업중심형(task−oriented style) 226
과업환경 125
과잉 정보(overload) 210
과학적 관리론(scientific management) 89
관료제론(Bureaucracy) 93
관리격자이론(Managerial Grid theory) 231
관리운영기획(operational planning) 168
관리자의 기능(The Functions of the Executive)

169
광고(advertisement) 254
광의적(broad) 개념 16
구료제도(救療制度) 76
구매계약(Purchase of Service Contrating: POSC) 71
구빈법보고서(The Report on Poor Law) 56
구제사업(relief) 21
구황제도(救荒制度) 75
국가보건서비스(National Health Service: NHS) 303
국가부조법(National Assistance Act) 32
국가의료서비스방식(National Health Service: NHS) 30
국민기초생활보장법 33
국민보건서비스법(National Health Service Act) 19
국민보험법(National Insurance Act) 19, 57, 59
국민부조법(National Assistance Act) 59
국유화모형(nationalization model) 362
권위적 전략(authoritative strategy) 132
규모의 경제(economy of scale) 147
근린조합(Neighborhood Guild) 66
기계적(mechanic) 구조 103, 115
기관위임사무 345
기관평가(institutional evaluation) 326
기능별 보조금(block grants) 298
기능적 직장제도(functional foremanship) 90
기업복지(corporate welfare) 304
기여금(寄與金, contribution) 299
길드(guild) 20
길버트법(Gilbert Act) 52

ㄴ

납속보관제(納粟補官制) 74
네트워크 구조(network structure) 118
노동자조례(The Statute of Laborers) 49
노령연금법(Old Age Pensions Act) 57
노역장법(Workhouse Act) 51
노역장테스트법(Workhouse Test Act) 51
노인장기요양보험법 275
논리적 사유 174
농노(農奴) 20
누락(omission) 210
누진세(progressive tax) 297
뉴딜정책(New Deal Policy) 67
느껴진 갈등 217
능률성(efficiency) 43, 114

ㄷ

다면평가제도(multilateral feedback or 360-degree appraisal) 287
단체위임사무 345
단합형(team) 231
대안선택 흐름 도표(alternative choice flow chart) 184
대응성(responsiveness) 42, 307
대처리즘(Thatcherism) 61
도덕적 해이(moral hazard) 108
도표식 평정척도법(graphic rating scale) 288
독립활동가 261
동기부여(motivation) 283

ㄹ

레이거노믹스(Reaganomics) 71

리더십(leadership) 225

ㅁ

마케팅(marketing) 245
마케팅 믹스(marketing mix) 250
마케팅 평가(marketing evaluation) 250
만족모형(satisfying model) 191
매트릭스 구조(matrix structure) 116
메타평가(meta-evaluation) 327
명목집단기법(normal group technique) 185
모니터링 기법(monitoring techniques) 331
모집(recruitment) 279
목표효율성(target efficiency) 43
문제 해결(problem solving) 188, 219
미시간대학교(The University of Michigan) 연구 231
민간강화모형(empowerment voluntary organization model) 362
민영화모형(privatization model) 363

ㅂ

박애사업(philanthropy) 20
반갈등적 가치(anti-contrict value) 217
발견적 방법(heuristic method) 188
발전행정론(development administration) 228
방해적 전략(disturbing strategy) 131
변증법적 토의(dialectical discussion) 186
변혁적 리더십(transformation leadership) 233
보건복지부 339
보건복지사무소 81
보완적 모형(residual model) 124
보조금 관리에 관한 법률 시행령 352
보충적 소득보장 프로그램(Supplementary Security Income: SSI) 33
보편주의(universalism) 45
복지국가(welfare state) 18, 23
복지사회(welfare society) 24
부동산교부세 309
부양아동가족부조제도(Aid to Families with Dependant Children: AFDC) 33, 71, 72
분권교부세 309
브레인스토밍(brainstorming) 186, 187
블레어리즘(Blairism) 61
비공식부문(informal sector) 305
비버리지보고서(Beveridge Report) 58
비용분석 기법(benefit analysis techniques) 332
비용-편익분석(cost-benefit analysis) 333
비용회계(cost accounting) 332
비정형적 결정(non-programmed decision) 186
비황제도(備荒制度) 75
빈곤가족일시부조제도(Temporary Assistance for Needy Families: TANF) 33, 72
빈곤에 대한 전쟁(War on Poverty) 69, 123
빈민(paupers) 51

ㅅ

사례관리 방법(case management) 145
사례 발표(case presentation) 282
사례상담(case consultation) 240
사례연구(case study) 332
사업부제(business subtitle) 116
사용료(user fee) 303
사용자 부담금(user contribution) 303
사회개발(social development) 28
사회보장(social security) 27, 68
사회보장기본법 350
사회보장성 조세(social security tax) 298

사회보장세(social security tax) 299, 300
사회보험(social insurance) 29
사회보험방식(National Health Insurance: NHI) 30
사회보호조사위원회(CSCI) 355
사회복지공동모금법 302
사회복지공동모금회 160, 302
사회복지사무소 149
사회복지사업법 269
사회복지사업법시행령 271
사회복지 전담공무원 149, 271, 339
사회복지정책실 339
사회복지통합관리망(integrated welfare management network) 81, 215
사회복지협의회 159
사회사업(social work) 21, 25
사회사업기관행정 36
사회사업행정 36
사회적 서비스(social services) 24
사회적 서비스행정 36
사회적 학습(social learning) 218
사회정책(social policy) 26
사회조사 기법(social research techniques) 332
사회조사활동(Social Research) 55
사회진화론(Social Darwinism) 65
사회투자국가(social investment state) 62
사회학적 제도주의(sociological institutionalization) 106
사회행정(social administration) 26
산업과 일반관리(Industrial and General Management) 91
산업복지(industrial social welfare) 304
산재보험(Industrial Accident Compensation Insurance) 30
상황이론(contingency theory) 102, 232
상황적 리더십이론(situational leadership theory) 233
상황조건론(contingency theory) 232
생산성(productivity) 42
생활시설 158
서번트 리더십(servant leadership) 234
서베이(surveys) 332
서비스구매계약(POSC) 82
선별주의(selectivism) 45
선전(propaganda) 254
선택적 모방(selective imitation) 175
선형 또는 연쇄형(line or chain) 208
설득(persuasion) 219
성과주의 예산제도(performance budgeting system: PBS) 312
성좌적 자질론(constellation of traits theory) 230
셀프 리더십(self leadership) 234
소극적 사회복지 16
소득보장(income guarantee) 27
소득보조(Income Support) 32
소방안전교부세 309
소셜 케이스워크(social casework) 66
수신 거부(unsubscribe) 210
수용식(受容式, receiving system) 방식 182
수직적 분화(vertical differentiation) 114
수평적 분화(horizontal differentiation) 114
슈퍼 리더십(super leadership) 234
슈퍼비전(supervision) 238
스핀햄랜드법(Speenhamland Act) 52
승진(promotion) 289
시간과 동작연구(time and motion study) 89
시간-행동조사(time and motion studies) 331
시넥틱스(synectics) 187
시봄위원회 60

시장분석(market analysis) 249
시장세분화(market segmentation) 249
시장 포지셔닝(market positioning) 249
식품교환권(Food Stamps) 71
식품교환권제도(Food Stamps Program: FSP) 33
신공공관리론(new public management: NPM) 106
신구빈법(New Poor Law) 52
신보수주의(new conservatism) 107
신자유주의(neo-liberalism) 71
신제도주의(neo-institutionalism) 104
실업보험(unemployment insurance) 31
실용적 동반자모형(pragmatic partnership model) 362
실험조사(experiments) 332
쓰레기통모형(garbage can model) 194

ㅇ

아웃리치(outreach) 255
아웃리치센터(outreach center) 255
애드호크라시(adhocracy) 115
엘리자베스구빈법(The Elizabethan Poor Law) 21, 48, 50, 63
엘버펠트제도(Elberfeld System) 54
여과식(濾過式, filtration system) 방식 182
역사적 제도주의(historical institutionalization) 105
역할 연기(role playing) 282
연금제도(pension system) 30
연합(coalition) 131
연합모형(coalition model) 195
영기준예산제도(zero-based budgeting: ZBB) 313
영양보조지원 프로그램(Supplemental Nutrition Assistance Program: SNAP) 33
영주(領主) 20
예산통일성의 원리(principle of budget unity) 297
예시적 포괄 방식 345
예외에 의한 관리(management by exception) 90
예이츠보고서(Yates Reports) 64
오가통(五家統) 76
오하이오(Ohio) 주립대학교 연구 230
왜곡(distortion) 209
요양보호사 275, 276
욕구충족요인이원론(two-factors theory) 285
우애방문(friendly visiting) 54
운영효율성(administrative efficiency) 43
원외보호(outdoor relief) 63
원형(circle) 208
위임사무 345
유기적(organic) 구조 103, 115
윤형(wheel) 209
을파소(乙巴素) 74
읍·면·동 복지허브화 153
의료보험(medical insurance) 29
의료보험제도(Medicare) 69
의료보호제도(Medicaid) 69
의료사회복지사(medical social worker) 272
의사결정나무 분석(decision tree analysis) 184
의사전달(communication) 204
의사전달망(communication network) 208
이분비교법(paired comparison) 288
이용시설 158
인간관계론(human relations) 94
인보관운동(Settlement House Movement) 54, 66
인적자원 관리(human resources management:

HRM) 290
인지부조화(cognitive dissonance) 191
인지적 갈등 217
일반 예산(general budget) 297

ㅈ

자발적 기부금(voluntary contribution) 301
자산조사(means test) 155
자선(charity) 63
자선조직협회(The Charity Organization Society: COS) 21, 54, 65
자원 기획(resource planning) 168
자원봉사센터 160
자원봉사자(volunteer) 277
자원의존론(resources dependence theory) 129
자치사무 345
작은 정부(small government) 156
잠재적 갈등 217
장원(莊園)제도 49
재가복지봉사센터 159
적극적 사회복지 16
전략적 기획(strategic planning) 168
전략적 선택론(strategic choice theory) 128
전문적 관계(professional relationship) 119
전미사회사업가협회(NASW) 268
전진하는 산업(Onward Industry) 91
점증모형(incremental model) 190
정략(politics) 219
정령지정도시 359
정보관리(information management) 212
정보관리시스템(information management system) 213
정부재창조론(Reinventing Government) 109
정부주도모형(government operational model) 362
정주법(Settlement Act) 51
정치 · 행정이원론(politics–administration dichotomy) 35
정치 · 행정일원론(politico–administration) 35
정형적 결정(programmed decision) 186
제3의 길(the Third Road) 61
제위보(濟危寶) 74
제한된 합리성(bounded rationality) 108, 191
조세비용(tax costs) 300
조정(coordinating) 220
조종적 전략(manipulative strategy) 132
조치비제도 360
주민생활지원 서비스 81, 150
주인–대리인이론(principal–agent theory) 108
중간관리층(middle management) 236
중요사건기록법(critical incident) 288
지방교부세 308
지방분권일괄법 345, 357
지방자치법 346
지방자치법시행령 348
지방재정법 351
지방재정법시행령 352
지방정부사회서비스법(Local Authority Social Service Act) 355
지역공공서비스협정(GO) 356
지역사회보장협의체 152
지역사회복지관(community welfare center) 159
지역사회복지협의체 81, 151
지역협정(LAA) 356
지정교부금 357
직관적 결정(intuitive decision) 188
직관적 방식(intuitive approach) 183

직류(職類) 265
직무수행평가(performance maintenance) 287
직원중심형(people-oriented style) 226
직접지불제(direct payment) 354
진대법(賑貸法) 74
집단적 사고(集團的 思考, groupthink) 175
집단적 의사결정(group decision) 171

ㅊ

차별성과급(differential piece rate) 89
차티스트운동(Chartist Movement) 53
참모조직(staff) 119
창제(倉制) 75
체계적 방식(systematic approach) 183
체제이론(system theory) 100
초점집단기법 201
촛불재단(Point of Light Foundation: POLF) 262
총계예산주의(gross budgeting) 311
총괄평가(summative evaluation) 326
최고관리층(top management) 235
최소적격원칙(principles of less eligibility) 64
최적모형(optimal model) 192

ㅋ

케블라(Kevlar) 246
퀸시보고서(Quincy Reports) 64

ㅌ

태스크 포스(task force) 117
테일러리즘(Taylorism) 89
토털 마케팅(total marketing) 246
특별교부세 308
특별보조금(special grants) 298
특별회계(special accounts) 306
특성이론(trait theory) 228, 229

ㅍ

판단적 결정(judgemental decision) 188
평가(evaluation) 324
포용(cooptation) 130
표적시장(target market) 249
표준운영절차(SOP) 187, 197
품목별 예산제도(line-item budgeting system: LIBS) 312
풍요한 사회(affluent society) 69
프로그램 기획(program planning) 166
프로젝트 기획(project planning) 168
프로젝트 팀(project team) 117

ㅎ

하위관리층 236
한국사회복지협의회 161
합리모형(rational model) 189
합리적 선택론적 제도주의(rational choice institutionalization) 105
합법성(legality) 41
항목별 보조금(categorical grants) 298
행동수정이론 125
행정감사(administrative audit) 331
행정과학논집(Papers on Science of Administration) 91
행정행태론(administrative behavior) 228
행태기준평정척도법(behaviorally anchored rating scales: BARS) 289
행태이론(behavioral theory) 230
향약(鄕約) 76

헐 하우스(Hull House) 66
헤드십(headship) 226
현대구조이론(modern structural theory) 96
현재적 갈등 217
협상(bargaining) 130, 219
협의적(narrow) 개념 16
협조적 전략(cooperative strategy) 131
형성평가(formative evaluation) 325
호손실험(Hawthorne Experiment) 94, 95
호손연구(Hawthorne Studies) 87
혼합주사모형(mixed scanning model) 192
환과고독진대제(鰥寡孤獨賑貸制) 74
회계감사(accounting audit) 319, 331
회사모형(firm model) 195
효과성평가(effectiveness evaluation) 326
효율성평가(efficiency evaluation) 327
후기행태이론(post－behavioral theory) 98, 100
희망복지지원단 153

EDPS(electronic data processing system) 187
M형 조직형태(multi－divisional form) 117
OR(operations research) 187
PERT(Program Evaluation and Review Technique) 179
POSDCoRB 92, 165
QC(quality circle) 290
Shed－U－Graph 180
SMART 202
SMART 원칙 249
SWOT 분석 249
TVA(Tennessee Valley Authority) 130
Y형 209

저자 소개

■ 최항순(崔恒洵)

[약력]

- 서울대학교 정치학과
- 서울대학교 행정대학원, 중앙대학교 행정학박사
- 미국 미시간대 및 캘리포니아대(버클리) 객원교수
- 경원대학교 법정대학장, 행정대학원장
- 한국공공관리학회장, 경인행정학회장
- (현)가천대학교 행정학과 명예교수

[저서]

- 『복지행정론』, 『지역사회복지론』, 『신행정조직론』 외

■ 진석범(晋錫範)

[약력]

- 성균관대학교 사회복지학과
- 가톨릭대학교 사회복지대학원, 건국대학교 사회복지학박사
- 동서울대학교 실버복지과 교수, 성남시사회복지사협회장
- (현)수원과학대학교 사회복지과 교수
- (현)성남시지역사회보장협의체 대표협의체 공동위원장

[저서]

- 『사회복지정책론』(공저), 『노인복지론』 외

■ 최우진(崔宇進)

[약력]

- 동국대학교 공업경영학과
- 동국대학교 경영대학원, 상지대학교 경영학박사
- 건국대학교 사회복지학석사, 평택대학교 박사과정(청소년학)

- (현)동원대학교 사회복지과 교수
- (현)광주시지역사회보장협의체 대표협의체 위원

[저서]

- 『사회복지개론』(공저), 『지역사회복지론』(공저) 외

제2판
사회복지행정론

펴낸날 제1판 제1쇄 2012년 2월 28일
제2판 제1쇄 2018년 8월 20일
지은이 최항순, 진석범, 최우진
펴낸이 임춘환
펴낸곳 도서출판 대영문화사
주소 서울특별시 용산구 청파로 61길 5(청파동 1가) 제일빌딩 2층(㊐04308)
등록 1975년 12월 26일 제3-16호
전화 (02)716-3883, (02)714-3062
팩스 (02)703-3839
홈페이지 http://www.dymbook.co.kr

ISBN 978-89-7644-715-9
값 22,000원